测谎技术

跨世纪的探索与实践

郑红丽 著

中国政法大学出版社

2025·北京

图书在版编目（CIP）数据

测谎技术：跨世纪的探索与实践 ／ 郑红丽著.
北京 ： 中国政法大学出版社，2025. 7. -- ISBN 978-7
-5764-2202-3

　　Ⅰ. D918

中国国家版本馆 CIP 数据核字第 2025DA5593 号

出 版 者　　中国政法大学出版社

地　　址　　北京市海淀区西土城路 25 号

邮　　箱　　fadapress@163.com

网　　址　　http://www.cuplpress.com (网络实名：中国政法大学出版社)

电　　话　　010-58908435(第一编辑部) 58908334(邮购部)

承　　印　　固安华明印业有限公司

开　　本　　720mm×960mm　1/16

印　　张　　22

字　　数　　395 千字

版　　次　　2025 年 7 月第 1 版

印　　次　　2025 年 7 月第 1 次印刷

定　　价　　86.00 元

作者简介

　　郑红丽，女，湖北宜昌人，九三学社社员，中国政法大学法学博士，美国北卡罗来纳大学教堂山分校（University of North Carolina at Chapel Hill）访问学者。现任中国政法大学副教授，硕士研究生导师，中国心理学会法律心理学第十一届专业委员会委员，中国预防青少年犯罪研究会第七届理事会理事。主要研究领域为犯罪心理学基础理论与研究方法、测谎技术、青少年犯罪、罪犯评估与矫治。主要著作有《测谎技术教程》《测谎理论研究》《罪犯评估和治疗必备手册》（译著）与《说谎心理学》（译著）。先后参与编写了多个版本的《犯罪心理学》教材，其中罗大华主编的《犯罪心理学》（中国政法大学出版社）为普通高等教育"十一五"国家级规划教材。已发表学术论文主要有《反社会行为潜在遗传因素的全基因组关联分析》《我国青年无聊感与吸毒行为关系研究》《青少年毒品多药使用和吸毒后犯罪的预测分析：以机器学习为分析工具》《面向青少年犯罪预防的早期气质问卷的内容结构及其修订》《低自我控制与家庭社会经济地位在青少年犯罪中的作用》《青少年犯罪成因心理学研究新进展》等。

前言

    长久以来，在公众认知层面，说谎始终被视为日常经验范畴，难以与"科学""严谨"或"学术研究"这样的字眼相提并论。但事实上，从古至今都有先贤或学者试图将其作为一门科学一本正经地加以阐述，但最后往往还是以一种漫谈、趣谈或科普文章的姿态呈现，其发现也常被世人认为平淡无奇、"等于没说"。这其实很好理解，因为说谎是一个日常生活事件，我们从三四岁就开始说谎，且在与他人的日常互动中，有三分之一的时间都在说谎。因此，我们每个人对说谎现象都非常熟悉，可以说是"半个专家"。

    而与"说谎无处不在"的现实相左的是，在元道德的范围内，说谎行为是绝对禁止的，在一般社会生活环境中也是不被提倡的。因为即使一些谎言是善意的或无伤大雅的，但它本质上就是"口是心非"，用来欺骗。所以在任何历史阶段或文化环境中，人们都将说谎视为违反社会规范的行为，本质上是拒绝的。而长久以来的各种测谎的探索其实就反映了这一拒绝。

    不过，测谎的探索历史虽然漫长，但一直没有大的突破，直到第二次技术革命的电气化和精密机械的发展，在 20 世纪初，一种借助医学仪器（更为准确地说是生理采集仪器）——心理生理测谎（Psychophysiological Detection of Deception, PDD）技术出现了，使得人类识别谎言的探索前进了一大步。在随后的百年间，PDD 技术在司法实践领域大展身手，但也引发了种种的问题，涉及了科学、社会、法律和伦理等各个方面。总之，人们对待测谎的态度比较矛盾。一方面，人们从未放弃对有效测谎方法的探索；另一方面，对于已经出现并应用于司法实践的 PDD 技术又充满了质疑，斥之为"垃圾科学""伪科学"，甚至主张将其从现实生活中完全排除。

这种在其他科学技术上很难看到的两极化态度，为何会出现于测谎领域呢？带着此疑问，我开始进入这一领域，就如 Marston Bates 所说："研究就像走入一条条小巷，看看它们是否真的是死胡同。"[1] 而随着了解得越多，对测谎技术的认识也更全面和深入，也不断有新的认识和感触出现，同时也感受到，对历史的回顾非常有利于指导实践。

而进入 21 世纪后，在全球范围内，恐怖主义威胁和政治对立加剧，假新闻、假消息和深伪技术泛滥，谎言变得比以前更多，也更具破坏性，极大地影响了社会的稳定与安全。但幸运的是，第四次技术革命，也是我们正在经历的这场深刻变革，为测谎技术带来了前所未有的机遇。在人工智能、大数据和机器学习等技术的推动下，测谎技术正经历着从传统心理生理信号检测向智能化、非接触式、多模态融合的检测范式的跃迁。而在此过程中，一定还会遇到各种挑战与分歧。所以本书的叙事既是回顾性的，也是探索性的，即希望通过对测谎百年发展史的批判性再探讨，为未来的技术进步提供坚实的起点，让饱受争议的测谎技术能迎来真正的新生。

此外，在撰写本书的过程中，我还有以下考量。首先，普通民众对测谎技术在司法实践中的真实运作过程一无所知。其次，大多数公检法实务人员对于测谎技术在司法实践中应用的范围与可能性也普遍缺乏了解。最后，也是前面所提到的，测谎领域对于学术研究也是一种挑战，相关的内容几乎不在任何主流的高等教育范围内。因此，在写作的过程中，我已尽一切努力提供科普与学术兼顾、理论与实践相结合的阐述，希望能对我国测谎技术的发展做出小小的贡献。

郑红丽

2025 年 5 月

---

[1] Bates, Marston, *The Nature of Natural History*, Charles Scribner's Sons, 1950.

目录

第四部分 测谎实践

第一部分

科学还是伪科学？历史的回顾

2000 年，好莱坞上映了一部经典的美国喜剧电影《拜见岳父大人》（*Meet The Parents*）。剧中男主计划向女友求婚，为此前往拜访女友家人。男主为了未来岳父的认可，努力想给对方留下好印象，却不断遭遇一系列的尴尬和误会。其中之一就是，身为退休的 CIA 测谎师的岳父，也许是职业病，便对自己未来的女婿用了测谎仪。虽然这一电影情节幽默搞笑，甚至有点无厘头，但从技术的角度看，其中的测谎场景、仪器乃至具体的测试方法都相当专业。譬如，剧中所使用的测谎仪，确实是美国司法实践中所使用的测谎仪。只不过，正如剧中测谎师本人（岳父）所说，它是一台"古董测谎仪器"（An antique polygraph machine）。而更让人眼前一亮的是，作为一名资深测谎师的女儿，女主说出一句关于父亲测谎的真知灼见："他不需要仪器，他本身就是测谎仪（He doesn't need a machine. He's a human lie detector）。"其实这些情节都折射出测谎仪在司法实践中最让人诟病的问题：**被用来辅助司法调查（有时会定人生死）的测谎仪，本质上只是一台一百年前发明的仪器。**而更严重的是，在很多人眼里，哪怕是在一些资深的测谎专家（如美国前测谎学会主席 David Raskin）看来，这台可能会定人生死的"老古董"并不那么科学。那为什么我们还在使用它？以上分别用了两个不同的英文术语（Polygraph 和 Lie Detector）来指代测谎仪，两者之间又有什么不同？为了回答这些质疑与问题，对测谎仪的起源及发展脉络进行系统的回顾也许是一个办法，至少可以帮助我们在一无所知的茫然处境中先理出一些头绪。但首先要说明的是，测谎史学领域大多数文献都是严格按照时间顺序进行的描述，本书也将尽力遵循此原则，但有时为了论述更合理，可能有所违背。

第一章　早期探索

史无渊源，如鱼离水。回顾历史会发现，在人类发展的长河中，来自不同族群或文化的古人都曾尝试着使用一些方法来"识别谎言"，或者说"测谎"。并且随着人们认识的深入和经验的积累，测谎方法的演进也具有明显的精细化和有效化的趋势。而最早出现的测谎方法可能是源自原始社会的"神裁法"。

第一节　酷刑-神裁法

一、神裁法

作为外来词，神裁法的英文原文为"Ordeal"，其词源来自古条顿人（Teutonic，日耳曼人）的裁判法——将嫌疑人的手浸入沸水中，受神主宰，手无损，则无罪。即使到了中世纪，对某些无法通过其他方法判决的特殊案件仍会依照日耳曼习惯法采用神裁的方式决断。而通常的做法就是要求嫌疑人赤足走过烧红的犁头或将手放入沸水中。时至今日，英文中还有一句成语"Go Through Fire and Water"（现在一般译为"赴汤蹈火"），其实就反映了曾用火烤或水淹的形式来测谎。这种在现代人看来有点"迷信"的测谎方法在人类历史长河中，有相当长时间被固定成为"法条"，并写入了各种法典。这意味着，依赖神意明辨是非的方法成了一种法律认可的裁判标准。

最早有明确文字记载的神裁法，来自公元前 1762 年的人类第一部法典——《汉谟拉比法典》。其中就规定，当因受各种条件限制无法做出判断时会借助神裁法。如法典第 2 条规定，自由民检举他人犯有巫蛊罪，如不能证实，则将被告投入河水中，视其是否被淹死以定结果；法典第 132 条规定，丈夫控告妻子与人通奸，在休妻之前，丈夫须提供有力的证据；如无证据，则将妻子投入幼发拉底河，让神审判。如果神认为她是清白的，她会安全到达对岸；如果她确实有罪，则必然会被淹死。

14 世纪古瑟尔维亚的《斯蒂芬·杜尚法典》第 152 条也规定，如果被告想自证清白，就应该接受灼热铁块的考验，其必须从教堂门口燃烧的火堆中取出烧红的铁块，并用手拿到祭坛上去。然后观察其烫伤的伤口愈合情况：如果伤口溃烂，久未愈合，那么便认为是神在惩罚他，据此就可判其有罪。

而根据测谎史学家 James Matte（1996）[1] 的说法，在古老的非洲，人们会将一块烧热的石头放到嫌疑人的舌头上，如果舌头不被烫伤则无罪，而如果口舌受伤则有罪。类似的，在大约公元前 1750 年的巴比伦，则是把烧得通红的刀片放在嫌疑人的舌头上。在这个把水视为珍宝的干旱地区，如果因口舌干燥而出现舌头被灼伤的现象，自然会被看作是神的惩罚。因此人们则只需根据嫌疑人舌头被灼伤的程度来作最后的判决。**所谓神裁法，是指根据神意的启示来明辨是非曲直的一种方法。**

可是，为什么古人能够认同这种如今看来相当荒谬的神裁法呢？常见的观点是，由于古人认知水平有限，**深信神无所不在，神意永远是公平和正义的，并会以某种方式揭示真相和禁止不道德行为**。因此，据神意以辨曲直自然被认为是最为直接和有效的方法。不过，这种解释过于简单化。而**神明察所有谎言与欺骗，会保护那些被推入险境的无辜者免受伤害，并惩罚恶人。**

还有学者（Trovillo，1939）[2] 提出，在大约公元前 1000 年的中国，如果要判定一个人是否诚实，就要求那个人咀嚼生米并吐出来。能吐出来的人被认为是诚实的，而不能吐出来的则为说谎者。不过另有学者（Alder，2007）[3] 指出，以上做法在公元前 220 年时比较普遍，而且有两种不同的具体形式。第一种是让嫌疑人吃用稻米作的米糕（Rice Cake），观察他咽下米糕的情况。如果嫌疑人被米糕噎住，那么就被认为说谎了。第二种说法是让嫌疑人咀嚼一把干米，过一段时间再吐出来。查看咀嚼过的米，如果吐出来的米是热的且成团状，则判断嫌疑人说的是实话。如果吐出来的米成散状，则被认为是说谎了。不过我们作为中国人，并没有发现记载这些说法的古代文献。也有学者指出这其实是发生在古印度而非中国（如 Matte，1996）。这一方法的变体也在其他古老地区出现过，同样是让嫌疑人咀嚼食物，只不过用的不是生米，而是一片干酪面包。如果它粘在嫌疑

〔1〕 Matte, James Allen, *Forensic Psychophysiology*; *Using the Polygraph*, JAM Publications; Williamsville, New York, 1996.

〔2〕 Trovillo, P. Y. "A history of lie detection", *Journal of Criminal Law and Criminology*, 1939, 29 (6), pp. 848–881.

〔3〕 Alder, K., *The lie detectors*; *The history of an American obsession*, M. Free Press, Simon and Schuster, Inc., 2007.

人的上颚上，则被认为是不诚实的（Larson，1932）[1]。

在中国古代也存在过许多神裁法，如捞沸汤审、沸油审、开水审、热铁审以及发誓、占卜等，至今在民间特别是在一些少数民族地区，人们有时仍用此类方法来解决纠纷[2]。《墨子·明鬼下》更是详细地记载了一段神裁事件：

> 从前齐庄君的臣子，有称作王里国、中里徼的。这两人争讼三年狱官不能判决。齐君想杀掉他们，担心杀了无罪者；想释放他们，又担心放过了有罪者。于是使二人共一头羊，在齐国的神社盟誓。两个人答应了。在神前挖了一条小沟，杀羊而将血洒在里面。王里国读完誓词，没什么事。中里徼誓词没读到一半，死羊跳起来触他，把他的脚折断了，桃神上来敲他，把他杀死在盟誓之所……诸侯传告说："各发誓时不以实情的人，鬼神的惩罚来得是这样的惨痛快速。"[3]

同样，古印度的《那罗陀法典》也有明确的神裁法规定。如其中法典的第102条规定了八种神裁法：火审、水审、秤审、毒审、圣水审、圣谷审、热油审和抽签审[4]。除此之外，在公元前600年的印度地区还出现了一种比较特别的天平神裁法（Alder，2007），通过对嫌疑人进行反复称重来判断其是否说谎。首先让嫌疑人坐在大天平的一端，平衡锤放在另一端进行精细地调节，通过天平横梁上沟槽里流动的水来显示平衡的精确性。然后让嫌疑人从天平离开，听取法官发表关于平衡的讲解。接着用天平重新称量嫌疑人。如果发现嫌疑人比原来轻了，那便宣告其有罪。

即使在公元1820年，非洲仍存在着沸水审讯，并被广泛使用。让嫌疑人排成队，把自己的胳膊放入一盆冷水中，紧接着立即再放入一盆沸水中，并要求他们把胳膊伸进水中直达肘部。2小时后观察他们的胳膊情况。如果胳膊上有水泡，则被认为有罪。从非洲回来的旅游者曾目击过这种测试，并证实是有效的——只有真正有罪者才出现了皮肤剥落或水泡的情况（Alder，2007）。

可见，神裁法的具体方法有很多种，各个国家不尽相同，但都毫无例外地将此方法建立在一种假说的基础上：**神的面前没有谎言，而且神不会让一个正义的**

〔1〕 Larson, J. A., *Lying and its Detection*, University of Chicago Press, 1932.
〔2〕 参见夏之乾：《神意裁判》，团结出版社1993年版。
〔3〕 此为文言文译文。
〔4〕 参见法学教材编辑部《外国法制史》编写组：《外国法制史》，北京大学出版社1982年版。

人受苦、不公盛行。不过需要指出的是：神裁法并不会用在所有的争议中，这可以从上述各种法典的相关法条看出。事实上，这些法典中只有个别法条规定使用神裁法，而其他绝大多数案件还是依靠理性、证据、证人证言等来解决。这些需要使用神裁法的案件往往是因为缺乏可靠证据或证人作为判断依据，如通奸（婚姻忠诚度）这类的案件。

另外，在神裁法中，因为神并不能直接出面进行裁判，所以需要通过一些具体的方式（如火烤、水试等）来间接传递。而这些方式往往需要完全依赖于将当事人置于肉体痛苦、恐惧或极大的死亡风险之中。所以在神裁法中，我们似乎看到了另外一种获取真相的方法——"酷刑"的影子。比如将烧红的铁块放入口中，这看起来更像是一种酷刑。

二、酷刑审讯

第13版的《不列颠百科全书》这样定义酷刑："酷刑（Torture），源于拉丁语'Torquere'（扭曲之意），是对变态的才智所设计的造成疼痛的众多方式的一种统称，尤其指被古代和现代的欧洲文明国家的法律所采用的。"

很多人相信酷刑是在"以眼还眼，以牙还牙"的同态复仇理念基础上发展起来的。如《汉谟拉比法典》的282条法规中，有相当一部分是根据同态复仇进行惩罚。例如，若一个人打断了另一个人的骨头，那么他自己的那根骨头也要被打断；若一人故意挖出他人的眼睛，那么他自己的眼睛也会被挖出。其中特别"有意思"的一条法规是，倘若医生在手术过程中使病人不治而亡，或使病人留下残疾，那么医生就要被砍掉双手——显然是为了防止以后治疗失当。在此种意义上，酷刑是基于犯罪人已犯罪行所给予的惩罚。

不过，另一种观点认为，**酷刑是在神裁法的基础上发展出来的**。最早的神裁法是由神职人员实施，当嫌疑人接受带有肉体折磨的神裁时（通常涉及难以忍受的高温或溺水），如果没有受伤或伤害较轻，神职人员会宣布他受到了神的庇护，是无辜的。如果他受伤严重，奄奄一息，神职人员则会宣称他有罪，受伤其实是来自神的惩罚。这时神职人员会鼓励有罪者通过坦白、认罪来重新获得神的眷顾。所以对接受审判的人来说，神裁法关注的不仅仅是正在调查的事实，更重要的是关乎他们的信仰。当有罪者坦诚自己的罪行，找回信仰，那么他所遭受的肉体折磨也会随之结束。而随着社会发展，神职人员的作用逐渐隐去，改由国家或君主的名义（行政）进行裁判。宗教意义的消失，就只剩下肉体的折磨以及对口供的追求，也就是酷刑了。

另外，在有些地方如古希腊，酷刑的主要目的不是惩罚，而是与神裁法一样，为了获取真相。古希腊是一个自认为文明的民族，早在公元前1179年，古希腊法律就禁止私人之间"同态复仇"的杀戮，规定死刑只能由国家的法庭来判决。但古希腊仍然存在酷刑，只是使用酷刑的目的并非惩罚，而是获取更多的信息，弄清事实真相。为此，他们发明了轮刑、拉肢刑等。例如轮刑，嫌疑人被绑在一个车轮上然后一直旋转，直到他供出甄别真假所需要的全部信息。但这种轮刑非常残酷，有时候强烈的"旋转"会导致受刑者因自己的呕吐物窒息而死亡，或者因脑溢血、心脏病发作而死亡。但"文明"的希腊人，包括开明、有智慧的哲学家都赞同使用这类酷刑作为一种挖掘信息的手段。如 Aristotle 就赞成使用这些方法，因为它们能够提供"一种似乎绝对可信的证据"。

所以，酷刑其实服务于两个目的：一是对实施了罪行的人施加惩罚；二是获取信息来甄别真假。若基于后者，可以说，**酷刑其实也是一种测谎技术，只不过它借助的不是仪器，而是制造痛苦**。除了最初的宗教意义，酷刑背后的原理简单粗暴——**只要有足够的痛苦，任何人的嘴巴都能被撬开**。所以，我们可以将第二种目的的酷刑称为酷刑审讯（Torture Interrogation），或称拷打审讯（Coercive Interrogation）。

尽管酷刑审讯可追溯到古希腊，但最臭名昭著的却是 1481 年扩展整个欧洲的西班牙宗教裁判所（Spanish Inquisition）。裁判所使用极端酷刑手段来迫使被审讯者供认或改变信仰。其中最著名的酷刑为拉伸刑（通过绞动轮轴拉伸四肢，造成剧烈疼痛和永久性损伤）和水刑（在嘴里灌入大量水，造成窒息感，模拟溺水的痛苦）。直到今天，这些酷刑审讯在一些国家仍普遍使用。

酷刑非常不人道，英国在 1215 年的《大宪章》中就明确规定禁止使用酷刑，到了 17 世纪、18 世纪，各国反对的声音也越来越大。但直到今天，酷刑仍没有完全消失，而是换了一种形式存在——刑讯逼供。其主要用途不是在没有证据的情况下定罪，而是为了获得更多信息用于佐证。换句话说，**酷刑被用作一种有罪知识测试，用于获取更多的关于案件的信息，如是否有同伙、凶器的去向等**。此外，著名哲学家 Francis Bacon，作为一名坚定的酷刑反对者，也认为在最严重的情况下可以公正地使用酷刑，比如涉及叛国罪，目的是及早发现或阻止危及国家安全的大阴谋。所以，英国在明确废除酷刑后，在 Elizabeth 时代又重新允许警方使用"刑讯逼供"。

不过，一般人不太了解的事实是：**无论是神裁法，还是酷刑，在很大程度上是在心理层面运作的**。特别是在近现代，审讯人员往往并不真正使用酷刑。成语"请君入瓮"就是一个最好的例子。当来俊臣将大瓮架在火上，对周兴说一句"宫内有人告发你，请你进瓮吧。"周兴马上磕头认罪。所以，要说服一个潜在的嫌疑人开口，第一个步骤不是立即施加酷刑，而是向他展示刑具，并信誓旦旦地表示如果他不招供，这些刑具都将用在他身上。对一般人来说都能想象这些刑具的残酷，因此当下唯一的打算就是立即和盘托出自己知道的一切事情，或者被屈打成招。但也有人意志非常坚定，或深知如果供认会招致更大的伤害，会无视这些心理胁迫，因而将不得不承受切实的折磨。

但无论如何，反对酷刑是人心所向、大势所趋。到了20世纪初的美国，警察已经不太敢使用非常残酷的刑讯方式。他们更多使用的方法包括：超过必要时长的拘留或隔离、不给食物和水、用强光照射、不允许睡觉或上厕所、用橡胶管和其他一些不会留下伤痕的器械鞭打、许诺招供后给予某些好处，等等。其中有些也许是不合法的，但只要嫌疑人签下一份声明，表示自己做出供述是自愿的，那么这份口供通常在法庭上都是可以被采纳的。

当时的哈佛大学心理学教授 Hugo Münsterberg 强烈谴责警察在审讯中使用上述的方法，认为虽然这些方法相对不那么残酷，但仍属于一种"软"酷刑，并将其称为"三级酷刑"（Third-Degree Torture），而这类审讯则被称为"三级审讯"（Third-Degree Interrogation）。

同时，越来越多的人意识到，"酷刑之下获得的供词是绝对真实可信的"这种信念是错误的。无数屈打成招的例子说明，酷刑虽能撬开人的嘴巴，但说出来的不等于事实。因为**当个体遭受酷刑时，为了让痛苦立即停止，除了招认事实，还可能会招认审讯者想听的任何话**。

1931年，美国总统下属的国家法律观察和实践委员会（National Commission on Law Observance and Enforcement）对警察的刑讯逼供行为进行了谴责，并呼吁立即进行改革。所以从20世纪30年代开始，在警界精英们的倡导下，美国出现了世界上第一次警察改革，倡导借助科学技术让警方办案逐渐专业化、技术化。而 Münsterberg 也乘势提出，新兴的心理科学可以帮助调查犯罪，当时最新的心理学技术（如催眠、测谎）就像"最微妙的心理机制的放大镜，通过它，犯罪心理可能会被揭开"。而测谎可能是其中至关重要的一种，其后来也成了美国警务实践中使用最广泛的心理学技术。

三、朴素科学思想的初萌

如今绝大部分人类社会不再需要依靠神的干预来伸张正义，并相信所谓的"超越人类的控制而听凭神意的安排"是一种假象。而从概率的角度来看，排除"神裁"因素之后就只剩下"偶然性"因素。因此，所有神裁法的准确率应在50%。但在实践中，其准确率可能远远不止50%。这些古老朴素的测谎方法虽然建立在迷信或某种宗教信仰基础上，但有些确实蕴含着科学原理以及智慧的光芒，所以使用起来也并不是完全无效。

现代科学已经发现，恐惧或压力会影响自主神经的活动，而自主神经又控制着人的唾液分泌。有罪者可能因恐惧而导致唾液分泌的减少，所以会导致口干，难以吐出嚼碎的生米或面包。我们并不知道古人在使用这一神裁法时，是否知道这一原理，但很有可能最初的灵感来自对生活的观察。因为日常生活的经验告诉我们：人在紧张或害怕时，会觉得口干舌燥，有时候会不自觉地舔干燥的嘴唇。也许正是因为这些人类的普遍经验，类似的口干测试广泛存在于各种不同文化的社会中。有的口干测试则相对残酷，通常是将某种烧热的物品（如烧红的刀刃、铁块）放在舌头上。如果这个人是诚实的，嘴里的正常唾液就会保护舌头不被烫伤。如果这个人在说谎，嘴巴会变干、导致舌头被烫伤。

同样，《汉谟拉比法典》中将嫌疑人投入河水中看其是否沉没来判罪的方法也有一定的道理：作为有罪者，由于心理紧张和恐惧，会导致肌肉紧张而不能很好地浮在水面；相反，无辜者没有紧张情绪，肌肉放松则会浮在水面上。

而《斯蒂芬·杜尚法典》通过观察烫伤的伤口愈合情况来判定是否有罪，这也可以用当代科学研究的发现加以解释。真正的有罪者由于害怕事情败露，整日提心吊胆，处于长期的恐惧和焦虑中；而现代心理学的研究表明，长期处于紧张情绪下往往会导致个体出现身体上的溃疡或是伤口不易愈合。而天平审判也可能有着同样的原理，有罪者在两次称重之间，因为心理活动更多，新陈代谢会更多，从而体重变化更明显。

总之，无论是神裁法、还是酷刑，抑或是之后的三级酷刑，其实都是用来确定某人的思想、记忆和意图的真实性。所以，从某种角度看，它们都属于谎言的不同检测形式。但它们的共同之处在于：都与身体有关，这导致在未来漫长的人类历史中，**谎言、身体和追求真相一直纠缠在一起**。不过历史上还有一些测谎的方法不依靠身体，而是直接运用人类的高级心理——智慧。

第二节　智慧型测谎

如果说神裁法是人类认识水平不足时所采用的"最理想"的甄别真假的方法，那么随着认识水平的提高，人们逐渐放弃了无法用理性解释的神裁法，而转向依靠自己的智慧来测谎。

一、诈术

一旦谈到智慧，人们往往会第一时间想到所罗门王。作为古代以色列联合王国的第三任国王，所罗门王以智慧著称，被认为是当时世界上最聪明的人。有一则故事将其描绘为一位公正且智慧的统治者，这就是著名"二母争子"案。

有一天，有两个妇人来见王，站在他面前。其中一个妇人说："我和这妇人同住；她与我在房子里的时候，我生了一个孩子。我生了孩子以后的第三天，这妇人也生了一个孩子。我们住在一起，除了我们两个人在房子里以外，再没有别人与我们一起在这房子里。夜间，这妇人睡觉的时候，压死了她的孩子。她却在半夜，趁着婢女睡着的时候起来，从我身旁把儿子抱去，放在她的怀里；又把她死了的儿子放在我的怀里。第二天早上我起来，要给我的儿子吃奶的时候发觉他死了。那天早晨我仔细察看后，发觉他并不是我所生的儿子！"另一个妇人说："不！活的儿子是我的，死的儿子才是你的。"但这一个妇人说："不！死的儿子是你的，活的儿子才是我的。"她们在王面前彼此争辩。王说："这个妇人说：'活的儿子是我的，死的儿子才是你的'，那个妇人却说：'不！死的儿子是你的，活的儿子才是我的。'"王就吩咐："给我拿一把刀来！"人就把刀带到王面前。王说："把活的孩子劈成两半，一半给这个妇人，一半给那个妇人。"那活的孩子的母亲因为爱子心切，就对王说："我主啊，把那活的孩子给她吧，千万不可杀死他！"另一个妇人却说："这孩子也不归我，也不归你，把他劈开吧！"王回答说："把活孩子给这个妇人，千万不可杀死他，这个妇人实在是他的母亲。"

在我国古代也有诸多智慧型的测谎方法，其中就有和二母争子案非常相似的记载。现存的元代杂剧《灰栏记》，讲述的就是包公巧断二妇争子的公案。但一般研究者均认为其来自汉代的真实案例。东汉应劭的《风俗通义》中就记录有颍川妯娌两人争儿，西汉丞相黄霸让两人各距10余步，自往取儿，弟媳恐伤亲儿，放手让大妇拉去。可见，与二母争子案不同，本案不是命令将孩子劈为两半，而是让两个母亲分别抓着孩子的头和腿，抢夺孩子。而放弃了争夺孩子的母亲，最后被判定为孩子的亲母。

以上案例正是利用了同一道理：孩子的母亲是永远不会让孩子受到伤害的，当孩子的生命受到威胁时，她们宁愿放弃自己的任何权利。

在古印度也记载着貌似神裁法，但实际上却是靠分析人的心理活动而测谎的方法，即神驴测试（Test of The Sacred Ass）（Matte，1996）。神职人员将所有的嫌疑人带到一间黑屋子前，并告知他们里面有一头神驴，说谎或有罪者拽住其尾巴时，驴就会嘶叫；而对诚实者则不会。因此，神职人员要求每个人都依次进入黑屋子拉一下神驴的尾巴。由于无辜者不害怕神驴会叫，都会按要求拉一下尾巴。而有罪者由于害怕，利用不易被发觉的环境往往不会真的去拉。而事实上，所谓神驴只是普通的驴子，并不具有神力，只是尾巴上被涂了黑色的涂料。所以，因心虚而没有拉驴尾巴的有罪者走出屋子时手仍是干净的，而诚实者手上则沾有涂料。据此，神职人员就能轻松断案。

从测谎研究的角度看，所罗门王的二母争子案及神驴测试可被视为早期**心理操控技术**的典型应用。它们通过操作情境，诱导被试出现特定反应，从而揭示其内心的真实意图。这种技术的核心在于利用心理学上的认知矛盾和情感驱动，以激发个体的相应反应，从而达到获取信息的目的。所罗门王并未依赖直接的证据，而是通过设计一个极端决策情境（将孩子劈成两半）来观察两位母亲的反应。而神驴测试则是一种依赖神裁法背景或宗教信仰的测试，即被试深信神驴的神圣性。因此当其身处神职人员所设定的情景中，真正有罪的人会因心虚而避免触摸驴尾，而无辜者则无所畏惧。所以，它们在本质上都属于一种心理诈术，凭借情境压力和人类心理的自然反应特性来达到揭示真相的目的。与现代测谎技术（利用心理生理指标测谎）相比，它们更多依赖于情境设计和对被试心理操作，而非客观的生理数据。这种方法尽管不具有普适性，但仍揭示了早期社会中对心理与行为关系的深刻洞察。更重要的是，这里也体现了测谎行业内部一个隐秘且普遍的说法：**"越相信测谎就越容易被抓"**。

二、测谎石

在漫长的人类测谎探索中，真理之口（Mouth of Truth）是一个引人注目的特殊存在。它是一尊起源于古罗马时期的大理石面具，直径约 1.75 米，至今仍立于罗马圣玛利亚教堂的门廊内，以面孔张嘴的形象著称。一般认为，这个大理石其实是海神波塞冬的儿子特里同的面谱，所以被认为代表了神意。说谎的人只要把手伸进去，就会被咬掉。所以它又被称为"测谎石"。这可能是世界上现存的、最古老、也最有名的测谎仪了。

关于测谎石，最常见的说法是罗马君主为了检验大臣是否忠诚而设立，也就是现在所说的**政治忠诚度测试**。此外还流传着另一种说法——它是被用来检测**婚姻忠诚度**的。相爱之人将手放入真理之口，心中默念对方的名字 7 次。如果手没有被咬掉，能完好无损地拿出来，就证明是真爱。所以古罗马人用它来检测女性是否贞节。传说有一位罗马贵族，怀疑自己的妻子不忠，将其带到测谎石前。突然一位青年从人群中跑出来，亲吻这位妻子，并大声解释说，他因为同情这位可怜无辜的女性而忍不住献上"高尚之吻"。此后妻子才把手放入真理之口，并大声宣誓："除了我丈夫和刚才吻我的青年，从来没人碰过我！"最后她的手完好无损地取出，测谎石宣告她是清白的。但事实是，这位妻子确实出轨了，而亲吻她的青年就是其出轨对象。通过在大庭广众之下的亲密行为，这位狡猾的妻子成功地打败了测谎石！

这个故事似乎表明，即使是代表神意的测谎石也可能会出错。不过稍加反思就会发现，测谎石本身没有判决错误，只是因为人为操作而导致用它来测谎的人（神职人员）解读错了。所以，这台最古老的"测谎仪"也有与现代测谎仪一样的问题：**测谎仪本身并不会直接宣布"谁说谎"，而是需要有人来解读。**这是一个巨大的漏洞，而千年以后，一位名叫 Ames 的双面间谍也同样利用这一漏洞打败了测谎仪（参见第十五章）。

测谎石的存在告诉我们：对于测谎或揭露欺骗的需求并不是现代社会所特有的。从人类出现以来，为了维护自身或家族的利益，谎言、欺骗、背离契约等做法一直存在，也深深困扰着人类自身。虽然我们自己也会说谎、骗人，且为能骗过他人而暗中窃喜，但我们也都不希望与骗子共度时光，并尽量避开他们。鉴于此，寻找一种可靠的方法来识别谎言与欺骗的尝试，和人类的历史一样古老。测谎石的存在正是一种佐证。

三、察言观色

公元 1906 年（光绪三十二年），上海广智书局出版了小说家吴趼人（1866－1910）的小说集《中国侦探案》，其中记载了一个破案传奇。清苑县有兄弟二人分家而居。弟弟财产挥霍一空，生活困苦；哥哥经常周济弟弟。哥哥年已五十，只有一子，娶某女为妻。一次，弟弟的妻子到哥哥家借贷，哥哥的儿媳在做饭，此时哥哥的儿子正好外出回来，吃了一碗饭，当即七窍流血而亡。官府将死者妻子抓到公堂，严刑审问，她受刑不过，便供为"因奸谋杀"，并乱指某甲为"奸夫"。后来某县令奉命复查此案。他先阅案卷，又讯问了有关人员，得知儿媳平日孝敬公婆、夫妻和睦，也从未发现她与某甲有往来。最后又讯问了死者的叔叔、婶婶，了解了当时的情况后，县令对左右说："明天再问一次就会案情大白。"第二天，县令升堂，传来所有人后说道："昨天夜里，死者托梦告诉我，毒死他的人右手掌会变青。"县令边说边看了众人一眼。又说："死者还说，毒杀他的人白眼珠会变黄。"说完又详细打量众人，忽然拍着桌子指着弟弟的妻子说："杀人者就是你！你自己已经供认，还想抵赖吗？""我说杀人者右手掌颜色会变青，别人都泰然自若，只有你急忙看自己的手，这是你自己招供了；我说杀人者白眼珠会变黄，别人都泰然自若，只有你丈夫急忙看你的眼睛，这是他替你招供了。你还抵赖什么！"说完，便准备动刑，弟弟的妻子迫不得已只好供出实情：原来弟弟夫妇早就存心侵吞哥哥的财产，每次去哥哥家都身藏砒霜。那天偷偷将砒霜放入饭中，本想毒死哥哥全家，没想到死者先吃了一碗，首先受害。一大冤案，仅过了两堂，寥寥数语便全部昭雪。大家纷纷赞其"神明"，县令说

"我不是什么神明，只是掌握了四字诀而已"。"什么是四字诀?""**察言观色**。"

这个案例和神驴测试有些相似，都是操作一个情景，"诈"出有罪者的特定反应。但不同的是，本案例更强调的是对有罪者的反应要有仔细的观察力，即**通过观察人们的言行和表情来判断真相**。县令注意到其他人都很镇定，但有一个人急忙查看自己的手，这就像是在不自觉地承认自己的罪行。同时，此人的丈夫急忙看着她的眼睛，这就像是在代替她承认罪行。可见，还有一个很重要的测谎策略——**将其他人作为比较标准，才能判断观察对象的反应是否异常**。

事实上，我国从奴隶社会就开始发展出来了一套完整的察言观色的测谎方法，即通过全面系统的分析，辨别诉讼中真假的"五听"技术[1]，具体如下：

（一）察色判断

察色判断，是指通过观察当事人的表情和神色，判断其有无异样，从而发现案件疑点，为查明案件真相提供线索。察色判断要求法官深入地洞察当事人每一个细微的神情，敏锐地把握其中的端倪，从而为发现案件真实奠定基础。

（二）闻声判断

闻声判断，是以心理学为依托，依据一般情况下正常人所表现出来的心理状态，通过聆听当事人的声音（如哭声）来判断案件的蹊跷，从而为查明案件真相提供线索。

（三）言辞判断

言辞判断，是指通过甄别当事人的陈述或供词，发现其中的真伪，从而为进一步调查取证和探明真相提供条件。

（四）情理判断

情理判断，是指司法官从一般人情、常理入手，通过探究案件事实中不合情理的情节，揭示其中的深层原因，从而查明案件的真相。

（五）事理判断

事理判断，是指司法官通过对一般事理即事物本身所具有的属性进行分析，揭示案件的疑点，为正确查明案情提供线索。

从中可以发现，所罗门王的智慧实际上是利用了"情理判断"，而"五听"技术则更为全面。它不仅提供了可以通过"事理""情理"识别谎言的原则，而

---

[1] 奚玮、吴小军：《中国古代"五听"制度述评》，载《中国刑事法杂志》2005 年第 2 期。

且提出可通过当事人的表情、陈述的内容，以及陈述的形式（说话时声音的高低、大小、是否异常等等）来判断真伪。而现代测谎方法，总体来说可分为三种：观察表情和行为、分析说话的内容、检查人的生理反应（如血压、心率等）（Vrij，1999）。而其中的前两种方法都已经被五听技术所纳入。

不过无论是察言观色还是五听技术，都带有很强的个人主观性，判断错误的可能性较大。但如果不是一个人而是一群人来断案的话，会大大降低错误的概率，这就是陪审团制度的由来之一。

第三节　陪审团与测谎

对于陪审团制度设立的原因，有些学者做了分析，认为是针对当时神裁法和立誓免罪的不足而设立的。关于神裁法，我们已经有所了解，它过于依赖宗教的力量。而立誓免罪，则过于简单。所谓"立誓免罪"，指的是较高社会阶层者可以通过发誓说自己没有犯罪来得到无罪的判决结果。不过这显然缺乏说服力，所以他需要找其他的人一起发誓，使得信度增加。而这些帮助一起发誓的人被称为"誓言助手"。"立誓免罪"的规则是：如果嫌疑人能够发誓，并能够召集一定数量的"誓言助手"共同发誓，那么他就有可能被免罪。"立誓免罪"是陪审团的早期形式之一，所以直到今天，陪审团仍保留着宣誓仪式。

到 20 世纪初，陪审团历经数百年的发展，已成为英美法系的核心。在刑事案件中，陪审团的主要职责就是定罪，也就是作出嫌疑人有罪或无罪的裁决，而具体量刑由专业法官负责。可见，定罪环节实质上是靠控（检察官）辩（辩护律师）双方向陪审团"讲故事"并举证，然后由陪审团评判谁讲的更可信的过程。而陪审团的核心作用就是确定控方、辩方以及相关证人的说法或"故事"的真实性。所以从某种意义上说，**陪审团就是法庭上的"测谎仪"**，肩负着辨别法庭陈述真实性的能力与责任。

一、保护陪审团

陪审团是由普通民众组成，如果排除其他因素，仅仅依靠自己的常识来担任事实的判断者，能力显然不足。所以，一直以来，对陪审团能力和公正性的担忧和抱怨都持续存在。有批评者收集了很多陪审团成员作出判断的理由："这个证人的非言语行为是自信，没有任何形式的视线闪躲"、"被告显得很局促，满脸通红地否认参与犯罪"和"作为死者的弟弟，他对自己姐姐的死亡，反应明显违背常理"等。

尽管陪审团制度更人道、更公正，但面对复杂、专业的情况则无法了解真相。最典型的例子就是关于轮胎磨损是否是导致车祸的真正原因。陪审团成员几乎不具备相关的专业知识，所以他们的判断显然会有问题。因此，法庭将专业人士作为证人引入，即所谓的"专家证人"。与此同时，法院为了避免专家证人篡夺陪审团的角色，划定了基本规则来保护"陪审团"，即无论专家证人在查明真相中更重要、更准确，都不能取代陪审团对案情事实进行综合判断，给出最后有罪与否的判决。

除此之外，我们在许多案例中还会看到，陪审团容易被一个"聪明的骗子"操纵，或者说一群"聪明的骗子"（如律师梦之队）操纵。一种极端的说法是：辩护就是向陪审团讲一个故事，陪审团觉得你讲的精彩，就会判你赢。

虽然陪审团在查明真相上存在着**不确定性**，但是英美法系仍坚持此制度。因为陪审团由社会一般民众随机组成，它代表了社会一般民众对正义观念和对该特定案件的看法，反映了社会普遍正义。同时陪审团是本社区居民，也代表了本社区的价值和规范。陪审团所具有社会和社区的正义力量让司法可以**忽略它在查明真相上的不确定性**。所以**陪审团是一个不需要证明自己测谎有多准就可以定罪的测谎仪**，而正是这一点使其从测谎实践的历史中脱颖而出，也让它有能力对其他测谎仪评头论足，即使它可能更容易出错。**它是最后的仲裁者！**

二、陪审团与测谎仪

早在 1930 年，一项刑事案件审判中，新生的指纹鉴定技术表明此案初审的陪审团判决是错误的。但法庭却排除了此技术结果，理由是它挑战了陪审团的权限，因为对于最终问题——被告是有罪还是无罪，最终的仲裁者是陪审团。而当指纹鉴定技术变成测谎技术时，这种矛盾则更加尖锐。因为测谎仪本身就是用来确定某人是否在承认犯行上说谎，也就是确认某人是否有罪，它与陪审团太相似了。正如 Vaughan（1998）[1] 引用了一名大法官的话："我们刑事审判制度的一个基本前提是陪审团是测谎仪。因此，确定证人证词的分量和可信度长期以来被认为是陪审团在处理每个案件时需要做的事情，陪审团被认为具备天生的智慧以及对人和人性的实际了解，因此适合做这件事。从本质上讲，测谎仪证据可能会削弱陪审团在可信度判定方面的作用。"

所以，测谎仪在法庭上并不讨喜，甚少被直接作为证据使用。即使案件涉及测谎仪，法官也会对陪审团发出如下警告："**陪审团的女士们、先生们，测谎仪相关的问题没有纳入本案中。已确定，在本案的审判中不接受测谎仪作为**

〔1〕 Vaughan D., "Rational choice, situated action, and the social control of organizations", *Law & Society Review*, 1998, 32 (1), pp. 23–61.

证据。"

Myers 和 Arbuthnot（1997）[1] 专门研究了陪审团成员对测谎仪的看法，不过使用的是模拟陪审团——美国俄亥俄大学的学生模拟陪审团成员。研究要求成员在四种证据的基础上给出裁定：

1. 法庭证据（在被害人公寓发现的毛发样本和指纹与嫌疑人相符）。
2. 医学证据（现场发现的精液与嫌疑人相符）。
3. 证人证言（一位目击者作证说他看见嫌疑人离开了被害人所在的那栋建筑，并且嫌疑人似乎在他的夹克里藏了东西）。
4. 测谎证据（表明嫌疑人有罪的测谎测试结果）。

研究的结果一点都不令人意外，陪审团成员总体上认为最后一项证据，即测谎证据最不令人信服。很多法官（如 Mcdavitt 案和 Scheffer 案，参见第十二章）也明确表示：之所以排斥测谎结论并不一定是因为觉得它不准确，而是它特有的"神秘色彩"可能会对陪审团有着无法控制的影响。

而"神秘色彩"则来自测谎仪在流行文化中的广泛传播。在电影、电视、小说中，测谎仪往往被塑造成绝对可靠的技术形象。当社会上出现一些有争议或一时无法确认真假的事件时，人们常常第一个想到的就是"上测谎仪"。而法庭担心这些虚构的测谎仪的形象，可能会影响陪审团成员的审判。

以上在历史中出现的形形色色的测谎例子，充分展现了人类早期对于谎言识别的兴趣和探索。尽管它们并不具备科学性，但已经蕴含着现代测谎技术的一些基本思想和原则：

1. 无论什么时代，测谎其实都是在人们缺乏充分证据，常规判断方法失效的情况下才被使用。
2. 基于对身体或行为的实际观察，然后推论其心理状态，从而甄别真假或有罪与否；但测谎测试本身并不会直接宣布"谁说谎"，需要有人来解读它。
3. 这些待观察的身体或行为表现大多不是被动等待它们出现，而是通

---

[1] Myers B, Arbuthnot J.，"Polygraph testimony and juror judgments: A comparison of the guilty knowledge test and the control question test 1"，*Journal of Applied Social Psychology*, 1997, 27 (16)，pp. 1421-1437.

过特定的仪式或方法引发（如将人投入水中）；或者通过制造特定的情景来操控被试认知和心理（如诈术）。

4. 为了更好地找到说谎或有罪的线索，需要有一个比较的基线。即人与人相互比较，如果其中一人与他人有着明显的不同，那么他就是说谎或有罪的。

此外，我们还可以发现：**心理活动和生理反应存在着很强的联系，且不易控制**，因此"这些活动常被看成是现代测谎技术的先声"（Lykken，1998）[1]。

---

〔1〕　Lykken，D. T.，*A Tremor in the Blood*: *Uses and Abuses of the Lie Detector*，Plenum Press，1998.

第二章　前科学研究

　　基于第一章所述的早期测谎尝试的经典案例，可以肯定的是，无论是根据对方的非言语行为，还是分析其具体的言语内容，测谎都极大地提高了人类在明辨是非上的主动性。同时，因为已经具备了一定的科学理论的指导，人们在作出最后的判断结论时也更有信心。但是，前述测谎方法的信度与效度确实难以令人信服，因为基本都是建立在观察的基础上，缺乏标准化，尤其是缺乏扎实的理论基础。目前的实证研究充分证明：只凭借直接观察和主观经验判断，个体很难准确地辨别说谎与虚假陈述（Bond et al.，1985）[1]。研究发现，这些不能胜任识别谎言任务的个体不仅包括普通大众，也包括了专业人士。也就是说，我们一般认为具有良好识别谎言经验的个体，如警察、法官、心理学家以及其他相关专业人士，通过观察对方的表情、动作等，然后根据经验而不借助任何客观工具或手段就能判断出对象是否说谎的判断的准确率实际上是非常低的，几乎都在50%的偶然概率值上徘徊。以 DePaulo 和 Pfeifer（1986）[2] 的研究为例，研究选取了3组被试，分别为大学生组、无经验的执法人员组和有经验的执法人员组。向被试提供一段录音资料，内容是个体面对陪审团的询问做出回答的过程。然后要求被试根据自己的经验来判断这一个体是否说谎。结果发现，无论是学生与专业人员（包括有经验和无经验的执法人员）之间，还是有经验的执法人员与无经验的执法人员之间，在识别谎言的准确率上都没有表现出显著的差异。

　　显然，仅依靠直接观察来识别谎言的方法并不理想。随着19世纪物理学、心理学和生理学的快速发展，测谎技术的系统化开发与应用具备了必要的仪器支持和实验方法。正是在这一背景下，一种基于医学仪器（更准确地说，是生理信

---

　　〔1〕　Bond Jr C F, Kahler K N, Paolicelli L M., "The miscommunication of deception: An adaptive perspective", *Journal of Experimental Social Psychology*, 1985, 21 (4), pp. 331–345.

　　〔2〕　DePaulo B M, Pfeifer R L., "On-the-Job Experience and Skill at Detecting Deception 1", *Journal of Applied Social Psychology*, 1986, 16 (3), pp. 249–267.

号采集设备）的测谎方法应运而生。这种方法以其标准化和客观性优势，推动了人类在谎言识别领域的研究与实践迈出重要一步。

第一节　科学主义思潮下的测谎探索

科学（Science）一词源自拉丁文"Scientia"，意为知识。在 14 世纪之前，科学研究主要以小规模的个人活动为主。然而，随着 14 世纪至 16 世纪文艺复兴运动的兴起，一批大学和科学院相继建立，科学活动逐渐走向规模化，并开始渗透到社会的各个层面。在这一过程中，人们逐渐认识到自身的价值，对神学的权威产生质疑，转而崇尚科学。到了 19 世纪下半叶，科学几乎占据了整个知识领域，人们普遍相信科学能够解释一切现象。在这种科学主义思潮的影响下，科学被视为衡量万物的标准，主张用自然科学的方法来探索世界的所有领域，而识别谎言的活动自然也被纳入科学研究的范畴。

一、以脉搏为证：把脉测谎

事实上，尽管神裁法在古代占据主导地位，但也存在一些极少数尝试使用科学方法测谎的案例。富有科学主义色彩的测谎实践甚至可以追溯到古希腊时期。大约在公元 2 世纪，著名医生 Galen 在治疗患者时有了一个有趣的发现。为了治疗一名女患者，他曾连续 4 天测量其脉搏。结果发现，在第 1 天和第 4 天，女患者提到她与一名男性舞蹈演员相爱，而在第 2 天和第 3 天，却提到了另一名男性舞蹈演员的名字。女患者在提到这两名男性舞蹈演员时，其脉搏速率是不一样的。Galen 之所以采用这种方法，是因为他通过解剖动物发现，动脉中流动的是血液，而非所谓"生命力"之类的神秘物质。他还观察到心脏跳动与动脉脉搏之间存在关联，并进一步提出了情绪的变化始于头脑，且可以通过生理变化（如脉搏的突然改变）来检测。基于这些发现以及女患者的案例，Galen 得出结论：**比较人的脉搏速率，可用来识别谎言。**

但 Alder（2007）指出，其实是希腊医师 Erasistrautus（公元前 300 年~公元前 250 年），而非 Galen 最先注意到用脉搏识别谎言。Erasistratus 是公元前 3 世纪塞琉古帝国的御医。当时，皇帝在妻子去世后迎娶了一位 16 岁的新皇后。然而，前皇后所生的儿子 Atiochus 却对继母产生了暗恋之情。由于身份的限制，他只能将这份感情深埋心底，情感上的痛苦使他的身体逐渐虚弱，最终病倒。Erasistratus 被召来诊治，在检查后发现 Atiochus 的身体并无异常，于是怀疑问题可能出在精神层面。在仔细观察 Atiochus 的精神状态后，Erasistratus 发现，当其他女性探望 Atiochus 时，其神情并无异常，然而每当新皇后出现时，他都会表现出脸红、心跳加速等恋爱中的典型反应。基于这些观察，Erasistratus 判断 Atiochus 患上了相思病，且暗恋对象正是他的继母。为了进一步验证自己的判断，Erasistratus 一边与 Atiochus 谈论新皇后，一边为他测量脉搏，结果脉搏的变化也证实了他的推测。事实上，Erasistrautus 已经发现心脏并不是如人所说的是思想的中心，而是类似一个血液泵。他还发现了大脑与神经系统的联系，并且是最早发现大脑与小脑区别的医学家之一。

1730 年，著名作家 Daniel Defoe[1] 在其名为 *An Effectual Scheme for the Immediate Preventing of Street Robberies and Suppressing All Other Disorders of The Night* 散文中提出，"把脉"是一种更有效的、更人道的识别犯罪人的方法。他写道："恐惧总是伴随着负罪而来，在小偷的身体里，**血液在颤动**（A Tremor In The Blood）[2]"。因此，他建议："抓住他的手腕，感觉他的脉搏……紊乱的心跳，不平稳的脉搏和突然的心悸将明明白白地承认他就是犯罪人，无论他是如何厚颜无耻或巧舌如簧。"不过，需要指出的是，在公元 1530 年伽利略第一个制造出了记录并显示脉搏速率的机械装置，该装置实际上是一个钟摆，能够显示脉搏速率（Alder，2007）。

而在一本 1906 年出版的描写中世纪风情的书 *Gesta Romanorum* 中，作者讲述了一个有趣的测谎故事。在当时（中世纪），一位贵族怀疑自己的妻子不忠，并向他的一位谋士讲述了自己的怀疑。这位谋士随后安排了一次测谎。在一次晚宴时，谋士坐在那位妻子的旁边，佯装与她交谈，并看似无意地将自己的手放在贵妇的手腕上。当谈话中提到怀疑是这位贵妇的情人的名字时，其脉搏立即变快，而当后来提到她丈夫的名字时，脉搏则没有类似的反应，后来妻子承认了自己的不忠行为（Trovillo，1939）。

尽管这些把脉测谎都没有借助任何仪器，但它们识别说谎或有罪的方法显然是医学科学的方法。而来自科技研究领域、社会学、文学研究、科学史和科学哲学的各类学者都已经确定，仪器测谎源于 19 世纪的生理学、心理学（特别是生理心理学）和犯罪学。因为 19 世纪见证了"技术文化"信仰的崛起，科学家们沉迷于发明各种仪器来测量和观察各种现象。当时生理学和医学也不例外，从 19 世纪 60 年代开始，欧洲生理学家开发了一系列测量和记录人体血压、脉搏和呼吸等特征的仪器。这些仪器可以帮助我们测量肉眼看不到的生理变化。

---

〔1〕《鲁滨逊漂流记》的作者。

〔2〕 "血液在颤动"这一说法后来成为测谎领域的一种经典说法，比如 Lykken 那本著名的测谎专著的书名就用了这一说法，参见第三章。

二、仪器！仪器！

虽然通过把脉来测谎是最古老、也是最常用的"科学"方法，但人类其实从来都没有放弃寻找一个客观（至少看起来是）、简单（最好能自动识别）、有效的测谎工具或仪器。从"烧红的匕首""神驴"到"测谎石"，无不体现了这种孜孜以求的探索。因为人类的"技术文化"信仰，让我们普遍相信："**机器能消除复杂性、怀疑和歧义**（Postman，2011）[1]。"终于在公元 1895 年，来自意大利的法医 Cesare Lombroso 发明了测量脉搏的仪器，并明确地将其应用于测谎活动中。

1. 脉搏：水压式脉搏记录仪

对世人来说，Lombroso 总是以"现代犯罪学之父"（Father of Modern Criminology）的身份被认识。他的"天生犯罪人论"可能是犯罪学史上最经典的理论之一了。不过很少有人知道的是，Lombroso 也被称为现代测谎技术的第一人。在其 1895 年出版的《天生犯罪人》（L'Homme Criminal）一书中，Lombroso 提到了利用水压式脉搏记录仪（Hydrosphygmograph，Hydro = Water，Sphygmo = Blood，Graph = Write）讯问嫌疑人的相关工作。当他向嫌疑人问及是否与案情有关或是否知情等问题时，以此仪器来测量和记录其脉搏或血压的变化。Lombroso 写道："众所周知，任何使心跳加快或减慢的情绪都会导致人的脸红或脸色苍白。这些血管舒缩现象完全超出了我们的控制。如果我们把手伸进**容积测量箱**，管子上记录到的液位水平会随着每一次脉搏的跳动而上升、下降。除了这些有规律的波动之外，我们还可以观察到与每个感官刺激、每个思想，尤其是每个情绪相对应的变化。"

可见，Lombroso 研究工作的"先进性"在于，他不再是像前人那样，通过用手把脉的方法来记录脉搏变化，而是利用了一种称为"**容积测量箱**"的仪器。至于何为容积测量箱，Lombroso 并没有做出进一步的说明。而后来的学者认为容积测量箱就是一个装满了水的箱子，被试将自己的一只手和部分胳膊浸入水中，并用橡胶膜密封水箱顶部。被试需要紧握拳头，为了保证能一直握着拳头，会要求被试握着一个小哑铃。这时候，脉搏的跳动会引起水箱里的压力的变化，表现出来的就是水箱里的水位明显而有节奏地升降。密封水箱顶部的橡胶膜能将这些水位的变化转变成外部连接的胶管内的空气柱变化，而这些记录的空气柱的变化会传送到机械记录装置上。不过还有一些人认为，从另一种仪器——容积测量手套，可以大致了解其工作原理，因为容积测量手套是容积测量箱的改进版。人将

---

〔1〕　Postman N., *Technopoly：The surrender of culture to technology*，Vintage，2011.

手戴进密封的橡胶手套里，而手套中充满了液体或空气。当人手部的血压变化时，手套中的水压或气压也会发生变化，并被记录下来。不过，无论是容积测量箱，还是容积测量手套，为了克服专业术语艰涩难懂的问题，一般文献会将其简化称为"水压式脉搏记录仪"（Alder，2007）。

在1911年的另一篇文章中，Lombroso 进一步详细地记录了自己利用测量脉搏成功识别犯罪人的一个经典案例。在测试中，Lombroso 利用水压式脉搏记录仪测试一名当时臭名昭著的窃贼 Bersone Pierre 的脉搏变化。Lombroso 发现，当嫌疑人被问及与铁路抢劫有关的问题时，仪器记录的数据没有显著变化。而当被问及有关盗窃机密文件的问题时，水压式脉搏记录仪记录到有14mmHg 的水柱下降，表明其血压下降。由此，Lombroso 得出结论，该嫌疑人有过盗窃机密文件的罪行但没有参与铁路抢劫。根据 Lombroso 的说法，这一测谎结论后来被证明是准确的（Trovillo，1939；Lombroso，1911）。因此，Lombroso 被公认为是**使用科学仪器成功测谎的第一人**（Reid & Inbau，1966[1]；Palmiotto，1983[2]；Grubin & Madsen，2005[3]）。

2. 血压：科学摇篮仪器

在 Lombroso 的研究中，多次提到了他的学生兼助手 Angelo Mosso。对一般公众来说，Mosso 远不如其导师 Lombroso 有名。但在心理学领域，情况可能恰好相反。因为在国内外各种《普通心理学》教材中，情绪相关章节一定会提到 Mosso 及其工作。"情绪"是一个完全属于心理学的概念，而 Mosso 则是第一个将情绪（主要是恐惧）与生理指标（主要是血量变化）直接联系起来，并用科学仪器测量获得数据加以证实的学者。而这些都源自 Mosso 早年的一个偶然发现。

1878 年，Mosso 报告了他在实验过程中用仪器记录到了在特殊刺激出现时被试发生的生理变化（Herbold-Wootten，1982）[4]。当时他正以一名因病而导致大脑部分暴露在外的女病人为实验对象，仪器突然记录到她的脉搏加快，同时发现其大脑的体积也变大了。而当时病人正安静地坐在椅子上，也没有任何外部环境

〔1〕 Reid, J. E., Inbau, F. E., *Truth and Deception: The Polygraph*（*"Lie-Detector"*）*Technique*, The Williams & Wilkins Company, 1966.

〔2〕 Palmiotto M J., "Historical review of lie-detection methods used in detecting criminal acts", *Canadian Police College Journal*, 1983, 7（3）, pp. 206-216.

〔3〕 Grubin D, Madsen L., "Lie detection and the polygraph: A historical review", *The Journal of Forensic Psychiatry & Psychology*, 2005, 16（2）, pp. 357-369.

〔4〕 Herbold-Wootten H., "The German Tatbestandsdiagnostik. A historical review of the beginnings of scientific lie detection in Germany", *Polygraph*, 1982, 11（3）, pp. 246-257.

的变化。Mosso 非常惊奇，马上向病人询问情况。病人报告说，她刚才突然看见对面书架上的一本书，书上印有头颅的图片，这让她想到了自己的病情。随后，Mosso 排除了其他因素（如噪音）的影响，确定是因为刺激（头颅图片）带来的恐惧情绪，导致了此被试血压以及大脑体积的变化。Mosso 还进一步发现，对于健康人其结果也一样，从而认为：**恐惧能带来人体血液的变化**（Trovillo，1939）。

在 Lombroso 的鼓励下，Mosso 开始致力于研究恐惧情绪对人体血液的影响。1896 年，Mosso 发明了一种名为"科学摇篮"（Scientific Cradle）的仪器，用来测量被试头部血量的变化，以深入研究情绪（主要是恐惧）与大脑血量变化的关系（Matte，1996）。科学摇篮也被称为"Mosso 摇篮"，其实是一个放在支撑点上的平衡板。当被试躺在平板上，调整至平衡状态时，突如其来的刺激（如巨响）会引发被试恐惧情绪。Mosso 认为这会导致身体血液涌向大脑，平板会因此失衡，向头部一侧倾斜，而科学摇篮可以记录这一变化。

研究最后发现，无论是病人还是健康人，其结果都证实了 Mosso 的假设：**恐惧能带来人体血液的变化**。他认为，这解释了为什么在情绪状态下，人会脸红。Mosso 的研究对现代测谎技术的发展具有非常重要的价值，因为恐惧等情绪变化可能是测谎理论基础的重要一环[1]。

3. 呼吸：呼吸描记器

除了脉搏，呼吸也是比较容易被作为测谎的指标。因为日常生活经验告诉我们，说谎时呼吸会紊乱。目前暂不确定谁是第一位提出使用呼吸测谎的人，但可以肯定地说，奥地利人 Vittorio Benussi 是第一位对测谎的呼吸指标进行系统、科学研究的人。他的研究结论至今仍是测谎技术的标准方法，因此其在测谎领域的地位非同一般。

1914 年，Benussi 在 Graz 大学担任哲学系的无薪教师（Privatdozent）时就发表了一篇文章《说谎中的呼吸特征》（*the Respiratory Symptoms of Lying*），报告了自己利用呼吸描记器（Pneumograph）对被试说谎时的呼吸特征进行研究的实验过程与观察结果。随后他辗转到意大利 Padua 大学任教。当时的 Padua 大学没有实验室，也没有任何实验设备，因此 Benussi 就将自己的研究重点放在不需要任何仪器设备的催眠技术上。对催眠研究来说，首要工作在于要确定被试是否真的进入了催眠状态。就此，Benussi 发现可以通过一些特征性的呼吸模式来辨别被试是处于催眠状态。这些相关的经历为 Benussi 后来研究呼吸打下了基础，所以

---

[1]　Gordon N J, Fleisher W L., *Effective interviewing and interrogation techniques*, Academic Press, 2019.

当他再次有了呼吸描记器后就开始着重研究呼吸的变化。所谓呼吸描记器其实就是一根有弹性的绕在被试胸部的管子。管子一端是封死的，另一端连着一根更细的橡皮软管，来记录、描绘被试每次吸气与呼气的变化曲线（如图2-1）。而现代测谎仪的呼吸传感器与此仪器的设计基本相同。记录的这条连续的、有规律变化的曲线，从左到右，上升的部分反映了被试的呼气过程（Inspiration），而下降部分则反映了被试的吸气过程（Expiration）。

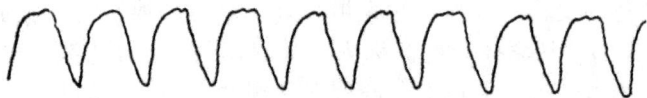

图 2-1　呼吸描记器所记录到的呼吸的变化曲线

　　Benussi 发现，正常情况下，相邻的一次上升曲线和一次下降曲线中（代表一次完整呼吸过程），上升曲线轨迹（Tracing）的长度是下降曲线轨迹长度的3/5。也就是说，在正常情况下，个体一次完整的呼吸过程中，吸气过程占 3/8，呼气过程则占 5/8，吸气与呼气过程的比值为 3/5。Benussi 将此比值称为呼吸比（Inspiration-Expiration Ratio，简称 I：E Ratio），而后人则将此比值称为"Benussi Ratio"（Herbold-Wootten，1989[1]）。而且 Benussi 发现，呼吸比会伴随情绪的波动而发生变化，即当人情绪稳定时，呼吸比是 3/5，而情绪波动时此比值可能就变成 2/6。并提出可基于此规律来测谎。因为当人说谎时，呼吸比会变小。Be-nussi 还采用"模拟犯罪研究"（Mock Crime Analog Study）来证明根据呼吸比测谎方法的准确性，并将其与行为观察测谎的准确性进行比较。研究结果十分理想，根据呼吸比作出的所有的测谎判断中只出现了两例错误：一例为有罪，另一例为无辜。Benussi 还对这两例测谎失败的案例进行了分析和讨论，发现是因为被试使用了反测谎（Countermeasure）——控制自己的呼吸。因此，Benussi 得出结论，如果排除这一干扰因素，通过呼吸比测谎的准确率可达 100%，而与此形成鲜明对比的是，通过行为观察测谎的准确率只是比猜测（50%）好一点。这项研究还有一个重要的贡献，即意识到了反测谎的存在（Matte，1980[2]）。据说 Be-nussi 还用脉搏记录仪做了一些测试，但是没有报告测试结果。

---

〔1〕　Herbold-Wootten H., *More About Vittorio Benussi*, Polygraph, 1989.

〔2〕　Matte J A., *The art and science of the polygraph technique*, Thomas, 1980.

1918 年，另一位科学家 Harold Burtt 基于 Benussi 的技术进行了分析，结果确定了呼吸变化是欺骗的迹象。但是 Burtt 还确定呼吸的变化在识别欺骗方面的价值低于血压（主要指收缩压）的变化，因而其认为在测谎上，记录呼吸轨迹的测量技术比记录收缩压的更不具诊断意义。

4. 皮电：电流计

早在 Lombroso 师徒关注脉搏和血压测量时，还有一些研究者将注意力放在了发现的"皮肤电流"或"生物电"的测谎可能性上。最早是意大利生理学家 Luigi Galvani，他最著名的事迹是发现已经死亡的青蛙身上似乎有电流。1791 年，为了让自己的发现"更科学"，Galvani 发明了以自己名字命名的仪器——电流计（Galvanometer）。该电流计以欧姆为单位记录身体电阻，是有史以来记录的最低电流。

1878 年，Adamkiewicz 第一个报告了关于汗腺分泌与心理活动密切相关的实验发现。随后不久，德国的医学和心理学家 Georg Sticker（有时也被拼写为 Georg Stahler）使用当时仍不太成熟的、由 Galvani 发明的电流计来测量人类的皮肤电流现象（Galvanic Skin Phenomenon）（"皮肤电流"，以下简称"皮电"），并用于测谎（Trovillo，1939）。Sticker 发现："皮电现象的变化受兴奋情绪的影响，且不受意识的影响。"（Alder，2007）换句话说，Sticker 认为皮电现象主要有两个特点：一是其变化与情绪相关。皮电现象能够反映情绪的变化，尤其是能反映与焦虑、紧张或压力相关的情绪。而这些情绪状态在回答某些敏感问题时，可能会因个体说谎而被激发。二是其不受意识控制。皮电现象的变化是由情绪波动引起，而非由个体有意识地控制的，但能通过电流计检测到。这一观点强调了生理反应和心理状态之间的关系，也为后来的心理生理测谎仪的研究提供了理论基础。基于以上认识，Sticker 声称皮电现象在发现情绪方面具有惊人的可能性，可以利用它来判断某人是否诚实。1897 年，Sticker 带着电流计出现在法庭上，用它所测量的数据来推测个体在法庭上的陈述是否可信。可以说，**Sticker 是法庭上使用生理学手段进行谎言检测的第一人**，他也是最早将皮电指标与测谎联系起来的先驱之一。而直到今天，**皮电仍然是测谎中最核心的指标，其重要性能达到 50%～100%**。

到了 1907 年，Veraguth 发表了利用更为精准的电流计研究皮电与情绪关系的结果，并且为这种皮电现象取了一个更专业的术语"心理皮电反射"（Psychogalvanic Reflex），并且认为其是由汗腺活动引起的。他观察到，在出现关键刺激时，电流计描绘的曲线呈上升趋势，而出现非关键刺激时，曲线呈平稳趋势。Veraguth 还特别指出了一个细微的发现：对关键刺激而言，第一次出现时引起被试的皮电变化要大于这一关键刺激以后出现时的皮电变化[1][2]。

虽然 Veraguth 不是对皮电指标进行实验研究的第一人，但他是第一个提出**心理皮电反射这一概念的人，其明确地将"心理"一词纳入实验指标**。此外，在他的论述中，使用了"关键刺激"等心理学的术语。这些都反映了心理学在当时的兴起。而按照 Matte（1996）的说法，Veraguth 是最早将**字词联想测验**与电流计测量结合起来的科学家，因为他所使用的刺激其实就是单词。

三、心理学来了：从生理到心理生理

1879 年，著名的英国学者 Francis Galton 发明了字词联想测验（Word Association Test，WTA）。其方法是向被试呈现一个单词（以听觉或视觉方式呈现），然后要求被试尽快地说出他头脑中第一个浮现的单词。Galton 的 WTA 后来被实验心理学创始人 Wilhelm Wundt 发展成一种标准的心理学研究的实验范式。而 Galton 本人更是尝试将 WTA 直接应用于识别嫌疑人是否有罪的司法实践中。具体方法就是将与要探测的犯罪事件有关的单词混在与犯罪事件无关的单词中，然后随机呈现给被试，要求被试尽快说出他联想到的第一个单词，并观察被试的反应。其假设为：相较于与犯罪事件有关的单词，无辜者在与犯罪事件无关的单词上的反应时与前者[3]之间没有差异。而对于有罪者，由于相关单词会引起内心冲突，并试图说出一个不让自己暴露的联想单词，这样就会延长反应时。当然，有罪者还会出现其他一些特异反应：反应时过短（有所准备）、重复相关单词、没有反应、身体动作异常，等等。至于效果如何，我们可以从 Galton 本人的描述中自己判断："**它通过特异的反应将个体的内心想法赤裸裸地展现出来，比起本人所想告知世人的情绪情感更生动、真实**（Trovillo，1939）。"

可见，Galton 与 Lombroso 等人相比，虽然都试图用当时新兴的科学来探索测谎，但其探索的重点并不相同。Lombroso 等人尝试证明说谎与生理指标之间的密切关系，并运用科学仪器而非肉眼观察来采集被试的生理变化，但在刺激呈现的严谨性上有所忽视。而 Galton 侧重于对个体心理的观察，但因依赖被试的口头报告，难免有过于主观的质疑。但是他对刺激呈现的标准化尽显心理学研究的要义。事实上，两者展现了测谎技术发展中的两大主线的开端：一是测谎所依赖的

---

[1] Veraguth O., "Das psycho-galvanische Reflex-Phänomen, European Neurology", 1907, 21 (5), pp. 387-406.

[2] Lockhart R A., "CG JUNG: A Forgotten Psychophysiolooist Remembered", *Journal of The American Polygraph Association*, 1975 (18).

[3] "反应时"是个心理学术语，指的是从刺激出现到被试做出反应所需的时间，所以它更为确切的表达为"反应潜伏期"。英文为 Reaction Time，RT。

生理指标的选择及其测量；二是通过刺激编排（即之后的问题编排）来实现心理操控。

但当时这两大主线并未结合起来，而结合工作是在 1904 年由德国学者 Max Wertheimer 和 Julius Klein 明确提出并予以解决的。他们发表了一篇名为《心理实施诊断》（*Psychologische Tatbestandsdiagnostik*）的论文[1]，文章的开头就提出了一个问题："不借助个体的供述就不能诊断出他是否具有某一犯罪行为吗？"他们在文章中提出了解决这一问题的方法，即建议使用 WAT 的心理学测验方法，结合生理记录仪器，如 Lombroso 等人所使用的仪器，来解决这一问题（Herbold-Wootten，1982）。

1910 年，当时著名的瑞士心理学家 Carl Jung 也尝试将测量皮电的电流计与 WAT 实验范式进行结合。向病人提问一个单词如"医生"，然后让其马上说出联想到的单词，如"护士""医院"等。同时，Jung 还记录下了其皮电的变化。不过，Jung 主要是想比较罹患癫痫的病人和正常人的区别，与有罪或说谎并没有直接的关系。但是它巩固了用仪器"检测"个体心理状态的思想基础。从"测量生理"到"通过测量生理检测心理"是一个质的飞跃。

四、视觉测谎：天生犯罪人

除了以上生理心理学、心理学的探索，还有很多学者认为，现代测谎仪的出现还与当时的犯罪学以及人们对犯罪人的认识转变有关。19 世纪之前，人们普遍认为人之所以犯罪是道德败坏或自由意志选择的结果。但实际上，从古希腊开始，还存在着所谓的"面相学"（Physiognomy），主张人的面相可以揭示一个人的道德、性格或心理。如 Plato 就曾提出"凡面黑者大多有为恶的倾向"。在文艺复兴时期，面相学开始变得越来越重要。而随着生理学和解剖学的出现，尤其 19 世纪生物犯罪学的兴起，面相学的范畴逐渐扩展到了人的颅骨。其中 Franz Gall 提出的"颅相学"（Phrenology）观点尤为著名。他认为人的颅骨形状和大小与其性格、行为以及心理状态有着密切关系。如果一个人的颅骨在某些区域突出或扁平，那么这个人可能具备某些犯罪倾向或不道德行为。当时还发明了一种很流行的测量颅骨的仪器。一个金属头盔戴在头上测量颅骨各区域的形状，然后一份详细的报告会打印出来说明被试的各种倾向。

此理论不仅支持了生理决定论，也为"天生犯罪人"这一概念提供了理论基础。即前述的"科学仪器成功测谎的第一人"Lombroso 和他的"天生犯罪人

---

〔1〕　Wertheimer M，Klein J.，"Psychologische Tatbestandsdiagnostik," *Archiv fur Kriminalanthropologie und Kriminalistik*，1904，15，pp. 72-113.

论"。该理论认为犯罪行为不是个体的道德选择，而是由生理，特别是颅骨和大脑结构上的异常所决定的。犯罪人的生理特征具有某种"原始"的标志，比如额头突出、下巴短小、耳朵异常等，这些生理差异使得他们比正常人在心理或性格上更邪恶。所以他们犯罪是不可避免的，即"天生犯罪人"。也就可以理解Lombroso为什么会用"水压式脉搏记录仪"识别谎言，因为这是Lombroso通过测量个体的各种生理缺陷来寻找先天犯罪痕迹的另类尝试。

如果这种概念是科学的，那么只要我们将那些天生身体或颅骨异常的人找出来，社会将不再会有犯罪。这种观点在当时风靡一时，正如Bunn（2012）所指出的："天生犯罪人概念像一个色彩丰富而另类的毯子，它将科学测量数据与民间说法智慧地编织在了一起，将科学技术进行了富有想象力的使用，去幻想实现一个无犯罪社会的梦想。"[1] 可见，人们热衷于追求一种通过视觉观察个体的外观来测谎的方式。而技术设备可以测量到人的肉眼看不到的细微差异或变化。

如今这种学说已经被证明是错误的，即使它看起来很科学，但我们也将之称为"前科学"。不过它开创了一种从生理科学借用技术或仪器来检查犯罪心理状态的可行性方法。在这里，识别谎言或有罪的不再是证词，而是我们的身体。虽然与神裁法有些相似，但它使用的是实质的仪器。就像医生用温度计来确定是否有发烧；犯罪学家或犯罪心理学家似乎也可以用仪器来确定是否有说谎或具有犯罪心理。

第二节　科幻小说中的"读心术"

虽然公认的说法是，现代测谎仪源于19世纪的心理学（特别是生理心理学）、生理学和犯罪学，而当时顶级的心理学家、犯罪学家、生理学家发挥了重要的先驱作用。但这一说法并不完全对，因为它忽视了科幻小说家在测谎事业发展中的努力。

2003年10月，美国公共电视网和著名科学杂志《连线》（Wired）做了一期节目，介绍了当时最新的测谎技术。节目的宣传广告简明扼要且强调："我们将读心术变成了一门科学"。节目还声称通过大脑成像技术，不仅可以可视化大脑生理结构，还可以可视化思想。可见，不论何时，人类对于测谎技术的终极梦想，也是长久以来追寻的"终极杀器"——"读心术"。换句话说，我们想象这

---

〔1〕 Bunn, A., "The concept of the 'born criminal': A historical overview and critique", *Journal of Criminology*, 2012, 45（2）, pp.102-118.

一技术可以做到像广告文案所承诺的：**读取（可视化）我们的思想**。但是到目前为止，现实世界的测谎仪与之相去甚远，"读心术"仍只存在于科幻小说里。而人们关于"读心术"的想象在很大程度上来自 20 世纪 20 年代兴起的**侦探主题科幻小说**。之所以是这个时期，是因为**这类科幻小说几乎与现实中的现代测谎仪同时诞生，但更为超前，其带有强烈的科幻色彩**。当时西方世界还迎来了第一次警察改革，倡导使用科学技术来打击犯罪（见前述）。这使得不少人对"神奇而科学"的打击犯罪技术着迷，如"测谎仪""真相血清"（吐真剂）。

与此同时，**心灵感应理论**被普遍认为是一种科学（其实并不是），而且相当流行。该理论认为人在思想的同时会产生一种能量波动，波长不同，类似电报码，通过它们就能读取人的思想，完全不需要语言，而且可以远距离传播。测谎专家 Backster（参见第三章）后半生离开了测谎领域，转向研究的新领域就是心理感应。

当时德国学者 Hans Berger（1929）发现了人类大脑皮层存在着电位变化，并通过贴于头皮上的电极收集电信号，经过滤波、放大等过程得到了波形图谱（如图 2-2），Berger 将其命名为脑电图（Electroencephalogram，EEG）。按照科幻小说的描述，就是"思想可以被机器读取，并将其转化为图像"。

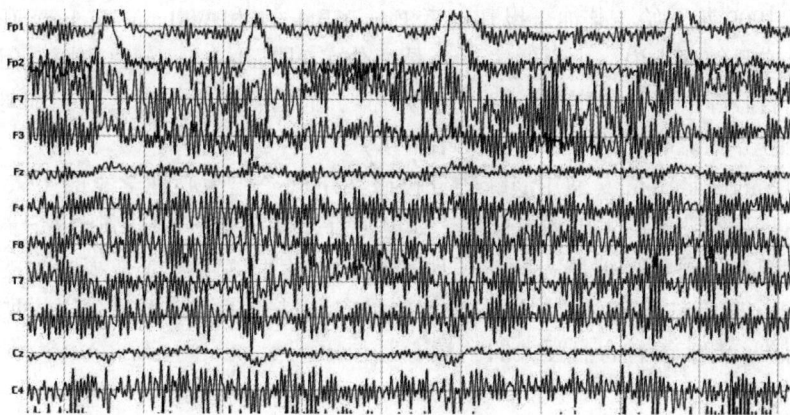

图 2-2　Berger 获取的波形图谱 EEG

这个时期的代表性的科幻小说包括：Upton Sinclair 的《心理电台》（*Mental Radio*）（1930 年）、Merab Eberle 的《思想翻译机》（*The Thought Translator*）（1930 年）、Paul Ernst 的《来自大脑的井》（*From The Wells of The Brain*）（1933

年）、Stanley Weinbaum 的《理想》（*The Ideal*）（1935 年）、Alfred Bester 的《被毁灭的人》（*The Demolished Man*）（1951 年）、Jack Finney 的《天外魔花》（*Invasion of The Body Snatchers*）（1954 年），等等。

不过，从测谎科学史的角度来看，20 世纪的侦探主题科幻小说都在宣传超出当时科技水平的测谎的可能性。从犯罪心理学和测谎的角度，这些科幻小说的叙述可以总结为以下四点：

1. 思想是一种能量，能量是可以测量的，所以通过机器可以让思想转化为声音和图像，让思想可测，让思想可见。

2. 在违背个人意愿的情况下，思想仍然可测、可见；并且难以操控，甚至连本人都无法改变。

3. 原始、兽性和危险的思想存在于隐藏的自我之中以及大脑的古老脑区中。

4. 在刑事司法案件中，思想可以作为主观故意的证据。

为了更好地理解，我们将介绍几部非常有代表性的与测谎相关的侦探主题科幻小说。

一、作为侦探的心理学家

从 1909 年开始，芝加哥报刊记者 Edwin Balmer 和 William Macharg 在汉普顿杂志上连载侦探小说。小说的主人公是一位名叫 Luther Trant 的侦探，但他同时也是一名心理学家。故事是以芝加哥为背景，而巧合的是，现实中芝加哥马上将成为全世界测谎研究的中心（参见第六章）。

与 Sherlock Holmes 使用演绎法分析破案不同，作为心理学家的主人公 Trant 依赖一些我们熟悉的生理测量仪器，如电流计、体积描记器、呼吸描记器等来破案。在调查公司职员被杀一案中，他利用血压计来测量可能是嫌疑人的公司总裁。Trant 向该总裁展示了测试图谱，并且向其进行了详尽解释，以说明血压计看似简单，却有着神奇且强大的"读心"作用：

如果我把它放在这里，我会告诉你它是多么完整，多么无情。如果在记录显示是在标记为"1"的位置，说明你的脉搏和呼吸变得急促，你对我的问题有点惊慌失措；如果在标记为"2"的位置，说明你的焦虑和恐惧增加了；而如果是在位置"3"，就会认定你有罪。你眼睁睁看着这些出卖你的曲线，但是却无法阻止……虽然你外表不为所动，并屏住了呼吸，但你的脉搏却惊恐万分……Welde 先生，这些都将作为本案的证据，连带我作为测谎师的证词，都将放到陪审团面前。

二、思想翻译机

Merab Eberle 的《思想翻译机》是 1930 年发表的一篇短篇科幻小说。科学家 Alfred Mcdowell 发明了一种新仪器，并且是便携的。它可以将思想转化为可见的图像和声音，但小说没有叫它"读心术"，而是给了一个更贴切的名字："思想翻译机"。

Mcdowell 使用自己的这个设备，帮助调解三位好友之间的误会。他们分别是法官、法官的青梅竹马 Alicia，以及一名记者。翻译机可以将思想翻译成三种可见的形式：噪音、语音和图片。

噪音：是"各种混在一起、无法区分的声音"，反映了思想的混乱。

语音：当法官的思想被翻译成语音时，"声音非常清晰，是他迄今为止未说出口的想法"，以至于"他开始回过头来，惊讶、困惑——反复确认自己的嘴巴并没有在动"……并解释说"这不是我的声音，是我的想法充满了房间"。

图片：当思想被转化为图片时，被投射到实验室的南墙上。这些图片"一一浮现成清晰的图像，然后褪去。先是孩子，然后是大人……"

三位好友都曾努力防止思想的自我暴露，保持沉默，"紧紧地闭上了嘴唇"。但很遗憾，思想不是那么容易沉默的。只要思想在，机器就会自动翻译，完全不受本人身体控制的影响。所以，它可以拯救人类："通过使用它，无辜的人永远不会被绞死，或被送上电椅冤死。正义找到了出路。"

通过"思想翻译机"，三位好友建立了更真实、更明朗的生活：法官终于明白了几十年前 Alicia 拒绝他追求的原因；Alicia 也知道了自己是如何被最好的朋友欺骗，从而错失了真爱；而记者则明白了哪些信息适合向公众报道。

三、心灵感应式的读心术

Alfred Bester 的《被毁灭的人》（1951 年）曾获首届世界科幻大奖"雨果奖"，所以被认为是最出名、也最经典的科幻小说。与《思想翻译机》不同，前者将思想翻译分为声音和图像，而后者则是翻成图片和象形文字。

小说想象的世界是 24 世纪的纽约市，因为拥有一支"超能力"警察系统，他们用心灵感应来监控思想、情绪和意图，让纽约市几乎无人犯罪。他们的"心灵感应能力不是先天的，而是将具有生物潜质的优秀个体通过适当的培训获得的"。企业巨头 Reich，因为患有精神疾病以及潜在的欲望，谋杀了自己的竞争对手，并试图逃避心灵感应警察的侦查。而负责此案的警察具有将对方的思想翻译成图片和象形文字、看到他人身上真相的能力。这种"最新的读心能力超过以前过时的测谎仪"，最终通过它认定了凶手。

从心理学的角度看，这里心理感应式的读心术与 Mcdowell 的思想翻译机有着很大不同。思想翻译机只检查意识的水平，主要是把我们藏在心里的话表达出来。但心灵感应警察的读心术还会检查那些藏在大脑深处的、隐秘的、兽性、原始和危险的无意识内容。

四、大脑扫描测谎仪

20 世纪末，科学技术进一步发展，功能性磁共振成像（Functional Magnetic Resonance Imaging，fMRI）技术出现并开始应用。这一技术利用了血氧水平依赖（Blood Oxygenation Level Dependent，BOLD）效应。在大脑血管的血液中，去氧血红蛋白（Deoxygenated Hemoglobin）是顺磁性物质，氧化血红蛋白（Oxygenated Hemoglobin）是逆磁性物质。实验证明，大脑某区域活动增加时，此区域的血氧成分和血流量增高，静脉血中去氧血红蛋白数量亦增多。顺磁性的去氧血红蛋白可在血管周围引起局部磁场均匀性的变化。通过测量大脑区域磁场均匀性的变化来了解血流含氧量的变化，从而可知大脑各区域即时的活跃情况。所以，简单理解，磁共振成像就是来测量大脑各区域活跃程度的，因为相对无创，所以被称为"功能性"。对于这个技术，我们普通人最了解的便是在医院做身体检查时的磁共振检查。

受 fMRI 的启发，1996 年美国作家 James Halperin 出版了科幻小说《测谎仪》（*The Truth Machine*）。小说幻想的是 2024 年的世界，神童 Armstrong 所发明的阿姆斯特朗大脑意象扫描仪（Armstrong Cerebral Image Processor，ACIP）在众多的测谎仪中脱颖而出。ACIP 是一个类似 fMRI 的仪器，对大脑进行扫描，如果识别为"说谎"就会亮灯。ACIP 扫描在社会中无所不在，让所有谎言和欺骗无所遁形，"重塑了人性……2000 年全国凶杀案的死亡人数超过 45 000，而 2037 年不到 500，而且都不是有预谋的凶杀。"ACIP 还帮助人们纠正了以往有关爱的一些错误认识，如"真爱会让人将爱人的需求置于自己的需求之前"这种认识，经过 ACIP 测谎发现，这是个彻头彻尾的谎言。ACIP 如此强大，最后的结果就是**"很少有人会费心去看 ACIP 的灯了。被试只要知道将接受 ACIP 就说实话了"。**这就是所谓的**测谎的威慑作用**，事实上前述酷刑时就提到了此作用，在后文的人事筛选测谎中也还会看到这种效果（参见第十三章）。

而文学作品的戏剧性就在于，人们发现 ACIP 有一个致命问题。它的发明者

Armstrong 多年前曾犯下杀人罪，但他修改了 ACIP 的程序，使其不能查出自己的谎言。最终，Armstrong 牺牲了自己保全了 ACIP 和整个国家的利益。《测谎仪》虽然是一部科幻小说，但并非完全是天马行空。在小说写作的时期，其实已经有科学家开始尝试用 EEG 和 fMRI 之类的技术来测谎（参见第六章和第十六章）。

除了这些来自小说家的代表作品，还有一些测谎人士跨界操刀。可以想见，他们的动机几乎都是为了宣传测谎仪。如测谎专家 Keeler（参见第三章）的妹妹 Eloise 为了推广她的哥哥，在 20 世纪 30 年代写了一个短篇小说，发明家利用自己发明的测谎仪正确地找到了偷窃的管家。最后管家真心忏悔并且得到了主人的原谅。可见，Eloise 想要宣扬的是，测谎仪不仅可以准确、高效地破案，还能帮助净化人们的心灵。另外就是自称"测谎仪之父"的 Marston（参见第三章），他参与创作了"神奇女侠"漫画，其武器叫"诚实绳索"。而当人被"诚实绳索"所捆绑时，说的都是实话。

Ronald Thomas（1999）[1] 认为这些"读心术"的科幻小说有助于向公众宣传测谎，并让大家喜欢上这项技术。在某种程度上，这让测谎仪在未来面临各种攻击和质疑时仍存活了下来。测谎史学家 Ken Alder（2007）甚至声称："测谎仪不可能被科学杀死。因为它不是由科学产生的，它的真正栖息地是在科幻小说、电视电影、漫画书和新闻媒体中。"不可否认，这些科幻小说向公众潜移默化地输送了一些观念。如对科学技术的乐观信仰；**相信我们的身体可能会背叛我们自己**等。但这些又反过来影响了公众对测谎仪的观念和态度，**让测谎仪蒙上了一层神秘的色彩**，并在流行文化中广泛传播。在电影、电视、小说（特别是科幻小说）中，测谎仪往往被塑造成绝对可靠、客观、法律上可接受的技术形象。可以说，**在法庭之外，测谎仪是相当成功的**。不过这些有关测谎仪的科幻小说也并非完全无害。因为一些"读心术"确实与真正的科学相去甚远，很容易被认为是玄学而非科学。另外法庭也会担心这些虚构的测谎仪的形象，可能会影响陪审团成员的审判。

但无论如何，它们切实启发和引导了测谎仪的发展。一些小说中的关于测谎仪的设想后来在现实世界也实现了，比如大脑扫描测谎。而最重要的是，这给了测谎仪发明家更多的想象空间，实实在在促进了现代测谎仪的诞生。

---

〔1〕 Thomas R R, *Detective fiction and the rise of forensic science*, Cambridge University Press, 1999.

第三章　PDD 技术

　　虽然早期的通过直接观察识别谎言的方法并不理想，但是 19 世纪的物理学、心理学、生理学的发展为仪器化的测谎技术的系统开发与应用准备了必不可少的理论基础、仪器设备和心理实验方法。于是，经过长期的酝酿和准备，在 20 世纪 20 年代初的美国，一种借助医学仪器（更为准确地说是**多种生理指标采集仪器**），标准化和客观性更强的现代测谎方法——心理生理测谎（Psychophysiological Detection of Deception，PDD）技术出现了，使得人类识别谎言探索前进了一大步。虽然一直饱受争议，但 PDD 技术已在包括我国在内的至少 55 个国家或地区使用[1]，并主要用于私人、司法或国家安全领域，甚至少数时候还被采纳为法庭证据。

第一节　从测量情绪到测谎

　　在 PDD 技术诞生之前，测谎探索和研究的中心几乎都是在欧洲，但在 20 世纪之初，中心已经悄然转移到了大洋彼岸的美国。这与当时世界科学和文化中心转移的大背景有关，但也离不开一位心理学家的竭力推动，他就是 Hugo Münsterberg。从此测谎技术**带上了浓浓的美国色彩**，直到现在也毫无褪色。

一、Münsterberg：将心理学应用到实践中去

　　1879 年，Wundt 在莱比锡大学建立了第一个心理学实验室，标志着心理学成为了一门真正独立的科学，Wundt 也成了当时名副其实的心理学泰斗。1883 年，刚到莱比锡求学的 Münsterberg 很快就被 Wundt 的讲座所吸引，决定从此师从 Wundt，投身于心理学，并于 1885 年加入名声日隆的莱比锡实验室。在这里，Münsterberg 受到了正规的实验心理学训练，这为其将来成为美国心理学的先驱打

---

[1] Barland G H, "Foreign Use of the Polygraph-Summary v. 5. 1. Annual Meeting of the American Polygraph Association", *May*, 1995, 25.

下了良好的基础。

1889 年，在巴黎首届国际心理学大会上，Münsterberg 结识了美国哲学家、心理学家 Wiliam James。James 当时已是一位大名鼎鼎的人物，致力于在美国倡导"实用主义哲学"，被称为"美国心理学之父"。James 主张"真正的心理学"应该是能在社会实践中被应用的科学。显然，Münsterberg 十分认同这一主张，两人一见如故，并建立了深厚的友谊。1892 年，Münsterberg 应 James 之邀，开始在哈佛大学担任实验心理学客座教授。在哈佛大学的 19 年间，Münsterberg 的出色才能得到了普遍承认，成为当时美国最著名的心理学家之一，并被《美国科学家》（*American Scientist*）期刊评为仅次于 James 的心理学名人。

同 James 一样的继承人，Münsterberg 致力于心理学在社会各个领域的应用推广活动，被称为"应用心理学奠基人"。其中最为人熟知的是在工业领域中的心理学应用推广以及"工业心理学创始人"的头衔。其次则是他对"犯罪心理学"的贡献。

1908 年，Münsterberg 出版了经典著作《证人席上》（*On The Witness Stand*）[1]。在这本书中，他系统论述了心理学因素是如何影响法庭审判结果的，涉及了证人证言、虚假供述、审讯，以及暗示对证人、陪审团和法官的影响。要特别指出的是，其中他还用了两章的篇幅讨论怎样运用血压和呼吸的变化进行测谎，并论述了测谎技术可以在审讯、质证等司法程序中发挥作用。此外，Münsterberg 还阐述了测谎的基本原理——**"隐藏的情绪出卖了我们自己"**"有意抑制我们通常用来强调情绪的显眼动作可能很容易。不因怒而发狂，不因悲伤而崩溃，我们甚至可以抑制笑和泪……但是，在我们控制之下的嘴唇、手、胳膊和腿，从来都不是内心剧的唯一见证者——如果它们保持沉默，其他的（部位）就会说话。"

可见，Münsterberg 已经发现，情绪会超过我们有意识控制的范围；它不仅影响我们的心理，也影响我们的生理。因此他认为，测量和操作情绪可以被用在很多实践领域，包括司法领域。而**1908 年也被认为是测谎技术从欧洲进入美国的标志性元年**。

Münsterberg 也主张将 WAT 用于识别谎言。因为在他看来，使用 WAT 范式可以有效地区别真正的犯罪人与情绪紧张的无辜者，因为只有犯罪人才知道哪些单词是案件的时间、地点、人物或事件相关的关键信息，而无辜者虽然也可能因情绪紧张导致反应异常，但是这种异常的生理反应是没有指向性的

---

〔1〕　Münsterberg, H, *On the Witness Stand*, Doubleday, 1908.

（Münsterberg，1908）。

不过早在 19 世纪 90 年代，Münsterberg 就谈到可以利用血压来进行测谎。他还曾对两起有名的谋杀案进行过评论，成为当时报纸的头条新闻。1893 年芝加哥世界博览会上，Münsterberg 布置了一个心理测试摊位。James 觉得"走穴"不太合适，遂将其称为"Münsterberg 马戏团"，因为这种做法让科学心理学有了一种杂耍表演的味道。

不过，无论 Lombroso、Mosso 还是 Münsterberg，在他们关于测谎的尝试和设想中，都让我们看到一个重要的事实：**最初的测谎仪其实是测量情绪的仪器，只是被认为可以用来识别有罪者或说谎者**。而将这类测量情绪的仪器直接叫成"测谎仪（Lie Detector）"的"始作俑者"，则是 Münsterberg 的学生 Marston。

二、Marston：热衷于跨界的测谎大师

在一些历史学家看来，测谎仪之所以最后在美国而非在其他地方大放异彩，可能是因为该领域早期的美国心理学家确实有着过人之处。例如，William Moulton Marston 因为测谎仪名声大噪，后来他又成为一位著名的漫画作家。Marston 在哈佛大学接受教育并于 1921 年毕业，先后获得了法学和心理学两个博士学位。在哈佛学习期间，他与妻子 Elizabeth 一起展开情绪与血压关系的研究。据说这一灵感最初来自妻子 Elizabeth，她发现自己在生气或激动的时候血压会升高（Lamb，2001）[1]。

1915 年，Marston 研制出"心血压测谎测试法"（Systolic Blood Pressure Deception Test）。借助这一方法，Marston 获得了周期性、连贯的心血压变化，并以此来进行测谎测验。结果发现，说谎和心血压（之前人们更多地是通过手部的脉搏活动来测量血压）之间有着显著的高相关关系，证实了心血压在识别谎言上的可靠性（Marston，1917）[2]。Marston 因此宣称他已经找到了说谎的特征反应，并预言人类长期以来寻找识别谎言与真实的努力之途已经结束（Marston，1938）[3]。

1917 年，为了满足当时一战期间反间谍工作的需要，Marston 被聘为美国陆

［1］ Lamb, Marguerite, "Who Was Wonder Woman? Long-Ago LAW Alumna Elizabeth Marston Was the Muse Who Gave Us a Superheroine", *Boston University Alumni Magazine*, Fall 2001.

［2］ Marston W M, "Systolic blood pressure symptoms of deception", *Journal of Experimental Psychology*, 1917, 2（2）, p. 117

［3］ Marston, W. H., *The Lie Detector Test*, Richard R. Smith, 1938.

军[1]的特别顾问，并将自己的测谎技术用于一起实际案件——有关密码失窃的间谍案的侦破中（Ansley，1990）[2]。因此，**1917 年一般被看成测谎技术正式进入美国军队的时间点**。同样是在 1917 年，美国国家研究委员会（The National Research Council，NRC）成立了由心理学家所组成的专门心理学委员会（The Psychological Committee），进行一系列的研究以寻找最有效的测谎方法。Marston 也为此进行了一项测谎效度研究工作，以 20 名刑事案件的被告（其中 16 名为女性，4 名为男性）为被试进行心血压测谎测试。而被告是否真正有罪是综合供词、法庭审判过程等作出最后的判断。结果发现，Marston 的测谎结果与最后的判断全部一致：20 名被试中有 8 名是无辜的，而其他 12 名则为真正的犯罪人。心理学委员会也认为利用心血压测谎是最为有效的测谎方式，并具有 97% 的准确率。在这一研究中，Marston 尝试解决了测谎技术研究上的两个重要难题：一是以**现场研究**（Field Study）的方法来检验此技术的效度，这显然与先前 Benussi 的模拟犯罪研究有所不同；二是伴随现场研究产生的后续问题——如何确定测谎诊断结果是正确的，即定义"基础事实标准"（Ground Truth Criterion）的问题。因为在实践中，有一些情况下可能无法真正确定一名嫌疑人是否有罪，这时候就需要研究者自己事先定义好何谓真实的标准。Marston 显然意识到了这一问题，并给出了建立**"基础事实"**（Ground Truth）的标准：**综合分析供词、法庭审判过程等资料后作出被告是否有罪的判断**。可见，基础事实与测谎技术的准确率大为相关，对此我们将在后文中加以说明。

　　Marston 所使用的测谎仪器并没有被后人尊为第一台现代测谎仪，这也许和他的仪器结构较为单一（仅以心血压为测谎指标），以及所服务的军方工作较为隐秘有关。但是这并没有妨碍 Marston 成为当时美国最活跃的、最频繁出现在公众视野中的"测谎专家"。也许是为了响应他的导师 Münsterberg 的"将心理学应用到实践当中"的倡导，他非常积极地在媒体面前演示他的测谎技术。他有着哈佛大学博士的教育背景，又是从事心理学、法律科研与教学的大学教授，这些增添了他在公众心目中的权威光环。

　　而 Marston 自己也非常注重迎合大众的口味。例如，他曾应某杂志的邀请，充当婚姻顾问，通过比较妻子被丈夫和陌生人亲吻时的生理反应来诊断其对婚姻

---

　　〔1〕 实际上，不仅是最早的测谎技术的应用尝试开始于美国，而且在测谎技术近百年的发展中，美国都是其应用与发展的重要支柱之一，这在后面的测试方法中将会清楚地看到。

　　〔2〕 Ansley N，"The validity and reliability of polygraph decisions in real cases"，*Polygraph*，1990，19（3），pp. 169-181.

的忠诚度（Lykken，1998）[1]。1928 年，Marston 还在好莱坞的帮助下，拍摄了测谎影片，这在当时非常难得和时髦。在影片中，Marston 以三名不同发色（金发、红发和黑发）的女郎为被试，用测谎仪测量并比较了她们面对不同情境下的情绪反应。最后影片通过测谎结果向观众表明，红发女郎偏爱赌博、黑发女郎偏爱爱情场景并渴望被爱，而金发女郎则是易受惊吓的"小笨蛋"。这种看似"科学"的演示性实验，其实迎合了西方社会长期以来对"女性爱说谎、具有欺骗性"的偏见。事实上，在 Marston 的很多演示性的测谎实验中，被试基本都是女性。男性侦探利用"最新科技"打败"蛇蝎美人"确实是一个很好的噱头。

为了引起公众更大的好奇与兴趣，Marston 将自己发明的测量心血压的仪器称为"测谎仪"（Lie Detector）。1938 年，Marston 出版了一本书《测谎仪测试》（*The Lie Detector Test*），书名就是使用的"测谎仪"（Lie Detector）。而他也开始自称"测谎仪之父"，并且还作为专家证人出现在曾轰动一时的 Frye 案的法庭审判席上（参见第十二章）。同年，Marston 还现身吉列（Gillette）公司的广告，宣称测谎测试结果表明，吉列刀片确实优于其他品牌的刀片[2]。

随着 Marston 的名气越来越大，特别是他在多个场合表达了对漫画的喜爱，并声称"漫画书有着巨大的教育潜力"。当时的 DC 漫画公司主动向他递出了橄榄枝，邀请他参与漫画创作。因此从 1942 年开始，他开始了漫画创作，并创造了一位后来家喻户晓的动漫人物——神奇女侠（Wonder Woman）。神奇女侠是第一位女性的超级英雄，而据说这一设定最初也是来自 Marston 的妻子 Elizabeth 的建议。正如前面曾提到的，这位女侠所使用的武器之一叫"诚实绳索"（Lasso of Truth），是一种能让人说出实话的神奇武器（NRC，2003）[3]。

Marston 过于活跃的社会实践，一方面提高了新生的现代测谎仪的知名度，另一方面这样的行为可能也误导了公众对测谎仪的认识，往往将其作为一种窥探私密的新式把戏而非科学仪器。谁还记得："**最初的测谎仪其实是测量情绪的仪器，而不是测量谎言。**"

在随后的几十年里，关于测谎仪、测谎技术或者测谎专家的报道频繁见诸于各种报纸、杂志、电视等大众媒体上。在不少的文学或影视作品中，测谎仪或测谎技术也频频亮相，有时候甚至成为作品的主角（如美剧《别对我说谎》*Lie to Me*）。如果没有 Marston 将测谎技术过于暴露于公共领域，也许现在是另一番

〔1〕　Lykken D T，*A tremor in the blood：Uses and abuses of the lie detector*，1998.

〔2〕　*Now！Lie Detector Charts Emotional Effects of Shaving*，Gillette Advertisement，1938.

〔3〕　NRC，*The Polygraph and Lie Detection*，The National Academies Press，2003.

局面。

三、多导测谎仪的雏形

Marston 的测谎仪仅以心血压变化作为测谎指标，其实并不符合当时测谎仪发展的主流思想。为了全面反映被试的心理与生理状态，Marston 的前辈们都已经开始尝试同时纳入多个测量指标，来提升测谎仪的精确性和适用范围。

Benussi 可能是最早使用同时记录一个以上心理生理指标的仪器进行测谎的学者之一，他曾尝试着将心率、血压和呼吸结合起来测谎。1908 年，英国临床医生和心脏病专家 James Mackenzie 爵士在《英国医学期刊》（*The British Medical Journal*，*BMJ*）上发表了他的经典论文《脉搏研究：方法与仪器》（*The Study of The Pulse*：*Methods and Instruments*）。其中描述了他于 1892 年发明的一种用于医学检查的仪器，这个仪器能够通过触针同时将 3 种血管脉搏（包括桡动脉、颈静脉和肝动脉的脉搏）的波浪线描记到旋转的烟纸鼓上。到了 1906 年，在一位钟表匠的帮助下，Mackenzie 改进了 1892 年的这台仪器，主要是加装了墨水装置，使用发条机制进行纸张卷动和时间标记运动，通过墨水笔以每秒 15 次的速度在纸带上记录生理图谱。因为该仪器同时记录多种脉搏的变化，Mackenzie 首次将这种同时测量一种以上心理生理指标的仪器称为 "Ink Polygraph"（Ansley，1990），并用来识别那些不规则的脉搏变化，从而及早发现心脏病。

可见，Mackenzie 的 Polygraph 其实只是一种医学仪器，并没有被用来识别谎言。事实上，直到今天，在医学或生理学领域仍有一类仪器被称为 "Polygraph"，我国一般翻译为生理多导仪或多导生理反馈仪，在称谓上与测谎没有关系。而根据后人的考证，"Polygraph" 一词是由两个希腊词组合而成，即 "Poly"（= "Many（多）"）和 "Graph"（= "To Write（记录）"），它是 "一种准确的科学仪器，通过墨水笔在图纸上或者通过计算机屏幕，准确而有效地将各种生理变化显示出来"（Bull，1988）[1]。所以，Polygraph 本义是指一种收集各种生理指标数据，并将这些数据以图谱的形式描绘出的科学仪器。只是从 1935 年以后，Polygraph 被正式用来命名当时新出现的 PDD 测谎仪，被广为人知。这也是测谎仪（Polygraph）名称的最初由来。

几乎同时，美国当时的犯罪学权威，也是 Lombroso 的好友 Arthur Macdonald（1908）在出席国会关于设置联邦犯罪人研究实验室的听证会上，建议使用一种 "现代多导描记仪"（Modern Polygraph），包括呼吸描记器、电流计和心动脉搏描

---

[1]　R. Bull, What is the lie-detection test? In A. Gale (Ed.), *The Polygraph Test*: *Lies*, *Truth and Science*, Sage, 1988, pp. 11-12.

记仪来解决犯罪问题（Trovillo，1939）。

第二节 现代测谎仪的诞生

一、第一台现代测谎仪：Larson Polygraph

虽然自称"测谎仪之父"的 Marston 名气很大，但是历史上公认的第一台现代测谎仪并不是他所发明。这项荣誉最后落在美国加利福尼亚州伯克利市警察局一名警官 John Larson 头上。

2012 年，美国著名的科技类杂志《连线》（*Wired*）做了一个系列的专题《那些开创未来的十年》（*The Decades that Invented the Future*）。从 1900 年开始，以 10 年为一期，回顾了当时出现的推动了人类进步的伟大技术发明和成就。在第三期就回顾了 1921 年至 1930 年所出现的那些伟大科技成就[1]。其中写道：

> 1921 年：测谎仪（国家安全）
>
> 1921 年加州大学医学院学生 John Larson 发明的现代测谎仪或许是对（人类）思想构成的最大威胁之一。
>
> 警方使用这款设备帮助破案，尽管测试结果通常难以在刑事起诉中被采纳。
>
> 测谎仪是通过在人体上安装一些传感器来工作的，理论上讲，它可以辨别人在说谎时的自主生理心理反应。这个机器测量呼吸、血压、脉搏和汗腺分泌（多项指标）——因此以"多导"来命名。接受测试时，人们会被问到一系列问题，有些问题有明显的答案，而有些则没有，这样侦查人员就可以分析被试的生理心理变化模式。
>
> 这是真的，我们没有说谎。

不过，这里可能有个小错误，Larson 发明测谎仪时已经不是医学生了，而是一名警官。Larson 生于 1892 年，拥有生理学博士学位，同时还拥有指纹鉴别专业的硕士学位，所以他常称自己是"博士警察"。当他还在伯克利大学的时候，就遇到了他人生的伯乐——加州伯克利警察局长 August Vollmer。Vollmer 对当时新生的测谎技术尤其感兴趣，因此去大学的医学院寻找未来能专职从事此项技术

---

〔1〕 参见 http://www.wired.com/2012/11/the-decades-that-invented-the-future-part-3-1921-1930/.

的人才，这个人才正是 Larson。在这位伯乐的鼓励下，Larson 在进入伯克利警察局后不久，就发明了一台能够同步记录 3 导生理指标的仪器。这三种指标分别为血压、呼吸和脉搏，但没有皮电。在这台测谎仪刚刚问世不久，1921 年警察局碰到了一桩小案子。伯克利大学城里的多家商店报告说有商店物品被人盗窃，调查发现，有人目击嫌疑人是一名女生，并最后进入了大学城里的一栋学生宿舍楼。于是，警方怀疑这名盗窃惯犯就在这栋宿舍楼里的 38 名女大学生之中。这是一桩特别适合应用测谎的案件——从多位嫌疑人中识别出有罪的那名，且有罪者肯定在这些嫌疑人中。另外，因为不是恶性案件，风险也不高，有罪者更可能认罪。Vollmer 为了让 Larson 在真实案例中测试和改进这台仪器，决定启用刚问世的测谎仪对所有 38 名女生进行测谎。根据 Larson 自己的描述，这次测谎大获成功。他报告说，测谎发现有 1 名女生说谎，几天后再对这名女生进行测试，仍显示说谎。随后，这名女生在测谎结果面前供认了自己曾在多家商店盗窃了价值超过 500 美元的书本、衣服等物品（Larson，1923）[1]。这一事件被世人看作是现代测谎技术正式诞生的标志（Grubin & Madsen，2005）[2]，这也是《连线》杂志为什么将 1921 年作为现代测谎仪诞生的元年的原因。而 Larson 所研制的测谎仪也被看作是第一个真正意义上的现代测谎仪（现被放在华盛顿特区的史密斯学会）。

根据 Abrams（1977）[3] 的考证，Larson 还研究过用电流计测量皮电来测谎，但认为在强烈的情绪反应下，这种方法无效。并且与 Marston 强烈主张将测谎结果纳入法庭相反，Larson 更加谨慎，认为需要更多的时间和改进，"只有通过专家使用统一的技术对数千个案例进行相关性检验及标准化后才能呈现在法庭上。"

二、真正的原型：Keeler Polygraph

Larson Polygraph 虽然被称为现代第一台测谎仪，但是与后来被广泛应用的测谎仪有所不同。Larson 的仪器虽然也包括 3 导生理指标，但只是呼吸、血压和脉搏。而血压和脉搏在本质上其实是一样的，都是测量的血压的变化。而后来主流的测谎仪的 3 导生理指标是呼吸、血压和皮电，也就是皮电取代了脉搏。此外，Larson Polygraph 被当时的媒体戏称为 "Shaggy"（乱糟糟），因为这台机器又大

〔1〕　Larson, J. A. "The cardio-pneumo-psychogram in deception", *Journal of Experimental Psychology*, 1923, 6 (6), p. 420.

〔2〕　Grubin D. and Madsen L., "Lie detection and the polygraph: A historical review", *the journal of forensic psychiatry and psychology*, 2005, 16 (2), pp. 357-369.

〔3〕　Abrams S., Polygraphy Today, Nat'l J. Crim. Def., 1977, 3, p. 85.

又凌乱，与我们常见的精致又便携的测谎仪相去甚远。而做出这些改进的则是Leonarde Keeler。

Keeler 是典型的富二代，他的父亲是 Vollmer 的好友。1926 年，还在上高中的 Keeler 通过父亲的关系，进入了伯克利警察局做暑假实习。他看到了 Larson 的测谎工作，并被深深吸引，按他自己的话说，他"成为了 Larson 的门徒"。他甚至会和朋友一起半夜潜入警察局的地下室，用这台笨重的设备相互测谎。高中毕业后，他先就读于加州大学伯克利分校。在 Vollmer 离开伯克利升任洛杉矶警察局长后不久，他也搬到了加州大学洛杉矶分校，继续提升他在审讯和测谎方面的技能。同时，他开始着手将 Larson Polygraph 改进成一个便携的仪器。

1930 年 Keeler 加入了刚刚成立的芝加哥警察局犯罪侦查科学实验室（Chicago Police Scientific Crime Detection Laboratory，以下简称芝加哥犯罪实验室）。当时的芝加哥帮派猖獗，帮派之间常发生严重的暴力冲突，这迫使警察局不得不寻求高新技术打击犯罪。所以芝加哥警察局和芝加哥大学法学院共同创建该实验室，它是美国最早、也是最有影响的犯罪实验室之一。而在当时，测谎技术也是实验室的高新技术之一。

正是在芝加哥犯罪实验室，Keeler 对测谎仪做了进一步的改进，加入了对皮电的测量功能。这个皮电，即前面提到的心理皮电反射。不过，后来的学者Ruckmick（1938）[1] 指出，这一说法并不十分准确，因为电流计所记录的是反应（Response）而不是反射（Reflex），建议将其改为皮电反应（Electrodermal Response）。1933 年，几位日本心理学家 Akamatsu、Uchida 和 Togawa 将其称为皮电活动（Electrodermal Activity，EDA），并建议使用 EDA 来检测欺骗行为，因为研究发现，在情绪变化时，电导水平会降低（Fukumoto，1982）[2]。1936 年，心理学家 Walter G. Summers 利用仪器收集和观察皮电反应的变化进行测谎研究，先后进行了大约 6000 人次的实验室研究和 50 例实案测试，并宣称利用皮电测谎获得了 98% ~ 100% 准确率（Trovillo，1939）。Keeler 在总结这些前人经验的基础上将这一指标纳入，并将其称为"Galvanic Skin Response"（GSR）。因为在 Keeler 看来，利用 GSR 测谎的原理在于：说谎者会因为紧张而比诚实者更易出汗，从而导致皮肤表面的负极氯离子大量增加，皮肤电阻则相应减小。而事实上，对

---

〔1〕 Ruckmick, C. A. "The truth about the lie detector", *Journal of Applied Psychology*, 1938, 22 (1), p. 50.

〔2〕 Fukumoto, J., "Psychophysiological detection of deception in Japan", *Polygraph*, 1982 (11), pp. 234-238.

于皮电测谎的具体原理目前还没有定论，只是大部分的研究者更倾向认为，它与皮肤本身的汗腺活动关系更为紧密。由此，皮电（英文缩写多为 GSR，又称 EDA）开始作为 PDD 技术所要采集的"最重要"心理生理指标，并延续至今。

此外，Keeler 仍致力于提高测谎仪的便携性。期间他得到了 Vollmer 很大的支持，Vollmer 将西部机电公司的一名工程师介绍给了他。正是在这名工程师的帮助下，测谎仪变得更完善，特别是改进了生理指标的记录方式。即后来的热笔在卷纸上绘制图谱的形式。最终，世界上第一台便携式测谎仪 Keeler Polygraph 诞生了，它才是现代测谎仪的真正原型（Sullivan，2001）[1]，其核心部件已经基本完善，负责采集和测量 3 导生理指标：皮电、呼吸和血压。它也是当代测谎实践中最主流的仪器，因而在美国当人们表达"测谎仪"的概念时，更常使用的是"Polygraph"，而非"Lie Detector"。

但是，来自企业家家庭的 Keeler 并没有和 Larson 一样的学术追求，他更渴望获得金钱与商业上的成功。Keeler 自己成立了公司，成为世界上第一个商业化生产和销售测谎仪的公司，也是第一个向银行等私人企业提供商业测谎服务的公司。FBI 购买的第一台测谎仪就是 Keeler Polygraph。Keeler 也为美国军方提供测谎服务，对当时关押的德国战俘进行测谎讯问。1942 年，他在芝加哥还建立了专门培训测谎师的学校——Keeler 测谎学校（Keeler Polygraph School）。它是美国现在最好的、也是历史最悠久的测谎培训学校，这里培养出了一大批对后来测谎领域影响深远的测谎专家，芝加哥也成了当时世界的测谎研究中心。

此外，Keeler 还开发了世界上第一个测谎测试技术——相关/无关测试法。后来又陆续开发了"紧张峰测试法""卡片（激励）测试"等经典测试技术（参见第九章）。所以，许多人都将 Keeler 称为"现代测谎之父"。与 Marston 自诩的"测谎仪之父"相比，将这一称谓赋予 Keeler 可谓实至名归。而 Keeler 也更像 Marston 而非他的导师 Larson，非常热衷出现在镜头前。1948 年他参演了电影，在其中扮演他自己。这些活动极大地促进了测谎仪在美国的普及，同时也启发其他人去发现测谎仪除学术价值之外的巨大商业利益。这让更多人意识到：**测谎技术背后存在着巨大的商业利益，这使得它并不像普通人看起来的那么"只关注真相"**。

三、Vollmer：测谎仪的倡导者

正如 Alder（2007）和 Bunn（2012）所描述的，在现代测谎仪诞生过程中，一群年轻人围绕在一位"大人物"身边，而这群年轻人正是那些最早发明测谎

---

〔1〕 Sullivan, E, *The Concise Book of Lying*, Picador, 2001.

仪的人。而他们说的"大人物"就是加州伯克利警察局长 August Vollmer。与前面提到各种测谎先驱不同，Vollmer 并不是科学家，也不善于测谎，但他对测谎技术的开创贡献良多。

Vollmer 从 1909~1932 年一直担任伯克利警察局局长，也曾担任国际警察局长协会主席，在美国警察史上举足轻重。他的理念就是用科学技术来"武装"现代警察部队。比如创建犯罪实验室；引入指纹和笔迹鉴定等技术；提倡社区警务、预防犯罪的思想；等等。这些都为他赢得了"现代警察管理之父"的称号。Vollmer 受 Münsterberg 和 Marston 的影响，相信通过生理实验可以将心理学和法律结合起来，从而改善当时警察的业务水平。Vollmer 对当时新生的测谎技术尤其感兴趣，并亲自引导在伯克利警察局开展测谎的开发和实践活动。正是在他的引导下，Larson 和 Keeler 等人发明了现代测谎仪，并能迅速应用到实践中。

Vollmer 还积极地帮助推广测谎技术。例如在 1932 年的一次会议中，Vollmer 向其他警察介绍 Larson 等人以及他们的测谎技术。Vollmer 称赞道："Larson 博士和其他科学工作者如 Marston，正在开辟一条通往美好未来的道路。应该给予这些不知疲倦的先驱者所有的鼓励和帮助。"同样是在他的鼓励和帮助下，Keeler 在全国范围内培训负责审讯工作的警察使用测谎仪。测谎仪和会使用测谎仪的警察都成倍增加。Vollmer 认为这极大地帮助了那些过度劳累的警察们，因为当时战后的美国，经济萧条导致人们生活困难、白人强烈反对黑人向北迁移，犯罪率攀升，警察压力非常大。这时测谎仪出现了，只需几个小时就能审问出真相，所以警察非常欢迎这项新技术。

相比当时在警察中盛行的行刑逼供，Vollmer 倡导使用测谎仪，因为这是"一种经过修改的、简化的和人道的"获得口供的方式，即使他也承认这是一种酷刑，即所谓的"三级酷刑"。

第三节　现代测谎技术的兴起

Keeler Polygraph 的出现，意味着 PDD 测谎仪本身已接近完善，此后针对仪器的改进工作虽然从未停止，但并没有根本性的变化。但 Keeler 测谎学校培养的大批测谎专家则更多的是对测试技术、理论基础、测试程序提出了各种开创性的建议。

最著名的是 Fred Inbau，Keeler 亲自培训了这位美国西北大学（The North Western University）刑法学教授。Inbau 后来成了芝加哥犯罪实验室的主任，也成了继 Vollmer 以后测谎技术的又一位重量级的倡导者。不久，大学刚毕业的 John

Reid 也加入了芝加哥犯罪实验室，为了承担未来的测谎工作，他去了 Keeler 测谎学校接受了训练。20 世纪 40 年代初，FBI 特工 Frank Seckler 到芝加哥学习测谎，从此开始了测谎技术在 FBI 的使用。随后不久，CIA 也派了第一个特工去 Keeler 测谎学校，这个人是 Cleve Backster。如果说 Larson 和 Keeler 发明现代测谎仪是 PDD 发展史上的第一个高潮，那么以上这些新学员则推动了第二个发展的高潮。但其中还有个很重要的背景：冷战期间，对间谍活动的担忧导致美国机构扩大了测谎仪在安全审查中的使用。

一、Reid 技术

测谎领域有两大测试技术，即 CQT 和 CIT。不过，由于北美地区基本只用 CQT，所以某种意义上，CQT 也算第一技术[1]，而一般公认的 CQT 的提出者是 John Reid。Reid 早年从法学院毕业后当了一段时间的律师，后来加入了 Inbau 领导下的芝加哥犯罪实验室。在接受了 Keeler 的培训后开始从事测谎工作，但是他后来的测谎技术和理念与 Keeler 相去甚远。

1942 年，Inbau 出版了《测谎与刑事审讯》(*Lie Detection and Criminal Interrogation*)一书，书中介绍了当时新兴的测谎技术，但涉及的具体技术则是以 Keeler 的为主。相信当时 Inbau 对测谎技术的了解和认识主要来自 Keeler。而在 1953 年第三版的《测谎与刑事审讯》一书中，Inbau 不再是此书的唯一作者，加入了一名合作伙伴 Reid。正是在这一期间，即 1947 年，Reid 提出了"控制问题技术"(Control Question Technique, CQT)[2]，并迅速为测谎界所接受。虽然前辈们如 Marston 都论及和使用过相似的提问技术，但是公认的 CQT 的提出者却是 Reid。

除了控制问题技术，Reid 还基于前人的研究提出了犯罪情结测试法（Guilt Complex Test），也建立了自己的测谎学校——Reid 测谎与欺骗学院（Reid College of Detection and Deception）(Lykken, 1981; Matte, 1996)。此外，Reid 提出了多种测谎的理论学说，包括恐惧后果说、冲突说、条件反应说、综合说。Reid 的成功不仅限于测谎领域，在刑事侦查领域也颇有建树。在 Reid 看来，心理生理指标的测量要与行为观察结合起来，再辅以心理策略，才能在刑事审讯中有效地获得供述以及识别谎言。在行为观察的过程中，Reid 发现，被试可以通过各种形式的、难以觉察的肌肉运动来改变血压的指标，从而让测谎师做出错误判断。因此，1945 年 Reid 在 Keeler Polygraph 的基础上增加了对被试动作（肌肉）的测

---

〔1〕　关于这些测试技术详见第九章。

〔2〕　Reid J E, "A revised questioning technique in lie-detection tests", *Journal of Criminal Law and Criminology* (1931-1951), 1947, 37 (6), pp. 542-547.

量。但动作指标并不参与最后的评分工作，只是作为做出最后测谎结论时的参考指标。1958 年，Reid 的学生，美国国家测谎培训中心（Scientific Lie Detection and Director of The National Training Center）主任 Richard O. Arther 将原来的 1 个呼吸测量指标改进成 2 个，即同时采集和测量胸部呼吸和腹部呼吸，因为这两种呼吸之间是有所差异的（大约每次相差 33%）。Arther 也是最早建议测谎仪要分别记录提问时间与回答问题的时间（Arther，1971）[1]。

而 Inbau 作为一名行政长官，长期担任芝加哥犯罪实验室的主任，是 20 世纪 50 年代测谎技术最重要的倡导者。他与 Reid 一起将测谎技术和传统的审讯手法（包括一些"不太光彩"的手法）结合起来。所以他们不仅以 CQT 而闻名测谎界，其行为分析访谈技术（参见第七章）以及九步审讯法都是美国刑事侦查领域中的重要技术。而这所有的测谎方法也被统称为"Reid 技术"（Reid Techniques），有些文献也称"Reid 和 Inbau 技术"。

Reid 技术更容易让警察掌握，相比过去，此技术确实是一种"更文明"、更高效的审讯方法。他们也举办了一轮又一轮的课程，培训警察使用他们的测谎技术。到 20 世纪 60 年代中期，大约已有 1000 名测谎师，是 20 世纪 50 年代的 10 倍；而全美有一半的警察部门使用 Reid 技术，此外，还有 13 个联邦机构和大约 40 000 家企业使用（Alder，2007）。而作为学者出身的 Inbau，则将这些成果编撰成权威教材《测谎与刑事审讯》《真实与欺骗》（*Truth and Deception*）（1966）。这两本教科书几乎成了美国警察的行业标准。曾有法院在审判中援引《真实与欺骗》一书的说法，"越来越多的人（政府、科学界、法律界和私人企业中的人）认为测谎测试是可靠的"。

不过，Reid 技术在让测谎急速扩张的同时也招致了更大的反对与嘲讽。因为它主张将测谎与主观观察结合起来，再辅以一些所谓的"心理策略"，使得测谎测试不再只是单纯地建立在"客观的"仪器上，似乎带来了越来越多的"心理逼供"嫌疑。

二、Backster 区域对照技术

前面曾提到，CIA 派到 Keeler 那里学习测谎的第一位特工就是 Cleve Backster。这位 CIA 的首位测谎专家也不负众望，成为了测谎领域最伟大的创新者之一。当时 Reid 技术在美国测谎领域成为主流，其主张结合被试的行为表现进行测谎，其实并不符合心理学所倡导的标准化、客观化、数量化的科学要求。

---

〔1〕 Arther R O，"Breathing analysis, Parts I and II"，*Journal of Polygraph Studies*，1971，2（4），pp. 1-4.

Backster 正是针对 Reid 技术的这些问题进行了一系列改进，主张要严格依据测谎的图谱进行客观、数量化和标准化的分析，发展出了后来测谎领域中最重要的测试技术——区域对照技术（Zone Comparison Technique，ZCT），以及一系列量化评分标准，如区域对照法（Zone of Comparison，ZOC）、点分析方法（Spot Analysis）以及量化评分系统（Numerical Scoring Sysytem）、7 点评分（7 Position Scoring Scale），等等（Backster，1962）[1]。

此外，Backster 首次在测谎领域中提出的心理定势（Psychological Set）概念。在心理学中，"定势"（Set）被定义为对某种刺激或某类刺激的暂时朝向或准备状态，包括认知定势、动力定势、神经定势，等等。而 Backster 的心理定势是指在测谎测试中，被试会对某类问题给予特别的注意，从而具有更高的心理唤醒水平；而无辜者与说谎者特别注意的问题类型不同，据此可以识别出说谎者。Backster 还一手创建了加利福尼亚州圣地亚哥的 Backster 测谎学校（Matte，1996）。

对世人而言，Backster 最著名的事迹是其对办公室的牛舌兰树所做的实验，以及玄乎其玄的研究发现。1966 年的一天，Backster 突发奇想，把一台测谎仪的皮电传感器接到办公室的一株牛舌兰树（龙血树）的叶子上，在他往牛舌兰的根部浇水后，他惊奇地发现测谎仪的记录笔画出了急剧上升的曲线。Backster 根据以往的经验，人如果出现此类曲线是因为他（或她）感觉到威胁。于是他也想让这株植物感受到威胁，于是他想到用火烧一烧叶子。还没等他去拿火柴，纸上急速出现一条上扬的曲线，等他拿火柴回来看到曲线上又出现一个高峰，可能是植物看到他下决心要"动手"，又"吓了一跳"。Backster 认为这表明这株植物能思考，并随后做了一系列的类似实验来验证。他还将对植物的研究带入其擅长的侦查领域，特别设计了一个实验，让 6 名学生蒙上眼睛抽签，中签者要在不为人知的情况下，把实验室里两株植物中的其中一株拔出来，放在地上践踏、弄毁。然后 Backster 再将幸免于难的另一株植物接上测谎仪。Backster 声称，植物只对凶手有反应，而对其他人则没有。Backter 将这一实验及其发现发表在 1968 年《国际超心理学杂志》（International Journal of Parapsychology）上，标题为"植物生活中的主要感知的证据"（Cleve Backster，Evidence of a Primary Perception in Plant Life）。Backster 从此就从测谎领域抽身，转而致力于这一超心理学领域的研究。

---

〔1〕 Backster, C., "Methods of Strengthening Our Polygraph Technique", *Police*, 1962, 6 (5), pp. 61–68.

三、Lykken 有罪知识测试法

Backster 所倡导的完全客观化的评分方法受到了大多数学者的支持，其中包括来自明尼苏达大学医学院（The University of Minnesota Medical School）的心理学教授 David Lykken 博士。Lykken 曾任美国心理生理研究协会主席，同时还在临床心理学、行为遗传学等领域颇有建树，曾先后获美国心理学会和心理生理学协会颁发的"杰出贡献奖"。可见，他是一位非常有权威的学者，并具有良好的心理学专业素养。这可能也直接影响了他后来的立场和主张。

Lykken 在做心理学教授时开始对测谎技术感兴趣，并对 Backster 所倡导的完全客观化的评分方法大加赞赏。但是随着对测谎技术了解的深入，他发现当时主流的测谎方法，也就是 CQT 有很大的问题。如 Backster 提出"心理定势"的概念，需要通过测谎师的操作尽量让被试达到测谎所需要的心理状态，这已经开始偏离科学技术所需要的独立客观的原则了。而更过分的是，一些操作带有赤裸裸的欺骗手段（参见第九章的激励测试）。Lykken 对此提出了强烈的质疑，于 1959 年提出了一种新的测试技术——有罪知识测试法（Guilty Knowledge Test，GKT），并认为这种方法能有效地避免让测谎师使用欺骗手段[1]。

Guilty Knowledge 最恰当的翻译是"有罪知识"或"罪恶知识"，通常指的是被试对某一犯罪案件的具体细节或情境的了解，这种了解（或知识）表明其可能参与了该犯罪。因此，Lykken 强调道：测谎并不是在检验"说谎"或情绪本身，而是在检测一个人是否有与犯罪相关的有罪知识。这就是我们经常会听到的一种说法"测谎测的其实不是'谎'，而是'真'"的出处。此外，Lykken 还主张，测谎只需要用皮电指标就可以了，其他指标则作为参考不用参与真正的评分。

可见，GKT 和 CQT 其实是完全不同的测谎方法，代表了本领域两大基本范式，而其他的测试技术也只是这两大技术的变体或细化。但 GKT 并不适合美国的社会环境，因为媒体往往于案件还在被侦查时就将细节一一爆出。所以，在美国 GKT 几乎很少用于司法实践，但在我国和日本等国家的司法实践中其成为了主流的测谎方法。

值得一提的是，Lykken 后来成为了一名反对测谎仪的斗士，于 1981 年出版了其代表性的著作《血液的颤动：测谎仪的使用与滥用》（*A Tremor In the Blood：Uses and Abuses of the Lie Detector*）。而书名则反映了 20 世纪 70 年代，PDD 被大范

---

〔1〕 Lykken D T，"The GSR in the detection of guilt"，*Journal of Applied Psychology*，1959，43（6），p. 385.

围应用，甚至到了滥用的地步。

第四节　PDD 技术规范化

1921 年诞生的第一台现代测谎仪，经过 Keeler 的改良和批量化生产，开启了其商业化的道路。特别是在 20 世纪 50 年代~80 年代，测谎在美国经历了第二个发展的高潮。20 世纪 30 年代，仅有 CIA 和美国航空航天局用其挑选应征者。由于冷战和一系列间谍事件的困扰，越来越多的政府部门在招聘雇员时借助 PDD 技术。到了 20 世纪 60 年代，几乎所有联邦执法机构都或多或少地使用测谎仪。与此同时，民间的测谎仪使用频率也增加了，银行、工厂、公司等私人企业也效仿政府用测谎仪来筛选员工并调查他们是否有不良行为。雇主使用 PDD 来窥视员工"心灵的最深处"，以此评估员工的忠诚度，将不合适的人员从自己的企业中排除掉。根据当时的一项研究（O'Bannon et al.，1989）[1] 显示，这种人事筛选测谎行为日渐盛行，到了 1985 年，估计有 200 万雇员被迫接受测谎，比过去十年增加了 3 倍。这种大规模的民间测谎行为，无疑引发了巨大的质疑。Lykken从一个研究人员的角度指出：**测谎测试的荒谬之处就是，在没有任何国际统一机构或权威组织的情况下，测谎测试仍然能广泛地应用于实践，决定很多人的职业前途，乃至生死。**

一、专业组织的成立

Lykken 观点正确，20 世纪上半叶的测谎都是在完全没有任何监管的情况下进行的。随着质疑的声音越来越大，为了回应这些质疑，美国前后成立了几个专业性测谎组织。最早成立的是美国测谎学会（American Polygraph Association，APA）。按照 APA 创始人之一 Charles Zimmerman 的说法，APA 的成立符合美国人的模式和风格，是模仿美国律师协会和美国医学协会而建立的，同时也模仿了其他协会的专业规范（如心理学和法律）。

不过，APA 的成立还有另一个特别的原因。从 1923 年的 Frye 案建立"普遍接受原则"（参见第十二章）以后，法院一直在问："测谎所在的科学界是否普遍接受这项技术？"但要解答这个问题，就必须先回答另一个问题："测谎所在的科学界是哪个？" APA 的成立在某种程度上就是直接回答了这一问题。APA 试图通过建立这样一个专业权威机构来代表测谎所属的科学界，以证明"测谎所在

〔1〕 O'Bannon, R. M., Goldinger, L. A., & Appleby, G. S., *Honest and Integrity Testing*, Applied Information Resources，1989.

的科学界是普遍接受这项技术的"。在 APA 的倡议和推动下，一些法院（如马萨诸塞州法院）会告诉陪审团，测谎专家和其他人如外科医生、建筑师、工程师、弹道专家和笔迹专家都是本领域的专业人士，他们的意见是值得听取的。

APA 由来自执法部门、政府和私营部门的测谎专业人士组成，于 1966 年在华盛顿特区成立。最初由几个测谎协会合并而成，包括科学审讯学院、美国测谎科学学院、国家测谎审查员委员会、国际测谎审查员协会和国际测谎研究协会。成立之初的主要工作就是建立测谎专业伦理，对仪器设备、测试技术、程序与教育培训等进行一系列的规范化和标准化。到目前为止，测谎领域已经有了专业的伦理道德规范，以及实践标准规范（参见第八章）。这些标准后来也成为了世界上多数国家所引用的标准。APA 是美国也是全世界最大的专业测谎组织，会员由最初的 376 名发展到今天的约 2500 名，遍布全世界 33 个国家或地区。此外，APA 还认证了 15 所美国测谎学院以及 4 所国际测谎学校，用来培训测谎师。事实上，美国至少有 20 个州要求测谎师必须是 APA 注册的会员，否则不能从业或合法使用测谎仪。其主要职能包括提供测谎教育和培训，为从业人员提供认证，以提高其在法律和工业等领域的可信度。尽管 APA 是为了促进测谎的发展而设立的，但是在 1987 年，APA 也承认了目前 PDD 技术的不足之处，并主动采取了一些负面政策，约束 PDD 应用于民间的人事筛选。此外，APA 还有一个重要的贡献，其一直在向专业人士（如法官、律师以及测谎师）和大众灌输一个基本理念：**实施测谎的人和测谎仪一样重要**。要想获得准确的测谎结果，测谎师的技能和经验与测谎仪本身是同等重要的。

除了 APA 之外，1977 年美国警察测谎学会（American Association of Police Polygraphists，AAPP）也成立了。APA 的成员来自各种行业，包括政府机关、心理学界、司法领域等，相比之下，AAPP 的成员主要是执法部门的测谎师，如警察局、FBI 等机构的工作人员或警员。AAPP 更强调实务操作，帮助警察测谎专家在日常的执法和刑事调查中有效应用测谎技术，特别是避免在执法过程中出现自身触法或违规的情况。

除了 APA、AAPP 两个专业学会之外，在 PDD 发展进程中还有一家美国政府机构始终如一地在背后给予支持，那就是美国国防部（United States Department of Defense，DoD）。从最早的 Marston 在军方的工作，到最新的声音压力测谎、脑电测谎等（参见第十六章），DoD 一直给予慷慨的项目资金支持。现在的计算机测谎软件系统也是在它的资助下开发的，而且常常将最新的测谎技术或仪器用在战场上来实践。1951 年 DoD 在乔治亚州戈登堡成立了自己的测谎培训学校，为自己培养军事测谎方面的专业人才。此外，一些政府其他机构的测谎师培训也由它负责。早期的校董之一就是 Ron Decker。他是当时测谎领域的泰斗，被大家亲切地称为"国师"。到了 1986 年，DoD 又成立了自己的测谎研究机构——国防部测谎研究院（Department of Defense Polygraph Institute，DoDPI），2007 年该学院更名为国防部可信度评估学院（Defense Academy For Credibility Assessment，DACA）。DoDPI 主要提供与军事测谎相关的研究、培训和质量控制。不过因为国家安全的要求，除了一些个别情况外，DoD 测谎的具体情况和数据都是保密的，所以世人常常会忽略它们在测谎技术发展中的重要贡献。2010 年，DACA 更名为国家可信度评估中心（National Center For Credibility Assessment，NCCA）。该中心目前仍隶属于 DoD，继续负责为执法人员、军事人员和其他政府工作人员提供专业的测谎技术培训，研究可信度评估技术的应用，并制定相关的行业标准。

二、雇员测谎保护条例

20 世纪 50 年代~80 年代测谎的滥用，引发了人们对这种大规模侵犯人权做法的反弹。1985 年 3 月有众议员向众议院就业机会小组委员会提出："工作场所测谎测试的问题一直被视为宪法问题、隐私问题、民权问题……但在我看来，它首先是一个工作问题，一个就业机会问题。测谎仪已成为恐吓员工和筛选出政治或工会信仰与特定管理者不同的员工的工具"。

1988 年，美国颁布了《雇员测谎保护条例》（*The Employee Polygraph Protection Act*，EPPA）（Public Law 100-347），以阻止测谎技术在美国社会日渐泛滥的趋势，对那些试图通过测谎来进行人事筛选的公司与机构进行了严格的限制。EPPA 的主要内容包括禁止雇主在招聘过程中强制要求应聘者进行测谎，除非在特定情况下（如涉及安全、财务等敏感职位）。该法规规定了员工在工作中不应被强制进行测谎，且使用测谎仪的结果不得作为解雇或惩罚的唯一依据。此外，EPPA 加强了对员工的保护，确保他们在面临测谎时具有基本的权益保障。该法案的实施标志着美国对 PDD 在雇佣管理中的应用进行规范，保护员工免受滥用。总之，根据 Brown（1989）[1] 的说法，EPPA 的目的是"保护个人免遭不公正的解雇或因未经授权的测谎测试而失去工作机会"。但它却对 PDD 的发展产生了极大的影响，至少让民间对测谎的需求大幅降低，甚至还导致 APA 会员的人数减少了很多，PDD 的发展陷入了一个低谷期。不过，有学者有不同看法，认为 EPPA 只是原则上禁止了民间测谎，但涉及国家安全、刑事犯罪以及私人安全机构的行业除外。所以 EPPA 实际上是助长了测谎在以上例外机构的滥用。关于这

---

〔1〕 Brown R. K., "Specific incident polygraph testing under the Employee Polygraph Protection Act of 1988", *Wash. L. Rev.*, 1989, 64, p. 661.

点我们将在后面重点讨论（参见第十五章）。

EPPA 的颁布也有一个意外的收获，即人们第一次通过法律的形式对测谎仪进行了明确的界定。EPPA 指出，实践中被广泛应用的测谎仪指的是"Polygraph"，它最基本的功能是连续、真实、永久、同步地记录血压、呼吸、皮电图形的变化，并且被用于或者是它的结果被用于作为一个鉴定结论，来判断个体是否诚实或不诚实。同时，EPPA 还对另一个出现频率和民众接受度也很高的术语"Lie Detector"进行了解释，其认为这一概念包括了 Polygraph、谎言记录仪、声音压力分析仪、心理压力测评仪，或者其他类似的仪器（无论是机械或是电子的），这些仪器或者是仪器测试的结果主要用于说明个体是否诚实的诊断结论。由此可见，Polygraph 只是众多形式的测谎仪（Lie Detector）中的一种，它特指通过记录、收集被试的血压、呼吸、皮电为主的生理指标数据，结合所提问题来辨别真伪的测谎仪。事实上，除此之外，还存在着一些采用其他方式或指标来测谎的技术，如通过分析声音的特征来判断说谎的声音压力分析技术（参见第十五章）等。要特别指出的是，**EPPA 禁止在工作场所使用所有的 Lie Detector，而不仅是 Polygraph**（Baileyet al.，1989）[1]。

三、计算机化测谎仪

随着 20 世纪 70 年代兴起的电子计算机普及运动，机械式的 Polygraph 也开始计算机化，但核心技术以及主要心理生理指标并没有太多改变。计算机技术只是将采集到的各项指标以图谱的形式直接呈现到计算机屏幕上，取代了过去通过机械式热笔描记在纸上的方式。当然计算机强大的存储和计算功能，可以实现图谱回放和自动评分功能。在计算机化的过程中有一个重要的团队不可忽视，它就是由来自美国 Utah 大学的心理学家们以及一些合作者（如 FBI 的 Podlesny 博士）组成的团体。Utah 大学是少数持续致力于测谎研究的大学类研究机构，它在反测谎、提问技术、评分技术，尤其是计算机化评分系统的研究开发等方面成果颇丰。Utah 大学走出来的代表性的测谎专家包括 John Kirche、Charles Honts 和 David Raskin 等人。此外，他们还共同开发了广受欢迎的测试技术——Utah 技术（参见第九章）。

在 20 世纪 80 年代末，Kircher 和 Raskin（1988）开发了配套的软件——计算机化测谎系统（Computerized Polygraph System，CPS）。CPS 不仅包括收集和即时呈现各项测谎心理生理指标的功能，更为突出的是，它具有自动诊断功能，可以

---

〔1〕 Bailey, F. L., Zuckerman, R. E. & Pierce, K. R., *The Employee Polygraph Protection Act: A Manual for Polygraph Examiners and Employers*, American Polygraph Association, 1989.

直接给出被试说谎的概率值。Kircher 和 Raskin（1988）指出：初步的结论证明计算机化的自动诊断的准确性与专家诊断能达到同一水平[1]。在此研究中，他们增加了一个新的测谎心理生理指标——指脉容量（Finger Pulse Amplitude，FPA），通过测量手指的动脉容量变化来测谎。1999 年 Podlesny 和 Kircher[2] 又将这一指标改进为指脉压力（Finger Arterial Pressure，FAP）。虽然他们都证实：通过指脉测谎的正确性与传统血压指标的测谎效果并无太大差异，但目前此项指标也只是参考，并不纳入评分系统。

到了 2001 年，美国制造 Polygraph 测谎仪的三大公司（Lafayette、Stoelting、Axciton）基本已经完全将传统机械的测谎仪转化为计算机化的。三大公司都使用同一软件平台，即 Kircher 和 Raskin 开发的 CPS 系统。

四、重要概念的改变

1. PDD 替代 Polygraph

从上述 EPPA 的内容来看，现代测谎仪正式的命名为 Polygraph，且已经深入人心。美国大众也普遍接受 Polygraph 就是指代测谎仪。学术领域也是如此，如学者 Palmiotto（1998）[3] 认为，测谎仪（Polygraph）是一种记录对提问反应的生理指标的机械仪器。它记录血压（Blood Pressure）、脉搏（Pulse）、呼吸（Respiration）、皮电（GSR）反应，以及胸部和腹部的呼吸模式。此外，Polygraph 一词除了指仪器以外，也指测谎技术。不过也有学者（如 Furedy，1988）[4] 提出用 Polygraphy 一词来指测谎技术，并给出以下界定："Polygraphy 是一种专业技术，旨在通过测量自主神经控制系统的细微变化（如 GSR）提供一种科学的方法来识别谎言。测谎技术是心理生理学的一种应用，它通过测量生理功能的变化来研究心理过程。"不过无论如何，近年来越来越多的学者（Matte，1996；Kleiner，2002[5]；Stern，2004[6]）都主张使用另外一个更为

〔1〕 Kircher J C, Raskin D C., "Human versus computerized evaluations of polygraph data in a laboratory setting", *Journal of Applied Psychology*, 1988, 73, pp. 291–302.

〔2〕 Podlesny J A, Kircher J C., "The Finapres (volume clamp) recording method in psychophysiological detection of deception examinations: Experimental comparison with the cardiograph method", *Forensic Science Communications*, 1999, 1 (3), pp. 1–17.

〔3〕 Palmiotto, M. J., *Criminal Investigation*, 2 edition, *Austin & Winfield*, 1998.

〔4〕 Furedy J J., "The North American CQT polygraph and the legal profession: A case of Canadian credulity and a cause for cultural concern", *Crim. LQ*, 1988, 31, pp. 431–451.

〔5〕 Kleiner, M., *Handbook of polygraph testing*, Academic Press, 2002.

〔6〕 Stern, P. C. (Ed.), *The polygraph and lie detection. Report of the national research council committee to review the scientific evidence on the polygraph*, The National Academies Press, 2004.

"准确"的术语，即心理生理测谎（Psychophysiological Detection of Deception，PDD）来指代测谎。Krapohl 和 Sturm（2002）[1] 在此领域最为权威的、APA 主办的期刊《测谎》（*Polygraph*）发文明确指出：PDD 是"指代利用 Polygraph 诊断欺骗的常用的科学术语"（Common Scientific Term to Denote the Use of The Polygraph to Diagnose Deception）。所以，无论在实践领域还是在学术研究中，目前都较倾向于使用 PDD 来替代 Polygraph 或 Polygraphy。

除了 PDD 之外，Matte（1996）还曾建议使用"心理生理求实测试"（Psychophysiological Veracity Examination，PV）作为替代 Polygraph 的学术术语。Matte 认为使用 PV 一词能够正确地指代使用 Polygraph 对真实或欺骗进行评估的过程。PV 与 PDD 最大的区别在于使用了"Veracity"（求实）一词替代了"Detection of Deception"（测谎）。这反映了专业人士对这一技术逐渐有了清晰的认识，也是他们现阶段努力向一般公众澄清的问题：这一技术不仅是对谎言或欺骗的识别，也包括对被试所具有的相关记忆的检测。例如，Lykken 所发展的 GKT 就主要是针对被试是否具有与犯罪事件相关信息的记忆进行测试。因此，Raskin（1989）[2] 曾特别指出，笼统地将这一技术称为"测谎"其实并不准确，因为在很多情况下它其实是在"测真"。在此意义上，使用"求实"一词或许更为精确。但是，PV 这一术语在目前阶段尚未得到非常广泛的认同（Krapohl & Sturm，2002），而"测谎"（Detection of Deception）一词无论在学术还是公共领域都是更易接受的术语，其承载的文化和历史沉淀的内涵使其难以被轻易舍弃。此外，在司法实践中，此项技术实际上是难以将说谎或欺骗与记忆明确地区分出来。也就是说，在目前阶段，我们还是难以厘清此项技术的真正原理。

因此，本书仍主张，对于利用测量心理生理指标（如皮电、呼吸、血压等），或者说，对于当前实践中最主流的测谎技术（OTA，1983）[3]，这种通过 Polygraph "连续、真实、永久、同步地记录血压、呼吸、皮电图形的变化"，并加以分析来识别谎言的技术，称为心理生理测谎（PDD）。

2. CIT 替代 GKT

除了 PDD 之外，国际测谎学界也渐渐使用一个新的称谓来替代 GKT，那就

---

〔1〕 D Krapohl, S Sturm, "Terminology Reference for the Science of Psychophysiological Detection of Deception", *Polygraph*, 2002, 31（3），pp. 154-239.

〔2〕 Raskin, D. C., Polygraph techniques for the detection of deception. In: D. C. Raskin（Ed.），*Psychological methods in criminal investigation and evidence*, Springer-Verlag, 1989.

〔3〕 Office of Technology Assessment, *Scientific Validity of Polygraph Testing: A Research Review and Evaluation-A Technical Memorandum. Rep. TM-H-15*, Office of Technology Assessment, 1983.

是隐蔽信息测试法（Concealed Information Test, CIT）。之所以发生这样的转变，是因为 GKT 在美国司法实践中并不常被使用，而多见于研究领域。正如 Verfaellie 等人（1991）[1] 指出的，之所以采用 CIT 这一术语，是因为这一测试技术在司法实践领域之外也获得了极大的应用。例如在医学领域用其来识别病人是否患上失忆症，在这种情况下，与犯罪没有任何关系。所以，笼统地使用"有罪知识"一词显然不够准确。另外，在目前最前沿的测谎研究领域，大部分学者使用的也是 CIT 这一术语（如 Tseng et al., 2025[2]）。正鉴于此，本书也倾向于使用 CIT，替代以前的 GKT。另需要说明的是，此前的 GKT，我国曾有学者将其译为"犯罪情境测试法"，但本书认为这样的译法并不准确，而倾向采用比较忠实原文的译法——"有罪知识测试法"。

这些术语的变化，其实反映了测谎技术背后的基本理论的不确定性。而极力冠以"心理生理"此类的科学术语，也是为了应对"测谎是伪科学"的质疑。而出现这种局面的根本原因之一可能是来自我们测谎的对象——说谎，本身就是一个我们既熟悉且复杂、难以厘清的人类社会现象。

〔1〕 Verfaellie, M., Bauer, R. M., & Bowers, D., "Autonomic and behavioral evidence of 'implicit' memory in amnesia", *Brain and Cognition*, 1991, 15, pp. 10-25.

〔2〕 Tseng P, Cheng T., "Artificial intelligence in lie detection: Why do cognitive theories matter?", *New Ideas in Psychology*, 2025, 76, pp. 101-128.

第二部分
测谎的理论基础

　　谎言与每个人的生活息息相关，我们每个人都会说谎，也常常被谎言欺骗。这种熟悉感让人们误以为对谎言了如指掌，认为自己能够轻易运用或识别谎言。然而，科学研究却告诉我们，这种"自以为是"与实际情况相去甚远。事实上，大多数人既不了解谎言，也不善于说谎，更不擅长识别谎言。而以上人类测谎探索的漫漫长路，其实也证明了这点，我们的测谎仪并未完全达到预期。其根本原因在于谎言的复杂性。究竟什么是谎言？人们为什么说谎？撒谎是人类独有的吗？是天生的吗？社会中谎言或欺骗的普遍程度如何？如果这些基本问题都无法回答，又如何能够保证测谎的准确性。Mouton 和 Marais（1990）[1] 说，研究可能出于各种原因进行。很多时候，动机仅仅是对一个有趣现象的好奇心或关于某种令人困惑的事情。所以，本部分将试着深入了解说谎现象，旨在理解测谎仪存在的理由，以及对 PDD 实践提供更好的理论基础。

---

　　[1]　Mouton, J. & Marais, H. C. , *Basic Concepts in the Methodology of the Social Sciences*, Revised edition, HSRC Publishers, 1990.

第四章　说谎的普遍度

可能与很多现象研究不同，对于谎言的研究，我们并非直接进行界定，而是先对这一现象在社会中的普遍度做梳理，正如后文提到的，"说谎"是一个非常模糊（Slippery）的概念，而说谎行为也是一个非常复杂的社会现象。

第一节　人类文明中的说谎史：从古代叙事到现代伦理

本着一种严谨的态度，我们不能毫无客观根据地宣称："说谎现象是伴随人类社会的出现而出现的"。也许要解答说谎起源问题还有更长的路要走，或许又是一个人类智慧永远无法企及的彼岸。但是，从目前我们所拥有的"吉光片羽"的古代文档中可以看出，说谎行为确实在人类社会的早期就已出现，并为当时的人们所感知与思考。

一、古老道德规训中的说谎

生活于公元前 7 世纪的古希腊著名诗人赫西俄德（Hesiod）说到关于人类五世纪的传说[1]，对于第五代（黑铁时代）的人类，即"现在"[2] 的人类，他认为是堕落的人类，并有可能堕落到极点，而最终毁灭。他描述这些人类的各种劣行，其中包括了说谎行为：

> 现在的确是一个黑铁种族：人类白天没完没了地劳累烦恼，夜晚不断的死去。诸神加给了他们严重的烦恼。尽管如此，还有善和恶搅和在一起……父亲和子女、子女和父亲关系不能融洽。主客之间不能以礼相待，朋友之

---

〔1〕　在赫西俄德看来，人类具有一个"五代史"的过程，即由黄金时代、白银时代、青铜时代、英雄时代到"现在"的黑铁时代的过程。前四个时代的人在赫西俄德看来是纯粹的：纯粹的善、无知、恶与正义。而第五个时代的人则是不纯粹的。前四个时代人有着神圣的起源，是由神创造的。而第五个时代人类，则是由英雄时代的人过渡而来的，他们失去了神圣性，人与神相分离。

〔2〕　指赫西俄德生活的时代。

间、兄弟之间也不能如以前那样亲密友善。子女不尊敬瞬即年迈的父母，且常常恶语伤之……恶人用恶语中伤和**谎言欺骗**高尚者。（赫西俄德：《工作与时日·神谱》）[1]

在西方的《旧约·出埃及记》中就记载了耶和华在西奈山上与摩西立约约束以色列人（The Israelites）行为的"十诫"（The Ten Commandments），其中第九诫"不可做假见证陷害邻居"（You Shall Not Bear False Witness Against Your Neighbor）[2]，指的就是禁止说谎。

同样，在另一大宗教——佛教中也有关于禁止说谎行为的要求。佛教五戒（戒杀生、戒盗窃、戒邪淫、戒妄语和戒饮酒）中明确规定了"戒妄语(不准说谎)"。此外，佛教还将"妄语"进一步细化，并加以解释和规诫。例如，在佛教中，"妄语"不仅是"五戒"之一，而且被列为"十恶"之一，特指以欺人为目的而作的虚妄语。据佛经《四分律》卷十一所记载，妄语为波逸提（必须向众僧忏悔之罪），此系小妄语（虚伪不实）；另据同书卷二记载，"未至菩提而妄言得菩提（即妄称证得佛道）者，即犯波罗夷（为教团驱逐之大罪），此系大妄语（未得言得，未证谓证）"。此外，据《大智度论》卷十三记载，"犯妄语戒而无惭愧心者，自断于至涅槃及生天之道，并有口气臭、善神远离等十种罪过，此称为妄语十罪"。

通过这些宗教性质的界定与规范，我们可以得出结论：**说谎行为的确在人类社会发展的早期就已出现**。因为正是有了说谎行为的出现，才可能有相应的禁令或戒律的制定。

在比较现代社会的普遍规范——道德与法律后，我们还能看到一个值得当代人反思的现象。在传统宗教规范中，说谎行为常常与杀人、奸淫等这些特别恶劣的行为并列作为"禁止性行为"。如在十诫中与"不能做假证"并列的其他要禁止的行为，包括不可杀人、不可奸淫、不可偷盗他人财物，等等。在佛教中，"妄语"还被认为是"犯淫戒、犯盗戒、犯杀人戒、犯大妄语戒"四大重罪之一。但是在我们现代社会的道德准绳下，说谎并不是十分严重的恶行，常常会被谅解，甚至会得到正面的评价。同样，在目前世界各国普遍的法律规范中，与说谎相关的犯罪行为，如青少年的说谎行为因其未成年人的身份而犯伪证罪，与故

---

〔1〕 ［古希腊］赫西俄德：《工作与时日·神谱》，张竹明、蒋平译，商务印书馆1991年版，第6~7页。

〔2〕《旧约·出埃及记》，第20章第16节。

意杀人罪或强奸罪相比，往往被看作是罪行较轻的行为。而与现实的成人世界规范现状形成讽刺对比的则是：我们的社会常会要求我们的孩子从小"做人要诚实""不准说谎话"。实证研究的结果也充分证实了这一点：父母在教育孩子的时候，首先要求孩子要做到的品德是"诚实"（Harding et al., 1986）[1]。George Shaw 就一针见血地指出，"只有在创造出一个诚实的世界之后，我们才能将'诚实是最好的策略'这一观点诚实地告知我们的孩子。"[2]

二、古老叙事中的说谎

除了以上古老道德规训中提到的说谎，还有大量关于人类早期说谎的故事记载散见于各类古老文献中，如许多关于说谎的故事。以下内容中描述了可能是人类第一次的说谎：蛇欺骗夏娃，让其偷吃禁果。

> 蛇对女人说："神岂是真说不许你们吃园中所有树上的果子吗？"女人对蛇说："园中树上的果子，我们可以吃；唯有园当中那棵树上的果子，神曾经说：'你们不可吃，也不可摸，免得你们死。'"蛇对女人说："你们不一定死，因为神知道，你们吃的日子眼睛就吃亮了，你们便如神能知道善恶。"

一般理解以上的原意要表达的是：狡猾而邪恶的蛇诱惑了夏娃。但尤里·谢尔巴特赫则指出："如果对文字仔细研究就会发现，骗子并不是蛇，而是神，因为是神明明知道这是在欺骗自己的子民，只是在吓唬他们，如果吃了禁果好像必然会死（'你不可吃，也不可摸，免得你们死'）。"[3] 不过，更深层的含义可能在于：人依靠自己的聪明、智慧或者知识，离弃了神，第一次犯了罪（Sin），从此有了人生的种种困难。从这种意义上说，人类所有困难的来源与说谎行为息息相关。

在古希腊神话故事中，也有一些故事证实了早期说谎行为的存在。例如，被普罗米修斯偷窃天火之后，宙斯对人类的敌意与日俱增，并决定惩罚人类。于是，他命令以工艺著称的儿子赫菲斯托斯用泥塑一美女像，并请众神赠予她不同

〔1〕 Stephen Harding, David Phillips & Michael Fogarty, *Contrasting values in western Europe: unity, diversity and change (Studies in the contemporary values of modern society)*, Macmillan, 1986, pp. 19–21.

〔2〕 Peter C. Cramton & J. Gregory Dees, "Promoting Honesty in Negotiation: An Exercise in Practical Ethics", *Business Ethics Quarterly*, 1993, 4 (3), pp. 359–394.

〔3〕 [俄]尤里·谢尔巴特赫：《欺诈术与欺诈心理》，徐永平、储诚意译，华文出版社 2006 年版，第 3 页。

的礼物。其中，阿西娜饰之以华丽的衣裳，赫耳墨斯赠之以**说谎的能力**……因为她从每位神灵那里得到了一样对男人有害的礼物，所以宙斯称她为潘多拉（意为煽动）。值得一提的是，Scheibe 曾指出的："普罗米修斯的盛名不仅在于他为人类盗取了火种，也在于他高超的造假技巧。"[1]

同样，在我国古代，关于说谎事件的记载也不少。如成书于约公元前 5 世纪的《孙子兵法》，其核心思想之一就是："兵者，诡道也""兵不厌诈"，强调用兵其实是一种诡诈行为。而根据《孟子·万章上·妻舜章》中记载：

> 万章曰："父母使舜完廪，捐阶，瞽瞍焚廪。使浚井，出，从而揜之。象曰：'谟盖都君咸我绩。牛羊父母，仓廪父母，干戈朕，琴朕，弤朕，二嫂使治朕栖。'象往入舜宫，舜在床琴。象曰：'郁陶思君尔。'忸怩。舜曰：'惟兹臣庶，汝其于予治。'不识舜不知象之将杀己与？"曰："奚而不知也？象忧亦忧，象喜亦喜。"曰："然则舜伪喜者与？"曰："否。昔者有馈生鱼于郑子产，子产使校人畜之池。校人烹之，反命曰：'始舍之圉圉焉，少则洋洋焉，攸然而逝。'子产曰：'得其所哉！得其所哉！'校人出，曰：'孰谓子产智？予既烹而食之，曰：得其所哉！得其所哉！'故君子可欺以其方，难罔以非其道。彼以爱兄之道来，故诚信而喜之。奚伪焉？"

在这短短不足三百字的文章中就涉及了两个古代名人的说谎事件。其一是，舜的弟弟象想害死舜，趁舜挖井时用土埋井，想活埋了舜，但舜却从井的旁洞走出来了。象还以为舜已死于井下，准备霸占舜的财产和妻子。当他走进舜的房子时，却看见舜好好地坐在床榻上弹琴，于是谎称："我好想念你呀！"舜不但不拆穿象的谎言，还赐封地让其治理。其二是，有人送活鱼给子产，子产让人负责把鱼放养在水池里。但那人却把鱼煮着吃了，还哄骗子产说，鱼放下去时还半死不活，一会儿就游得不见了。子产并没有揭穿那人拙劣的谎言，而是说"鱼到了好地方"，使对方以为蒙混过关。孟子叙述这两则故事的本意在于说明，如果出于善意，则说谎或欺骗并非不良行为，而是值得称赞和提倡的。

---

〔1〕 Scheibe K. E., *Mirrors*, *masks*, *lies*, *and secrets*: *The limits of human predictability*, Praeger, 1979: 83.

第二节　日常生活中的谎言

一、谎言无处不在

说谎行为在元道德的范围内是绝对禁止，在一般社会生活环境中也是不被提倡的。但是，与这种道德要求或者说社会期待相左的是，在日常生活当中，"谎言无处不在"（Barnes，1994)[1]。Sacks（1975)[2] 曾写过一篇文章《每个人都得说谎》（*Everyone Has To Lie*)，其中说到："长期以来，说谎一直是日常生活的一部分。我们无法在不被欺骗的情况下度过一天。"遇到熟人寒暄，对方说："回头一起吃饭聚聚"，你也很高兴地答应说"好的"。但彼此都知道你们大概率短期内是不会一起聚餐的。小学生向父母要钱去买学习用品。但除了学习用品，他可能还买了一些小零食并与小伙伴分享，关于这点他可能永远不会告诉父母。父母问外地工作的孩子："最近好吗?"孩子都会说"很好"，但其实他刚刚丢掉了工作。英国 WKD 公司调查发现，我们每个人最常说的谎言是：当别人问我们"最近好吗?"时，我们脱口而出"我很好!"这听起来有些心酸，但也反映了说谎有多普遍。

大量的研究也证实，在我们的社会中，说谎是一种日常生活事件（如 Barnes，1994；Buller & Burgoon，1996[3]；Galasinski，2000[4]）。具体的研究数据则能让我们看到说谎有多"日常"? 美国约瑟森道德研究中心（Josephson Institute of Ethics）在 1998 年的一项针对青少年的日常偏差行为的自陈问卷调查中发现，在过去一年中，有 92% 的青少年承认曾经对老师说谎，78% 的青少年曾对父母说谎（Josephson，1998)[5]。Prater 和 Kiser[6] 在 2002 年调查了 310 家企业，发现 25%~67% 的求职者曾经有过说谎或者试图说谎的行为。

---

〔1〕Barnes, J. A., *A Pack of Lies*: *Towards a Sociology of Lying*, Cambridge University Press, 1994.

〔2〕Sacks, H., Everyone Has to Lie, In M. Sanches and B. G. Blount（Eds.）, *Sociocultural Dimensions of Language Use*, Academic Press, 1975, pp. 57-80.

〔3〕Buller, D. B. & Burgoon, J. K., *Interpersonal Deception Theory*, Communication Theory, 1996, 6, pp. 203-242.

〔4〕Galasinski, D., *The Language of Deception*: *A Discourse Analytical Study*, *Thousand Oaks*, Sage, 2000.

〔5〕Josephson, M., *Report Card on the Ethics of American Youth*, *Los Angeles*, Josephson Institute of Ethics, 1998.

〔6〕Prater, T. & Kiser, S. B., "Lies, Lies, and More Lies", *SAM Advanced Management Journal*, 2002, 2（67）, pp. 9-36.

　　在这些研究中，最经典的工作则来自美国社会心理学家 DePaulo 及其同事 1996 年的研究（DePaulo et al.，1996）[1]。其研究数据可能是被引用最多的，很多时候我们在书上或网上看到一些关于说谎频率的数字都是源于此。如我们可能会看到一个有点惊人的说法："与他人交往的三分之一时间里都在撒谎"。这个数字本身没有错误，但我们需要仔细了解它背后的细节才能了解其真正含义。

　　此研究包括两组被试，第一组被试为 74 名大学生，年龄分布为 17 ~ 22 岁（M = 18.69，SD = 0.91）；第二组被试为 70 名社区成员，年龄分布为 18 ~ 71 岁（M = 34.19，SD = 12.49）。并要求两组被试用日记形式（Daily Diary Methodology）详细记录下自己在一周（7 天）的日常生活中遭遇的所有谎言[2]。这里的社会互动是 DePaulo 严格定义的："你和另一个人之间持续 10 分钟以及 10 分钟以上的任何交流……在这段时间内一个人可以对另一个的行为做出相应的行为反应。"研究发现，以社会互动为单位，大学生的平均说谎频率为 0.31，即在每 3 次社会互动中，说谎 1 次；社区普通成人则为 0.20，亦即在每 5 次社会互动中，出现 1 次说谎。"与他人交往的三分之一时间里都在撒谎"这一说法正是来源于此，但是如果考虑到社会交往定义的严格性，就会知道事实上说谎的频率并没有这么高。

　　如果以天为单位，大学生平均每人每天说谎的频率为 1.96 次，而社区普通成人则为 0.97 次。大学生中说谎最频繁的人，一周（7 天）内共有 46 次说谎，而社区普通成人中说谎最多的人则是一周 30 次。

　　无论是以社会互动为单位，还是以天为单位，都会发现大学生说谎的频率更高。其中一个原因可能是大学生在参与这项研究时相对较诚实，他们的说谎频率数据更为可信。可能是为了凸显说谎的高发性，引用此研究数据时人们倾向于使用大学生而非社区普通成人的数据。如前述的"与他人交往的三分之一时间里都在撒谎"就是大学生的数据。另外，其他关于说谎频率的研究所得到的数据和 DePaulo 几乎是一致的，也就是三分之一的说谎频率是一个得到普遍公认的数字。

　　此外，DePaulo 的研究还有一些关于日常生活谎言的其他发现。70% 的被试承认，他们对自己所说的谎言几乎不后悔，并说如果让他们重回当时的情境再选择，他们仍会选择说谎。同时，他们还表示不觉得说谎有困难，一般不会特别设

　　[1] DePaulo B M, Kashy D A, Kirkendol S E, et al., "Lying in everyday life", *Journal of personality and social psychology*, 1996, 70 (5), p.979.
　　[2] 被试需要报告的问题如下：How often do people lie? What do they lie about? Whom do they lie about? To whom do they tell their lies and in what contexts? What reasons do they offer for telling their lies?

计日常生活中的谎言，也不太担心自己的谎言可能被拆穿。可见，日常生活中的谎言大多数都是低风险的谎言，说谎者不太有心理负担。

总之，日常生活中的谎言有多普遍呢？答案是：**在我们与他人的日常互动中，有三分之一的时间是在说谎；（或者说）我们平均每人每天说两个谎。**不过以上只是一种笼统的说法，而且是以大学生的数据为基础的，他们的频率高于社区普通成人，也许更真实。

二、影响说谎的因素

DePaulo 等人（1996）的研究还发现，不仅在大学生组与社区成员组之间被试的说谎频率存在差异，在性别方面也有差异，女性的说谎频率高于男性。但是在 Prater 和 Kiser 的研究中（2002），其结果则恰好相反。该研究对不同性别的求职者的说谎行为进行了独立分析，结果发现男性说谎频率（33%）高于女性（19%）。由此可见，所谓说谎的频率，并不能一概而论，它会随着场合、性别、亲密程度等不同而有所差异。

1. 场合

在一些场合下，双方之间的对立性或利益关系比较明显，社会对出现说谎可能性的预期较高，并对说谎者较为宽容，而说谎者本人的罪责感也较低或较易为自己开脱。因此，在以下场合中，我们说谎的可能性较高。

第一，**求职场合**是最典型的。上述 Prater 和 Kiser（2002）的研究针对的就是求职场合，总的说谎频率就较高。Robinson 等人（1998）[1] 的调查发现也证实了求职场合的特殊性：83% 的人都承认，他们曾为了找工作而有过说谎行为。如果求职者隐瞒的是吸毒等高风险行为，就会给用人单位带来较大的隐患。所以，有些机构和企业会使用测谎仪来进行雇前审查，这就是**人事筛选测谎**或**职业忠诚度测试**（参见第十三章）。

第二，**浪漫关系场合**。Rowatt 等人（1998）[2] 的研究中发现，90% 的人都承认，在和人约会时他们可能会在体重、身高、收入、过往情史方面至少说过 1 次谎。不过需要特别指出的是，已婚夫妻之间说谎频率非常低，这里的浪漫关系主要指的是未婚伴侣之间。这可能是，**我们在一段浪漫关系开始之初，往往会说更多的谎言**。不过，欺骗行为也反映了对未来伴侣期待的性别差异。如果分别问

〔1〕 Robinson W P, Shepherd A, Heywood J., "Truth, equivocation concealment, and lies in job applications and doctor-patient communication", *Journal of Language and Social Psychology*, 1998, 17 (2), pp. 149-164.

〔2〕 W. C. Rowatt, M. R. Cunningham, and P. B. Druen, "Deception to Get a Date", *Personality and Social Psychology Bulletin*, 1998, 11 (24), pp. 1228-1242.

男性和女性，他们对未来伴侣的期待是什么？结果发现，男性比女性更有可能强调他们未来伴侣外貌的重要性，而女性则更强调伴侣挣钱能力的重要性。所以，如果在约会阶段，非常希望对方喜欢上自己，让这段关系能继续下去，我们往往就会夸大自己的优点，或者向对方说更多赞美的话。换句话说，当浪漫关系越不确定，我们就越有可能说谎。而类似的情况也发生在伴侣之间，以及婚姻触礁的配偶之间。不过与其他日常谎言不同的是，发生在婚姻或浪漫关系中的谎言往往会带来很大的伤害。因为这种来自最信任、最亲近的伴侣或配偶的背叛最让人伤心。而且一旦谎言被识破，婚姻关系可能会终止。所以，对于这种关系中的说谎或欺骗行为，人们态度两极化。有的人不主动揭露，而有的人是"眼睛里不容沙子"。可见，无论是对于说谎或测谎，婚恋似乎都是一个特殊的领域，前述的神裁法就常被用来检测**婚姻忠诚度**。关于这一领域特殊性的原因以及相关的测谎实践，我们还将在后面专门进行讨论（参见第十四章）。

第三，**面对父母或老师的场合**，孩子出现说谎行为的频率也较高。因为亲子之间以及师生之间的管理与被管理、监护与被监护的关系比较明显，而人们对在这样的关系中出现说谎行为的预期也较高。上述美国约瑟森道德研究中心关于青少年说谎的调查则证实了这一点。

2. 亲密度

除了特例之外，一般的原则是：**对于越亲近的人，我们越不会说谎**。1998年 DePaulo 和 Kashy[1] 系统地考虑了不同亲密程度的人之间说谎的频率高低。从陌生人、熟人、好朋友到配偶，亲密程度越来越高。结果发现，与陌生人交谈时我们说谎的频率最高，其次是熟人，而对好朋友和配偶说谎的频率最低。而好朋友和配偶之间，我们对配偶说谎的频率要更低一点，大概是每 10 次社交互动中只有 1 次说谎。也就是 20% 的时间里，夫妻之间会说谎。我们为什么不会对最亲近的人说谎呢？一个原因是我们与亲近之人相依为命，相互守护，诚实是保证这种关系的关键因素之一。如果我们的好朋友或配偶反复对我们说谎或欺骗，这种关系很可能会不复存在。此外，好朋友或配偶对于我们是最了解的，所以我们能对他们说谎的地方很少。比如关于自己的工作或收入情况，我们可以对不太熟的人说谎，但是配偶肯定知道实情，根本无法说谎。

总体上，人们倾向于对那些他们觉得亲近的人较少说谎，越亲近越诚实。但也有例外，最常见的就是**孩子与他们母亲之间**。在上述 DePaulo 和 Kashy（1998）

---

〔1〕 DePaulo B M, Kashy D A, "Everyday lies in close and casual relationships", *Journal of personality and social psychology*, 1998, 74（1）, p. 63.

的研究中，大学生所报告的谎言中，有几乎一半的谎言是发生在他们与母亲的互动中。一种解释是，大多数情况下，他们最依赖的人仍是自己的母亲，比如让母亲同意自己能和朋友们一起长途旅行等。另一种解释是他们仍然在意母亲的感受，特别是母亲关于自己（孩子）的看法或感受。比如，他们总是告诉自己母亲，他们没有抽烟，也没有喝酒，认真学习、没有乱花钱，等等。因为他们不想让母亲对自己失望或担心。

3. 年龄：年龄越大越可能说谎？

我们可能都知道一种说法：孩子天真无邪，所以他们都很诚实，而随着年龄增长，人们开始变得世故圆滑，开始说谎，并逐渐习以为常。

不过，对成年人来说，是否随着年龄的增加，说谎可能性也随之增加呢？目前对此的直接研究几乎没有，所以其实并没有得到证实。相反，一些其他的研究似乎间接推翻了这一说法。例如，我们反复提到的 DePaulo 等人（1996）的研究表明，大学生比社区普通成年人更常说谎。另一种可能的解释是，两种人群的平均年龄不同。大学生组的平均年龄为 18.69 岁，而社区普通成年人的则为 34.19 岁左右。似乎对成年人来说，年龄越大，说谎频率反而降低了。Prater 和 Kiser（2002）的研究也有相同的结论：年龄介于 18～40 岁的求职者有 48% 的人说谎，而 40 岁以上的求职者说谎占比仅 6%。即年纪较长者，说谎的频率相对较少。不过这两项研究都没有对年龄的组间差异进行显著性检验的报告，所以结论并不十分肯定。

4. 性别

长期以来，特别是在西方社会，女性都被认为是具有欺骗性的。另外，一些哲学和文学作品的推波助澜加剧了这种刻板印象。金庸小说中殷素素对儿子张无忌的临终遗言："孩子，你大了之后，要提防女人骗你，越是好看的女人，越会骗人。"可谓家喻户晓。

古代的一些典籍也加深了人们的这一印象。如《诗经·小雅》中"妇有长舌，维厉之阶"（妇女多言多语，是祸乱的根源），将爱传闲话、挑拨离间的"长舌妇"特质固化为女性标签。而稍晚成书的《韩非子》则将君主要防备的八奸之首列为"同床（妻妾）"，因为她们具有极高的隐蔽性和欺骗性。当然，最为人熟知则是《论语·阳货》中的孔子言："唯女子与小人为难养也"，虽原文语境复杂，但后人也常将此与"诚信"问题相联系。

除了这些典籍之外，还有一些文学作品将这种女性欺骗形象从固化标签推向了世俗社会的日常认知。在这些作品中，"狐狸精"形象多具女性特征，媒婆也常被描绘成巧言令色的负面角色，"红颜祸水"则往往被塑造为祸国殃民或家破人亡的根源。而在明清小说中，妇女行骗故事成为了一种重要的文学现象。明代小说《封神演义》更以"青竹蛇儿口，黄蜂尾上针，两般皆是可（两般皆不毒），最毒妇人心"的谚语，将女性与欺骗、狠毒直接联系了起来。这些文化符号共同构建了"女性爱说谎"的刻板印象。

而西方世界，从 14 世纪开始，特别是贞德以女巫罪被处死后，开始了长达300 年的猎巫运动。当时的人们普遍认为，因为女性身体比较脆弱，所以她们非常容易被魔鬼所诱惑和控制，而成为祸害世人的女巫。

到了现代社会，欧洲和美国对女巫的恐惧感有所减少，但将女性塑造成非理性、欺骗性和不值得信赖的形象却仍持续存在。也许是受猎巫运动的影响，这种偏见更多地将其归咎于女性的生理差异。在相当长的时间里，精神病医生都认为癔病是只发生在女性身上的精神错乱，而且与子宫有着某种因果联系。可见，即使是在自然科学兴起的时代，女性仍然被认为更具欺骗性，且非理性、自私，这些都源于她们与男性不同的生理结构。而这也影响到了当时刚出现的测谎技术。还记得 Marston 在公众面前进行"测谎秀"所测试的对象都是女性吗？总之，正如 Denery （2015）[1] 所指出的，西方思想假设 **"女人说谎是因为她是女人，每个女人都是骗子"**。

显然，这种观点是不公正的，但确实有一些证据表明性别差异对说谎有着相当大的影响。Saarni （1984）[2] 对 7～11 岁的儿童的说谎行为进行了研究后发现，女孩子在收到自己不喜欢的礼物时，相较男孩子而言，会较好地掩饰自己的情绪。这说明女性在孩童时就已经比男性更倾向于说他人导向的谎言。Lewis 等人 （1989）[3] 也在针对幼儿说谎行为的研究中将性别列为一个重要的变量。研究操作了一个让被试（儿童）说谎的情景：要求儿童不能偷看玩具，但是由于玩具很具有吸引力，几乎所有的儿童都有偷看行为，然后观察儿童是否在事后承认或说谎。结果发现，女孩比男孩更常说谎，且较不易被发现。Lewis 等人认为造成这一性别差异的原因之一是：女孩比男孩更早开始关注社会认同。同时，这一研究还发现，女孩在面对成人微笑的情境时比面对成人面无表情的凝视时更有可能承认她们的偷看行为。研究者指出，这实际上说明女孩说谎的动机多是害怕

〔1〕 Denery D G. , *The devil wins: A history of lying from the Garden of Eden to the Enlightenment*, Princeton University Press, 2015.

〔2〕 Saarni C. , "An observational study of children's attempts to monitor their expressive behavior", *Child development*, 1984, pp. 1504-1513.

〔3〕 M. Lewis, C. Stanger, & M. W. Sullivan, "Deception in 3-year-olds", *Developmental Psychology*, 1989, 3 (25), pp. 301-314.

被惩罚。

在 DePaulo 等人 1996 年的研究中就已经发现，虽然在日常生活中，女性总体说谎频率高于男性，但是具体到不同性质的说谎类别时，男女说谎频率会发生变化。总体来说，对大学生被试而言，所有被试所报告的谎言中，有 45.53% 的是自我导向（Self-Centered）的谎言，25.74% 为他人导向（Other-Oriented）的谎言，且差异显著[1]；而对于社区成员，自我导向和他人导向的谎言的概率分别为 56.68% 和 24.45%，并且也有显著差异。而进一步纳入性别因素分析发现，在大学生被试这组，男性大学生的谎言中有 50.57% 的为自我导向的谎言，他人导向的谎言只有 15.25%；相比较而言，女大学生的谎言分类中，自我导向的谎言是 42.42%，他人导向的谎言为 32.21%，并且这一差异显著。在社区成员中，也有类似的倾向：相比较男性而言，女性说他人导向的谎言的频率较多，但是没有统计上的显著性。为了进一步验证男女在不同性质的谎言行为上有所差异，DePaulo 和 Bell（1996）[2] 进行了另一项研究。研究结果证实了，说谎行为中存在着显著的性别差异，与男性相比，女性比男性更多地说他人导向的谎言。在 DePaulo 等人看来，女性较倾向于说他人导向的谎言，是因为在弗洛伊德所谓的"潜伏期"阶段，女孩与女孩在一起相处而排斥男孩（当然，男孩也是如此），而女孩之间的相互顾念对方情感的相处模式延续到成人阶段。Justice（1987）[3] 也提出欺骗动机有性别差异，他认为拒绝他人、推脱责任以及资源的获得等皆为男性欺骗的动机；女性则多为自我保护与推脱责任而欺骗。并且他指出这种性别差异是受到了性别刻板印象和社会对不同性别角色的期待等因素的影响而造成的。

要明确说明的是，以上研究并不意味着"女性爱说谎"这种刻板印象是对的。事实上，也有一些研究并不支持这一说法。如 Hendershott 等人（1999）[4] 就证实，对学生而言，女生较少出现欺骗行为，而男生则在表现诚实行为的动机上明显弱于女生。不过，换个角度就会发现，这些研究恰恰证明女性说谎频率高

---

〔1〕 所谓自我导向的谎言是指那些为了保护或增加说谎者本人的心理或者物质上的利益所说的谎言。相对的，他人导向的谎言则不是为了说谎者本人的利益，而是为保护或增加他人的心理或物质上的利益。

〔2〕 DePaulo B M, Bell K L, "Truth and investment: lies are told to those who care", *Journal of personality and social psychology*, 1996, 71 (4), p.703.

〔3〕 P. L., Justice, "What she doesn't know won't hurt her: Gender effects on patterns of interpersonal deception", *Paper presented at the Annual Meeting of the Speech Communication Association, Boston, MA*, 1987, November.

〔4〕 A. Hendershott, P. F. Drinan, & M. Cross, "Gender and Academic Integrity", *Journal of College Student Development*, 1999, 4 (44), pp.345-354.

并非因为天生是骗子或自私。正好相反，女性更多的时候是因为顾念他人而说谎。如为了彼此之间的关系而称赞对方，或者为了给他人（如自己的丈夫）挽回面子。除了这种顾念他人的原因，"重男轻女"思想可能也会导致女性说谎频率高。在这种思想影响下，我们会形成对性别的刻板印象，以及对不同性别角色的期待。如我们会认为女性应该更温柔、顺从、相夫教子，把丈夫和孩子的利益放在首要位置等，这些要求可能让女性面临更多被迫说谎的情况。此外，不论男性和女性，对同性说谎的频率都高于对异性说谎的频率。不过，对男性而言，他们在描述自己的感受方面，对异性说谎的频率要高于对同性说谎的频率（DePaulo et al.，1996）。可见，男性和女性说谎的动机明显不同。男性说谎常常是为了获得资源或青睐，所以他们更倾向于说自我导向的谎言；而女性则更倾向于说他人导向的谎言。

总之，在说谎的性别差异上，目前的结论是：**并不是女性更常说谎，而是男女说谎的原因不同。男人说谎是为了让自己看起来更强大、更有趣、更成功，更多的是自我导向的谎言。女性则更多地是说一些他人导向的谎言，以让他人感觉更好，或让别人对自己感觉更好。**

第三节 谎言的个体化历程：说谎是天生的吗？

来自古老宗教的规训，让我们都同意：说谎行为的确在人类社会发展的早期就已出现，正是因为有了说谎行为的出现，才可能有相应的禁令或戒律。而对个体来说呢？说谎是人类与生俱来的天性吗？还是随着个体成长从社会中逐渐习得的呢？根据经验，特别作为父母的经验，孩子似乎在很小的时候就开始说谎了。有个别的父母也许会特别震惊：因为他们的孩子还在蹒跚学步时，似乎就有欺骗的迹象。而大量的科学研究也似乎证实了这一经验。

一、个体开始说谎的年龄：3~4 岁？

2002 年语言人类学家们在墨西哥的 Tenejapa 地区开展了一项研究（Brown，2002）[1]。此地区主要居住着一些没有被现代文明浸染太多的古老部落，而他们所使用的语言为 Tzeltal 语，属于古玛雅语言的一个分支。McCornack（1997）[2]

---

〔1〕 Brown P.，*Everyone has to lie in Tzeltal//Talking to adults*，Psychology Press，2002，pp. 245-280.

〔2〕 S. McCornack.，The generation of deceptive messages：Laying the groundwork for a viable theory of interpersonal deception，In J. O. Greene（Eds.），*Message production：Advances of Communication theory*，Erlbaum，1997，pp. 91-126.

曾指出，有关说谎的科学领域发展出了各种不同的理论，并形成了两大研究方法：一是现场研究，分析自然情景下的即时的说谎行为；二是在实验室里进行的**实验室研究**（Experimental Study）。研究说谎行为发生这一问题时，自然、简单的研究条件是最为理想的。而 Brown 在人类现代文明尚未浸染太多的部落里以古老而自然的语言进行现场研究，是最为理想的。因为研究条件自然、简单，受干扰最少，得出的结论也越可靠。研究发现：当地的儿童在 2 岁时就能判断出某一句话是对还是错；在 3 岁时就开始明白利用语言所表达的命题和判断并非一定真实；在 5 岁、6 岁时对于社交谎言则已能运用自如了。

　　不过，现场研究方法并不常用来研究儿童的说谎行为。实际上，最常用的研究方法还是"**偷看实验**"。如在儿童身后放一个会发出音乐的玩具，要求他们根据音乐来猜背后的玩具是什么？对于最初的几个玩具，线索很明显（如狗的叫声"汪汪汪"，牛的叫声"哞哞哞"等）。面对这些线索，儿童往往很容易识别出玩具是狗或牛。突然，播放的音乐与呈现的玩具无关。例如，播放的音乐是贝多芬的《致爱丽丝》，但玩具是一个皮球。这使得儿童不可能在没有看到玩具的情况下猜对它。此时研究人员找借口离开房间。在离开房间之前，研究人员要求儿童不要偷看玩具。事实上，几乎所有的儿童都会乘机偷看。当研究人员返回时，会询问儿童是否有偷看。

　　有相当多的研究采用了这类方式，得出的结论大致相同。Lewis 等人（1989）研究的儿童的年龄在 33~37 个月之间（即 3 岁左右）的儿童。当被问到是否有偷看时，绝大多数儿童要么否认，要么不回答。另一个 1992 年的研究（Nigro & Snow，1992）[1]，则将儿童的年龄提早到 32 个月大，最后获得的结果也是一样的。到了 2008 年，Talwar 和 Lee（2002）[2] 将"偷看实验"的儿童年龄跨度扩大至 3~7 岁。研究结果发现，3 岁的儿童中有近一半的儿童说谎，不承认自己有偷看行为；而 4 岁及以上的儿童，几乎（超过 80%）都谎称自己没有偷看。Talwar 和 Lee 认为，随着年龄的增长，儿童逐渐习得了说谎行为，这证明说谎行为并非与生俱来，而是通过后天习得的。不过此研究更进了一步，就是当儿童谎答"没有偷看"后，研究人员追问儿童是否说了谎，或者要求儿童保证说的是实话。结果很有趣，4 岁及以上的儿童对此没有区别，但 3 岁的儿童马上就承认

　　［1］　Nigro G N, Snow A L., *Sex, lies, and smiling faces: A brief report on gender differences in 3-year-olds' deceptions*, 1992.

　　［2］　Talwar V, Lee K., "Development of lying to conceal a transgression: Children's control of expressive behaviour during verbal deception", *International Journal of Behavioral Development*, 2002, 26（5），pp. 436-444.

"自己说了谎"。可见，随着年龄的增长，孩子在说出最初的谎言后，会更善于在随后维持他们的谎言。

这样看起来多个研究都得出同一结论：孩子第一次说谎可能是在 3~4 岁之间。但是另一些科学家则对此提出质疑，因为以上的研究都需要孩子具有比较完整的语言和心智能力，能够理解研究人员的要求，并能较准确地表达自己的想法。也就是说，这些研究发现 3~4 岁是孩子开始说谎的年龄，也许只是因为要完成此类研究需要 3~4 岁时的语言和心智能力。如果关于儿童说谎的研究不需要用语言进行，那么说谎年龄可能会提早。所以，有研究是让年幼的儿童参加一些简单的小游戏，如"捉迷藏"，结果发现 2 岁的孩子已经可以通过"擦除自己的脚印"来隐瞒信息，并达到欺骗的目的（Chandler et al., 1989）[1]。另一项类似的研究甚至发现，儿童说谎的年龄最早可以到 1 岁半（Newton et al., 2000）[2]。这和前面提到的一些家长的经验是一致的。简而言之，**孩子第一次说谎的年龄大约是 3~4 岁，最早可能是 1 岁半**。

二、心理理论

说谎需要一定的语言和心智能力，刚出生的婴儿显然不具备足够的智力和语言能力，这可能限制了说谎行为的产生。因此，不能草率地得出结论：说谎是后天习得的。事实上，如果用另一个完全不同的视角再解读上述的研究，我们可以得出与之完全相反的结论：说谎行为即使不是人类的天性，也可能正如 Serban（2001）[3] 所说的，是人类的第二天性。因为从这些研究可以看到，人类个体在最早出现说谎行为上是如此自然，出现阶段之早、水平提高之迅猛都让人深感"上帝造人"之神奇，不得不怀疑在人身上"天然"存在着某种说谎的"原始机制"。而 20 世纪 80 年代，在心理学领域发现的"心理理论"可能就属于这种机制。

所谓"心理理论"（Theory of Mind），简单地说，就是**个体能够想象或推测他人心理的能力**。研究人员（Wimmer & Perner, 1983）[4] 让儿童观看木偶表演的故事：

---

〔1〕 Chandler M, Fritz A S, Hala S, *Small-scale deceit: Deception as a marker of two-, three-, and four-year-olds' early theories of mind*, Child development, 1989, pp. 1263-1277.

〔2〕 Newton P, Reddy V, Bull R, "Children's everyday deception and performance on false-belief tasks", *British Journal of Developmental Psychology*, 2000, 18（2）, pp. 297-317.

〔3〕 Serban G., *Lying-man's second nature*, 2001.

〔4〕 Wimmer, H. & Perner, J., "Beliefs about Beliefs: Representation and Constraining Function of Wrong Beliefs in Young Children's Understanding of Deception," *Cognition*, 1983, 13, pp. 103-128.

有两个小女孩（其实是木偶人），分别叫莎莉和安娜。莎莉长着长发，她有一个篮子；而安娜则是扎着两条辫子的小女孩，她有一个盒子。莎莉和安娜一起玩，莎莉将一个球放进了自己的篮子里。然后，莎莉离开了。这时候，安娜将球从篮子里拿出来，放进自己的盒子里。过了一会儿，莎莉回来了，她想要玩球。研究人员将这个故事耐心地讲给儿童听，同时以木偶和其他道具（如篮子、盒子等）形象地表演给儿童看，直到儿童完全听懂了这个故事。最后，研究人员问儿童："莎莉回来后想玩球，她会从哪里找球呢？是从篮子里呢？还是盒子里？"

对成年人来说，如果被问到上述问题，其回答肯定是："从篮子里找"。因为成年人可以很自然地带入到莎莉的心理：刚才"我（莎莉）"不在，所以不知道球已经从篮子换到了盒子里，所以"我（莎莉）"仍然认为球还在篮子里。成年人这种能代入或想象他人的心理状态的能力即"心理理论"，正是因为这样就能预测莎莉的行为，最后做出正确的选择。

不过，在这个研究之前，可能没有人知道儿童关于这个问题的答案可能会不同。研究发现，大多数的 3 岁儿童会错误地回答说"莎莉回来后会从盒子里找球"。他们之所以这么回答，是因为他们亲眼看见球已经从篮子换到了盒子里，而球最后也确实是在盒子里。他们是完全根据看到的事实在回答这个问题。而 4 岁和 5 岁的儿童会正确地回答说"莎莉回来后会从篮子里找球"。这表明，4 岁及 4 岁以上的儿童已经和成年人一样具备了"心理理论"，理解了莎莉的行为是基于莎莉自己的信念，而非实际的事实，这些儿童已经了解到信念与事实的不同。而 3 岁的儿童还没有发展出"心理理论"，所以不能理解信念与事实之间的差异。心理学家将他人或自己的一些与现实不一致的信念称为**错误信念**，并认为儿童获得错误信念理解的前提是能了解他人对同一事物的信念可能与自己的不一致，也就是具有了"心理理论"能力。

三、错误信念

心理理论中发现的重要概念——错误信念，对于我们理解和认识说谎或欺骗非常有帮助。2001 年，Povinelli 和 Giambrone[1] 报告说，他们观察到黑猩猩（Chimpanzee）除了具有对同类行为的预测和理解能力之外，还会操控同类的行为，与人类之间的欺骗行为非常类似。他们观察到，雌性黑猩猩 Brandy 看见附近的干草堆里露出了一个香蕉，于是向那个香蕉走去。但是，正在这时她又瞥见

---

〔1〕 Premack，D. & Woodruff，G.，"Does the Chimpanzee Have a Theory of Mind？"，*The Behavioral and Brain Sciences*，1978，4，pp. 515-526.

另一只强壮的雄性黑猩猩 Apollo 笨重地走向她。Brandy 停下步伐，并转身背对香蕉，使得 Apollo 也转身，从而发现不了香蕉。很快，Apollo 发现 Brandy 对自己不感兴趣，于是掉头去找其他的雌性。Brandy 跟着 Apollo 走了一段距离，但一旦确定 Apollo 的去向，就快步走回干草堆，偷偷地取回了那个香蕉。科学家认为 Brandy 具有理解、推理并通过给 Apollo 制造错误信念来操作 Apollo 行为的能力。这也是黑猩猩具有心理理论的证据之一，并且这种能力不仅是理解和预测，而且可以通过一些方式来操控他人的行为。

同样，这种通过制造错误信念欺骗他人的行为在儿童身上也能观察到。Sodian 等人（1991）[1] 针对不同年龄段儿童，探测了他们操作错误信念进行欺骗的可能性。结果发现，4 岁儿童能操控他人信念进行欺骗，3 岁儿童则不能。由此认为欺骗行为开始于 4 岁的年龄阶段，因为在此之前儿童不具备对"错误信念"理解能力，则无法操控他人的信念，更谈不上欺骗。儿童只有获得了完整的心理理论后才能具有欺骗他人的能力，所以 4 岁以下的儿童没有欺骗能力。此外，Hala 等人（1991）[2] 还进一步提出，个体仅具备心理理论、理解错误信念的能力还不够，还需具备对错误信念的操控能力后才能最终实施欺骗行为。但目前对于儿童如何获得这一操控能力的过程还不清楚。

四、说谎：人类的天性

从心理理论到错误信念，说明说谎是个体心智发展中必不可少的一部分。如 Stott（2005）[3] 认为，说谎是儿童情绪和智力发展的一部分。当儿童具有说谎能力时，也意味着他们包括语言、心理理论、操控他人信念等能力也已发展到一个相当的程度。所以，孩子第一次说谎是标志他们的健康成长的一个重要里程碑。知名诗人 Joseph Brodsky 曾慨叹道："意识的真正历史始于第一个谎言。"而随着包括心理理论在内的各种心智的成长，儿童的说谎的能力也会提高。这就是为什么孩子年龄越大，越会说谎。而这会引出一个有趣的发现：**说谎是更高级的心理能力，而诚实不是**。所以，当父母发现自己的孩子还在蹒跚学步或牙牙学语时似乎就开始了说谎，在震惊之余，也不需要过于沮丧。因为换个角度看，这也许说明自己的孩子比同龄孩子的语言或心智发展得更早。

---

〔1〕 Sodian, B., Taylor, C., & Perner. J., "Early Deception and the Child's Theory of Mind: False Trails and Genuine Markers", *Child Development*, 1991, (62), pp. 468-483.

〔2〕 Hala, S., Chandler, M. & Fritz, S. A., "Fledglingtebories of Mind: Deception as A Marker of 3-year-olds' Understanding of False Belief", *Child Development*, 1991, (61), pp. 83-97.

〔3〕 Stott, F. M., "Special Feature: Why Young Children Lie", *Early Childhood Today*, 2005, 5 (19), pp. 8-9.

　　此外，进化心理学理论提出，说谎行为的"诞生"与语言的"诞生"是一致的。人类发展出语言是为了更好地生存，而说谎则是其中一种最好用的工具。Aitchison（2000）[1] 从语言学习的角度指出，说谎也许是人类语言学习的最终目标之所在。特别是在早期社会，资源或配偶的竞争主要取决于一个人的体力。说谎似乎使个体比其他只使用"体力"来获取资源的人更有优势。说谎为他们提供了在不使用体力的情况下操纵他人的可能性，从而使他们能够在不危及身体健康的情况下获得更多资源或权力。当然，除了争夺资源，谎言也是一种自我保护的方式。可见，从进化的角度看，**说谎从根本上是人类的天性**，是出于一种生存本能（Nyberg，1993）[2]。

〔1〕　Aitchison, J. , *The Language of Speech：Language Origin and Evolution*, University Press, 2000.

〔2〕　Nyberg, D. , *The Varnished Truth*, The University of Chicago Press, 1993.

第五章 谎言的本质：来自科学的研究

虽然说谎是日常生活现象，但对一般人来说，我们其实并不了解谎言。所以，非常有必要了解有关谎言的"正经研究"。而第一个想到的研究领域就是语言学，因为谎言首先是一种语言。

第一节 语言学研究：谎言是如何构成的?

Eco（1976）[1] 曾经指出，关于说谎理论的界定应被作为语言学中的一项浩大工程。而我们做此研究的过程中也深深体会到：谎言确实是关于人类语言现象研究中一个瑰丽而独特的探索领域。如此特别的地位可能是因为语言是人类特有的财富，且充满了智慧。生存的艰险让人倾向于隐藏自我的真实和发现他人的真实，而语言是抵达对方真实思想彼岸最为直接、有效的桥梁。因此，以语言为载体的说谎以及明辨真假都是充满智慧与挑战的活动，吸引了人类投身研究，同时极大地促进了人类的认识能力。

一、说谎者悖论

公元前 6 世纪的哲学家克里特人 Epimenides 发出了一句含义无比微妙的名言："所有克里特人都是说谎者"（All Cretans are Liars）。因为 Epimenides 本人正是克里特人，由此就产生了一个让人无路可走（悖论的希腊语的本义就是"无路可走"）的语义情景：如果 Epimenides 说的是实话，那么就至少有一个克里特人不是说谎者，那"所有克里特人都是说谎者"就是一句谎言。这就是著名的**说谎者悖论**(Liar Paradox or Paradox of the Liar) 的最早形式。

Aristotle 对这一悖论进行了深入的分析：虽然一个人可能本身是说谎者，但是在某些方面或个别场合可能会讲真话，因此，问题出在"说谎"一词的双关意义上。说一个人是说谎者，并不是指其所表述的一切命题都是虚假的。因而，

---

[1] Umberto Eco. , *A Theory of Semiotics*, Indiana University Press, 1976, 7, pp. 58–59.

该命题并不会仅仅因为讲述者是一个克里特人而由自身的真推出自身的假。而且，如果断言这句话为假，还不能就此推出它为真。即如果说这句话是谎话，可推出"至少有一个克里特人不说谎"，但这个人并不一定是 Epimenides 本人，因此就不一定会推出"所有克里特人都是说谎者"为真，因而有人称之为"半个悖论"。

公元前 4 世纪，Eubulides 把这句话修改为："**我说的这句话是谎话**"（This Statement is False）。它克服了上述 Epimenides 悖论的不足，由它的真可推出它的假，由它的假又可推出它的真，形成了一个**严格的说谎者悖论**，又称为 Eubulides 悖论。说谎者悖论被公认为是最难消解的悖论，故有"悖论之冠"之称[1]。自它诞生开始，大量的智者如"飞蛾扑火"般去研究这一充满魅力的命题，并试图消解它。甚至有一位古希腊的诗人、文法家，因为研究说谎者悖论而积劳成疾、抑郁而亡[2]。

从研究谎言的角度看来，说谎者悖论之所以成为悖论的第一形式、"悖论之冠"并非偶然，而是与"说谎"这一特殊的人类活动现象的特质息息相关。语义悖论作为一个命题形式，主要以文字和语言的形式表达，而"谎言"也是一种语言形式。另外，命题形式会涉及"真"与"假"的判断，而"谎言"则是对语言的真假判断。此外，说谎者悖论的出现以及对它持之以恒的研究，从以"说谎现象"本身为研究对象的角度而言，使人类认识到：和其他许多对象一样，我们对"说谎"的认识还存在着很多不足：究竟什么是说谎？有没有绝对的说谎定义？是不是只有在具体的情景中去判断是否为谎言时才能达到真正的准确，或才能消解说谎者悖论？从语言本身来分析，被确定为"谎言"的有什么语义上的特征和语言形式上的特点呢？谎言的原型效应研究可能是其中的一种解答。

二、谎言的原型效应

1. 原型理论

1953 年，Wittgenstein 在他的《哲学研究》[3] 中对传统的语言理论哲学观进行了批评，认为自然语言中的多数词实际上都难于用其所属范畴的共同表征来释义，如 Card Games（纸牌游戏）、Board Games（棋类游戏）、Ball Games（球类运动）、Children Games（儿童游戏）、Olympic Games（奥林匹克运动会）等概念都

---

〔1〕 张铁声：《"典型语义悖论"之推理不合逻辑》，载《山西大学师范学院学报》1999 年第 3 期。

〔2〕 杨熙龄：《奇异的循环——逻辑悖论探析》，辽宁人民出版社 1986 年版，第 8 页。

〔3〕 Wittgenstein L.，*Philosophical Investigations*，Basil Blackwell & Mott，1953.

属于"Game"（游戏）这一范畴，但是并不是每一个范畴成员都符合其共同的特征：为了娱乐的目的，并以输赢为结果。事实上，各个范畴成员是以交叠的相似性联结在一起的，带有家族相似性（Family Resemblance）。20 世纪中期，美国学者 Rosch 用实验的方法进行了一系列的研究[1][2][3]，明确提出了"原型理论"（Prototype Theory）。简单地说，该理论认为在人们的自然语言中，往往是用这一范畴的某个或某几个典型成员来表征和理解这一范畴。例如，多数美国被试常常以他们对知更鸟（Robin）的认识来表征"鸟"这一范畴。其中，典型成员（如知更鸟）称为原型（Prototype），它是一个特定的对象，是根据一个语言群体意识中最典型的个体所形成的心理映象，作为鉴别同类事物的尺子和标准；而其他非典型成员则称为边缘成员，边缘成员根据其与原型的相似程度被赋予不同程度的非原型成员地位；范畴的边界是模糊的。

2. 谎言的原型效应

Coleman 和 Kay（1981）[4] 在对原型理论展开进一步的研究时，选取了"谎言"（Lie）这一自然语言中最难界定、也最让人感兴趣的概念。在研究中，他们分别向 67 名被试出示了以下这些例子（见表 5-1），让其判断它们是否是谎言：

表 5-1　Coleman 和 Kay 的谎言判断示例

比格法特知道糖果店是他去赌场的必经之处，但是他发现糖果店最近已经搬走了。比格法特的母亲不准儿子赌钱，当他离家准备上赌场时，他的母亲问他要去哪儿，他回答说： 例句 1：I Am Going By The Candy Store.
John 和玛丽最近正在交往，瓦伦蒂诺是玛丽的前男友。一天晚上 John 问玛丽：你这周见过瓦伦蒂诺吗？玛丽回答说： 例句 2：Valentino's Been Sick With Mononucleosis For The Past Two Weeks. 瓦伦蒂诺的确患病了两个星期，但事实上玛丽也在前一天晚上曾和瓦伦蒂诺见过面。

〔1〕 Rosch, E., Principles of Categorization, In E. Rosch & B. B. Lloyd (eds.), *Cognition and Categorization. Hillsdale*, Lawrence Erlbaum, 1973.

〔2〕 Rosch, E., "Cognitive Representations of Semantic Categories", *Journal of Experimental Psychology*, 1975, General 104, pp. 192-253.

〔3〕 Rosch, E., Prototype Classification and Logical Classification: the Two Systems, In E. Scholnick (eds.), *New Trends in Conceptual Representation*, *Hillsdale*, Lawrence Erlbaum, 1983, pp. 73-85.

〔4〕 Linda Coleman & Paul Kay, "Prototype Smantics", *Language*, 1981, (57), pp. 26-44.

续表

一天早上，卡捷琳娜将有一个算术考试，但她没有复习好，于是不想上学了。她对母亲说：

例句 3：I'm Sick.

母亲给她量体温。结果发现卡捷琳娜真的病了，后来竟发展为猩红热。

史莫维奇被邀请到老板家吃晚饭，但那天晚上大伙都感到沉闷、没趣，后来史莫维奇对老板娘说：

例句 4：Thanks, It Was A Terrific Party.

而实际上史莫维奇并不认为这次聚会是愉快的，他只是想对老板娘讲点恭维话，而且他实际上也并不期望老板娘会相信他的这句恭维话。

Coleman 和 Kay 让被试在阅读以上材料的基础上，判断例句 1、例句 2、例句 3 和例句 4 是否是谎言。研究结果发现，几乎在所有的例句上，被试的判断都不一致，但是有所差异。具体来说，认为例句 1 是谎言的被试占全部被试人数的 36%；认为例句 2 是谎言的被试占 34.8%；认为例句 3 是谎言的被试占 51.6%；认为例句 4 是谎言的被试占 47%。因此 Coleman 和 Kay 提出，实际上，在自然语言中，"**谎言**"的概念是十分模糊的（Slippery），说谎是一个程度问题，有些形式的谎言非常接近"谎言"这一范畴的原型，而有一些则较为远离。他们进一步研究了"谎言"这一范畴的原型，认为要成为"Lie"这一范畴的原型需要具备三个基本原型特征，即一句话要成为谎言需要同时满足以下三个条件：

（1）陈述本身与事实不符。

（2）陈述的发出者认为该陈述是假的。

（3）陈述的发出者做出该陈述的目的是欺骗陈述接收者。

在 Coleman 和 Kay 看来，一句话是不是谎言，它的严重程度都取决于它包括多少谎言的基本原型特征。他们用实验方法和统计数据证明"谎言"这一范畴的原型性及其谎言原型的基本特征，同时证明了成员资格的级差性（Gradience）。而这种在人们的自然语言中，以谎言的原型来表征"谎言"概念，并将原型作为参照点（是否符合三个基本原型特征）来判断其他具体"句子或语言"隶属"谎言"的程度，被称为谎言的"原型效应"（Prototypicality Effect）。

3. 谎言的理想化认知模型

1987 年，Lakoff 在 Coleman 和 Kay 的"原型效应"的发现基础上，用理想化认知模型（Idealized Cognitive Model，ICM）的观点进一步分析了谎言这一范畴[1]。Lakoff 从认知角度将概念范畴称为集合模型（Cluster Model），范畴成员称为一个个认知模型（Cognitive Model），其中的典型成员称为 ICM，如前述的"知更鸟"就是"鸟"的 ICM。他用 ICM 对"谎言"这个日常生活中常见的概念范畴进行了深入地分析。Lakoff 基于生活常识建立起谎言的 ICM，并借用 Coleman 和 Kay 的实验方法确定了这一 ICM。最后的结果确认了 Coleman 和 Kay 提出的原型，即符合以上三个基本原型特征的就是谎言的 ICM。

不过，Lakoff 还有进一步的发现，在谎言概念的这一集合模型中，有些认识模型，如明显的谎言（Transparent Lie）、弥天大谎（Big Lie），具备 Coleman 和 Kay 所确定的三个基本特征；还有一些谎言，如社交谎言（Social Lie）、白色谎言（White Lie）（详见后文）则并不完全具备上述三个基本特征。社交谎言的目的不是欺骗对方，而更主要是为了使人际关系更好。因此，在谎言的集合模型中，不同的认知模型可以通过他们对 ICM 的偏离情况来解释它们的原型性，那些和 ICM 非常接近的认知模型处于集合模型的中心，而那些原型程度低的成员就构成了谎言集合模型的边缘部分，但值得注意的是，谎言的集合模型，或者说谎言的概念是模糊和开放的。

第二节　谎言的分类学

一、哲学家的分类

Lakoff 的研究启发我们，为了更好地理解说谎这一复杂行为，也许将其进行分类研究是比较有效的方法。对谎言最实质性的分类来自中世纪的神学家 Augustine。Augustine 最有名的著作应是被称为"世界上第一本自传"的《忏悔录》。不过较少人知道的是，他曾专门写了两篇关于谎言的文章：《论谎言》（On Lying）和《反对说谎》（Against Lying）。

Augustine 认为讨论的第一步是要回答"什么是谎言？"但是他发现，找到这一答案的过程就如同在一条"充满黑暗角落"的小径上追寻，"蜿蜒曲折"，"常常在某一刻似乎就要发现，但却从手中溜走了，然后又亮了，然后再一次消失"。

---

[1] George Lakoff, *Woman, Fire, and Dangerous Things: What Categories Reveal about the Mind*, Chicago University of Chicago Press, 1987.

他在"On Lying"一文中将谎言分为八类（Augustine，1952）[1]：

1. 针对宗教教义的谎言。
2. 对任何人无益却有害他人的谎言。
3. 有益于某人但同时伤害其他人的谎言。
4. 以说谎为乐的谎言。
5. 在交谈中为取悦他人而说的谎言。
6. 无害于他人且有助于某人的谎言。
7. 无害于他人且可挽救某人生命的谎言。
8. 无害于他人且可挽救某人名誉的谎言。

可见，Augustine 是以说谎的动机和说谎的结果为标准来划分谎言类型的。但 Augustine 最终也没有找到一个关于说谎的完美定义，不过他找到了一个关于说谎的必不可少的本质：**口是心非，说谎者的心是双重的**。也就是说，**说谎者有一个双重思想：一方面，他知道真实的事情但却不说；另一方面，他说的是内心自认为是虚假的事情**。结合八大谎言分类可见，在 Augustine 看来，谎言就等于"口是心非"，哪怕是出于善意，如"无害他人且可挽救某人生命"，但在 Augustine 看来，仍属于谎言。

Augustine 关于说谎的讨论最后走向了道德领域。即如果一个人说谎，是对还是不对呢？他的结论是：人在任何情况下都不应该说谎。哪怕是那些出于善意的谎言，也是不道德的，不应被容许。也可以说，Augustine 有一种美好理想，即我们因为信仰而"总是"并且"只"说出自己心中所想。这被称为"Augustine 的理想"。不过，Augustine 最后也表示，有时候人们很难知道真相在哪里结束，而谎言从哪里开始。也就是谎言的"不确定性"，这直接导致了测谎理论的不确定性。

到了 13 世纪，意大利神学家 Thomas Aquinas 进而将八大谎言归纳为四大类，分别为恶意谎言、习惯谎言、玩笑谎言和正规谎言。同时也使得"八大谎言"进一步被世人所了解和熟悉。[2]

---

〔1〕 Augustine, A., "On Lying" and "Against Lying", In R. J. Deferrari（ed）, *Saint Augustine: Treatises on Various Subjects*, Catholic University of America Press, 1952.

〔2〕 何怀宏:《良心论——传统良知的社会转化》, 上海三联书店 1994 年版，第 166~167 页。

表 5-2 Aquinas 的谎言分类

恶意谎言	1. 针对宗教教义的谎言 2. 对任何人无益却有害他人的谎言 3. 有益于某人但同时伤害其他人的谎言
习惯谎言	以说谎为乐的谎言
玩笑谎言	在交谈中为取悦他人而说的谎言
正规谎言	1. 无害于他人且有助于某人的谎言 2. 无害于他人且可挽救某人生命的谎言 3. 无害于他人且可挽救某人的名誉

当代哲学家中，论述说谎最有名的大概就是 Sissela Bok 了。这位哈佛大学的教授在 1978 年出版了非常经典的著作《说谎：在公领域与私领域中的道德抉择》(*Lying*：*Moral Choice in Public and Private Life*)。Bok 根据说谎的动机将其分为开玩笑、避免伤害、获取利益、保护他人、自我夸大等类型。此外还特别提出"白色谎言"(White Lie) 的概念。所谓白色谎言，Bok 将其定义为："不具有伤人意图，且无道德问题的虚假陈述"。Bok 认为，在伦理层面，白色谎言相较于其他具伤害性或威胁性的谎言而言，不需要给予责难。

二、社会心理学家的分类

而社会心理学家 DePaulo 在 1996 年的那项经典研究中，为了让被试记录日常谎言，在无法对谎言进行准确定义的情况下，专门对谎言进行了分类，以便被试可以对照这些分类来确定哪些属于谎言。要特别指出的是，DePaulo 的分类是多元的。

第一，他们以说谎的内容为分类标准，将谎言分为以下五类：

表 5-3 DePaulo 的谎言分类

类型	定义
与个人感觉有关的谎言	在对人、物或事方面的情感、情绪、观念或评价方面说谎，包括捏造正向或负向的感受和评价。如说谎者告诉对方，"你做的饼干很好吃（实际上很难吃）"

续表

类型	定义
与成就、知识有关的谎言	在成就、成绩、成败、缺点和知识方面说谎。如说谎者告诉对方，"他的算术作业还没怎么动（实际上他已经做完了）"
与行为、计划和行踪有关的谎言	在曾经、现在或者将来的行为和行踪方面说谎。如说谎者向某人许诺将会和他一起外出（但实际上他根本不会这么做）
与解释、理由有关的谎言	为自己的行为编造理由或解释
与事实、财产有关的谎言	在有关物、事、人或财产等具体事实方面说谎。如说谎者宣称自己的父亲是大使（实际上其父亲不是大使）

第二，他们以说谎的动机为分类标准，将谎言分为两大类：自我导向（Self-Oriented）的谎言和他人导向（Other-Oriented）的谎言。所谓自我导向的谎言是指那些为了保护或增加说谎者本人的心理或者物质上的利益所说的谎言。相对的，他人导向的谎言则不是为了说谎者本人的利益，而是为保护或增加他人的心理或物质上的利益。

第三，以说谎的方式为标准，将谎言分为彻底的（Outright）谎言、夸大（Exaggeration）的谎言和技巧的（Subtle）谎言。其中，彻底的谎言是指谎言是完全虚假的，谎言中所传递的信息与事实是完全相反的。夸大的谎言是指说谎者夸大事实或传达的信息超过了事实。而技巧的谎言则是指说谎者故意通过避免或遗漏某些细节的方式，或者通过粗略说明事实的方式来误导对方。

第四，他们以说谎所涉及的对象为分类标准，又将谎言分为四类：涉及说谎者本人的谎言（如说谎者谎称自己是一名签约模特）、涉及对方的谎言、涉及第三者的谎言、涉及事物的谎言。

第三节　说谎的伦理学研究

一、说谎的目的

从上述这些关于谎言的分类，可以看出相当一部分谎言分类是从动机角度出发展开的。作为一种人类行为，如果我们能找到其背后的动机，或者弄清说谎的目的，必然会有助于对这一行为的识别。

一般来说，公认的说谎或欺骗是为了利己，为了"获得某种利益或避免麻烦"（Minon，1989）[1]，但学者们还看到了更多的目的。如 Bok 认为，说谎的动机包括：开玩笑、避免伤害、获取利益、保护他人、自我夸大等。此外还指出，在伦理层面，白色谎言不需要给予责难。Lewis（1987）[2] 认为总体上包括三种：为了他人免受伤害或感觉不适；避免自己遭受惩罚；自我欺骗。而 Ekman（1989）[3] 则认为人们说谎的目的是：避免受罚；得到某种东西；保护自己或朋友免受伤害或惹上麻烦；赢得别人的尊敬或兴趣；避免社交尴尬；向权威挑战。而这位 Ekman 正是美国 FOX 公司所制作的电视剧《别对我说谎》中主人公微表情专家 Lightman 的原型。Karpman（1949）[4] 则给出了一个更为全面的动机总结，它们分别是：

良性谎言（Benign Lies）：为了社交的目的说谎。

歇斯底里谎言（Hysterical Lies）：为了引人注意说谎。

防御性谎言（Defensive Lies）：为了避免不利的局面发生说谎。

补偿性谎言（Compensatory Lies）：为了给他人留下好印象而说谎。

恶意的谎言（Malicious Lies）：为了获利说谎。

吹牛（Gossip）：夸夸其谈。

含蓄的谎言（Implied Lies）：包含部分真实内容的说谎。

自我陶醉的谎言（"Love Intoxication" Lies）：理想主义式的片面夸大。

病理性谎言（Pathological Lies）：具有心理障碍的原因说谎。

此外，还有学者认为，谎言在人际交往中也会起到积极的作用。在他们看来，说谎行为是人类社会交往中的一种重要行为方式，特别是那些具有玩笑性质或善意的谎言。如 Lewis（1993）[5] 认为，说谎或欺骗在某种程度上可能会促进社会关系的建立和保持。Nyberg（1993）也认为，谎言有时能让有分歧的人们团

---

〔1〕 Minor, P. K., *The Complete Polygraph Handbook*, by Stan Abrams, Lexington Books, 1989.

〔2〕 Lewis, Michael, *The Development of Deception. Cultural models in language and thought*, the Press Syndicate of the University of Cambridge, 1987.

〔3〕 P. Ekman. Why Lie Fail and What Behaviors Betry a Lie, in J. C. Yuille（eds.）, *Credibility assessment*, Kluwer, 1989, pp. 71-82.

〔4〕 Karpman, B., "Lying - A minor inquiry into the ethics of neurotic and psychopathic behavior", *Journal of Criminal Law and Criminology*, 1949, 40（2）, pp. 135-157

〔5〕 Lewis, M., The Development of Deception, In M. Lewis & C. Saarni（Eds.）, *Lying and Deception in Everyday Life*, The Guilford Press, 1993, pp. 90-105.

结合作，是人类组织能力的重要组成部分。DePaulo 等人（2003）[1] 的另一项研究也指出，儿童与成人相比其欺骗动机是有所差异的，儿童欺骗的目的一般是满足个人的愿望或逃避惩罚，而成人欺骗并不限于为了满足个人的愿望或逃避惩罚，很多时候与社会情境有关，如为了礼貌的需要隐瞒自己真实的情感、态度和意见。

二、说谎的伦理学：绝对禁止

无论是谎言分类还是说谎动机，都会有一个共同的特点，学者总是将对谎言的思考是放在正义和道德的框架下考量，也就是从伦理的角度来讨论。有人曾问先哲 Pytlagoras "什么使人像神？" Pytlagoras 回答说："当人说实话时！"这一对话充分显示出了"说谎"在道德伦理上的特殊地位。

Plato 可能是第一个明确讨论谎言的哲学家，也是第一个从伦理学角度讨论说谎行为的哲学家。虽然他几乎没有很多的实质性讨论。不过，他所提出的"高贵的谎言"这一说法却广为流传、影响深远。Plato 在《理想国》中相当详细地论述了自己对"谎言"的观点。他说：谎言或虚假对于神明虽然无用，但对于凡人则是一种有用的药物。这点和前述的神裁法一脉相承，因为**对神来说，谎言是永远达不到欺骗的目的的**。

至于"高贵的谎言"，则起源于古希腊时期广为流传的"腓尼基人传说"。根据此传说，上帝分别用金、银、铁、（黄）铜[2]创造了统治者、辅助者（军队）、农民和手工业者。Plato 以为，这些由不同金属制造出来的人群，由于先天素质存在着等级，就应当处在恰如其分的位置上，不容半点错乱。而如果每个人各行其是，即当统治者、辅助者、农民和手工业者在城邦里各做各的事而不相互干扰时，便有了正义，从而也就使国家成为正义的国家。Plato 明知这种天生等级说是谎言，但是他认为只要是有利于国家和社会的，就是正义的，是"高贵的谎言"。不仅要设法使统治者和士兵们相信，而且要尽力使城邦里的其他人相信。总之，为了国家利益，谎言也好，欺骗也罢，均可以成为有用和可用的手段，甚至成为统治者的高明手腕。可见，在哲学家看来，**说谎或欺骗在某种程度上可能会促进社会关系的建立和保持**，让有分歧的人们团结合作，是人类组织能力的重要组成部分，也是人类社会良好运行的保证。

---

〔1〕　DePaulo B M, Lindsay J J, Malone B E, et al.，"Cues to deception"，*Psychological bulletin*，2003，129（1），p. 74.

〔2〕　根据原文，此处的铜是指黄铜，顺序为金、银、铁、（黄）铜，不过有时候为了符合中国人的语言习惯，也会被译为"金银铜铁"。

　　Plato 的这些关于说谎的思想也证明了说谎的复杂性，因为谎言总是与知识、道德、正义和法律等问题联系在一起。而与老师 Plato 的基本哲学体系相左的 Aristoteles，却在对"说谎"的容许性上与老师保持了一致。他也认为，如果欺骗是为了个体自己的利益，则是羞耻的行为；而出于其他目的的"说谎"，则不一定要受到负面的评价[1]。可见，无论是 Plato 还是 Aristoteles，关于说谎的讨论都是停留在道德的领域。

　　大哲学家 Kant 在论述自己所坚持的道德义务的有效性时使用了一个著名的例子，而这一例子正是关于"说谎"的道德抉择。此例子来自《论出于利他动机说谎的假设权利》（On A Supposed Right To Lie From Philanthropy）一文，"当一个杀人犯（Murder）向我打听，被他追杀的人是否躲在我的家里，而这个被追杀的人作为我的朋友恰好是在我家。这时，我也不能够向杀人犯说谎（当然，在此时假定沉默、支吾和拖延是不可能的）。"[2] 由此可见，Kant 是主张拒绝一切谎言的，即使在最极端的情况下，一个人都别无选择，必须诚实。因为，在 Kant 看来，说谎，无论出于任何目的，只要以说谎的形式出现，都会违背了个体对对方的、对自身的、甚至对全人类的义务。可见，Kant 和 Augustine 一样，认为无论如何说谎都是不被允许的。

　　现代哲学家 Bok 也认为，说谎对被欺骗者、说谎者和社会都有负面影响。对被欺骗者而言，谎言影响了他们对相关事情的判断能力，并可能因此不再愿意轻信他人。对说谎者而言，因为说谎会使其获利，可能会导致其越来越喜欢说谎，并逐渐成为此人的人格特质，他人对其信任度将会逐渐降低。对社会而言，说谎可能会成为个体间相互模仿或相互报复的方式或方法，从而使得说谎行为在社会上逐渐蔓延，最终导致人与人之间的信任度降低，整个社会诚信丧失。所以 Bok 主张，说谎行为原则上不应被容许。

　　但是，Bok 只是说"原则上"，也就是说，有些说谎是可以被容许的。什么样的谎言可以被容许？有正当性（或能公开解释）的谎言可以。在所有说谎或欺骗行为中，Bok 认为紧急原因是最有说谎正当性的。例如，当生命遇到危险时，如果说谎可以解除这一危险，并且这种类型的说谎不会导致说谎者出现爱说谎的倾向，也不会鼓励他人说谎，所以具有正当性。除这一例子之外，还有一种

---

〔1〕　Roy Sorensen, *Bald-faced Lies*! *Lying without the Intent to Deceive*, Pacific Philosophical Quarterly, 1988, 2, pp. 251-264.

〔2〕　Immanuel Kant, On a supposed right to lie from philanthropy（1797）, in *Practical Philosophy*, *trans*, *Mary Gregor*, Cambridge University Press, 1996, pp. 611-615.

情况下的说谎也有正当性，就是对公开的敌人说谎也有正当性。因为在这种情况中，个体不能期待敌人会诚实以对，只能以说谎方式来使原本不公正的事情变得公正，因此说谎具有正当性。除这两类情况之外，说谎原则上少有正当性。另外，Bok 还提出了，在伦理层面上，相较于其他具伤害性或威胁性的谎言，白色谎言不需要给予责难。

从哲学家的讨论中，我们会发现，对于谎言是否被允许存在两种看法。如 Kant 认为，在任何情况下，说谎都是不被允许的，都是恶行。而 Plato 则相对温和，认为在某些特定的情况下，说谎是无害或善行，是可容许的。正如 Fletcher（1966）[1] 所解释的："对情境主义者而言，说谎本身的理由就是使谎言正当的理由。"但无论如何都要承认：说谎是不道德的行为，它违反社会规范，因为它本质上就是"口是心非"。而正是因为这一点使谎言的道德缺陷成为可能：它被用来欺骗。所以，从古至今，几乎所有的人类社会都把说谎视为一种违反社会规范的行为，应该是被禁止的行为。

所以，说谎行为在元道德的范围内是绝对禁止。换句话说，**对于说谎现象，人类社会本质上是拒绝，而长久以来的各种测谎的探索其实就反映了这一拒绝。**

三、何谓说谎

为了厘清什么是说谎？我们进行了以上一系列的研究工作，感慨良多。一是，"说谎"确实是一个模糊的概念，关于说谎，迄今为止还没有一个大家公认的清晰概念（Barnes，1990）[2]。二是，对于"说谎"这个话题，确实是历史上不少名人所青睐甚至花大力气去研究的对象。

来自各种学科研究和发现为我们界定说谎提供了更清晰的视角。和许多重要概念一样，对"说谎"概念的探讨最早也是开始于哲学领域，不少的哲学家都从自己的角度对"说谎"进行了界定。Augustine 最早提出"判断一个人是否说谎要根据他心里是否有说谎的意图，而不是根据事件本身是否真实。"在随后的公元 395 年所著的《论说谎》一书中，Augustine 又对自己以往有关"说谎"的论述进行了改进，将"说谎"定义为"否认某一事实"（Denying What Is），但是 Augustine 自己也承认，这一界定过于宽泛。

Bok 系统考察了众多先贤们的相关论述，最后从伦理学的角度，提出了自己关于"欺骗"和"说谎"的界定。Bok 认为，"欺骗"是个体企图误导他人，给予他人错误的信息，使其相信个体自己所不相信的事。个体可以通过不实的陈

---

〔1〕　Fletcher, J., *Situation Ethics*, Westminster, 1966.

〔2〕　Barnes, J. A., *Models and Interpretations：Selected Essays*, Cambridge University Press, 1990.

述、隐瞒、手势、作为或不作为（沉默）等方式来达成目的；而"说谎"仅是众多欺骗形式的一种，指个体以口语的方式传达信息，故意引导他人相信自己所不相信的信息。其中个体须同时有欺骗的内在企图与口语表达的外显行为，才能构成说谎行为。这样的说谎定义也许并不完美，并没有达到"黑暗小径"的尽头，但 Bok 至少抓住了一丝光亮，且没有让它溜走。

美国当代著名哲学家 Chisholm 和同事 Feehan 在他们那篇著名的文章《欺骗的意图》（*The Intent To Deceive*）中[1]，将说谎定义为"说了自己认为是虚假的事情"。但是需要同时满足两个前提条件，才能称为是真正的说谎。即说谎者相信，对方已相信说谎者自己对所说的事情深信不疑；说谎者还相信，对方已相信自己（说谎者）有意对其所谎称的事深信不疑。

Coleman 和 Kay（1981）从语义学的角度分析了"谎言"的定义，认为一句话要成为谎言需要同时满足三个基本条件。他们的这一界定备受推崇，美国《韦氏新编大学词典（1987 年第九版）》就根据上述三个条件对"Lie"一词的定义作出了修改。同时，Coleman 和 Kay 在界定概念时的这种操作性的方法也被其他学者所采纳，如 Chandler 等人（1989）就提出，欺骗是指意图培养他人的错误信念，致使他人产生错误或进入误区的行为。Nyberg（1993）也给出了一个操作性的定义，认为一个谎言由四个部分组成，即陈述、表达者大脑中的信念、意图以及接受者的特点与权利。Sweetser（1987）[2] 则主张从文化的角度对谎言进行界定，认为不同的文化对谎言有不同的评定，为了理解谎言，必须考察人们对知识、证词、证据等方面的理解。因此，提出对谎言下定义时需要有一个语言文化模式（Cultural Model of Language），即必须考虑到人们对其所持的一般看法。

除以上这些研究视角以外，还有一个学科领域对"说谎"及其相关概念的研究贡献颇多，这就是来自心理学的研究。这些来自心理学领域的观点，多多少少让我们对"说谎"的理解摆脱了传统的思辨模式，开始有了实证主义与科学的视角。其中，来自美国社会心理学家 DePaulo 及其同事的关于"说谎"的系列研究让人印象深刻。DePaulo 等人（1996）定义说谎是个体意图尝试误导某人。其中欺骗的意图和真实的欺骗行为都必须存在。

而随着发展心理学中"错误信念"的提出，我们对说谎或欺骗的概念有了

---

〔1〕 Chisholm, M. R. & Feehan, T. D., "The Intent to Deceive. Journal of Philosophy", 1977, （74）, pp. 143-159.

〔2〕 Sweetser, E. E., The Definition of Lie: An Examination of the Folk Models Underlying a Semantic Prototype, In D. Holland & N. Quinn（Eds.）, *Cultural Models in Language and Thought*, Cambridge University Press, 1987, pp. 43-66.

更清晰的认识。即**说谎或欺骗都是意图培养他人错误信念的行为**。越来越多的学者在界定说谎时都纳入"错误信念"及其相似概念。如 Chisholm 和 Feehan（1977）认为说谎需要同时满足的两个前提条件：说谎者相信，对方已相信说谎者自己对所说的事情深信不疑；说谎者还相信，对方已相信自己（说谎者）有意对其所谎称的事深信不疑。两个前提条件表达得十分复杂，但在心理理论的知识背景下可以发现，实际上他们要表达就是说谎者对被欺骗者当时的"信念"的认知。而 Chandler 等人（1989）对欺骗的定义则明确地提出了"错误信念"——欺骗是指意图培养他人的**错误信念**，致使他人产生错误或进入误区的行为。Hall 和 Pritchard（1996）[1] 提出，"**说谎就是使他人形成一种错误的信念**"。英国心理学家 Vrij 在其著作《说谎心理学》（*Detection Lies and Deceit*）（2000）[2] 中以层层深入的剖析方式对以前的多位学者的"说谎"界定进行了分析，最后提出了自己的定义："**一种成功或不成功的有意尝试，没有预先警告，使另一个人产生一种沟通者自己知道是错误的信念**"。Masip 等人（2004）[3] 提出的"通过言语或非言语的方式，有意地隐瞒、伪造事实或情绪信息，以误导他人形成或维持某种沟通者本人认为是虚假的信念，无论成功与否，都可被视为说谎。"

当然，之所以出现如此众多的"说谎"定义，除了说谎本身的复杂性外，可能最为关键的是在于所属的专业领域和研究目的不同。正如 Leekman（1992）[4] 所指出的，要回答"谎言是什么？"这一问题取决于个体自己。例如在人际沟通领域去界定"说谎"，则会以"信息"发出和接受过程为思路，且研究目的可能多为更好地理解和改进信息的交流。而 Vrij 的"说谎"定义是为了其后续的"识别谎言"。但是，上述的定义，包括 Vrij 的定义都不是站在司法的立场上。而 Carson（2006）[5] 则从法律心理学的领域，将"说谎"定义为一种谬论，说谎者毫无诚意地保证真实。而且 Carson 特别指出，"有意欺骗"并不是说谎的必备条件。他说，如在一些法庭审判中，所有人都知道证人在说谎，而证人还是选择说谎。这种情况下，证人明知无法欺骗他人，则不具备"欺骗的意

---

〔1〕　Hall, H. V. and Pritchard, D., *Detecting Malingering and Deception：The Forensic Distortion Analysis*（*FDA*）, Winter Park, St. Lucie Press, 1996.

〔2〕　[英] Aldert Vrij：《说谎心理学》，郑红丽译，中国轻工业出版社 2005 年版。

〔3〕　Jaume Masip, Eugenio Garrido, Garmen Herrero, "Defining Deception", *Anales de Psicologia*, 2004, 20（1）, pp. 147-171.

〔4〕　Leekman, R. S., Believing and Deceiving：Steps to Becoming A Good Liar, in S. J. Ceci, M. DeSimone Leichtman & M. Putnick（Eds.）, *Cognitive and Social Factor in Early Deception*, Hillsdale, Erlbaum, 1992, pp. 47-62.

〔5〕　Carson, T. L., "The Definition of Lying", *Nous*, 2006, 2（40）, pp. 284-306.

图"。所以，在我们看来，此种情况的"说谎"虽然不是"有意欺骗"，但却是"故意"或"有意"的行为。证人此时的目的不是"骗过"别人，而是避免出现不利于自己或他人（例如亲友）的结果等目的。

本书的目的是探讨在司法背景下，PDD 测试对被试可能出现的"说谎"行为的有效识别。因此，本书将"说谎"定义为：个体面对司法工作人员提出的问题，故意陈述虚假信息以误导工作人员，从而避免自证其罪或诬告他人。

第六章　说谎的心理生理基础

近年来的研究发现，说谎不仅会破坏人际关系，还会给健康带来实质性的损害。美国圣母大学心理学教授 Anita Kelly，将 18~71 岁的志愿者随机分成实验和对照两组。实验组被要求尽量不说谎，对照组则没有这样的要求。经过一段时间后发现，实验组的说谎频率大为降低；与此同时，这些说谎变少的志愿者还报告说他们感觉自己感冒、头痛、抑郁和焦虑等健康问题变少了，也觉得他们的人际关系得到了改善。此研究最后证实，说谎确实会给我们的健康带来一些负面影响，包括：

1. 体内皮质醇水平上升。皮质醇被称为"压力激素"，主要在人出现心理压力或应激状态下产生。皮质醇可以帮助抵抗炎症，帮助身体修复发炎的细胞，但前提是在一个合适的水平范围内。所以皮质醇总体上是一种与心理压力或应激有关的有毒激素（荷尔蒙），而皮质醇水平过高会让我们出现一系列生理健康问题。

2. 负面情绪增加，这些负面情绪包括抑郁和焦虑等。

3. 影响认知功能，让我们不能清晰地思考。

要特别提醒的是，有些时候说一次谎，可能需要再说无数次谎来圆，所以会使以上的负面影响一直存在，累积的结果会让我们的处境越来越糟。

为什么一个人说谎会有这么大的负面影响？一个可能是，说谎者担心谎言被发现而出现的负面后果或遭受惩罚。还有一个可能是，社会规范、宗教以及教育，让我们每个人都有了各种关于"说谎是不可取"的观念：

"因为说谎是不道德的，所以体面的人不会养成说谎的习惯。"

"不诚实是人际交往中最被别人讨厌的特质，所以不能给别人留下爱说谎的印象。"

"骗子在哪儿都不受欢迎。"

"作为基督徒，任何情况下说谎都是有罪的、不敬上帝的。"

"说谎本身就是一种罪恶。"

……

这些观念经过千百年在人类社会一直传承下来，并且伴随着各种社会规范（包括宗教、家规、族规、法律法规等）反复强加，使得现代社会的几乎每个人都有一个基本信念，即"**说谎是不好的，不可取的**"。正是因为有着这样的信念，注定了绝大部分人都不会是个好的"骗子"，也注定了人们在说谎时因这一信念"内心备受煎熬"而泄露出各种**可能**的身体或**生理线索**，才会给测谎带来可能性。

第一节　说谎时可能的心理过程

测谎技术之所以常被质疑是"伪科学"，根本的原因在于没有人能准确地回答"**测谎到底在测什么？**"。也就是说，测谎技术的理论基础一直是暧昧不明的。被试的压力（Stress）、恐惧（Fear）、罪责感（Guilt）、愤怒（Anger）、兴奋（Excitement）或焦虑（Anxiety）等心理状态所对应的生理反应都被指是测谎的基础（OTA，1983；Iacono & Lykken，1997[1]；NRC，2003[2]）。但其中并没有任何一个学说能让测谎学界一致认同。而且，即使在普通人看来，它们比"常识"（Common Sense）也"科学不了多少"。这并不是研究者不够努力，而是因为说谎所发生的最主要的场所在人的大脑内部。科幻小说的"读心术"，某种意义上更应该叫"读脑术"。因为人类很早就已经知道思想的中心不在心里而是在头脑里。所以长期以来，包括许多科学家在内的很多人都认为，大脑中可能存在着某个或某几个脑区与说谎有关。所以，只要找到这些区域，那么所有的问题都会迎刃而解。

一、说谎比说实话会激活更多脑区

在 Halperin 的科幻小说《测谎仪》出版后 3 年，应该是 1999 年，最早有人

---

〔1〕　Iacono, W. G., & Lykken, D. T., The Scientific Status of Research on Polygraph Techniques: The Case against Polygraph Tests, in D. L. Faigman, D. Kaye, M. J. Saks, & J. Sanders (Eds.), *Modern Scientific Evidence: The Law and Science of Expert Testimony*, St. Paul, West Publishing, 1997, pp. 446-483.

〔2〕　NRC, *The polygraph and lie detection*, The National Academies Press, 2003.

开始尝试用 fMRI 进行测谎，并发现通过 fMRI 扫描大脑最前面的额叶区域可清楚分辨个体是否说谎：个体说谎时，额叶区会明显活跃起来。但这项研究相关资料很少，而有证可查的最早利用 fMRI 谎言的研究来自 Daniel Langleben。在 2001 年的神经科学年会上，Langleben 展示了这一研究成果。他让 18 名大学生每人都先拿到一个信封，信封里装着"梅花 5"纸牌和 20 美元。要求学生亲自打开信封，拿出里面的"梅花 5"，看清楚后放在自己身上。Langleben 认为，这是模拟了CIT 测谎的场景。然后，这些学生被依次安排到一台计算机屏幕前，而屏幕会以1 次 1 张的随机顺序向其呈现一连串各种花色的纸牌。每呈现 1 张，都会问学生："是否持有这张纸牌？"这些学生事先被告知，当屏幕出现他所持有的"梅花 5"时，必须"说谎"加以否认。如果说谎成功，可以得到信封中的那 20 美元。

实验结果发现：整体而言，人在说谎时脑激活区域比诚实时明显增多（Langleben et al.，2002）[1]。因此，Langleben 声称，"大脑成像新技术表明说谎与说实话的大脑活动可能存在着客观差异"。他还进一步给出了解释，对个体来说，"说实话"是大脑正常的反应，是基本的认知作业，而"说谎"则是比"说实话"更为复杂的认知活动。简言之，**说谎比说实话认知负荷更重**。因为说谎时需要更多的大脑神经资源参与，最终表现为活跃区域更多。这其实和前述从进化心理学角度得出的结论是一致的，即**说谎是更高级的心理能力，而不是诚实**。

那么，这些表现活跃的区域是什么？Langleben 通过 fMRI 扫描发现，这些额外的区域主要有两个位置：前扣带回皮层（Anterior Cingulate Cortex，ACC）和额上回（Superior Frontal Gyrus，SFG）。2005 年，Langleben 又作了改进实验（Langleben et al.，2005）[2]。与前次不一样，这次的 26 名大学生收到的信封里有两张纸牌（分别为梅花 5 和黑桃 7）以及 20 美元。学生被要求对其中一张（如梅花 5）"谎答"，而对另一张（如黑桃 7）"诚实回答"，如果能够成功说谎，将会得到那 20 美元的奖励。结果与上次研究有所不同，在说谎（面对梅花 5 回答No）和诚实（面对黑桃 7 回答 Yes）时，ACC 区域的活跃程度都有增加。可见ACC 区域并不与说谎有直接关系，而是因为学生需要做出回答（无论是或否），都需要工作记忆的参与。也就是我们需要一直记得"梅花 5 和黑桃 7"，以便针对新出现的牌进行比对，做出回答。而其他人的研究已经证实，ACC 其实是与工

〔1〕 Langleben, D. D., Schroeder, L., Maldjian, J. A., et al., *Brain Activity during Simulated Deception: An Event-related Functional Magnetic Resonance Study*, NeuroImage, 2002, 15, pp. 727-732.

〔2〕 Langleben, D. D., Loughead, W. J., Bilker, B. W., et al., *Telling Truth From Lie in Individual Subjects With Fast Event-Related fMRI*, Human Brain Mapping, 2005, 26, pp. 262-272.

作记忆而非与说谎有关的（Nunez et al. , 2005[1]; Zarahn et al. , 2005[2]）。

另外，第二次的研究还出现了新的区域——下侧前额叶皮层，它在说谎时比诚实回答时更为活跃。而下侧前额叶皮层其实是负责选择、抑制和产生反应的。其实也与"说谎"没有直接关系。但研究仍表明，相较于说实话，说谎确实是一个需要更多大脑神经资源参与的认识过程。

值得一提的是，这次研究还报告了用 fMRI 对个体进行测谎的准确率。总体准确率为 78%，ROC 准确性指标 A（AUC）为 0.85（关于指标 A 参见第十章）。可见，利用大脑成像技术测谎，远远达不到我们所期待的准确率。

但这两个研究至少说明：说谎是比说实话更复杂的心理活动，认知负荷更重，所激活的脑区更多。而大脑中并不存在某个或某几个区域与说谎直接有关，**即不存在所谓的"说谎脑区"**。

二、根深蒂固的信念：说谎是不好的

作为认知神经科学家的 Langleben，在解释自己的研究结果时却主张，我们在解读测谎结果时需要将其与社会规范以及说谎在道德层面受到谴责的背景联系起来。我们从小就学会了说谎，但同时也伴随着社会规范的习得：**说谎是不道德的**。因此每个人都有一种**根深蒂固的信念：说谎是不好的**。而这种信念则是测谎所用到的线索中最主要的，或者说唯一的来源。正因为人们深信说谎是不好的、不道德的、应受惩罚的，所以当人们说谎时，一般都会感觉很糟糕、拼命地圆谎，而且会因担心谎言被识破而倍感紧张。由此才会产生那些可以被用来识别谎言的各种线索。

其他用 fMRI 技术做测谎研究的学者（Spence et al. , 2004）[3] 也得出类似的结论，"当人类说谎时，可能会使用到一些大脑的'最高'中心，而它们主要与道德概念有关"。即说谎不仅是"事情本身的真假"问题，还与道德相关。因此，虽然关于说谎的理论基础目前还没有统一的说法，但学者还是一致认同这样的观点，即说谎时人们一般会经历三种心理过程：**认知负荷、情绪和尝试控制**

〔1〕 Nunez, M. J. , Casey, J. B. , Egner, T. et al. , "Intentional False Responding Shares Neural Substrates with Response Conflict and Cognitive Control", *Neuroimage*, 2005, 25, pp. 267-277.

〔2〕 Zarahn, E. , Rakitin, B. , Abela, D. et al. , "Positive Evidence against Human Hippocampal Involvement in Working Memory Maintenance of Familiar Stimuli", *Cereb Cortex*, 2005, 15, pp. 303-316.

〔3〕 Spence, A. S. , Hunter, D. M. , Farrow, F. T. Green, D. R. , Leung, H. D. , Hughes, J. C. , Ganesan, V. , "A Cognitive Neurobiological Account of Deception: Evidence from Functional Neuroimaging", *Philos Trans R Soc Lond B Biol Sci*, 2004, 359, pp. 1755-1762.

（如 Ekman，1992[1]；Zuckerman，DePaulo & Rosenthal，1981[2]）。但需要特别说明的是，这三种历程的划分是人为的，实际上它们可能是一件事，并非分开进行的。

三、认知负荷

心理理论的提出，让我们明白：**说谎是更高级的心理能力，而诚实不是**。来自 fMRI 的科学研究也发现，**说谎确实是比说实话更为复杂的认知过程，需要更多的大脑区域参与**。Marston 也曾提出："事实上，没有人可以不努力就撒谎。"一个人说谎需要付出比说实话更大的努力。从认知的角度讲，说谎者会出现更多的心理活动："我要说谎吗？""怎么说？""会不会和我已经说过的相矛盾？""他们会不会通过调查发现我说的并非事实？""如果我被发现在说谎，会遭受什么后果？"结论就是：**说谎者需要虚构一个合理且连贯的故事，这会增加他们的认知负荷**（Kassin，2005）[3]。而且，说谎者必须记得他们说过的事情，以便当有人要求他们重述的时候能够说得和以前一样。因此，有时候嫌疑人陈述真实的案发现场比陈述虚构的案发现场更加容易。而从测谎师的角度，则可以找到能够体现出这种努力的线索或迹象。

不过，关于认知负荷需要补充说明的是，不少人会认为这种认知负荷是一种大脑神经资源或心理资源的浪费。但从进化心理学的角度看，它不仅不是一种生理上的浪费活动，反而是一种积极的、适应性的表现。另外，说谎并不总是复杂的认知任务，有时说谎比说实话容易。比如你在上班路上遇到一个朋友，朋友问你最近怎样？事实上你最近得并不如意，但你一般会回答说"挺好的"。如果你说实话，你可能会耽误上班，而你的朋友也可能有同样的想法。可见，综合各种复杂的内外部环境，大脑最后选择的是"最有效率"的解决方式，包括说谎。**"大脑偏爱效率"，这就是"真理"**。

四、情绪

说谎在心理层面可能与情绪关系最大，所以在许多心理学入门教材中，往往会在情绪章节介绍测谎仪。情绪是指个体经验到愉快、悲伤、恐惧、憎恨、热爱与忧虑等的意识状态，不同于认知与意向的心理过程，是一个激动与强烈的情感

---

〔1〕　Ekman P., "Facial expressions of emotion: an old controversy and new findings", *Philosophical transactions of the royal society of London*, *Series B: Biological Sciences*, 1992, 335（1273），pp. 63-69.

〔2〕　Zuckerman M, DePaulo B, Rosenthal R., Verbal and Nonverbal communication of deception, in "Advances in experimental social psychology", ed. L., *Berkowitz*, 1981, Vol. 14, pp. 1-59.

〔3〕　Kassin S M., "On the psychology of confessions: Does innocence put innocents at risk?", *American psychologist*, 2005, 60（3），p. 215.

状态。

Keeler（1930)[1] 最早总结出了说谎时的情绪反应，分别如下：

恐惧：被试因为害怕犯罪行为被揭发，基于对测谎的认知而形成的生理变化，因此增强身体上的变化。

压抑：被试经常使用意识压抑生理变化，容易导致呼吸急促，或是身体随意性神经肌肉的活动。

无恐惧则无压抑：无罪的被试将不会产生恐惧的情绪，亦即无所谓无意识的压抑反应。

关心与期待：被试对于测谎结果的关心与期待将造成个体生理反应。

情境经验：当测谎中激发被试亲身经验时，将可能产生与当时情境相似的情绪状态。

情绪的平衡：当有罪者经由认罪而消除意识困扰之因素之后，将恢复情绪的平衡状态。

Keeler 认为，有罪者在说谎时最主要的情绪即为恐惧，其次为关心与期待以及情境经验，而且他认为上述情绪是同时存在的。不过 Keeler 的总结还是有所欠缺，至少有两种重要的情绪被他忽略了，分别为罪责感和兴奋。

罪责感，可能是与说谎最相关的情绪。"说谎是不好的"这一根深蒂固的信念让大部分人在说谎时或说谎后感到内疚或羞耻。视线闪躲是这一情绪最直接的体现。研究已经发现，5~6 岁的儿童在说谎时就已经出现了视线闪躲的行为，这说明他们这时候就已经被教会："说谎是不道德的"。在一次测谎技术研讨会上，一名以色列参会人员为了展示自己国家的测谎仪（声音压力测谎仪）做了一个模拟测谎测试。在测试之前，他邀请参会的另一名学者来模拟盗窃物品（会议主席的钢笔）。这名"盗窃者"是一位大家比较公认的品德良好的高校教授。最后的测谎测试非常轻松地将这名"盗窃者"从 5 名"嫌疑人"识别出来。在场的人，即使不借助"声音压力测谎仪"，也基本能识别出真正的"盗窃者"是这位教授。因为在他回答相关问题时，声音出现了非常明显的颤音，仅凭人耳就能感觉到。事后，大家纷纷认为这位教授是最适合测谎的被试之一，因为可能其道德标准较高，哪怕只是"模拟盗窃"了一支钢笔，也会有着比较高的"罪责感"。而高水平的罪责感使其在测谎时更加紧张，从而在回答问题时出现明显的颤音。

〔1〕 Keeler L., "A method for detecting deception", *Am. J. Police Sci.*, 1930, 1, p.38.

还有一种情绪不太被世人了解，同时它也较少出现。即有些人可能会因为有机会愚弄、骗过别人而感到兴奋。而兴奋可能会导致快乐的行为迹象，如微笑或表现更活跃。

不过，要特别指出的是，当被试接受测谎时，其情绪的状态往往由多种情绪交杂产生。Abrams（1977）曾指出测谎中的生理反应不一定仅由说谎引起，被试当时的情绪状态也可能导致类似的生理反应。情绪、认知与生理反应三者的交互作用常常使测谎充满变数。因此，测谎图谱结果的分析难易程度，取决于被试在恐惧、内疚、内心冲突、愤怒及兴奋等情绪交织下的表现。Ney（1988）[1] 则认为，说谎对大多数人而言，即为一种情绪经验，并且引发其他情绪。

此外还有学者（Lykken，1959）提到了第四个因素"唤醒"，不过它可能是介于认知和情绪之间的因素。

五、尝试控制

到现在为止，我们已经知道说谎者会有紧张、内疚等情绪反应，而作为说谎者自己也同样深知这些。实际上，即使从来没有阅读过类似本书的文献资料，也知道说谎时可能会出现一些典型的反应，而这些反应可能会让自己被识破。所以说谎者往往会努力压制这些反应，以避免被识破："尽量控制自己的表情""尝试调整和控制自己的语气、语速和音调"等，这就是尝试控制。

尝试控制并不总是出现，司法案件的调查或审讯中却常见到。说谎者可能担心给别人留下不诚实的印象，也可能特别急于给别人留下诚实的印象。人们努力制造令人可信的、诚实的印象叫作印象管理。一些犯罪人在被审问时，害怕自己的言行暴露，往往采取一种他们认为最简单有效的方法——不给任何反馈。在整个被审问过程中，既不回答问题，也始终保持着坐在那里一动不动的姿势。不过他很快就会发现，这一策略有很大问题，因为沉默、举止僵硬往往是不愿意合作者的典型表现。而在刑事审讯中，一名被调查对象如果是不合作的，他很可能会被警方认为是"真正的罪犯"。

因此，更有经验者会采取另一种尝试控制，尽量让自己"更自然""更活跃"，或者表现出来"非常愿意与警方合作"。出于这样的考虑，说谎者会比说实话者更努力地保持行为"自然"或者给别人留下诚实的印象。但是，这是不容易的。他们必须很好地抑制自己的紧张情绪，掩盖他们不得不努力思考的证据，他们必须知道如何才是自然的行为，并能够按他们想要的方式做出某种行为。但是，这对绝大多数人来说，是非常困难的。无论说谎者怎么努力，一些行

---

〔1〕 Ney, T. , *The Polygraph Test*, edited by Anthony Gale, Sage Publications, 1988.

为还是会出卖他们。例如，说谎者很有可能会认为口吃、口误和说话停顿会使他们更像嫌疑人。因此，他们会试着避免这样的不流畅。但是，这可能会造成听起来特别流畅，像演讲一样，而对大多数的人而言，讲话中有语病是正常的。总之，尝试控制过程可能有两种形式：第一种形式是事先设计好的，僵硬的（类似人们在照相时的行为），第二种形式则是"太流畅"，说谎者会尽量表现出自然的动作，同时保证说话尽量流畅，减少说话时的暂停、错误和中止。

此外，真实的想法或反应是最自然的。所以很多时候，面对别人的问题，我们的第一反应或者自然反应常常是真实的。"实话可能脱口而出"，而说谎者则必须保持谨慎，注意控制这些自然的反应。最经典的例子就是，一边说着"没有"一边"点头"。这是因为他们虽然控制住了说什么，但是未能同时控制住行为的自然反应。所以，这种尝试控制往往只有在所说的谎言比较容易的时候才能做到，或者事先经过反复的练习。否则尝试控制失败反而会暴露自己，成为一个测谎的好线索。

第二节 PDD 背后的理论学说

基于以上可能的心理过程，测谎领域已经涌现出了相当多的理论学说，都被认为是 PDD 背后的科学基础。我们将对其中比较有代表性的理论进行介绍。

一、战斗或逃跑反应

对测谎师来说，当他们向被试介绍测谎时最常用的理论就是战斗或逃跑反应（Fight or Flight Reaction），或者又称为应激反应。在一般性的文献（如 Raskin，1980）[1] 中，解释测谎原理时也是采用的这一理论。可以说，战斗或逃跑反应理论是最主流的测谎的"科学基础"。可以想象一下，如果我们独自一人在丛林中遇到一头狮子，我们的反应是什么？根据进化心理学的解释，为了生存，人必须对此类威胁做出快速反应，没有时间在心理和身体上做好准备。要么与狮子战斗杀死它，要么马上逃走，即所谓战斗或逃跑反应，它为我们提供了快速应对生存威胁的机制。而将此理论应用于解释测谎的根据则是：测谎中的某些问题是具有威胁性的，类似于遇见狮子，会引发其应激反应。

---

〔1〕 Raskin, D. C., Orienting and Defensive Reflexes in the Detection of Deception, in H. D. Kimmel, I. H. Van Olst, & J. F. Orlebeke (Eds.), *The Orienting Reflex in Humans*, Hillsdale, Erlbaum, 1980, pp. 587-605.

二、朝向反应

不过有一些学者认为测谎基础不是应激反应，而是朝向反应（Orienting Reflex）（Lykken，1974）。因为按照应激反应理论，有罪者在测试时出现的应激反应，会带来心跳加快、血压增高、呼吸加速的生理反应。但是在实验室研究中，常常会观察到被试的生理反应几乎是相反的，即出现的是血压的下降、呼吸的抑制（Podlesney & Raskin，1978[1]；Raskin & Hare，1978[2]）。而这种生理反应并非应激反应的成分，而是朝向反应的重要特征。朝向反应是由一种新异或者对自己有特殊意义的刺激引起机体的一种反射活动，表现为机体现行活动的突然中止，头面部甚至整个机体转向此刺激发出的方向（Sokolov，1963）[3]。想象一下自己身处某鸡尾酒会，周围人声嘈杂，有可能面对面说话都听不清。但是突然听到有人叫自己的名字，我们会立即转过头去看是谁在叫自己。这就是朝向反应，也被称为"鸡尾酒会效应"。而血压的下降、呼吸的抑制等生理反应是典型的朝向反应指标。

三、心理定势

还有一些理论与具体的测谎测试技术有关。比如 ZCT 是目前全世界最主流的测试技术。所以，当测谎师想要更专业一点解释测谎原理时，他可能会用到 Backster 的心理定势理论了。在 Backster 看来，对于不同的被试（无辜的或有罪的），某类的问题会较其他类型的问题具有威胁性，因而被试会对这类问题特别注意。对于说谎的被试，他们会认为相关问题比其他类型问题对自己的威胁更大，因为对其更为注意，也具有更高的心理唤醒（Physiological Arousal）水平。同样，对无辜者而言，他们会认为自己曾做过的其他违法犯罪相关的问题更具威胁，因而更多关注的是那些问题而非与本案件相关的问题（Matte & Grove，2001）[4]。对于 Backster 的"心理定势"概念及其理论假设虽然至今仍未能得到测谎学界的一致认同，但不可否认的是，它也是测谎文献中最常被引用的概念和理论之一。

---

〔1〕 Podlesny, J. A. , & Raskin, D. C. , "Effectiveness of Techniques and Physiological Measures in the Detection of Deception", *Psychophysiology*, 1978, 15, pp. 344-358.

〔2〕 Raskin, D. C. , & Hare, R. D. , "Psychopathy and Detection of Deception in A Prison Population", *Psychophysiology*, 1978, 15, pp. 126-136.

〔3〕 Sokolov E N, "Higher nervous functions: The orienting reflex", *Annual review of physiology*, 1963, 25 (1), pp. 545-580.

〔4〕 Matte, J. A. , & Grove, R. N. , "Psychological Set: Its Origin, Theory and Application", *Polygraph*, 2001, 30 (3), pp. 196-202.

四、唤醒理论

从神经生理学角度讲，唤醒（Arousal）是指在刺激作用下通过脑干的网状结构提高大脑皮层的兴奋性，激活处于"休眠"状态的各种生理活动，使它们达到活跃状态，增加人的自主反应。刺激对人产生的直接效果是提高唤醒水平，无论刺激是令人愉快的还是不愉快的。而一般认为，将唤醒理论引入测谎领域的是 GKT 的提出者 Lykken（1959）。但 Reid 和 Backster 其实都曾对"唤醒"有所提及，不过他们更多指的是"情绪唤醒"。在他们看来，说谎者比说实话的人有更高的唤醒程度，这可能是内疚、恐惧或者欺骗兴奋的结果。

Lykken 认为：测谎并不是在检验"说谎"或情绪本身，而是在检测对犯罪细节的记忆。因而他将此称为"认知唤醒"（Cognitive Arousal），并将此作为 GKT 早期的理论基础。这一理论认为，由于有罪者具有对具体犯罪细节的记忆，当符合真实犯罪细节的关键刺激出现时，会出现较高的心理唤醒水平，从而使其生理唤醒水平也增强。并且刺激越强，唤醒反应也就越强。而无辜者因不知道具体案情，不会出现有指向性的认知唤醒。

20 世纪 80 年代中期，Kleinmuntz（1984）[1]、Saxe（1985）[2] 等心理学家开始用认知心理学解释测谎原理，认为测谎所测的心理是一种对犯罪情境的认知，测谎的测谎师所使用的实物或言词是一种意在引发再认的刺激。当这种刺激属于犯罪情境的真实描述或犯罪情境的真实状态时，有罪的被试会出现自主的认知唤醒，唤起对特定事件的认知，由此导致生理反应变化。

五、恐惧理论或惩罚理论

对于非专业的普通人士，如果让其解释测谎的理论基础，其最可能想到的就是恐惧理论。所以恐惧理论是最早的 PDD 的基础理论，此领域的先行者们大多持这一观念。如 Marston（1917）就指出，在测谎时被试的血压明确增高，这无疑是恐惧这一心理状态的生理反应。Larson（1932）[3] 也认为测谎所利用的自主反应（呼吸、血压、脉搏等）正是来自有罪者对可能面临的惩罚的恐惧。

---

〔1〕 Kleinmuntz, B. and Szucko, J., "Lie detection in ancient and modern times: A call for contemporary scientific study", *American Psychologist*, 1984, 39, pp. 766-116.

〔2〕 Saxe, L., Dougherty, D. and Cross, T., "The validity of polygraph testing", *American Psychologist*, 1985, 40, pp. 355-366.

〔3〕 Larson, J. A., *Lying and Its Detection. Chicago*, University of Chicago Press, 1932.

六、动机理论

Gustafson 和 Orne（1963）[1] 基于恐惧理论提出了动机理论（Motivation Theory）。他们认为，由于有罪者面临较高的被惩罚的风险，因为他们具有更强的打败测谎仪的动机，而强烈的动机状态将会引发强烈的生理反应。所以不少测谎研究都会规定，那些打败测谎测试的被试可以得到现金（如 20 美元）的奖励。这是因为模拟研究常常无法让被试感受到足够的刺激，他们的动机普遍不会太大。这种奖励就是为了激励他们，提高他们的动机水平。此外，精神病态者往往不适合接受测谎测试，主要原因也可能是他们的动机水平与一般人不同（参见第十五章）。

七、心理冲突理论

心理冲突理论（Conflict Theory）最早由 Davis（1961）[2] 明确提出来，主要是用来解释测谎的原理。该理论认为，有罪者在回答问题时会"说谎"，而说谎时会产生两个心理意向：一个是来自对事实的认识，另一个是来自对"谎言"的认识。这两个完全相反的意向会带来强烈的心理冲突。而对于无辜者，他只是陈述自己对事实的认识，只有一个意向，因此不会出现心理冲突。具有强烈心理冲突的被试的生理反应会比没有心理冲突的强烈，从而能够很好地区分说谎者与诚实者。事实上，前述 Augustine 曾指出说谎必不可少的本质是：**口是心非，说谎者的心是双重的。**也就是说，**说谎者有一个双重思想：一方面，他知道真实的事情但却不说；另一方面，他说的是内心自认为是虚假的事情。**其实就反映了这一理论。此外，Harlan（1985）[3] 也主张这一观念：说谎会导致意识冲突；冲突引发恐惧或焦虑，这反过来又会导致明显可测量的生理变化。

如此众多的理论学说，但没有任何一个是被完全认可的。而且相互之间有相似的，也有不同的，甚至有完全相反的，这充分说明测谎的理论基础存在很大的不确定性。但这些学说却有一个共同的特点——它们都假设说谎引起的某种心理过程，无论是认知还是情绪，都会引起相应的身体或生理变化。

---

〔1〕 Gustafson, L. A., & Orne, M. T., "Effects Of Heightened Motivation On The Detection Of Deception", *Journal Of Applied Psychology*, 1963, 47, pp. 108-411.

〔2〕 Davis, R. C., Physiological Responses as A Means of Evaluating Information, in A. Biderman, & H. Zimmer (Eds.), *Manipulation of Human Behavior*, Wiley, 1961, pp. 142-168.

〔3〕 Harlan, J. P., *Applicant Investigation Techniques in Law Enforcement*, Charles C. Thomas Publisher, 1985.

第三节　说谎时可能的生理变化

正如前面提到的，历史上的神裁法，以及后来的生理学、心理学、犯罪学，甚至科幻小说作者，在 20 世纪上半叶形成了一种关于测谎的思潮，即谎言是可以通过测量身体数据来识别的。这很容易让我们想到一位童话人物——匹诺曹以及他那著名的鼻子。

一、说谎本身不会带来生理变化

如果说"读心术"是（通过）大脑测谎的终极梦想，那么"匹诺曹的鼻子"则是身体测谎的理想形态。每次说实话时，匹诺曹的鼻子都不会有变化；而当他说谎时，他的鼻子都会变长。因此，对匹诺曹来说，他自己不断变长的鼻子是一个非常可靠的说谎线索。不过这似乎更为"天马行空"，只会出现在童话故事里。Mosso 很早就发现，人在说谎时血液会更多地流向头部，从而导致脸红，以及鼻子的轻微充血，可能会使你的鼻子因为肿胀而真的"长长"几毫米。当然，这通过肉眼是观察不到的，但说谎者会因为轻微充血而觉得鼻子痒或不舒服，所以经常不经意地摸鼻子——这不就是我们所熟悉的说谎的线索之一吗？比如有人研究了 Clinton 在就自己与 Lewinsky 绯闻作证时的录像，发现 Clinton 说谎时摸鼻子的次数远远多于他说实话时。所以，匹诺曹的鼻子也许并非完全"天马行空"，可能确实有一点生活经验的基础。

许多早期的测谎理论都是基于这样的假设：说谎会导致特定的和可重复的生理或身体反应，在很多方面就像匹诺曹说谎时鼻子变长一样。或者说，测谎的可靠线索类似于匹诺曹的鼻子。如果它们确实存在，就会使得测谎变得有希望，因为这些的线索可以成为测谎仪的测量指标。但是，匹诺曹的鼻子变长，并不需要心理过程，也就是它与 Clinton 摸鼻子其实有着巨大的差异：Clinton 是因为说谎而感到内疚（或其他情绪），才出现生理变化。而匹诺曹则是一说谎就鼻子变长，中间不存在内疚等情绪过程。所以，类似匹诺曹的鼻子这种测谎方式并不存在，也不属于我们要讨论的 PDD 测谎的范畴。

二、认知—情绪—生理反应

PDD 之所以得名，正是体现了现代测谎仪得以用来识别谎言，是利用了人类生理与心理之间变化的关联性，从生理的变化来解释个体的心理状态，进而推论被试是否说谎或有罪。Schachter（1971）[1] 提出的认知—情绪—生理反应理

---

[1] Schachter, S., *Emotion*, *obesity and crime*, Academic Press, 1971.

论很好地说明了这一基本原理。在测谎中的生理反应，除了因身体移动所导致的不自然反应以外，其他的反应主要有两类，并可以用图 6-1 表示：

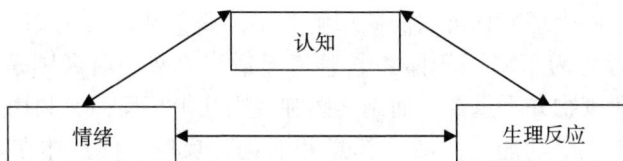

图 6-1　Schachter 的认知—情绪—生理反应

其中，情绪是指当个体受到某种刺激之后，所导致的如害怕、担心、焦虑、恐惧犯罪行为被发现的情感状态，此状态不受自我控制，将对于个体行为造成干扰、触动作用，并且产生个体生理的变化。如说谎者在讲一个自己都不会相信的拙劣的谎言时，往往因为罪责感不敢正眼看对方，可能会造成注视转移。恐惧和兴奋可能会带来有压力的表征，例如动作增加、口吃（如"嗯""啊"）和口误增加，或者和和前面的高校教授一样出现颤音、高音等现象。情绪越强烈，这些行为就越有可能暴露谎言。

而认知则是指在测谎过程中，从被试主观经验到被问的问题而有所感受，包括认识犯罪行为暴露后的后果，或是对于所作所为有罪责感等，进而因恐惧或罪责感而引发生理反应。此外，Schachter 还主张认知与生理反应之间具有直接作用。比如当被问到案件细节时，说谎者可能会比无辜者经历更高水平的认知唤醒。具体表现包括：瞳孔更大、眨眼频率增加、更多的断句、更尖的音调等。但遗憾的是，由于 PDD 背后的理论学说不一致，所以在具体机制上还是具有不确定性。不过，正如战斗或逃跑反应是最常被提及的理论学说一样，相关的生理变化的解释也常借助这一理论。

三、战斗或逃跑反应的生理变化

当人恐惧或感到威胁时，身体会立即进入紧急反应状态，也就是所谓的战斗或逃跑反应。而生理上的反应由自主神经系统支配，心跳加快、血压增高、呼吸加速，等等，都是为即将出现的行为（战斗或逃跑）提供所需的能量（Sokolov，1963）。

自主神经系统（Autonomic Nervous System，ANS），也就是外周神经系统（Peripheral Nervous System），它负责处理人的非随意行为，或者说无意识行为。比如心脏的跳动并不是你让它跳，它才跳的，这就是典型的自主神经控制的行为。除了心跳，自主神经系统还控制着我们的消化、呼吸、瞳孔反应、排尿和性唤起等。而自主神经系统又分为交感神经系统和副交感神经系统。交感神经系统利用并激活去甲肾上腺素的释放，主要功能是激活在战斗或逃跑反应过程中发生的生理变化。这些生理变化可以简单理解为增加胸部活动（心率和呼吸）、减慢腹部活动。前者是为了确保身体为紧急情况适当充氧，后者则是因为"濒死"之际消化或排泄废物并不重要。而副交感神经则几乎相反，它利用并激活的是乙酰胆碱的释放。主要功能是激活"休息和消化"反应，使身体在战斗或逃跑后恢复体内平衡，所以自主神经系统又被称为"交感系统的应急系统"。它所导致的生理变化就是减慢胸部活动、加速腹部活动，以便我们可以消化食物并排泄废物。以下是战斗或逃跑反应会带来的可能的生理变化：

心肺活动（心率和呼吸）变化

身体许多部位的血管收缩变化

脸部或颈部皮肤苍白或潮红，或两者交替

体温变化

肠胃活动变化，导致消化速度变化

对身体括约肌的一般影响

供肌肉活动的能量代谢来源（特别是脂肪和血糖）变化

肌肉紧张

汗腺、泪腺和唾液腺分泌变化

瞳孔直径变化

膀胱松弛

抑制性唤起

听觉狭隘（听力丧失）

视觉狭隘（周边视力丧失）

身体晃动或震颤

小肌肉发生异常震颤，动作协调性降低

对刺激做出反应的时间异常

此外，Grings 和 Dawson（1978）[1] 确定了 11 种"伴随情绪的身体反应"，

---

〔1〕 Grings, W., Dawson, M. E., *Emotions and Bodily Responses: A Psychophysiological Approach*, Academic Press, 1978.

不过并没有说明是否基于应激反应，但和测谎实践经验更为接近。虽然研究中提到了这11种反应可以分为"6种主要反应"和"5种附加身体反应"，但并没有具体的说明。这11种反应如下（依原文没有优先顺序）：

心率：根据情绪的不同，心率会上升或下降，在交感神经兴奋时心率上升。

血压：在交感神经兴奋时血压会升高。

血容量：在交感神经兴奋期间，由于血管收缩，流经心脏和大脑的血量增加，而流向其他部位的血量减少。

皮电：指皮肤的电特性或皮肤导电性。在情绪强烈状态下，皮肤导电性增加。

呼吸：会受到影响，因为交感神经兴奋会导致肺部支气管扩张，从而允许更多的氧气摄入。

肌肉：在紧张的情况下，肌肉电位或肌肉紧张度会增加。

脑电：在警觉状态下，频率大于13 Hz的Beta波更为突出。

体温：由于汗腺分泌增加和某些身体部位的血容量减少，体温降低。

唾液分泌：交感神经兴奋会抑制唾液分泌。

瞳孔大小：交感神经系统会增加瞳孔大小。

胃活动：在交感神经占主导地位时，胃动力会降低。

而在测谎实践中，测谎师常常需要对被试或者在法庭上解释测谎技术的原理。这时候最常用战斗或逃跑反应理论来解释。例如20世纪80年代早期，当时的美国测谎学会主席Raskin，在支持测谎结果作为证据的法庭证词中，是这样介绍测谎技术原理的：

人类的自主神经系统分为两种，即众所周知的交感神经系统和副交感神经系统。交感神经对任何突然的刺激自动起反应，而不需要意愿的出现和一直决定过程的任何控制。那些伴随着恐惧或焦虑的人们常经历的感情就是由交感神经产生的。并以此来提醒和保护处于威胁或危险的人们。在由自主神经系统引发的这些生理反应中，心血管系统功能的变化、呼吸的变化、手的皮肤传导性的变化等都是由于汗腺的活动造成的。这种汗腺的活动不是由气温或体温条件造成的，而是由恐惧和焦虑促使的。测谎仪的基本理论就是在一定的环境中，询问一些可能给被试带来严重后果的事情的真实情况，这将会刺激自主神经系统的交感神经系统，并导致生理变化，这些变化能被测量、记录和分析。因此，被试的口头回答将不会影响由仪器测量的生理反应。也就是说，如果被试被提问："你是否杀死了 X?"……在回答这个问题时，如果被试想说谎否认他的罪行，正如他自己知道的，害怕被揭穿的恐惧将导致每个系统功能的变化。这些变化将被测谎仪测量和记录，以便测谎师来查看这些可见的生理变化。这些生理变化无论在理论上还是在实践上，都被成百上千的测谎测试证实是与欺骗行为相关的。如果被试诚实地否定与犯罪行为有牵连，就不会有威胁出现，则问题不会引起交感神经系统的活动。如果仪器测量的生理活动没有任何显著的变化，则证明其否定是诚实的。因此，了解测谎仪的人解释说，这种仪器与其说是测谎仪（一种不当的误称），不如说是证明诚实的仪器。简言之，没有反应则一定意味着被试讲的是实话。而出现反应则意味着他还隐瞒着一些信息，并且他也知道这些信息与被问的问题有关。

虽然在今天看来，这段证词有一些不准确的地方，但仍然可以看出测谎专业人士对 PDD 的一些重要观念作了澄清。

第一，也是本书要特别强调的，PDD 并没有声称测量的是"说谎"本身。伴随着说谎可能会出现认知、情绪等变化，从而带来一系列的生理变化。仍要特别强调的是，**这些生理变化并不是直接与说谎有关**。在这种意义上，测谎技术所利用的说谎线索（如生理变化）与匹诺曹的鼻子有着本质的区别。因为匹诺曹的鼻子是直接与说谎有关的，即一说谎就直接导致鼻子变长。

第二，身体为我们提供了不需要解释的客观数据，或者身体似乎在自我报告。特别是那些由自主神经系统控制的身体变化，不言而喻在很大程度上是不受被试有意识控制的。那么，通过测量身体的血压、呼吸、皮电等数据获得的信息不用考虑被试有意隐瞒真实想法。不过有趣的事实是，**即使身体在"说话"，但它究竟说了什么仍需要解释，而解释工作就是由测谎师完成**。

简而言之，**测谎就是捕捉一些身体变化，并推断出被试是否说谎或者欺骗，而这些身体变化并不是与说谎直接有关**。

至此，我们就能明白为什么大部分人都不会想到匹诺曹的鼻子是有科学道理。此外，还有一个重要的原因是，可能很多人都不是这类体质，即说谎时鼻子不会充血，也不会不舒服。这也是测谎专业人士要特别强调的一点，即**不同的人可能会表现出不同的说谎线索**，同样的人在不同的情况下可能会表现出不同的线索。例如，有些人说谎时更可能出现手指微颤而不是视线闪躲。

四、不存在"匹诺曹的鼻子"

到目前为止，没有任何一种表情、行为、言语或者生理反应是肯定与说谎有关的。简言之，**不存在真正可靠、稳定的说谎线索**。Bond 等人（2006）[1] 进行了一项全球性的关于说谎线索的研究。研究包括来自 58 个国家的研究团队。每个国家的研究人员都招募 20 名男性和 20 名女性，年龄都在 16 岁以上，大多数人是大学生。被试都要回答一个问题："你怎么知道别人在撒谎？"换句话说，"你相信什么样的表现是说谎的线索？"最后研究总结得到了 103 种线索，其中有 9 种是超过 15% 的被试都提到的。87% 的人提到的线索是：说话前后不一致，缺乏合理性；64% 的人提到的线索是视线闪躲；28% 的人提到的线索是面部表情紧张；25% 的人提到的线索是语无伦次和坐立不安。其他一些线索，提出者比率在 15%~25% 之间，分别是面部（出汗/脸红/发白）、说话含糊、犹豫或停顿、声音（音高/音量）变化。此外，有些线索在不同的国家，提出者比率有所差异。如视线闪躲，有 51 个国家常提到，但是在阿拉伯联合酋长国则不太常被提到，只有不到 25% 的人。

还有研究（Mann et al.，2004）[2] 对警察进行了类似的调查，接受调查的警察平均从警时间为 11 年。最后一共获得了 30 种说谎线索，其中 8 种线索被 15% 的警察提到过。有 73% 的警察提到的线索是视线闪躲；其次是坐立不安，其他线索如说话前后不一致和含糊、说话犹豫或停顿、声音变化，以及出汗、脸红或眨眼等。

这两个研究，虽有一些共同之处，但居首位的说谎线索却不一样。前者是涉及言语的——说话前后不一致；而后者则是行为——视线闪躲。这可能与测谎具体情景不同有关，前者调查的是普通人，他们的经验主要来自日常社交；而后者是专业人士，他们的经验可能更多涉及的是审讯嫌疑人情景，不属于正常的对话交流。

但是无论如何，我们能确定的事实是：**测谎确实是一项非常困难的任务；因为不存在 100%（其实不到 80%）准确的说谎线索；也没有任何一种生理模式与说谎直接相关**。虽然有研究者宣称 PDD 有着良好的科学理论基础（如 Raskin et

---

〔1〕 Bond, C. F., Jr., & DePaulo, B. M., "Accuracy of deception judgments", *Personality and Social Psychology Review*, 2006, 10（3）, pp. 214-234.

〔2〕 Mann, S., Vrij, A., & Bull, R., "Detecting true lies: police officers' ability to detect suspects' lies", *Journal of applied psychology*, 2004, 89（1）, p. 137.

al., 1997)[1]，但大部分人还是认同这样的观点："**心理生理反应与试图说谎的心理状态之间并没有建立起紧密的联系**"，没有理论可以确定某种心理生理反应的出现是因为"试图说谎"的心理状态而非其他心理状态导致的（NRC, 2003）。

五、PDD 存在的意义和可能性

根据前述内容我们已经了解了什么是说谎、说谎在社会中有多普遍、人们为什么说谎以及说谎背后的一些科学发现。为什么社会不能简单地接受说谎这一普遍现象？为什么明知测谎困难仍拒绝谎言（PDD 的发展正是社会拒绝撒谎、寻找真相的表现）？答案就在诚实原则中。**诚实原则指的是在言语和行为中保持真诚和透明**。它要求个体在交流时提供真实的信息，避免欺瞒和虚伪。诚实不仅是对真理的尊重和对他人权益的保护，也是社会秩序和合作的基础。在现代社会，诚实原则是社会交往、商业交易和司法体系的基石。特别是在司法实践中，诚实的证词是确保司法公正的前提。如果证人、嫌疑人或被告撒谎，司法系统将无法依据真实情况作出正确裁判，最终破坏法律的公正性。

此外，虽然测谎是一项很困难的工作，但并不意味着我们完全没有希望。近年来的研究证实，如果系统学习测谎相关技术和方法，将有助于提高测谎准确性。前述 DePaulo 和 Pfeifer（1986）的研究结果发现，执法人员这类专业人士测谎能力与普通人一样。但是 Ekman 等人（1991）[2] 将这些专业人士作了进一步细分，他们有了不一样的发现。秘密特工比其他专业人士（如警察）更擅长捕捉骗子。所有秘密特工的总体测谎准确率在 64%。然后研究者从中又筛选出 29 位特工，他们曾接受过系统的测谎培训（主要是微表情测谎相关的）。结果发现这些培训过的特工测谎准确率可以达到 73%。所以结论是：某些职业的专业人士（如秘密特工）比其他专业人士或普通民众更擅长测谎；经过测谎技术培训的比没有经过培训的更擅长测谎。本研究还解释了为什么秘密特工做得更好，以下为具体原因：

第一，和他们的工作性质有关。他们主要是秘密地发现潜在的问题，所以必须依靠非语言线索。相比较而言，警察往往是与嫌疑人面对面打交道，而且因为现在刑事诉讼的要求，警察需要更多地寻找证据来证实嫌疑人有罪。

---

〔1〕 Raskin, D. C., Honts, C. R., Kircher, J. C., The Scientific Status of Research On Polygraph Techniques: The Case For Polygraph Tests, in D. L. Faigman, D. Kaye, M. J. Saks, & J. Saunders (Eds.), *Modern Scientific Evidence: The Law and Science of Expert Testimony*, St. Paul, West Publishing, 1997, pp. 565-582.

〔2〕 Ekman, P., & O'sullivan, M., "Who can catch a liar?", *American psychologist*, 1991, 46（9）, p. 913.

　　第二，受过测谎培训的人确实比未受过培训的人更擅长识别谎言。而且目前的研究结论是，无论受到的是何种测谎培训，比如行为测谎、言语测谎、微表情测谎、测谎仪培训，等等，都可以显著提高其测谎能力。

　　第三，可能在于警察下结论其实非常慎重，倾向于说不确定或者干脆说无罪。这样就不会导致无辜者被错误定罪。虽然也可能漏掉真正作案人，但对警察来说，是风险较小的做法，否则他会被追责。而秘密特工因为工作的特殊性，做决策时更大胆一些。同样，经过测谎培训的专业人士，因为已经具备了一定的科学理论的指导，对自己更有信心，也会更大胆地做决策。可见，测谎准确性其实与决策过程有很大关系，关于这点，本书将在第十章专门讨论。

　　第四，可能在于如果使用测谎技术，也就意味着我们会积极地、主动地寻找线索，而不是被动地等待线索。比如 PDD 测试，我们会准备一些精心设计好的问题，然后观察被试的反应。这就意味着会收集更多的、更有针对性的线索，帮助我们做判断。就像所罗门王所做的那样。

　　总之，只凭借日常经验，测谎的准确率实际上非常低，几乎都在偶然 50% 的几率水平。而要想提高准确率，了解和掌握一些专业的测谎知识和技能是比较有效的途径。今天，我们已经发展出了许多方法和技术来实现以上目的，包括仪器识别，也就是大家熟知的测谎仪。仪器识别有很多种，包括声音压力分析仪、fMRI 或脑电测谎，这些统称为仪器测谎。它的优势地方在于它是客观的，因为当我们用观察的方法去识别一个人时，会不由自主地带有主观性，其结论的正确性也会备受质疑。仪器为我们提供了客观的指标，我们会认为由此而得出的结论是较为正确或科学的。

　　除了借助仪器测谎，我们还有其他的方法和技术，其中之一就是通过分析人的行为来识别真实与虚假。这个行为包括我们面部的表情和肢体语言（也就是姿势）。除了分析行为之外，我们还可以通过分析语言本身来识别真实与虚假。因为语言本身是传递信息的，所以当人们说谎的时候，传递的信息是不可靠。但是现在的研究发现虽然内容不可靠，但是和语言有相关联的线索，比如人的语调、语速等，这些可以用来进行谎言识别。另外，还可以通过分析语言本身的内容、文字，来进一步识别真实和虚假。

　　虽然非仪器测谎与仪器测谎这两类技术利用的测谎指标并不相同，但是它们都有一个共同的假设前提，**即认为说谎者和诚实者之间，因为心理过程不同，导致他们在身体或生理指标上存在着差异**。这些差异可以被量化来有效地评估真实与虚假。

第三部分

测谎技术操作

　　测谎的发展历程既是一部科学认知演化史，也是技术操作的塑造之路。一般公众对这一过程了解甚少，往往仅停留在"测谎仪能识别谎言"的表面印象，却不知实际操作中，所提问题的编排、环境的控制、被试的身心状态，乃至测谎师资质等，以及各因素之间的相互作用，均会影响测谎的成败。事实上，经过百年发展，PDD 技术已经建立了严格的标准化流程：从案情分析、问题编制、测前访谈，到正式测试、数据采集与分析，以及做出测谎结论，每一步骤均有明确的规范与操作细则，更是发展出了各式各样的具体测试方法。所以，本部分将从技术操作角度入手，详细揭示测谎实践是一个高度依赖操作经验的特殊技术体系。

第七章　非仪器测谎

Boshoff (1999)[1] 曾报告说，说谎的人有以下一种或多种身体表现会被轻易地察觉在说谎：避免目光接触、回答问题时犹豫不决、语速较慢、手势较少、避免使用"我"这个词（即自我参照的词），倾向于用泛泛的语言，或谈话结束时由于相信谎言已被接受而感觉轻松。短短一句可谓涵盖了几乎所有的非仪器测谎方法，表情、行为、言语线索以及语言内容。不过，相较之下，人们更倾向于通过行为来测谎。因为一般认为，对说谎者而言，自己说出来的语言内容是比较容易控制的，只要稍微用心一点就能够通过组织语言来达到说谎的目的。但对于说谎时的行为表现，则比较难控制，只有极少数经过特别训练或极有天赋的人才可能完美地表现出"非常诚实"的行为表现。这是对的。很多研究都已经证实，与言语交流相比，个体更不易控制他们行为的某些方面（DePaulo & Kirkendol，1989[2]；Ekman，1992）。正如著名心理学家 Sigmund Freud 所说："只要用眼睛去看，用耳朵去听，没有一个凡人能保持住秘密。即使他嘴巴沉默，什么都不说，但他的指尖会出卖他；泄露无处不在。"

第一节　行为与表情分析测谎

一、身体行为

通过观察行为来识别谎言也许是人们最常用的方法，即使今天各种测谎仪器不断推陈出新，如警察之类的专业人员也主要使用这种方法来识别谎言。而对一般人来说，在日常生活中几乎都是使用这种方法识别谎言或欺骗。行为测谎最大

---

〔1〕　Boshoff C.，"Recovsat：An instrument to measure satisfaction with transaction-specific service recovery"，*Journal of service research*，1999，1（3），pp. 236-249.

〔2〕　DePaulo，B. M.，& Kirkendol，S. E.，"The motivational impairment effect in the communication of deception"，in J. C. Yuille（Ed.），*Credibility assessment*，Kluwer，1989，pp. 51-70.

的问题可能是准确性较低，可靠性较差。不过，只要掌握一些行为相关的知识，就能极大改善这一问题。

人类的行为多种多样，不过在测谎领域，这些行为特别是那些随着言语产生的行为，其实可以简单地归纳为三种类型。因为从语言交流的角度来看，这些行为无非是为了起到象征、说明或操纵的作用。

1. 象征性行为

象征性行为是指代其本身意思的动作。如我们最熟悉的用点头来表达"是"（Yes），用摇头来表达"不是"（No）。在几乎所有的文化中，这类行为都是从小就习得的，并且沿用终生。这一行为可以追溯到婴儿时期，当放在嘴边的东西不是婴儿想吃的，它会将头偏向一边，而如果是自己喜欢的，则会上下调整头部，以便准确地将食物放到嘴里。不过，在不同的文化之间，可能还是有差异的。比如"点头 Yes 摇头 No"在阿尔巴尼亚、巴基斯坦等国家则是相反的，他们日常人与人之间的非语言沟通中点头代表 No，摇头表示 Yes。所以这类动作有着很大的文化特征，但能异常精准地表达行为者真正想表达的信息，它们能充分表达出所有信息，不需要语言的辅助。因为此类行为是从小习得，所以往往受无意识控制，较难改变。在测谎中就有一种识别技巧：如果个体出现嘴里说"没有"但是却有点头的迹象，那么他很有可能是在说谎。因为点头的动作是象征性行为，精准地表明他内心的真实答案为"是"。

2. 说明性行为

说明性行为是指为了帮助听者理解说话者的言语信息。例如，说话者一边拍着自己的胸口一边说："你看我，真的没有任何隐瞒。"如果个体说的是实话，那么行为就应该表现出来的是为了更好地表达或说明其言语信息，其行为与言语内容表现出来是一致的。

3. 操纵性行为

操纵性行为不是为了帮助听者理解说话者的言语信息，而是为了干扰听者对信息的理解。有些说谎者不仅否认事实，而且试图通过自己的行为来操控对方，使其产生错误信念。前述的大猩猩 Brandy 为了让 Apollo 产生错误信念而做的一系列行为就是操纵性行为。不过由于说谎者的操纵性行为往往与事实不符，所以可能会与说谎者其他的行为或言语内容不一致，如果稍加注意或分析，就会发现这类行为比较突兀、不好理解，以及前后矛盾。这可以作为测谎的依据之一。

通过以上分类，我们可以发现一个基础事实就是：在自然情况下，非言语行为是为了更好地表达言语内容，是为了帮助信息沟通的更有效和准确。所以非言语行为在本质上是与说谎相违背的，也就是破坏言语欺骗的尝试活动的。

基于以上认识，测谎专家 Reid 和 Arther（1953）[1] 总结了诚实与说谎的行为指标之间存在着本质区别：

表 7-1　诚实与说谎行为之间的本质区别

诚实	说谎
放松和镇静的	紧张和防御性的
真实的友好	过分的友好
面对面的身体相对	闪躲的身体相对
说明性行为增多	操纵性行为增多
自然而舒适的脚部和身体姿势	过多重复的、不停的脚部和身体动作

在自然情况下，人们的非言语行为是为了更好地服务于言语表达。因为，有效的、直接的非言语行为应该是友好的，有利于信息沟通。所以说话者表现出来总体印象是：放松、镇静、友好、没有心理负担；他期待能最大可能性的与对方合作，所以说明性行为增多，期待把自己知道的信息完整地传递给对方。而说谎者则恰好相反。需要特别指出的是，以上区别并不是确定的。比如具有操纵者人格特点的说谎者，为了误导对方，他的非言语行为表现出来的就是操纵性行为增多；而一些不善于说谎或表演的说谎者更多地表现是紧张。

二、眼睛

眼睛常被称为心灵的窗户（The Windows of The Soul），因为眼睛除了为我们提供视觉信息之外，也是反映一个人的内在信息，尤其是情绪情感的最佳渠道。富有育儿经验的母亲会很轻易地揭穿孩子的谎言："我知道你肯定撒谎了，因为你不敢看我的眼睛。"商人或赌徒则会根据对方的瞳孔变化要价或投注。如前所述，对平均从警 11 年的警察进行过调查，询问他们："讯问嫌疑人时会用到哪些欺骗线索？"73%的警察回答的是"嫌疑人的视线闪躲"。在本章一开始提到的Boshoff（1999）的测谎线索中，排在第一位的也是"避免目光接触"。可见，尽管人们来自不同国家、不同的文化或专业背景，但都相信通过观察眼睛可以判断说话人是否在说谎。而其背后的科学原理可能是眼睛能折射人们的心灵、反映人

---

〔1〕　Reid J E, Arther R O., "Behavior symptoms of lie-detector subjects", *J. Crim. L. Criminology & Police Sci.*, 1953, 44, p. 104.

们的情绪。

1. 注视与视线闪躲

在很多警察手册中，对于如何识别说谎者往往都有一个共同的测谎线索，就是视线闪躲，即骗子总是避免与调查他的警察有目光接触。

一般来说，人类文化都倾向于认为相互交谈时，注视着对方的眼睛是有礼貌的表现。不过中西方文化对此有一些差异，东方文化较为含蓄一点，常常目光稍微偏离一点。一项有趣的研究证明了注视的作用。在该研究中，研究人员告诉交流的一方，另一方眼睛有问题，但是没有告知具体是哪只眼睛有问题。这导致前者在交流时可能会长时间注视对方的眼睛，试图找出哪只眼睛有问题。最有趣的是最后的结果，与一般人（不知道对方眼睛有问题的人）的交流相比，被注视的人（被说眼睛有问题的人）都评价说感觉对方对自己很友善[1]。

事实上，在控制视线方面，人类所能运用的最重要的技巧就是注视。我们会对敌人怒目相向表达愤怒；盯着孩子用眼神提醒他不要再犯错；注视对方的眼睛来说服他……而当我们不想交流，或者想隐藏信息或情绪时，就会很自然地避免注视和目光接触，即视线闪躲。这其实是一种天生的行为，因为当我们真的不想看到或不想相信正在发生的事情时，最简单且最直接的反应就是闭上眼睛。但很多时候，我们无法做出这样直接的行为（闭眼），所以不得不采取一种稍微委婉的方式——闪躲视线，以达到类似闭眼的效果。

不过也有一些学者指出，在利用视线闪躲或注视测谎时，一定要特别小心，因为它们不仅和说谎有关，还受其他因素的影响。当我们面对自己不喜欢的人，或者地位比自己高的人，我们会减少眼神交流的互动。而当人们彼此之间比较陌生，或者坐的位置相距较远时，我们的眼神交流也会减少。所以，视线闪躲并不必然与说谎或欺骗相关。我们可能从小就知道："说谎者不敢看别人的眼睛。"因此一些高明说谎者就会格外注意自己的视线控制。研究（Exline et al.，1966）[2] 也确实发现，高权谋者或高马基雅维利主义的人在说谎时会比一般人保持更多的眼神接触。警察常通过观察嫌疑人是否出现视线闪躲来判断他是否是真的犯罪人，但如果嫌疑人知道警察有此判断倾向后，他可能会特意表现出过多的视线接触，以便让自己看起来是诚实的。他们这么做，有可能会相当成功，但

---

〔1〕 Kleinke C L., "Gaze and eye contact: a research review", *Psychological Bulletin*, 1986, 100 (1), p. 78.

〔2〕 Exline R V, Thibaut J, Brannan C, et al., "Visual Interaction in relation to Machiavellianism and an Unethical Act", *American Psychologist*, 1966, 16, p. 58.

有时会弄巧成拙。因为当他们努力保持注视对方时，眼球就会开始干涩，这会让他们出现更多的眨眼，而这正是另一个可能揭露说谎的线索。

2. 眨眼次数的增加或减少

在正常情况下，我们每 20 分钟眨眼一次，每次眨眼持续 1/4 秒（即 250 毫秒）。而强光、干燥、紧张和疲劳等都会导致我们眨眼次数增加。所以眨眼频繁也常被作为说谎或欺骗的线索。其背后的原理可能是，说谎带来紧张，而紧张影响眼部神经活动，从而导致频繁眨眼。不过也有从进化角度来解释此现象，当我们遇到危险时，眨眼可以减少眼睛受伤的可能性。无论背后原理是什么，Akehurst 等人（1999）[1] 的研究表明这种测谎方法有着 75% 的准确性。

不过也有不同的说法（Mann et al.，2002）[2] 认为，人在说谎时眨眼的次数不是增加了，而是减少了。因为说谎是比说实话更复杂的事情，所以认知负荷会大大增加，这会导致眨眼的次数减少。就如我们在做复杂的计算时，注意力和心理资源都放在了计算上，而其他活动包括眨眼都会暂停或减少。那么，是眨眼次数增加，还是眨眼次数减少可以作为测谎的线索呢？科学家对此做了深入的研究。研究表明，负面情绪唤醒导致眨眼次数增加（如 Harrigan & O'Connell，1996）[3]，而过多的认知负荷则会导致眨眼次数减少（如 Wallbott & Scherer，1991）[4]。所以，准确的结论是，**眨眼次数的变化（包括增加和减少）都可以是说谎的线索**。

3. 眼球运动

在很多人的观念里，眼球的转动可以显示个体正在进行思考，而当与人在交谈时眼球比较稳定很少转动，说明个体态度诚恳；如果目光游移闪烁、眼珠不停地转，说明个体在暗中打算。许多警察也认为，特定的眼球运动提供了一个人是否在说谎的线索。特别是在一些影视作品、访谈节目、警察培训手册，以及一些测谎培训课程中都认同这一观点：在讯问嫌疑人时，如果他眼睛看向右上方（有时可能说是右边或右下），表明他可能在撒谎。

〔1〕 Akehurst L, Vrij A., "Creating suspects in police interviews 1", *Journal of Applied Social Psychology*, 1999, 29 (1), pp. 192-210.

〔2〕 Mann S, Vrij A, Bull R., "Suspects, lies, and videotape: An analysis of authentic high-stake liars", *Law and human behavior*, 2002, 26, pp. 365-376.

〔3〕 Harrigan, J. A., & O'Connell, D. M., "Facial movements during anxiety states", *Personality and Individual Differences*, 1996, 21, pp. 205-212.

〔4〕 Wallbott, H. G., & Scherer, K. R., "Stress specifics: Differential effects of coping style, gender, and type of stressor on automatic arousal, facial expression, and subjective feeling", *Journal of Personality and Social Psychology*, 1991, 61, pp. 147-156.

这种说法在美国十分流行，甚至认为是非常科学的，因为这种说法最初来自"神经语言编码"（Neuro Linguistic Program）的理论模型。但这是一个误会，开发此模型的人从未提及这种眼球运动和欺骗之间的关系，而最新研究表明眼球向右转动与说谎并没有关系（Wiseman et al.，2012）[1]。研究将被试分成两组。首先用视频拍摄并记录下第一组人说实话或说谎时的眼球轨迹，其次让第二组人通过观察这些眼球运动轨迹判别是否说谎。结果发现，从研究数据本身看不到说谎与眼球轨迹存在关联，即使根据神经语言编码模型的方法也并不能提高识别测谎的准确性。

此外，还有研究（Brinke & Porter，2012）[2] 分析了真实的案例，也获得了相同的结论。研究人员找到了一些真实案件当事人的视频，然后进行分析。结果显示，说实话与说谎确实存在着一些行为上的差异，但眼球运动方向与说谎之间仍缺乏显著的关联。

虽然"眼睛看向右上方就是说谎"这一说法并不科学，但也并不意味研究眼球运动轨迹对识别谎言或欺骗没有价值。因为眼球的转动主要是因为人在调整注视点，也就是从一个感兴趣的点移动到另一个感兴趣的点。而现在可以通过仪器来准确、全面地记录下眼球运动的轨迹，关于这方面的最新发展本书将在最后一章详细介绍。

三、表情与微表情

当人们开始通过分析眼睛的具体、细小特征来测谎的时候，人们就已经进入了一个大家比较熟悉的领域——微表情测谎。近年来，微表情测谎通过一些影视作品为大众所熟知。比如人们可能都知道真笑和假笑的主要区别是看是否有鱼尾纹，或知道眉头的抬高是怀疑的表征，但如果同时伴随着嘴巴张大，则不是怀疑而是惊讶了。

1. 一张说谎的脸

人们经常会说："**我根本就不相信他，因为他长了一张说谎的脸。**"比如脸色发白、目光闪烁、肌肉紧张不自然，等等。可见，人们心目中早就对何为"说谎表情线索"有了朴素认识，虽然它们不一定准确。当人们想要知道对方是否在说谎时，首先会听他（或她）说了什么，同时会看着对方的脸，试图从脸上找

---

〔1〕 Wiseman R, Watt C, ten Brinke L, et al., "The eyes don't have it: Lie detection and neuro-linguistic programming", *PloS one*, 2012, 7 (7), e40259.

〔2〕 Ten Brinke, L., & Porter, S., "Cry me a river: identifying the behavioral consequences of extremely high-stakes interpersonal deception", *Law and Human Behavior*, 2012, 36 (6), p.469.

到一些线索来判断真假。因为人的情绪主要表现在脸上，脸是识别谎言或欺骗的最佳场所。

不过面部表情是最难分析的身体语言，所有的面部表情可以分为六种基本情感：惊讶、喜悦、恐惧、愤怒、厌恶、悲伤。人们都可以意识到自己的面部表情很容易被识别，因此常倾向于掩饰它们。而这些面部表情出现的频率也非常高，所涉及的面部肌肉也非常复杂。

与说谎最相关的面部表情是微笑。一般来说，人们认为撒谎的人比较不爱笑。这种印象是有一定道理的。首先，欺骗性交流中出现笑容的频率确实要比真实交流时少，因为欺骗性交流的质量不高，很少有真正的情感共鸣；其次，一般人更倾向认为微笑会让这个人比较放松，从而更确信其说话的真实性。一项实验研究证实，那些试图欺骗的人倾向于少笑，尽管在撒谎者和说真话的人之间在笑的实际次数上差别很小（Zuckerman et al.，1981）[1]。

除了微笑以外，"口干"也是说谎者的典型特征，古代很多测谎技术都利用了这一点。因此，围绕着"口干"产生的一系列症状都可以作为识别谎言的行为表征。例如，吞咽、舔嘴唇、说话时揉鼻子、喉结蠕动、嘴角出现白沫，等等。还有一个比较常见的说谎表征是，当人们防止自己说漏嘴或将要说漏嘴改口时，会不由自主地用手指放在嘴上或者咬嘴唇。

脸色发红或发白也是识别说谎者的重要线索。在紧急情况下，个体的身体感觉会加强。流向感官组织的血流量的变化会带来瘙痒的感觉，从而会出现一些挠痒的非言语行为，如在说谎时摸眼睛、摸鼻子和摸耳朵，这些血流变化也可能会使面部颜色产生变化。面部发红一般与尴尬和耻辱有关，而非攻击的特征。当身体处于极度恐惧时，血液会流入更深的血管，以保护个体被割伤时不会因失血过多致死。因此当人受到高度威胁和可能的攻击时，就会出现脸色煞白，这时此人处于极度的恐惧之中。

2. Ekman 的微表情测谎

所谓微表情，是指一种非常简短的、不由自主的面部表情。第一个提出利用微表情测谎的是 Paul Ekman 博士，Ekman 被称为"微表情之父"，因为他声称发现了超过 10 000 种微表情。不过他也认为，无论有多少种微表情，都是从七种"通用"表情中衍生出来的。这七种表情分别是：厌恶、愤怒、恐惧、悲伤、喜悦、惊讶和蔑视。而之所以称为"通用"，是因为**全世界所有人表达这七种表情**

---

〔1〕 Zuckerman, M., DePaulo, B. M. and Rosenthal, R., verbal and non verbal of deception, in L. Berkowitz (ed.), *Advances in Experimental Social Psychology*, Vol 14. Sa n Diego, Academic Press, 1981.

的方式都是一致的，无论他是什么种族、文化、年龄或性别。换句话说，Ekman
意识到，一位来自墨西哥偏远部落的父亲，他表达厌恶、愤怒、恐惧、悲伤、喜
悦、惊讶或蔑视的面部表情，与美国的青少年、中国的工程师都是一致的。Ek-
man 还发现，先天失明的人从未见过别人的表情，也会做出与别人一样的表情。

　　如果说谎者很善于伪装表情，是否会导致微表情测谎不准确呢？Ekman 认
为，与语言不同，个体的面部表情较难控制，因为表情是基于情感产生的。如果
人体有意去操作，它们是可以暂时被控制的，但是几乎不可能一直被控制。尤其
是当人体体验到某种强烈的情绪时，很难短时间内完全控制住。也就是说，**伪装
出某种表情比较容易，是有可能的；但是要隐藏某种表情，特别是微表情则比较
困难**。例如，我们在不喜欢的人面前微笑，其实很容易让人看出来，这只是出于
礼貌性的，而非真心地喜欢。落败者的微笑也很难真正掩饰他们的悲伤，因为悲
伤表现在他们的眼睛里——眉毛内角的上斜角度。比如一位有罪的嫌疑人接受警
察讯问，为了让自己看起来无辜，虽然他内心紧张但还是力图表现轻松，并在言
谈中也表示自己无罪、不担心。但是在讯问中，他突然发现，警方其实已经掌握
了比较关键的证据，恐惧突如其来，他脸上会立刻出现与恐惧相关的表情线索。
虽然他马上意识到这一点，并尽量压抑这种情绪表达。但面对录像技术以及专业
分析时，他最后其实很难完全成功。可见，要完美地伪装微表情或隐藏真实情
感，其实是非常难的。

　　第一，一个真实的表情往往是需要面部众多的肌肉协调一致完成。虽然前面
已述及七种表情及相关的微表情线索，但并没有论证所有的肌肉参与的情况。也
就是说，虽然我们掌握了很多关于表情或微表情的面部线索，并且可能经过非常
多的练习，但是它们还是和真正的表情有着很大的区别。**一般来说，人们更容易
控制脸部的下半部分，尤其是嘴巴；而不太容易控制脸部的上半部分，特别是眼
睛、额头和脸颊的一些精细部位**。研究也表明，当一个人说谎时，这些表情的不
对称性、持续时间和流畅性会有所不同（Ekman，2003）[1]。

　　第二，真正的表情来得快，消失得慢。当我们体验到一种强烈情绪时，相应
的微表情通常以 0.04 秒~0.07 秒的速度表现在脸上。如果想要掩饰这种情绪，
一般人很难在很短的时间内将它们完全掩饰。而训练有素的测谎师，或者通过慢
镜头分析，都可以发现这些情绪。在一般情况下，如果当事人没有试图掩盖情
绪，这些表情一般会维持几秒钟，消失得比较慢。所以，**真实的微笑来得快，消**

---

　　[1] Ekman P., "Darwin, deception, and facial expression", *Annals of the new York Academy of sciences*,
2003, 1000 (1), pp. 205-221.

失得慢。但如果一个人想要掩饰这些情绪，那么情绪在脸上停留的时间就会变得极短。一个著名的例子就是 Clinton 说到 Lewinsky 时，他的眉头曾快速地、微微皱起，但马上就消失了。专业人员可以利用精密仪器或录像技术来分析表情或微表情出现的时间、持续的时间（从表达开始到完全消失）、表情的强度、表情最高峰持续的时间等，会更加准确地区别出真实与虚假的表情。所以，本书比较赞同 Ekman 的观点，如果掌握了正确的技术和方法，面部微表情是一种有效、可靠的揭示欺骗的线索。

但遗憾的是，虽然微表情在影视作品中大显身手，但在现实生活中，似乎只有 Ekman 本人曾真正成功使用过。这是因为微表情是一种高度依赖经验的"**技艺**"（Art），而不是一种真正标准化的、容易被学习的技术。虽然七种基本表情是全世界通用的，但是很多微表情不是通用的，并不适用所有人。有一种方法可能会影响这种技术，也就是我们可以假装正在体验某种特定的情绪而不是直接伪装表情。例如，我们可以特意回忆自己曾经的伤心事而让自己体验悲伤。事实上，很多优秀的演员就是这么做的，而他们"以假乱真"的表演充分说明这种方法是有效的。

很多人不知道的事实：**Ekman 自己都承认，他的微表情测谎的准确率只有 80%**。而全世界的警察在审讯嫌疑人时，仍然依赖的是传统行为测谎线索，几乎没有考虑过微表情。美国有一本非常有名的、关于如何审问嫌疑人的警察手册《测谎与刑事审讯》（参见第三章）。在最新的一版（2013 年版）中，提出的欺骗的行为线索包括：姿势改变（坐立不安）、视线闪躲、自适应行为（如摸后脑勺、摸鼻子、拉或摸头发、扯衣服上的线等）、说话时把手放在嘴巴或眼睛上、藏手藏脚（把手脚放在桌椅下）。结合其他类似的警察手册，**公认的两大行为测谎线索就是：视线闪躲和坐立不安**。

第二节 言语线索分析测谎

正如人们一般认为的那样，在识别谎言上，行为的线索要多于言语线索。因此对于自己要说什么，我们有着更大的自主性。根据一项针对警察的调查发现（Mann et al.，2004），这些警察在识别谎言方面，有 78% 是依赖行为，但仍有 22% 是依靠言语线索，可见，言语测谎并不是那么无用。

当一个人说话时，即心理学所说的言语时，从测谎的角度可以将言语分为两部分：第一部分是说话的具体内容。如果将这些内容写下来，就是"文本"，心理学也称其为"语言"。可见"言语"和"语言"是不同的。简单来说，"语言"是具体的文本符号，而"言语"是动态的，指的是个体说话的过程。我们可以对这些语言内容进行检查分析，找到其中的蛛丝马迹，并用来测谎。最熟悉的例子就是找到内容中的"前后矛盾"，来推论此内容是不真实的，这被称为"语言内容分析"（参见第三节）。第二部分则是在言语中所体现的声音或语音相关的线索，这也就是本节要讨论的测谎方法。

我们最熟悉的测谎的言语线索就是"停顿增加"，也就是俗称的"口吃"或"结巴"。研究表明，说谎行为往往伴随着明显的声学参数变化，包括音高、语速和停顿等（DePaulo et al.，2003[1]；Vrij et al.，2007[2]）。

一、音调升高和口吃

当你看某人在台上演讲，可能很快就发现，这不是一名优秀的演讲者，因为你感觉他"声音紧张"。所谓"声音紧张"其实是一个很抽象的概念，从语音特征的角度说主要是音调失常，一般是升高。所以音调失常或升高往往被看成最常见的说谎线索。声调对发出者而言比面部表情更难控制（Ekman，1981）[3]。因为在高压力下，声音特征是由自主神经系统控制的（Hocking & Leather，1980）。Ekman认为人在说谎时会产生恐惧，是恐惧造成其说话不连贯、语速加快、音调升高等现象（Ekman et al.，1999）[4]。在此基础上，Ekman等人设计并构建了一个谎言语料库，通过对语料库中采集的数据进行统计，研究发现真话语音的平均基频要低于谎话。Graciarena等人（2006）[5] 提出说谎时的音调和振动幅度都会改变。很多时候，我们可以直接听出对方的声音变尖、变细，或者出现颤音、破音。而有时候这些变化相当细微，人耳无法察觉，需要借助仪器。这类仪器被称为声音压力仪。它的优势在于可以测量出人无法察觉的细微变化，而且可以快速、大量的处理。在本书的第十六章有专门的章节讨论，这里将不再赘述。

除了音调升高，口吃也是一种"声音紧张"的表现。当你问自己的丈夫刚

〔1〕 DePaulo B M, Wetzel C, Weylin Sternglanz R, et al., "Verbal and nonverbal dynamics of privacy, secrecy, and deceit", *Journal of Social Issues*, 2003, 59（2）pp. 391-410.

〔2〕 Vrij A, Mann S, Kristen S, et al., "Cues to deception and ability to detect lies as a function of police interview styles", *Law and human behavior*, 2007, 31, pp. 499-518.

〔3〕 Ekman P., "Mistakes when deceiving", *Annals of the New York Academy of Sciences*, 1981, 364（1）, pp. 269-278.

〔4〕 Ekman P, O'sullivan M, Frank M G., "A few can catch a liar", *Psychological science*, 1999, 10（3）: 263-266.

〔5〕 Graciarena M, Shriberg E, Stolcke A, et al., "Combining prosodic lexical and cepstral systems for deceptive speech detection//2006 IEEE International Conference on Acoustics Speech and Signal Processing Proceedings", *IEEE*, 2006, 1, p. I-I.

才是谁给你打电话，你的丈夫回答说："没，没，没什么，只是一个，一个朋友。"你通常的反应会是："你说话怎么突然结结巴巴的，是不是有什么事情瞒着我？"

二、语速和语气

DePaulo 等人（2003）曾对 158 项可能的说谎线索进行分析，结合所有可能的相关研究数据，最后发现有四项线索是大家比较认同与欺骗相关的。其中，涉及言语的线索就是语速。Vrij 等人的研究（Vrij & Mann，2001）[1] 也证明语速或节奏变化等可能表明说谎。

正如前面所说的，一般而言，说谎是比说实话需要更多心理资源、认知负荷更重的过程。所以说谎者需要一边认真思考一边回答，这会导致其他方面的反应发生变化。此外，如果人所说的话是假的，很多时候需要临时编造，边想边说。这些都会导致整体语速变慢。相反，如果人讲的话是真实的，如向别人描述自己去长城的经历，人们一般会滔滔不绝。

当然，如果说的是小谎或者日常生活的谎言，就不存在认知负荷的问题，所以就不会出现语速变慢的情况。此外，如果说谎者试图给人留下诚实的印象，可能会注意避免说话犹豫或说话太慢，反而会导致语速异常流畅。特别是当说谎者事先将要说的话经过了反复的练习后。

除了语速之外，言语中有一类很特殊的声音，就是语气词，如"嗯""啊""呃"等。过多的语气词出现表明说话犹豫，是认知负荷增加，不自信的表现。Smith 和 Clark（1993）[2] 还做了更细致的研究，结果发现不同的语气词之间也有差异。"嗯"似乎比"呃"更能代表高的认知负荷。说谎者在使用"嗯"语气词的频率明显高于说实话的人。而"呃"似乎没有明显的区别。不过这是关于"英文"的研究结果，而且研究非常少，所以这一说法并不可靠。

三、反应潜伏期

说谎时的认知负荷会导致说谎者出现突然的、不合理的反应延时。例如，警察询问嫌疑人："你昨天晚上在哪儿？"诚实者会很快回答，而说谎者有可能要等一会儿才能给出答案。心理学上将提问到回答（即做出反应）这段时间称为反应潜伏期。也就是**说谎者比说实话者的反应潜伏期更长**。

---

〔1〕 Vrij, A., & Mann, S., "Telling and detecting lies in a high-stake situation: The case of a convicted murderer", *Applied Cognitive Psychology*, 2001, 15（2），pp. 187-203.

〔2〕 Smith V L, Clark H H., "On the course of answering questions", *Journal of memory and language*, 1993, 32（1），pp. 25-38.

从认知的角度讲，谎言需要更多的心理活动："我要说谎吗？""怎么说？""会不会和我已经说过的相矛盾？""他们会不会通过调查发现我说的并非事实？""如果我被发现在说谎，会遭受什么后果？"因此，试图说谎的嫌疑人会出现突然的反应延迟。Walczyk 等人（2003）[1] 也证实了，在审讯期间回答问题的反应潜伏期是认知负荷的标志，也是欺骗行为的可靠线索。撒谎的决定会增加回答的时间，尤其是在开放式问题中（即会引出两个以上可能答案的问题）。而对于"是或否"这类问题，由于回答过于简单，反应潜伏期并不适合作为说谎的线索。

不过，还有一种情况，反应潜伏期不是过长，而是过短，也就是出现类似"抢答"的情况。这种异常可能是说谎者已经提前准备好了答案，所以也是说谎的线索。

四、单词和短语重复

我们经常会有这样的经验：当我们对自己要讲的事情不熟时，在讲述的时候才会发现一些地方具体怎么讲还不知道，需要临时措辞。特别是在被当成嫌疑人时，自己的措辞要非常小心。所以我们会常常需要停下来，重复刚刚讲的单词或短语，目的是启发自己后面应该怎么讲，并且试图掩饰自己并没有准备好的事实。除了自己重复问题，有时候被试还会要求测谎师重复问题。通过这种方式他就可以"买时间"（Buy Time），来掩饰自己的无法及时、恰当提供答案的事实。

总之，这些言语的线索都与认知负荷、情绪紧张（恐惧）和尝试控制有关。谎言与实话之间有明显的区别，谎言听起来更加不流畅、语速慢、停顿多、错误多、重复多、语气犹豫不确定，以及回答不及时，等等。

不过，这些并不是绝对的。如果要说的谎很容易，比如简单的是与否的回答题，就不太会出现以上的说谎线索。不存在认知负荷的情况，所以就不会出现语速变慢的现象。此外，我们一般假设：被试没有时常练习控制这些说谎线索或者不太擅长控制它们。但有时候一些说谎者可能会担心自己的谎言被别人识破，便试图给人留下诚实的印象，所以可能会注意避免说话犹豫或说话太慢，因而导致出现异常流畅和语速异常快的情况。我们正常说话时，其实多多少少都会出现一些停顿、语病或带有一些"嗯""啊""呃"等语气词，上述情形反而异常。

总之，研究表明，言语线索可以泄露一些其他行为（如表情）没有暴露出

〔1〕 Walczyk J J, Roper K S, Seemann E, et al. , "Cognitive mechanisms underlying lying to questions: Response time as a cue to deception", *Applied Cognitive Psychology: The Official Journal of the Society for Applied Research in Memory and Cognition*, 2003, 17（7）, pp. 755–774.

来的信息（Bugental et al.，1976）[1]。不过并不是所有的研究结果是一致的。有的研究（DePaulo，Stone & Lassiter，1985a）发现，说谎者表现出较高的声调突起和更多的回答犹豫，并伴随着言语不流畅，如重复、语言错误，表现出不明显的反应慢的倾向，说话较短以及较慢的语言频率。而另一些研究（如 Ekman，Friesen & Scherer，1979）表明在说谎时，一些人展示出说谎时声音突起的减少。

第三节　语言内容分析测谎

言语测谎的重头戏还是针对说话的具体内容，即对语言内容进行分析。因为语言内容测谎的结果在有些国家可以作为法庭证据使用，所以这是一个无法忽视的领域。

首先要特别指出的是，对语言内容分析测谎来说，有一个非常简单且相对有效的判断标准：**除了"没有"，任何其他的回答都意味着"是的"**。如某位明星被爆料说已隐婚生子，当他在正式场合被媒体记者问及此事："你是否已经结婚，并有了孩子？"如果他直接回答说："没有！"那么可能是诚实的回答。而除了直接回答"没有"之外，其他的任何回答都意味着："是的，我确实结婚生子了"。因为这是个非常简单的"是或否"回答问题，对于想说实话的人，只用直接回答"没有"或"是的"。而其他任何多余的解释都是为了制造模糊空间，其实就是说谎。

可见，**提出问题让对方回答，然后分析其具体回答的内容，不失为一种好的测谎方法**。但在实践中，特别是司法实践中，说谎者为了避免被暴露，往往采取他们认为最简单有效的策略——保持沉默。因此他们的言语活动是相当少的。为了避免这种情况，测谎专家 Reid 基于来自 PDD 的启发，设计了一系列的问题来引发嫌疑人的回答，从而获取其语言内容并加以分析。这些问题类型的设计和PDD 是类似的，只是它观察的不是生理指标，而是语言内容。

一、诱饵问题

Reid 建议警察在询问嫌疑人时，向他们提出 15 个精心设计的问题，用来引发嫌疑人的回答，然后再对这些回答进行分析测谎。这类似于向鱼儿抛出诱饵（提问），让鱼儿自己上钩（即有罪者自己的回答会提供有罪的线索），所以 Reid 将其称为**"诱饵问题"**（Bait Question）。这些问题可以是开放问题，也可以是

---

　〔1〕 Bugental, D. B., Henker, B and Whalen, C. K., "Attributional antecedents of verbal and vocal as sertiveness", *Journal of Personality and Social Psychology*, 1976, 34, pp. 405-411.

封闭问题，但它们必须是紧扣正在调查的事件。以下是一起盗窃案的诱饵问题：

表 7-2　Reid 诱饵问题示例

题号	主题	问题
Q1	目的	你觉得今天这次找你询问的目的是什么？
Q2	是你	如果是你拿了这钱，你现在应告诉我。是你拿的吗？
Q3	知道	你知道钱是谁拿的吗？
Q4	怀疑	你怀疑谁可能拿走了这钱？
Q5	担保	除了你自己，你是否要为任何其他的人担保，你确信这个人肯定没有拿这钱？
Q6	确认	你认为真的有人故意偷钱吗？
Q7	机会	如果想要拿这钱，你觉得谁最有机会？
Q8	态度	你对此次询问的感觉如何？
Q9	曾有想法	你是否曾想过要做这种事？
Q10	动机	你认为作案人为什么会做这事？
Q11	惩罚	你认为对于偷钱的人应该给予什么样的惩罚？
Q12	悔过机会	你认为做这件事的人应该有悔过的机会吗？
Q13	反对	告诉我你为什么不会做这样的事？
Q14	结果	那个房间有监控，如果我们调取监控，你觉得有多大可能，我们会在监控中看到你？
Q15	告诉所爱的人	你曾告诉别人你今天来接受此次询问吗？

　　使用这些问题的假设在于：**诚实和说谎的人在对待调查及其结果的态度上有着根本的区别**。诚实者希望测谎师能够成功。他们希望测谎师能够找到真相——他们（嫌疑人自己）没有犯罪或者与被调查事件无关。所以诚实者通常会帮助测谎师进行头脑风暴。而说谎者则希望测谎师失败。他们想隐藏真相，制造幻象，让调查人员产生错误信念："这个人（嫌疑人）没有犯罪或者他与被调查事件无关"。所以，诚实者是合作的，他们非常愿意和测谎师谈论敏感话题。而说

谎者会试图尽快结束敏感话题，并且一旦结束会表现出"如释重负"的感觉。诱饵问题的目的就是要凸显这种差异。当问嫌疑人"觉得谁最有可能做了这件事（罪行）"时，无辜者会给出人名，甚至还会说自己也有嫌疑，因为他想帮助破案或缩小侦查范围。而真正的作案人通常不会直接给出人名，特别是会非常小心避免问题与自己有关。可见，诚实者与说谎者在语言内容方面有着本质的区别。基于这些根本性的差异，对诱饵问题做出如下特定回答的可能是有罪者。

表7-3 针对诱饵问题有罪者可能的回答

题号	问题	有罪者可能的回答
Q1	你觉得今天这次找你询问的目的是什么？	更可能回避，如回答"我不知道目的是什么"
Q2	如果是你拿了这钱，你现在应告诉我。是你拿的吗？	在他们否认犯罪时不会那么直接，有时会反问。如回答"那是我的地方工作，我为什么要这样做？"
Q3	你知道钱是谁拿的吗？	更倾向于说不知道，以显示自己对案件没有任何了解
Q4	你怀疑是谁拿走了这钱？	可能会说出他们认为有嫌疑的人的名字，因为有罪者希望嫌疑人越多越好，可以让自己不那么显眼
Q5	除了你自己，你是否要为任何其他的人担保，你确信这个人肯定没有拿这钱？	可能会说出他们认为无辜的人的名字（理由如上）
Q6	你认为真的有人故意偷钱吗？	更有可能暗示也许根本就没有犯罪行为发生（如回答"也许钱只是丢了，没有被偷"）
Q7	如果想要拿这钱，你觉得谁最有机会？	不太可能承认他们自己有机会犯罪
Q8	你对此次询问的感觉如何？	更有可能发表负面的感受
Q9	你是否曾想过要做这种事？	更有可能承认曾想过做与调查的案件相似的罪行（因为有罪者内心需要与人讨论他们的罪行以减轻焦虑，同时逃避后果）

续表

题号	问题	有罪者可能的回答
Q10	你认为作案人为什么会做这事？	不太可能给出合理的犯罪动机（因为犯罪人不想暴露自己的动机）
Q11	你认为对于偷钱的人应该给予什么样的惩罚？	不太可能建议对于犯罪人给予严厉的惩罚
Q12	你认为做这件事的人应该有悔过的机会吗？	更有可能认为应给犯罪人悔过机会
Q13	告诉我你为什么不会做这样的事？	更有可能以第三人称回答（如回答"他这么做会触法"），而无辜者更有可能以第一人称回答（如回答"因为我不是小偷"）
Q14	那个房间有监控，如果我们调取监控，你觉得有多大可能，我们会在监控中看到你？	对要明确表达"自己无罪"信心不足（同问题Q2）
Q15	你曾告诉别人你今天来接受此次询问吗？	不太可能告诉他们所爱的人他们正在接受调查询问

对于诱饵问题测谎的准确性，Reid自己也做过一项研究。结果发现，对于诚实的嫌疑人，认定为诚实的（准确认定）为78%，另外5%被认定为欺骗，17%无结论。对于欺骗的嫌疑人，认定为欺骗的（准确认定）为66%，认定为诚实的为17%，另有17%无结论。除去那些无结论的，其认定诚实的平均准确率为91%，认定欺骗的平均准确率为80%。

要特别说明的是，诱饵问题不仅会引发嫌疑人的回答，也会引发伴随回答时的行为表现，所以这也是此项完整的技术被称为"行为分析访谈技术"（Behavioral Analysis Interview，BAI）的原因。而此技术本身是要求测谎师针对嫌疑人所有的反应（包括语言和行为）进行整体的评价，而不是只分析回答的内容。

此外，BAI技术目前仍是美国警察执法中常用的审讯方法，在获取嫌疑人供述方面发挥着重要作用。但是它可能会导致逼供或虚假供述，所以它也是备受批评的一项技术。

二、陈述有效性分析SVA

在很多情况下，所谓的被害人或者犯罪人的陈述往往是执法或司法机关所能得到的唯一的证据，这样的状况使人们不得不去寻找一些系统性的方法来评价这些陈述的真实性。最早的探索可以是来自 Münsterberg，他在其代表作《在证人席上》（*On The Witness Stand*）提到了虚假供述（False Confession）以及如何识别和避免虚假供述。

1954 年，当时的西德最高法院召集了一个小型的专家听证会。最高法院想评价心理学家在认定儿童证人证言可信度方面有多大的帮助（尤其在性侵犯案件的审判中）。心理学家 Udo Undeutsch 报告了其研究的一个案例，声称被强奸的被害人只有 14 岁。最高法院的 5 名法官"对这个案例印象深刻，并且深信在评估儿童或青少年证人的证言方面，进行法庭外检查的心理学专家比那些在法庭审判的正式气氛下的事实发现者有另外的、更好的资源。"（Undeutsch，1989）[1]

因此，到了 1955 年，西德最高法院出台了一个规定，在所有有争议的儿童性虐待案中都要求使用心理访谈和可信度评价。这导致在西德和瑞典出现了各种评价性侵案件被害人证言可信度的标准。1989 年，Steller 和 Köhnken 对这些标准进行了汇总，并提出了一套标准程序，专门来评价证人陈述的真实性。这套程序被称为"陈述有效性分析"（Statement Validity Analysis，SVA）。SVA 技术是建立在安乔吉假设（Undeutsch Hypothesis）基础上的。这一假设认为，来自真实经验记忆的陈述与基于创造或幻想的陈述在内容和质量上是不同的（Steller，1989）[2]。

SVA 在德国法庭上得到了很好的确立。原告和被告的律师都很少质疑这种评价的有效性，尽管允许他们能质疑。在荷兰等其他的欧洲法庭也被作为证据使用，但在英国法庭是不被承认的。美国和加拿大对在法庭上使用 SVA 的观点是有分歧的，也曾以专家证言的形式在一些法庭上作为证据使用（Ruby& Brigham，1998）[3]，但比较少见。但它能作为证据使用，并被大陆法系的欧洲国家承认，预示着它未来有良好的前景。

要特别指出的是，SVA 本身并不是评价标准，它只是一个程序。简单地说，如果要对一个供述的真实性或有效性进行评价，就要按照 SVA 的程序或步骤来进行。根据 Steller 和 Köhnken 的建议，这个程序由三个步骤组成。第一步，进行一个结构化的访谈，以此来获得陈述；第二步，通过某种评价标准，系统地评价获得的陈述的内容和质量；第三步，通过一套检查列表来评价第二步的工作是否

---

[1]　Undeutsch U, "The development of statement reality analysis", *NATO Advanced Study Institute on credibility assessment in Maaratea*, 1989.

[2]　Steller M, *Recent developments in statement analysis*, Credibility Assessment, 1989, pp. 135-154.

[3]　Ruby C L, Brigham J C, "Can criteria-based content analysis distinguish between true and false statements of African-American speakers?", *Law and Human Behavior*, 1998, 22, pp. 369-388.

可靠。可见，SVA 本质上和上述 Reid 的 BAI 很接近，通过一定的方法获得语言内容，然后对语言内容进行分析。只是 SVA 会对分析的结果进行再一次的评估，更为严谨、可靠。而且 SVA 还有着良好的理论基础。

此外，SVA 最关键的是第二步，也就是评价标准。最早的评价标准为基于标准的内容分析（Criteria-Based Content Analysis，CBCA）。但目前主流评价标准为科学内容分析（Scientific Content Analysis，SCAN）。

三、科学内容分析 SCAN

SCAN 开发者是以色列人 Avinoam Sapir。Sapir 曾在以色列情报系统工作，并且在耶路撒冷警局做过测谎师，拥有心理学和犯罪学的双学士学位，犯罪学硕士学位。他结合自己曾经的测谎实践经验开发了 SCAN 技术，所以这项技术实践性较强，而且明确用于调查犯罪相关案件的语言内容分析技术。20 世纪 80 年代后期，Sapir 移民到美国，开始大力推广自己的这项技术。Sapir 声称，SCAN 是获取信息和检测证人或嫌疑人陈述中的欺骗的最有效技术，并已经应用于美国、加拿大、墨西哥、英国、以色列、澳大利亚等国的执法人员当中。

SCAN 认为，说谎者的陈述是基于想象，而诚实者的陈述是基于记忆。因此两者在语言内容和语言结构上存在一定的差异。其具体假设如下：

1. 每个人都希望给大家所有的信息。
2. 与陌生人交谈比与你认识的人交谈要容易。
3. 个体唯一抵制问题的说法是："我不想回答这个问题。"（内容阻抗）如果被试用上述说法来进行抵制，就表明这一问题涉及了其敏感区域。
4. 被试可以从测谎师的问题那里获得信息。因此，测谎师必须仔细审查自己询问的内容。
5. 只要被试不说"我不想谈"，那么他就是想说。

SCAN 对第一步的要求是获取一个开放或"纯粹"的嫌疑人的陈述，这种自发的语言是最重要的，因此测谎师应尽可能地减少引导性或暗示性的提问，避免语言内容受到外部因素的影响。

一旦获得语言内容，测谎师就对整个内容进行具体评估。每一个陈述都应有三个部分：事件前（是什么导致了这一事件）、事件本身、事件后（事件后发生了什么）。而一份真实的陈述，其理想容量是：事件前 20%，事件本身 50%，事件后 30%。简而言之，如果陈述内容是真实的，那么有关事后的陈述内容要多于事前，而有关事件本身的内容通常是最多。

　　之所以有这样的关于内容容量的假设，是因为说谎者不希望多谈论这一事件本身。因此，说谎者有一种倾向，在事件前的内容陈述上花很多时间，因为他们试图避免讲述事件本身。一旦他们在陈述中不得不涉及事件本身时，往往采用略过的方式，从而造成了对事件本身的内容一略而过。事件后涉及的是事件后发生了什么。在受害者指控他人的陈述中，如指控他人强奸、性骚扰，对一个诚实的指控者而言，这种部分的内容往往是关于调查过程以及他们对所遭遇的事情感到羞辱，所以会比较长。而说谎者不会有这些体验，所以他们的事件后陈述内容非常短。SCAN 技术有 11 个具体的标准，分别是：

　　标准 1：这个标准是指被试是否在陈述中直接否认是犯罪人（如"我没有做过这件事"）。SCAN 认为，说谎者较少直接否认对自己的控诉；而诚实者比说谎者更有可能在他们的陈述中直接做出否认声明。

　　标准 2：缺乏人际关系介绍。这个标准是指陈述中讲到某人时是如何介绍的。一般情况下，如果要让对方明白，人们在介绍某人时都会非常清楚，特别是这个人与自己的关系，如"我的妻子丽莎……"如果被试介绍模棱两可或不介绍（如"我们出去了"而没有提到"我们"是谁），SCAN 认为被试可能要隐藏一些东西，或者并不希望对方明白整件事。此外也可能表示被试与此人之间的关系异常。

　　标准 3：自发地纠正前面说过的内容。由于此技术会要求陈述者不能修改已经表达的内容，因此自发地纠正内容可能显示说谎。

　　标准 4：说谎者会承认自己忘记了某些事情。

　　标准 5：虚假陈述中有关事件本身的部分少于 1/3。一个真实的文本的理想容量是：事件前 20%，事件本身 50%，事件后 30%。结构越不平衡，该陈述是谎言的可能性越大。

　　标准 6：说谎者较少描述情绪，或者只在故事高潮时描述情绪。

　　标准 7：说谎者较少使用或者不使用人称代词。代词表示承诺、责任和占有。如一名报告他的汽车被盗的男子的陈述："停在……停车场 G 区，逛了半个小时。出来后就发现丢了"。该文本没有代词，因此表明缺乏承诺、责任和占有。这男子后来承认他的车没有被偷。而应该用"我"但用"我们"表示被试试图免除他或她自己的个人责任。

　　标准 8：客观和主观时间相差过大。客观时间是指陈述的事件实际持续的时间，而主观时间是指用来描述这件事的单词数量（或字数）。在真实的状态下，客观时间和主观时间会相互对应。例如，如果有人花了 50% 的时间讲 30 分钟内发生的事情，然后花了 30% 的时间讲随后两小时的事，客观和主观时间明显不符，这可能表示欺骗。

标准 9：说谎者会较少使用第一人称和过去时态。

标准 10：虚假陈述在词语使用上更容易出现变化。例如，一个人在描述他的汽车时改变了他的语言。它被称为"车辆""汽车"和"深色汽车"。很难证明这种措辞变化是合理的，该男子后来承认这辆车实际上并不存在。

标准 11：缺失信息。该标准指的是陈述中某些信息被遗漏了。使用"某天之后""终于""稍后"和"不久之后"等这类说法，都属于符合该标准。如"她开始打我，踢我，最后她用酒瓶砸了我"。这句话表明被试不想透露从"打踢"到"用酒瓶砸"这期间发生的事情。

四、真实监测 RM

真实监测（Reality Monitoring，RM）是近年来发展出来的一种心理学技术。在《犯罪心理》等影视作品中常常可以看到侦查人员根据被害人或证人的描述在大脑中"重建"犯罪现场，不仅有时间、空间，还有气味等。其实这些都和这一技术有关。

与其他测谎技术不同，RM 的理论基础更为扎实。这是它在全世界科学家中流行的原因，也是本书纳入介绍的理由。它的理论来自 1981 年 Marcia Johnson 和 Carol Raye 有关记忆特征的研究发现[1]。他们发现，真正的记忆是有知觉加工的，因此有可能包括知觉信息（视觉的细节、声音、气味、味道和身体感觉），背景信息（如有关事件发生的时间和地点的细节）和情感信息（有关在事件过程中某人的感觉如何的细节）。这些记忆通常是清晰、明显和生动的。而有关想象事件的记忆来自内在的东西，因此可能包括了认知操作，例如，思考和推理（"我只记得我当时在想我的朋友会喜欢什么样的礼物"）。它们通常是比较含糊和不太具体的。

事实上，普通人日常就是使用这一原理来区分真实和虚假。比如有人问你，是否在很久以前的某天，开车送过一位女性朋友。但因为时间很久了，你无法确认是否真有这么一回事儿。这时候，你会努力回忆一些细节，如她当时所穿的衣服的颜色，她的香水的味道以及她因为感到冷而要求你关车窗。或许你会这样的思考"她当时肯定在车上，因为她的老公也在，而且我记得她老公下车时还留给我一包骆驼的香烟。这烟味道太冲，我很少抽它"。还有可能你是这样思考的：

---

[1] Johnson M K, Raye C L, "Reality monitoring", *Psychological review*, 1981, 88 (1) p. 67.

"肯定没这事，因为我当时连驾照都没有，根本不可能开车送任何人"。可见，我们常常需要判定自己是否真正经历过某件事，或者某一记忆是真实的还是虚假（如来自想象）？对此我们会用自己的一些方法来判断、评估或监测，这一过程就是 RM。

RM 起初只是有关记忆而与谎言无关，但是被逐渐应用于司法案件调查，并引起了测谎专家的注意。RM 的核心是：基于真正的体验的记忆是不同于基于虚构的记忆的。虽然最初与说谎无关，但是它的原理却与说谎有关。因为根据 RM 的核心原理可以推论：真正经历过的事件与捏造出来的事件的记忆在性质上会有差异。因此，测谎人士开始利用 RM 来识别谎言，并发展出了一些具体的判断标准。其中 Sporer（1997）[1] 的八个标准是最常被提到的，因为它是目前唯一发表过的一套英语标准。这八个标准分别为：清晰度、感知信息、空间信息、时间信息、感情、叙述的重构能力、真实性和认知操作。标准 1 到标准 7 是事实标准，人们假设它们在诚实的语言中更常发生；而标准 8 是一个谎言标准，人们假设它在虚假的语言中更常发生。

标准 1：清晰度。指语言内容的清晰性和生动性。如果文本是清楚的，明确的和生动的（否则是模糊的和含混的），那么这一标准就出现了。

标准 2：感知信息。如果语言内容包括了知觉的经验，如声音（如"他真的冲我大叫"），气味（如"有一种腐烂的鱼的味道"），味道（如"薯条很咸"），身体感觉（如"真的很痛"）和视觉的细节（如"我看见了护士进入病房"），这一标准就出现了。

标准 3：空间信息。如果语言内容中包括关于地点的信息（如"当时是在一个公园里"）或人或物的空间位置（如"那名男子坐在他妻子的左边"或"灯半掩在窗帘后"），这一标准就出现了。这一标准属于上下文或者背景信息，因为现实中任何事情的发生都不是独立的，之前之后都有一些其他事情存在。

标准 4：时间信息。如果语言内容中包括了关于事件发生的时间（如"当时是一大早"）或者明确地描述了事件发生的顺序（如"当他听见声音时，变得很紧张，于是就离开了"，"这家伙一进酒馆，那个女孩就开始

---

[1]　Sporer S L, "The less travelled road to truth: Verbal cues in deception detection in accounts of fabricated and self-experienced events", *Applied Cognitive Psychology: The Official Journal of the Society for Applied Research in Memory and Cognition*, 1997, 11 (5), pp. 373-397.

笑"）这一标准就出现了。这一标准属于上下文或者背景信息。

标准5：感情。如果包括了当事人在事件中的感受，那么这一标准就出现了（如"我当时被吓坏了"）。

标准6：叙述的重构能力。如果在提供的信息的基础上能够重构事件，则这一标准就出现了。多项研究已表明，真实的故事更容易重现构建事件，但欺骗性的故事则很难。

标准7：真实性。如果叙述是可靠的、真实的和合理的，也就是说得通，那么这一标准就出现了。

标准8：认知操作。如果有对事件发生时当事人的推理的描述，那么这一标准就出现了（如"依我看她根本就不知道那个建筑物的规划"，"她的反应给我的印象是她很不安"）。

一些研究者对 RM 识别谎言的准确性进行了研究。Vrij 发现 RM 识别实话的准确率为 71%，识别谎言的准确率为 74%。Höfer 发现 RM 识别实话的准确率为 61%，识别谎言的准确率为 70%。Sporer 自己的研究数据分别为 75% 和 68%。所有的三项研究的准确率水平都大于 50% 的水平。

至此，前述内容已经介绍了多种言语测谎技术，可见对此类测谎方法，人们相当感兴趣。它最大的优势可能是不需要借助任何仪器，便可随时随地使用。它的倡导者们声称"通过舌头，谎言很容易就能暴露出来"。但事实上，到目前为止，利用语言本身来测谎的效果并不是很好，特别是在现实环境中。因为绝大多数人都知道一个道理，"**如想让自己的谎言不被识破，最好的方法就是将它编得半真半假**"。专业术语是"**谎言嵌入策略**"，即在真实的语言内容基础上略加修改，嵌入谎言。这个策略让说谎更容易，因为骗子不需要编造一个似是而非的故事或记住很多捏造的细节。此外，其中真实的部分可能包含许多高质量的细节，使得我们前面提到的各种标准都认为它们是表明诚实的，导致最后总的结论是"诚实"。而检查生理反应的测谎仪则不受"谎言嵌入策略"的影响。因为使用测谎仪的测试通常要求被试对被问到的问题（如"珠宝被盗，是在那天晚上 8、9 点吗？"），只做出"是或否"的简短回答，或者可以完全不回答。这就意味着说谎者通常没有机会讲述他们编好的故事。

此外，无论是言语线索还是语言内容测谎，都非常受语言文化影响。例如，英文"Violet"一词因与"Violent"非常相似，形成了一个 Jacques Lacan 所说"滑动链条"（Sliding Chain），可以隐喻"暴力"。但中文的"紫色"不会和"暴力"扯上关系，而仪器被认为具有跨文化的优势。

第八章　PDD 测试程序

虽然已经有了微表情和 SVA 这类用于司法实践的测谎技术，但是这些技术其实并不常被使用。原因可能在于，对大多数人而言，更愿意相信 PDD。正如曾有对微表情非常感兴趣的同行问笔者是否会尝试微表情测谎。笔者回答道："已经有了仪器，为什么要靠临床观察？"虽然这一说法其实也不正确，因为经验丰富的微表情专家比一般的 PDD 测谎师更值得信赖。但是这确实反映了我们绝大多数人的想法。对崇尚科学、理性的现代人来说，**仪器可以打败一切质疑**。即使这个仪器的核心部件（呼吸、血压（或脉搏）及皮电）其实是个百年古董。不过对 PDD 来说，在这个漫长的世纪里，一直没有放弃探索与改进。不过更专注于测试的程序而非硬件设备，特别是对于问题的编排方式、标准化和数量化，都使得 PDD 看起来越来越靠近其母体科学心理学，而 PDD 这个新名字的出现是这一进程的最佳体现。

第一节　基本概念和要求

在拥有了稳定可靠的仪器以后，并不意味测谎就可以有效进行了。正如一些法官（如 State V. Valdez 案）在审查测谎结论是否可以作为法庭证据时所说："测谎看起来由三部分组成，即测谎仪、被试，以及测谎师。但事实上，测谎关键部分与机器操作无关，而是取决于当时接受测谎的被试本人，以及实施测谎的测谎师。"这也是本书反复强调的一个事实："**测谎仪并不是直接测谎言本身，而测量的是情绪。**"它只是测谎师手中的一个工具，并不能自己独立地识别真假。在测谎时，被试需要出现相关的情绪表征，而测谎师需要观察和分析被试与说谎有关的线索。所以，PDD 测试的操作过程至关重要，需要按照标准的程序来实施。当然，在以"标准化"为基本原则的基础上，我们应该考虑其在司法实务应用中的操作性和灵活性的结合。

一、六大测试阶段

Yankee（1995）[1] 认为，在目前的司法背景下，一个典型的司法心理生理测谎测试（Forensic Psychophysiological Detection of Deception Examination）程序一般包括五个阶段（Phases）：测前访谈阶段（The Pre Test Interview Phase）、实测或图谱采集阶段（The Actual Examination Or Chart Collection Phase）、测试数据分析阶段（The Test Data Analysis Phase）、诊断阶段（The Diagnostic Phase）和测后访谈阶段（The Post Test Interview Phase）。而 Taylor（1984）[2] 则主张包括四个阶段：数据收集、测前访谈、测试实施和测后访谈。我们结合两者观点，并依据实践经验，提出一个完整的标准化 PDD 测试程序包括六个阶段：

1. 案情分析阶段。
2. 测前访谈阶段。
3. 实测或图谱采集阶段。
4. 测试数据分析阶段。
5. 做出测谎结论阶段。
6. 测后访谈阶段。

二、测试时长

早在 1928 年，美国人 Juns 在测谎时就发现，随着测试遍数的增加，生理指标的反应会逐渐降低，并指出这是由于疲劳效应造成的。也就是说，随着长时间测试的进行，被试逐渐变得疲劳，其生理的反应会越来越弱。因此，Juns 提出，在 PDD 测试中应注意被试的疲劳指标，在每次完整的测试中，同一套题测试的遍数最好能控制在 3 遍左右，而且每一套题测试的时间不要超过 25 分钟。因此，针对一名被试进行 PDD 测试，整个测试时间一般控制在 90 分钟以内。但实际上测试时长受各种因素控制，难以有统一的标准。测试的目的、被试的配合度，以及其他许多因素都会影响测试时长。特别是被试如果一戴上测谎仪就"坦白"，测试就会非常短；如果测谎师试图解决前后矛盾或不确定的反应模式，测谎可能会很长。

---

〔1〕 Yankee, W. J., "The current status of research in forensic psychophysiology and its application in the psychophysiological detection of deception", *Journal of Forensic Sciences*, 1995, 40（1）, pp. 63-68.

〔2〕 Taylor L., *Scientific Interrogation: Hypnosis, Polygraphy, Narcoanalysis, Voice Stress, and Pupillometrics*, Michie Company, 1984.

更重要的是，血压指标对于测试时长有着特别的影响。因为一般情况下，被试戴上充气后的血压袖带 10 分钟到 12 分钟后就会感到不适。这种不适会影响测试的结果。所以每遍测试不会持续更长时间，而测谎可能会重复三到四次。这种情况下，测试时长在 1 小时左右。此外，采用的测试技术类型也会影响测试时长。CQT 的题量一般在 10~15 题之间，而 CIT 的题量最多可达 60 题。所以，CIT 测试一般需要更多测试时间。总之，PDD 测试时长通常需要 1 到 3 个小时，在个别特殊情况下，可能会更短或更长。在我国的司法实践中，如果使用的是血压指标和 CQT 技术，时长一般在 1 小时；若使用脉搏指标和 CIT 技术，则至少需要 90 分钟。

三、测试环境

请记住，PDD 测试本身可能会引起被试的焦虑，因此进行测试的环境不应进一步加剧这种焦虑。Reid & Inbau（1966）基于这一原则对测试环境制定了以下指导方针：环境应远离外界噪音；房间内不应有装饰品、图片或可能分散被试注意力的物品；不应有过多的灯光；尽可能在旁边设置观察室，但被试不能看到里面的情况。

如果被试体温过低或过高，都会影响最重要的皮电指标，所以测试工作应在正常室温下进行。室内最好有空调，保证被试体温感觉舒适。

此外，最好配备专门的测谎椅（Polygraph Chair），要求扶手可以调节，保证手臂和心脏保持水平一致，以便记录最理想的脉搏数据。椅子应可调节高度，以适应身高不同的各类被试。而且椅子必须放置在测谎的桌子旁边，让被试面向白色墙壁，而测谎师在其侧面。

测试环境中要安装监控系统，用以记录整个测试过程，并可保留录音、录像资料备查。

第二节　案情分析阶段

PDD 测试本质上是由测谎师向被试提一系列的问题，然后观察和分析被试对问题的生理反应。所以，这些问题至关重要。但测谎本身是因为情况不明，难分真假时才不得不采用的特殊手段。例如，当某刑事案件缺乏物证、人证或其他线索时，我们才需要测谎技术的帮助。当案情不明、细节不明确或者不确定时，要编制一套符合事实或案情的问题较为困难。而测前案情分析则是解决这一困难、编制合格测试问题的关键。

心理学研究表明，人的大脑对外界刺激会留下一定的记忆，而记忆的深刻程度和保持时间，主要根据刺激本身的强度以及对刺激情绪体验的强弱等因素决定。对于犯罪人，尤其是实施了杀人、强奸等严重犯罪的作案人，他们对自己所实施的罪行的记忆应该是相当深刻的，有些经历过的情景甚至终生不忘。此外，犯罪人在犯罪之后，总会经常地或时断时续地在头脑中重现这些过程与行为细节。所以，也许犯罪现场的痕迹可以被抹去，但是在犯罪人心里其相关的记忆会一直存在。而测谎技术就是要根据案情分析找到这些记忆点，进而编制相关的问题进行测试，将有罪者与无辜者准确地区别开来。

但如何做到这一点呢？测谎师通常会查看犯罪现场、阅读案件档案，并尽可能地与被害人、侦查人员或其他了解案情的人进行交流，以便获得更全面的信息，重建犯罪场景。美剧《犯罪心理》（Criminal Mind）中罪犯侧写人员在进行分析时，往往会想象自己置身于当时的犯罪现场，这就是犯罪场景重建。对测前案情分析来说，也需要这个过程。心理学家总是把一个活动的过程看成是一个事件的过程，在这个事件中总是有一定的事件情节，有着时间、地点、人物、环境等细节。测谎案情分析的任务就是把与这一事件有关的人、事、物、时间、地点等零星的细节逐步收集起来，由模糊到清晰，最后拼凑成一幅幅场景，再现最接近事实的情节。测谎师再通过编题、提问，将这些再现的情节呈现到被试的面前。对没有经历过这些场景的无辜者来说，其引起的心理反应很小；相反，对于真正经历过的作案人就会引起很强烈的心理反应，从而出现一系列的强烈生理反应，这也就是测谎的原理之所在。

例如，在一起一家四口被枪杀的案件中，嫌疑人为这家的大儿子。一般情况下，一次杀害好几个被害人的作案人，对于先杀死的人是谁，后杀死的是谁，记忆都是十分清晰的。而对本案来说，接受测谎的嫌疑人涉嫌杀害的还是自己的父母以及弟妹，应该更记得杀人的先后顺序。基于这一分析，测谎师以杀人的顺序作为测试主题，编制了如下的一组问题：

> 作案人杀死包家全家，是先杀死的父亲吗？
> 是先杀死的母亲吗？
> 是先杀死的女儿吗？
> 是先杀死的儿子吗？

随后测谎的结果显示，这名嫌疑人对这组问题中的"先杀死的母亲"反应最强烈，对后面认定其为真正的犯罪人起到了很大的作用。随后，该嫌疑人也主动供述了犯罪事实。其间，他的一段供述很好地阐释了"犯罪场景重建"在测谎案情分析中的价值："不得不承认，当你们问我这些问题时，我好像又回到了当时的现场，好像你们当时就跟在我身后一样。"

不过要特别说明的是，一些测谎师在使用犯罪场景重建分析后却反映：自己所出的测谎问题符合实际的情况，但是却不能唤起犯罪人应有的生理反应。这种情况的出现很可能是因为犯罪场景重建的重点没有放在对动态过程的描述上，而只是静态的描述事实本身。

第三节　测前访谈

也许对许多人来说，测前访谈阶段会被看成是测谎的准备阶段而被忽视。但事实上，这一阶段的重要性并不亚于其他阶段。特别是在某些特定的测谎方法主张下，这一阶段能占整个测试时间的一半，其重要性可见一斑。从目前的统计结果来看，随着测试方法的不同，测前访谈所需的实际时间从 30 分钟~120 分钟不等，有时甚至更长（Krapohl & Sturm, 2002）。测前访谈阶段之所以不能草率待之，是因为在这一阶段中测谎师至少要完成以下几项任务：

1. 绝大多数被试是第一次来接受测谎测试，因此需要让被试了解整个测谎过程中要发生的事情，以及他需要如何配合完成测试。

2. 让被试知道他拥有选择接受或拒绝测谎的权利，如果同意接受测谎，需要被试签下知情同意书。

3. 向被试介绍他将接受的测谎测试的基本原理，尽量让其相信测试是准确公正的，因为这至少可以稳定无辜者的紧张情绪，从而有利于测谎师最后作出准确结论。

4. 询问被试的身体状况，确认其没有病痛、没有服用药物和饮酒、没有饥饿感和疲劳感。

5. 让被试陈述（不是讨论）自己对此次测谎所涉及的案件（或事件）的了解和看法，让他意识到此次测谎的焦点所在。

6. 确定最后要正式提问的问题。对于有经验的或者接受过良好培训的测谎师来说，在详细了解所要测试的案件之后，测前访谈阶段之前往往已经将本次测谎的问题大体编制出来了。而在本阶段主要是对问题的细节进行确认，以保证问题不会因为信息错误而成为无效问题，甚至干扰问题。

7. 最后询问被试是否准备好接受测试，并告知被试如果在这个阶段主动认罪，将比被测谎测试认定有罪更有利于自己。

为了使上述工作顺利完成，很多测谎师会在这一阶段进行预试，并冠之以专业术语——激励测试（具体测试方法参见第九章）。通过预试一方面可以使被试了解和熟悉测谎测试的程序以便更好地配合，因此激励测试又被称为熟悉测试（Acquaintance Test）。另一方面要通过预试让被试深信测谎技术很准。前面提到的一个行业内部说法，即**"越相信测谎就越容易被抓！"** 不过要达到这一效果的前提是保证预试百分之百的准确。但实际上，正常情况下无法达到百分之百的准确。为了弥补不足，所有测谎师都被建议使用与"欺骗行为"极其类似的测试技巧，比如使用假的测谎图谱，这备受反对者的抨击。

第四节　实测阶段

如果人手充分，PDD 实测阶段一般要求两名测谎师配合完成相关工作。其中一人负责提问，另一人操作仪器或计算机。测试师提问时要求声音洪亮，有节奏，不能带有任何倾向性，也不能有任何暗示。

在确定测试问题和被试都已准备就绪后，测谎师会要求被试佩戴上所需的各种传感器，坐在测谎椅上，保持舒适和平静的状态。然后开始正式测试阶段，即实测阶段。在这一阶段的主要工作就是测谎师将编制好的问题依特定顺序向被试提问，被试根据测谎师的要求做出反应，要么作出"是"或"不是"的简短回答，要么保持沉默。在整个实测过程中，Polygraph 持续、实时地采集被试的各项生理指标数据。提问实测阶段是一个比较标准的心理测量（Psychometric Test）过程，因此，在普通心理测量活动中所存在的问题也会出现在这一阶段，需要一一解决。

一、疲劳效应和练习效应

为了避免疲劳效应和练习效应的出现，PDD 测试的理想状态应尽量简短，但为了保证结论的可靠性，我们又需要反复测量以获得更接近真值的平均值。因此为了同时满足以上要求，一套完整的测试问题会重复提问 3 遍，这最大程度地减少了练习效应的影响。不过，有时候因为一些意外状况，测试遍数也可能有所增减。另外，每遍之间会安排一个短暂的休息时间，以克服疲劳效应。

二、顺序效应

为了消除顺序效应，按照传统心理测量学的方法，每遍提问的顺序应该是随机变化的。但是在 PDD 测试中，并没有明确地要求提问顺序随机化。因为顺序效应实际可以作为测谎的一个考察指标。一般情况下，只有有罪者会对某个问题非常在意，经过 1 遍或 2 遍同样顺序的提问以后将会记住这一问题的出现位置。而当这个问题即将再次出现时，被试会出现期待效应，这可以作为其有罪的一个判断依据。

三、习惯化问题

由于 Polygrahp 测谎采集的是个体的心理生理反应，且同一刺激（即同一个问题）会重复出现，这就会带来"习惯化"（habituation）问题。所谓习惯化是指当一个刺激重复的出现，使个体对它逐渐熟悉后，对它的反应就会降低。这是人类演化过程中形成的机制，它使得人类可以集中精力去关注新的可能是危险的信号。因为大脑的资源是有限的，如果能减少对熟悉物体的注意力，我们就可以有更多的资源去注意新的刺激，增加我们生存的概率。对于 PDD 测试中可能会出现的习惯化问题，Veraguth 早在 1907 年就已指出：对关键单词而言，第一次出现时引起被试的皮电变化要大于这一关键单词以后出现时的皮电变化。而 Backster（1962）则提出在提问顺序中，每个相关问题都紧挨着一个对照问题，并在比较相邻的相关问题和对照问题的基础上做出判断，以尽量克服习惯化的影响（参见第九章）。已有不少研究证明，同样的问题向被试重复多次提问后，其准确率会降低（Balloun & Holmes, 1979[1]；Orne et al., 1972[2]）。

第五节　测后访谈

除了测前访谈，PDD 测试有时候还需要进行测后访谈。也就是当正式测试结束后，测谎师告知被试测谎的结果——通过或者没有通过测谎，可以继续与被试展开交谈。但与测前访谈技术不同的是，**测后访谈不是必需的**。如果被试通过测谎，可以直接离开，不需要继续留下来接受访谈。而没有通过测谎的被试，则可能需要进行测后访谈。

不过 Reid 认为，测后访谈并不是标准测谎程序所必需的，因为测谎师有时也是警察，所以测后访谈与审讯的界限很模糊。很多时候，被试被 PDD 测试认定为有罪者后，就直接拉开了审讯的阵势。

---

〔1〕　Balloun K D, Holmes D S., "Effects of repeated examinations on the ability to detect guilt with a polygraphic examination: A laboratory experiment with a real crime", *Journal of Applied Psychology*, 1979, 64（3）, p. 316.

〔2〕　Orne, M. T., Thackray, R. I., Paskewitz, D. A., *On the Detection of Deception: A Method for the Study of the Physiological Effects of Psychological Stimuli*, *Handbook of Psychophysiology*, N. Greenfield and R. Sternbach（eds.）, Holt, Rinehart, & Winston, 1972, pp. 743–785.

作为测谎的测后访谈，通常的做法是首先正式告诉被试，他说谎了，没有通过测试。然后观察被试对此结果的反应。有些被试可能根本不回应，或者先是微弱地否认，然后就放弃了。这时候，PDD 测试就正式结束了，要马上过渡到审讯阶段。因为这种情况下，被试认罪供述的可能性非常大。而另一些被试则会对此做出强烈反应，否认自己是真正的作案人。这时测谎师可以询问他怎么解释测谎图谱显示他说谎了。为了让他能好好思考，测谎师可以离开房间一段时间。当然，测谎师并没有真正离开，他会通过摄像头或单向镜继续观察被试的反应。有时被试在独处时会做出一些异常的行为举止，如破坏测谎仪。当测谎师回来后，可以继续让被试给出解释，为什么测谎仪会认定他说谎，并一一向他展示那些显示他说谎的具体图谱细节。而被试做出的解释往往不合理或漏洞百出，这些都会为后续的审讯提供更多的便利。可见，进行测后访谈会增加后续审讯成功的机会，所以测谎技术都强烈建议在访谈后马上展开审讯工作。

第六节　伦理与标准

PDD 技术发展之初，很少有人关注测谎师的资质。这可能是因为在使用之初，几乎每个测谎师本身都是专家。但随着从业人群急剧扩大，应用更广泛，人们对 PDD 的认知不断加深。1966 年，Reid 和 Inbau 意识到"使用任何的此类工具时最重要的因素是测谎师自己的能力、经验、学识和诚信"。美国技术评估办公室（OTA，1983）对 PDD 的科学调查报告中也指出，测谎师的能力对 PDD 测试的有效性具有重要影响；他们的经验是一个重要因素，并常被用来解释测谎准确率的差异。为此，从 1966 年 APA 成立开始，针对各种测谎仪器、设备、程序等出现了一连串的规范。目前为止，测谎技术已经有了专业的伦理道德规范，以及实践标准规范。

一、伦理

测谎师的工作是识别谎言或欺骗，其做出的测谎结论可能对被试、相关单位与机构、社会安全，乃至国家安全产生重大而持久的影响。特别是在刑事司法中，测试结果可能会影响被试的定罪、财产损失、人身自由，乃至生命。测谎行业内部也有一种说法，"这台机器（指测谎仪）让不少人被判了死刑"。可见，测谎师在履行其专业职责时，因其所扮演的角色的独特性，肩负着巨大的责任。

此外，在各种应用情景下，测谎仪可以对招聘、解雇、缓刑、释放、起诉、罪犯管理、情报和反情报以及犯罪侦查等这些高风险决策产生重大影响，某种程度上还起着决定性的作用。如申请警察职位，可能就会因为没有通过测谎而惨遭淘汰。可见，测谎师也具有一定的权力，所以必须时刻注意要做负责任的行为和决策。未能遵守职业伦理和道德标准的测谎师不仅背叛了职业，而且可能也会对他人造成毁灭性的、切实的影响。后面（参见第十五章）所提到的一位测谎仪的著名反对者 Floyd Fay，声称就是因为自己被测谎仪误判，所以要站出来反对它。

所以，实施 PDD 测试是一个责任重大、权力也大的工作，需要有明确的伦理和道德标准。其实这不仅有利于被试，在某种程度上也是保护测谎师自己，因为一旦出了重大错误，测谎师需要承担相应的后果。

而作为测谎师，首先要记住的一个基本原则：**认定有罪是相对容易的，测谎真正的技能在于不冤枉无辜**。

所有职业都有核心伦理，它是区分职业与简单工作的一部分。对于测谎这个非常特殊的领域，伦理应该是怎样的呢？幸运的是，测谎发展较晚，已经有了相近或相关的其他领域的榜样。一个领域是心理学，其伦理的核心是关注患者的最大利益，或者至少不伤害他们。另一个领域是法律，它更关注社会的整体利益，并将公平正义视为最高伦理原则。这与心理学不同，心理学家的伦理原则是"**公正虽然重要，但次于患者的需要**"。

测谎与其跨越的两个领域均有不同：与心理学相比较，**测谎师寻找真相而不是被试的最大利益**。也与法律比较，测谎师拥有"科学"的评估工具来指导自己。因此，测谎师必须公正，但也要用科学来指导自己的实践。所以测谎师需要遵守以下基本伦理规范：尊重、合格、合法、客观和公正。

1. 尊重

保证被试的权利是最根本的。未经被试的知情同意，不得进行测谎测试。所以测试之前一定要获得被试的知情同意。以下是刑事司法领域里比较常见的知情同意书样式。

心理生理测谎同意书

我＿＿＿＿＿＿（签名），被＿＿＿＿＿＿要求接受测有关＿＿＿＿＿＿案的心理生理测谎测试。我知道：

A. 我自愿接受测谎仪测试。

B. 我没有受到任何威胁、武力、胁迫或承诺（关于豁免或奖励）来同意接受这次测试。

C. 我理解在测试过程中需要在我的身体上放置一些传感器，我同意这样做。

D. 我理解我有权拒绝接受测谎仪测试。

E. 我知道我有权随时终止测试。

F. 我知晓并特此允许本次测试的口头和书面结果可提供给调查员和法庭。

G. 测试环境还包含以下记录设备：

双向观察镜　　　是　　否

录像设备　　　　是　　否

录音设备　　　　是　　否

H. 我知道此测试将被记录和/或观察，我理解并同意。

I. 本同意书并不构成对我反对自证其罪的宪法权利的放弃。

J. 我可能会咨询法律顾问以回答有关测谎的问题。

日期：	被试签名：
时间：	测谎师签名：
证人签名：	

2. 合格

测谎测试的准确性至关重要。与一般人的理解不同，测谎师合格比仪器本身更重要。在公共领域，人们的争论都是围绕着测谎仪的科学性和准确性，但实际上关键的还是操作仪器的人，以及测谎师对获取的测谎数据的解释。合格的测谎师不仅要精通测谎操作，而且要对相关领域或专业（如心理学和法律）有足够的了解。一般情况下，从业的测谎师要有专业资格认证，而且有些特殊领域的测谎还需要特定资格认证。如进行"间谍测谎测试"的测谎师必须是接受过专门培训的，此培训由 DACA 提供。除了资格认证，测谎师还需要定期参加继续教育或培训，让自己的技能保持在最新、最佳的水平。

3. 合法

测谎师的职业行为应遵守相关的法律法规，以及相关的合同和协议。测谎师不能非法进行测谎，不得更改测试结果，并尽可能保留所有的原始数据和记录。

4. 客观

前面已经提到，即使是最有道德的测谎师在做出最后诊断时也会有自己的决策标准。而决策标准是考量各方因素所确定的。所以，完全排除所有因素影响既不可能也无必要。但是测谎师必须意识到这些影响，尽量排除那些不良的、会损害测谎结果的影响。

这些影响可以是来自外部的。如被试由于疲劳、醉酒、感冒、精神疾病或情绪低落而明显不适合测谎，但你的上司坚持要实施；如被试可能会试图利用他们的社会地位来向测谎师施压；或者有些公司以测谎为幌子向自己雇佣的测谎师施加压力，要求其通过测谎筛出某一特定员工，变相解雇。

还有一些影响是来自测谎师本身。最常见的就是测谎师本身就是警方侦查人员，有时候他们不是真的在测谎，而是将测谎仪作为道具来套取证词。如某警察机关，在进行测谎时恰逢机器故障，测谎师并没有停下来，最后还给出了"有罪"的测谎结论。并且马上使用此结果进行审讯，声称测谎结果证明嫌疑人是真正的作案人，如果此时认罪可以算是"自首"。这显然不符合职业伦理。此外，一些测谎师出于对金钱或名声的渴望，在电视节目中使用测谎仪，并以不正规、歪曲的方式介绍测谎仪和测谎技术。

5. 公正

测谎师的测谎结论必须是可靠的、独立的，并且完全基于客观的数据。无论其他人的要求、期望如何，测谎师在所有情况下都必须对每名被试保持公平和一致的态度。不得基于私人关系或者个人利益而进行测谎。如身边的好友希望你帮助他对他的伴侣进行婚姻忠诚度测试，应该拒绝。

二、实践标准

为了保证每名测谎师实施的测谎测试尽量科学、准确，测谎领域也制定了一些标准或规范来指导从业实践。

1. 测试环境标准

测谎应在合适的测谎室进行。应该有专业的测谎椅或带扶手的椅子。测试房间不宜太大（建议值 4×4m²），不应包含分散注意力的设备或装饰品，并应尽量控制环境温度（建议值 20℃～25℃）。房间最好有单向玻璃窗，并且尽量设有录音或录像设备。此外，最重要的是保证安全。

2. 测谎仪标准

目前全世界有各种规格的测谎仪，我国也存在着至少四种不同厂商的测谎仪。测谎测试标准要求必须使用得到权威部门（如公安部、国防部）认证的测谎仪器。所用的仪器应至少包括两个独立的（胸部和腹部）呼吸传感器、皮电传感器，以及一种能够记录心血管活动的传感器（血压或脉搏）。

3. 测谎师标准

测谎师应具备资格，特殊测试（如间谍测谎测试）还需要具有特定资格。利益冲突回避原则也同样适用于测谎师。此外，测谎师每天进行的测谎测试不应超过 5 次。除了测谎师和被试之外，不允许其他人进入测谎室，但翻译人员除外。

4. 被试标准

并不是所有的人都适合接受测谎测试。为了保证测谎质量，如被试出现以下任何一种情况，原则上都不应继续测试。

(1) 饥饿。

(2) 明显的疲惫。

(3) 睡眠严重不足。

(4) 发冷、身体发僵。

(5) 发热、出汗过多。

(6) 身体受伤或正处于疼痛状态。

(7) 正遭受心灵创伤。

(8) 刚经历过长时间的审讯。

(9) 言行明显处于酒精或药物作用之下。

(10) 毒瘾发作。

(11) 正在感冒发烧、咳嗽。

(12) 服用抑制神经的药物没超过 12 小时。

(13) 患有精神病或精神病发作。

(14) 患有心脏病或血压状态不稳。

(15) 妇女怀孕 3 个月以上。

(16) 14 周岁以下的未成年人。

(17) 智商过低或呆傻的人。

5. 测前标准

核实被试身份，必须向被试正确解释测谎工作原理，以及他或她所拥有的相关权利，并让被试签署知情同意书。一般建议与被试对测试问题进行讨论。

6. 正式测试标准

测谎测试应收集足够的生理数据用于后续评分，一般建议测试 3 遍。每遍测试尽量保证能连续记录，不被随意打断或暂停。问题间隔应在合理范围（建议值在 20 秒~35 秒）之内，且所有问题间隔尽量保持一致。

7. 测试中止标准

测试中如果仪器、测谎师或被试出现故障或意外，都应该中止测试。此外，被试可以随时终止测试，可以随时请求法律援助。但是律师不应出现在测谎室内。任何中止或终止，都应该详细记录具体原因，并在最终测谎报告中注明。

8. 评分标准

测谎师应使用被广泛认同的，且自己已掌握的评分技术。应保存所有的数据分析记录至少 1 年以上，或者其他法律法规要求的保存时间。在做出最后测谎结论之前，测谎师要对测试数据严格保密。

9. 测后标准

在收集和分析所有生理数据后，应该告知被试他的测谎结果，有法律另行规定的除外。

10. 测谎报告标准

测谎师必须提供标准的测谎结果报告。报告应真实、公正和客观，不得故意提交误导性或虚假的测谎报告。如果有中止情况的，还需要补充中止报告。应充分报告中止原因、已完成和未完成的量，以及是否可以依据已有的数据做出测谎结论等。不得在没有充分生理数据时强行给出肯定性结论，应客观报告"无法判断"（Inconclusive）。

第九章　测试技术

在前面的历史回顾中，我们看到了 PDD 发展中的两大主线的开端：一是测谎所依赖的生理指标的选择及其测量；二是通过刺激编排（即问题编排）实现心理操控。后者被称为提问技术（Questioning Techniques）或测谎问题技术（Polygraph Question Techniques）。但每一种问题编排技术涉及的并不仅是如何编题，而是包括了相对应的基础理论（如心理定势）、评估或评分假设以及整个测谎程序（如指导性说谎），所以称为"测试技术"更为准确。

而经过百年发展，我们已经发展出了各式各样的测试技术，并形成了泾渭分明的两大对峙阵营（CQT 和 CIT），其领军人物则分别是 Reid 与 Lykken。在这两大阵营内部，则又分别存在着各种不同的技术流派，如相关/无关问题技术 RIT、紧张峰技术 POT 等。这些测试技术之间最主要的差异是编题方式不同，也就是刺激编排不一样。但所涉及的问题类型，或者说刺激类型的种类并不繁杂，可分为七大类。

第一节　问题类型（刺激类型）

相关问题（Relative Question，R）和无关问题（Irrelative Question，I）应该是 PDD 中最早出现的两种问题类型。虽然这两类问题是在 PDD 最早出现的测试技术——相关/无关测试法（Relevant/Irrelevant Test，RIT）中正式确定下来的，但其历史渊源要更早。

一、无关问题

顾名思义，无关问题是指与案件毫无关系的问题，或者说与调查主题无关的问题，如"你今年是 34 岁吗？""你现在穿着的是白衬衫吗？"，对于这类问题被试没有必要说谎，一般都会诚实地回答说"是"或"否"，而且回答起来是没有负担的，不会引起特别的情绪反应，因此可用来建立被试在诚实或常态情绪下的生理反应基准。故也被称为中性问题（Neutral Question）、正常问题（Normal

Question）、非关键项（Non-Critical Item）、填充问题（Foil 或 Padding）等。此外，无关问题还有一个重要的作用，即当它被编排在其他问题之间时，是用来吸收被试由其他问题引起的过于强烈的反应，将情绪或生理波动拉回至基准水平，起到类似"缓冲"的作用。因此它又被称为缓冲问题（Buffer）。在研究领域，无关问题常被称为**无关刺激**。

对于无关问题，还可以进一步细分，如果被试今年是 34 岁且当时穿着的衬衫是黑色的。那么，上述两个无关问题是有一些差异的。"你今年是 34 岁吗？"与事实相符且显而易见，因此被称为"已知事实"（Known Truth）。而对于另一问题"你现在穿着的是白衬衫吗？"则不属于"已知事实"问题。在实践中，一般使用的是前者，后者只有在特殊情况下才会使用。

要特别指出的是，由于个体差异显著，PDD 测试不存在一个适合所有人的生理基准常模。而是通过无关问题来获得每个人自己的生理基准。可见，PDD遵循的一个基本原则是：**由于个体差异很大，测谎并不是将被试与他人或某个常模进行比较，而是自己与自己比。**

总之，**无关问题被假设具有提供被试生理反应基准的作用。此外，散布在其他问题中的无关问题则被假设能为被试提供一种休息效果。**

二、相关问题

所谓相关问题又称为主题问题（Issue Question）、关键项（Critical Item）或关键问题（Key）。这种问题是指那些明确涉及案情的问题，是测谎所需要甄别的关键主题，也是测试中的核心和要害问题。如"**John 被人杀死，是你干的吗？**"，这一问题目的是引起有罪者的强烈反应。与无关问题一样，相关问题在研究领域常被称为**关键刺激**。

对于相关问题，被试一般都会回答说"不是"或"不知道"。这样的回答对于真正的无辜者而言，是诚实反应，所以回答起来也是没有负担的，不会引起特别的情绪；而对有罪者而言，这样的回答就是"说谎"，因此会出现强烈或异常的生理反应（Vrij & Ganis，2014）[1]。

总之，相关问题是指与调查主题相关的问题，但主题可以非常具体（"是你从办公室拿走了那 1000 块钱吗？"），也可以涵盖很长一段时间和各种行为（"你有没有从雇主那里偷过钱？"），目前尚不清楚相关问题的广度是否会对测谎结果产生影响，也没有任何关于这个问题的研究。

---

〔1〕 Vrij A, Ganis G., *Theories in deception and lie detection//Credibility assessment*, Academic Press, 2014，pp. 301-374.

与无关问题一样，相关问题也可以分为以下四个子类型，涉及了犯罪事件（如抢劫案）的四个核心要件，即"是不是你做的？是不是你协助他人做的？你知道是谁做的吗？你是否从中获益？"又被称为犯罪的 4 条腿（The Four Legs of The Crime）：

1. 直接卷入（Primary Involvement）类型的问题：如"你是否参与了那场抢劫？"

2. 间接卷入（Secondary Involvement）类型的问题：如"你是否帮助别人实施了那场抢劫？"

3. 有罪知识（Guilty Knowledge）类型的问题：如"你知道是谁实施了那场抢劫吗？"

4. 证据相关（Evidence Connecting）类型的问题：如"你是否从抢劫所得中获得了任何好处？"

不过，更多人将后面两类归入第二类，将类型从四种简化为两种，即**强相关问题**（Primary Relevant Questions）和**弱相关问题**（Secondary Relevant Questions）。前者必须是被试直接涉入的行为，即"你是否有做某件事情？"。后者涉及非直接涉入的行为，如是否协助？是否知悉、目睹、听说？

相关问题涉及案件本身，可能会使用诸如"杀""强奸""偷窃"之类词语，但这些词语本身就可能使被试感到不舒服而直接引发强烈生理反应，无论被试是否说谎。所以在编制相关问题时要尽量避免使用刺激的、晦涩的法律术语。应侧重于行为本身，而不是放在与有罪和无罪相关的用语上。如"是你盗窃了雇主的钱吗？"，有罪的被试可能会合理化，当他回答"没有"时，他自己也认为是如实回答。因为他的雇主曾在年初提出要加薪，但是并没有真正实践诺言。因此，在他的心里进行了合理化，认为他并不是"盗窃"，而是公司欠他的。所以应改为"是你拿了雇主的钱吗？"

三、对照问题（或控制问题）

首先要说明的是，对照问题（Comparison Question，CQ）在历史上还曾被称为"控制问题"（Control Question）、"情绪准绳"（Emotional Standard）、"准绳问题"（Standard Question）、"对照反应问题"（Comparative Response Question）等，其中"控制问题"一词曾在很长时间内占据主流。

对照问题的提出源于这样的认识：无辜者会认识到相关问题的重要性，感觉受到了威胁，对相关问题的反应也会比无关问题更强烈（Horowitz，1989）[1]。所以直接比较相关问题与无关问题的生理反应来测谎，存在着较大的误报（假阳性）可能性。为了弥补这一缺陷，人们逐渐在测谎中引入了对照问题。

所谓对照问题，正如 Summers 神父（Summers，1939）[2] 在发展"情绪准绳"（Emotional Standard）时建议的，这一问题应该从被试的过往生活中仔细提取，以保证其能够引发被试对惊讶、愤怒、羞耻或焦虑等情绪的强烈体验，从而使得其生理反应（特别是皮电反应）明显，如"你是否曾经被拘捕过？"Summers 神父认为，**通过比较在同一次测试中的相关问题与情绪准绳的心理生理反应水平，如果前者高于后者，则可将被试诊断为"说谎"，否则诊断为"诚实"**。不久后 Reid（1947）则提出将 PDD 的问题分为两类：**"罪责情结"（Guilt Complex）**和**"对照反应"（Comparative Response）**。但很快，Reid 的同事 Inbau（1948）[3] 在其所发表的文章中将"对照反应"称为"控制问题"。从此，"控制问题"成为 PDD 的标准术语，其影响延续至今。不过到 20 世纪 60 年代，Backster（1962）强调将"控制问题"与邻近的相关问题进行比较，以克服可能的习惯化问题，主张对其赋予更为正确的称谓——对照问题。学术界也由此意识到使用"控制问题"这一术语确实不符合这类问题在测谎中的真正作用，逐渐以"对照问题"之称代替了传统的"控制问题"。如今，在 APA 和美国试验与材料学会（American Society For Testing and Materials，ASTM）[4] 的权威文献和几乎绝大多数学术论文中，都使用的是"对照问题"这一术语（Waller，2001）[5]。但仍有一些人坚持使用"控制问题"说法，如 Reid 创建的测谎公司 John E. Reid & Associates。可见，对照问题有着比较复杂的发展过程，为了更好地梳理，需要对其进行分类。

1. 尴尬问题

尴尬问题（Embarrassed Question）指每个人都可能曾经做过的，或者曾经在生活中的某个时刻非常想做的，但不被一般社会所期许或认同的行为。当围绕这

---

〔1〕 Horowitz, S. W., *The Role of Control Questions in Physiological Detection of Deception*, D. Phil. Thesis, University of Utah, Utah, 1989.

〔2〕 Summers W G., "Science can get the confession", *Fordham L. Rev.*, 1939, 8, p. 334.

〔3〕 Inbau F E., "Confession Dilemma in the United States Supreme Court", *Ill. L. Rev.*, 1948, 43, p. 442.

〔4〕 美国试验与材料学会是世界上最大的标准开发机构，也是美国唯一的开发制定术语标准的机构。

〔5〕 Waller J F., "A concise history of the comparison question", *Polygraph*, 2001, 30 (3), pp. 192-195.

些行为对被试进行提问时，被试往往会谎答"没有"。典型的尴尬问题如："**你曾经有过不可告人的想法吗？**""**你曾经利用过朋友吗？**""**你曾经有过逃税的行为吗？**"在美国，由于逃税会被重罚，所有人都不会承认自己有过逃税行为，所以几乎都会谎答。PDD 假设，对于抢劫案的无辜者，如果被问到相关问题"是否参与了那场抢劫？"，相比于被问"你今年是 34 岁吗？"的生理反应不太可能一样。因为前者涉及犯罪，即使无辜，也会有一些特殊情绪。但如果比较的不是无关问题，而是对照问题"你曾经有过逃税的行为吗？"无辜者会更在意是否逃税，所以他的对照问题反应会高于相关问题。而真正的抢劫犯，更在意自己的抢劫罪行被认定，所以他在相关问题上的反应要高于对照问题。

但尴尬问题作为对照，也存在问题，即它与相关问题（如抢劫行为）的性质并不一样，这可能会对测试带来潜在的危害。所以有人提出，这类问题应该与调查的案件性质一致，这就是**早期生活对照问题**。

2. 早期生活对照问题

这类对照问题常常是与所调查的案件性质类似且被试曾经做过的一些不良行为。例如，如果是针对盗车案进行测谎，那么相应的对照问题往往涉及的是与盗窃类似的行为，如"你是否曾经偷过东西？"。一般情况下，所有的被试（包括有罪者和无辜者）对于对照问题都会谎答"没有"。但是，如果直接使用这一对照问题，可能会出现一种并不期待的情况——被试可能将本次测谎所调查的盗窃事件（盗车案）也理解为自己"曾经偷过东西"的行为之一。这样导致的局面是："你是否曾经偷过东西"不再是对照问题，而成为一个暧昧不明的"相关问题"，其真实作用大为可疑。为了解决这一问题，Backster（1962）明确指出，需要将此类对照问题之前加上一个时间限定（Time Bar），将正在调查的事件从中排除出去，从而有效地避免混淆。例如，对于上面的对照问题"你是否曾经偷过东西？"可以进行时间上的限定，改成"在你 23 岁之前，你是否曾经偷过东西？"或者"在 2023 年之前，你是否曾经偷过东西？"

可见，这类问题往往涉及的是被试早期曾经出现的不良行为，因此被称为**早期生活对照问题**（Earlier-In-Life Comparison Question）。Backster 这一技术受到了测谎人士的广泛认同，已经成为目前编制对照问题的常规方法。但是，这一时间限定方法并非灵丹妙药，它不能解决对照问题的其他潜在隐患。例如，在有些情况下，一个无辜者往往很难将注意力从相关问题转向对照问题，因为相关问题是与正在调查的犯罪案件息息相关，个体一旦被错误地诊断为有罪，他极有可能会陷入失去财物、安全、自由，甚至失去生命的境地（Lykken，1974）。此外，还有一些被试，可能因为所涉及物品价值不大或者有着较高的道德感，会对对照问题做出诚实回答而非说谎回答。那么，对照问题的意义也就不复存在。

3. 完全诚实问题

完全诚实问题（Overall Truth Question），是指在测谎测试中，有一些问题是专门询问被试是否会或愿意诚实回答测试中的所有问题。所以，完全诚实问题实际上比较固定，只有两道问题："**在今天的测试过程中，你是否会诚实地回答我所提的每个问题？**""**在今天的测试过程中，你是否愿意诚实地回答我所提的每个问题？**"

至此，我们可以发现，在这三种对照问题中，早期生活对照问题使用起来可能更为方便。首先，这类问题可选的题目数量更多，因为测谎师可以根据所调查的案件类型以及对被试过去经历的掌握来编制对照问题。而完全诚实问题实际上只有两个问题可用，数量有限。其次，被试对早期生活对照问题进行谎答的可能性也更大，因为这些问题涉及的行为确实是他（或她）过去的经历。因此，在实际运用当中，测谎师更多地使用早期生活对照问题。

此外，我们还会发现，对照问题和前面的相关问题区分起来会有困难。而如何区分两者，也存在多种观点。例如，在对内部盗窃案的调查中，相关问题是"你有没有偷过雇主的钱？"对照问题则为"18 岁之前，你有没有拿过任何值钱的东西？"这是一般看法。但有些人却认为，从某些嫌疑人的角度来看，会认为对照问题可能也包含正在调查的盗窃行为中，所以它们实际上是相关问题。此外，同样的问题可能在不同的调查事件类型中属性不同。例如，在一般案件中，"你是否做过任何让你现在感到羞愧的事情？"是一个典型的尴尬问题，也就是对照问题。但如果安全部门对工作人员进行审查，那么这个问题就可能是相关问题，因为被试可能认为与外国特工接触是让自己羞愧的事情。可见，区分对照问题和相关问题，要视具体测试的案件或者调查背景而定。

在实践中其实会通过被试对问题的反应来做区分和调整。如果相关问题产生相对温和的生理反应，则可以将其与产生更大反应的其他相关问题进行比较，也就是将反应温和的相关问题作为对照问题使用。因为对照问题的设计初衷是为了调动无辜者（即在相关问题上没有说谎的人）的情绪。这通常是对照问题的核心，也是 CQT 技术的核心。

更重要的是，与无关问题、相关问题不同，对照问题与传统实验心理学的观念相去甚远，我们很难在传统实验心理学的领域中找到与此相似的概念。因此，可以说对照问题是 PDD 的创新之举，它不仅提升了 PDD 本身的效力，同时丰富了心理学研究的思路。

四、罪责情结问题

前面提到，Reid（1947）最初提出的问题类型，除了对照问题，还有一类为**"罪责情结问题"**（Guilt Complex Question）。根据 Taylor（1984）的说法，这个问题其实命名不当，因为它的目的不是检测是否有罪，而是"确定一个人是否会对任何具有指责性质的问题做出情绪反应"。Andreassi（1980）[1] 举了一个测试例子，其中有一个问题是"是你偷了那套金币吗？"事实上没有任何金币被偷，这是一个完全虚构的罪行。即使面对这样的问题，被试也会出现强烈反应，那么最有可能的解释是：被试本身是一个具有"罪责情结"的个体，对于任何带有指责性的问题都会有强烈情绪。所以，在测试过程中，如果被试对相关问题和对照问题都表现出强烈反应时，就会考虑引入罪责情结问题。如果被试在这个问题上回答"否"时反应强烈，则可能表明被试无辜，他只是无法接受被指控。但如果被试在此题上没有明显的反应，那么他之前的在其他问题上的强烈反应很可能是因为他真的有罪（Abrams，1989）。

五、牺牲相关问题

测谎是一种心理实验，所以存在着实验中经常出现的首因效应。即无辜者对出现的第一个相关问题会表现出较强的心理生理反应，因为它是首题。为了避免误判，我们会将最不可能的答案放在首题，比如被试是一位无业者，在涉及犯罪动机时，可以将"是因为工作上的事吗？"作为首题。因为他没有工作，所以此题出现异常反应肯定是因为首因效应而非说谎。所以此题也不参与评分，实际上是被牺牲了，因此被称为**牺牲相关问题**（Sacrifice Relevant Question）。此外，Backster 也建议将上述的完全诚实问题放在问题序列中最前面的位置，将之作为牺牲相关问题。总之，牺牲相关问题是被试在测试过程中首度接触到与调查主题相关的问题，目的是设计用来降低并吸收被试进入正式测试时，应对相关涉案问题的刺激与冲击，也就是克服首因效应。不过，虽然将之被称为牺牲**相关**问题，但其起到是对照问题的作用。

六、症候问题

症候问题（Symptomatic Question）由 Backster（1964）所发明，是指在实测阶段向被试问及是否担心会被问到在测前未曾讨论过的问题，也就是与本次测谎主题无关的外部问题（Out Issue），即**"你担心我会问一个我们没有讨论过的问题吗？"** 如果被试在这一问题上的心理生理反应强烈，则说明有一些外部因素在

---

〔1〕 Andreassi，J. L.，*Psychophysiology*：*Human Behavior and Physiological Response*，Oxford University Press，1980.

干扰被试。

常见的干扰因素包括：被试有更严重的罪行未被发现；被试对测谎师不信任等。这些都会让被试更担心其他问题而不是测试中的问题，从而导致测谎结论不准确。所以，该问题旨在确定是否有其他因素影响测试，从而扭曲结果（Taylor，1984），一些实证研究也证明了症候问题的干扰效应（Capps et al.，1993）[1]。近年来，越来越多的学者认为，症候问题在 PDD 测试中的意义并不大（Krapohl & Ryan，2001[2]；Matte & Grove 2001）。不过，在目前的实践中，它依然被广泛应用，且一旦发现被试在此问题上出现异常，应停止测试，直到问题得到解决。

七、SKY 问题

与其他问题类型不同，SKY 问题是一组问题，由三个固定的相关问题组成：

S：关于这个案件，你怀疑（Suspect）是谁做的吗？

K：关于这个案件，你知道（Know）是谁做的吗？

Y：关于这个案件，是你（You）做的吗？

可见，S、K、Y 分别是 Suspect、Know、You 的首字母，分别代表"怀疑""知情""是不是你"，这也是此项技术最大的特点。SKY 问题也是 Backster（1994）[3] 所开发，旨在通过比较这三个问题所引发的生理反应水平，来进一步甄别嫌疑人的角色。如果在 Y 上反应最强烈，则被试可能为作案人；如果在 K 上反应最强烈，则可能为同案犯或知情人；如果在 S 上反应最强烈，则可能为无辜者或一般知情人。后来，Matte（1996）改进了 SKY 问题，并将其改名为"Matte SKG（Matte Suspicion–Knowledge–Guilt）"。SKG 与 SKY 最大不同在于：SKG 不再直接询问被试"是不是你干的"，而是通过探测被试是否具有犯罪知识而判断其是否为作案人。总之，SKY 可以帮助测谎师一次性识别被试在案件中的具体角色，而且是一种有效且可靠的排除嫌疑人的方法。特别是当被试对 S 反应强烈且对 Y 或 G 无反应时，则必须排除该被试直接或间接参与相关犯罪的可能性。（Matte，1996）

---

〔1〕 Capps, M. H., Hnill, B. L. & Evans, R. K., "Effectiveness of the symptomatic questions", *Polygraph*, 1993, 22（4），pp. 285–298.

〔2〕 Krapohl D J, Ryan A H., "A belated look at symptomatic questions", *Polygraph*, 2001, 30（3），p. 206.

〔3〕 Backster, C., "37th Polygraph Examiner Work Conference", *The Backster School of Lie Detection*, San Diego, *CA*. 1994, December, pp. 5–9.

八、编题的一般原则和注意事项

虽然问题类型各不相同，在具体编制上的要求也有所差异，但是它们都是被用来向被试提问，所以在编制这些问题时，需要共同遵循一般原则：

1. 问题必须简单直接。
2. 问题不得涉及法律术语。
3. 问题必须可以用是或否来回答，并且应尽可能简短。
4. 问题的含义必须清晰明确，并且以对象容易理解的语言表达。
5. 除了特定问题（如"是不是你"）外，一般不得以指控的形式出现。
6. 问题绝不能包含任何影响，因为这种影响需要对象具备相关知识。
7. 所有问题必须仅涉及一项罪行。
8. 所有问题必须仅涉及一项罪行的要素。
9. 问题不得包含对某人的宗教、种族或信仰的推断。

此外，需特别注意，虽然测谎问题可分为不同类型，但是一个具体问题的归类可能取决于其使用的具体语境。因此，很难说某个问题一定是相关问题或对照问题。因为在不同的情境和不同的测试阶段中，相关问题也可能被用作控制问题。同样地，无关的问题也可能变得相关，这取决于问题编码背后的假设[1]。

总的来说，PDD 技术所涉及的问题类型并不多，但以这七大问题（即无关问题、相关问题、罪责情绪问题、牺牲相关问题、症候问题和 SKY 问题）类型为基础发展出来的具体测试技术却是多种多样，前人也曾进行了卓有成效的总结工作（如 Abrams，1989；Matte，1996）。而这些具体测试之间最主要的差异在于，**选取的问题类型以及问题呈现顺序不同**。从传统实验心理学的视角来看，也就是刺激的选取与编排不一样。当然，根植其中的本质差异是其基本假设的不同。我们将在前人的总结工作基础上，以各种测试出现的先后顺序为线索，进行一次梳理工作。

另外，为了更好地理解并能比较各种测试技术，主要通过以下案例来进行说明：

该案假设李某家丢失一块价值 2 万元的劳力士手表。发现手表丢失后，

---

[1] Weir, R. J., "In Defense of the Relevant-Irrelevant Polygraph Test", *Polygraph*, 1974, 3, pp. 119-166.

李某立即向最近的派出所报案。在调查过程中，警方在他家二楼卧室的窗台边发现了几个脚印，并怀疑是当地一个非常有名的小偷赵某作案。因为此案实施盗窃的作案手法与警方所记录的赵某的档案内容相似，他的犯罪活动专长是入室盗窃、偷窃和抢劫。警方随后询问了赵某，但他否认与盗窃案有关，甚至同意接受测谎测试，以自证清白。

第二节 相关/无关测试法（RIT）

相关/无关测试法（Relevant/Irrelevant Test，RIT）作为一种 PDD 测试技术，其雏形最早可见于 Münsterberg（1907）、Marston（1917；1921）和 Larson（1921）等人的论著中，甚至可以溯及 Lombroso。但目前公认的是，Keeler 是明确提出并完善固定 RIT 的第一人，因此 RIT 又称 Keeler 技术（Keeler Technique）。RIT 是第一种被广泛使用的提问技术，并且在很长一段时间内（大约在 20 世纪 20 年代~40 年代）占据着统治地位（Krapohl & Sturm，2002；NRC，2003）。

一、RIT 的前身：WTA

但 RIT 本身却是源自字词联想测试法 WTA。如前所述，WTA 由 Galton 提出，随后被 Wundt 发展成为当时心理学研究的经典实验范式。而 Wundt 的学生 Münsterberg 则进一步主张将 WTA 用于司法实践，特别是用来识别谎言（Herbold-Wootten，1982）。因为在他看来，使用"自由联想"的实验范式可以有效地区别真正的犯罪人与情绪紧张的无辜者，因为只有真正的犯罪人才知道哪些单词是与案件的时间、地点、人物或事件相关的关键信息，而无辜者虽然可能因情绪紧张导致反应异常，但是这种异常的生理反应是没有指向性的（Münsterberg，1907）。

后来的 Marston 所使用的具体测谎方法也是基于 WTA。在 1921 年的研究报告中（Marston，1921），他写道"对比无辜被试的反应，或者对比与犯罪无关的问题的反应可以轻易地识别出真正有罪的人"。这应该是测谎技术的 RIT 的雏形（Ansley，1990）。Norman Ansley[1] 通过对 Marston 的妻子及其同事的调查认为，Marston 其实在测试中还使用了与如今的对照问题相类似的"Hot Question"，而当时之所以没有公开发表是担心被试会知晓这些技术而影响测谎结果。除此之外，Marston 显然还知道 CIT 的精髓。因为他还使用过一种"排除测试法"

---

〔1〕 曾任美国国土安全局（The National Security Agency，NSA）多导测谎处（polygraph unit）主任，并于 1972 年起担任美国测谎学会（American Polygraph Association，APA）学术期刊 *Polygraph* 的主编。

(Elimination Test)的提问技术（Marston，1938；Ansley，1990），并对这一技术进行了详细的举例说明。例如，测谎师想知道其他人是否是共犯，可以向被试问这样一组问题：

> Q1：杀人的那个晚上，Jones 和你在一起吗？
>
> Q2：Smith 和你在一起吗？
>
> Q3：Doe 和你在一起吗？

Marston 认为在一般情况下，被试对这所有的问题都会回答"否"，但是个体所不能控制的血压反应会显示出当时究竟是谁在杀人现场，因为这一组问题可以很好地甄别出被试是否具有与犯罪案件有关的知识（Marston，1938）。

而 1921 年 Larson 发明了世界上第一台现代测谎仪，他最初也使用的是WTA，但后来报告称，要求被试针对问题回答简单的"是或否"，测谎效果更好（Abrams，1977）。

二、RIT 的正式提出

1930 年 Keeler 发表了文章《测谎测试与测谎仪》（*Deception Tests and The Lie Detector*），第一次正式提出"相关/无关测试法"（Relevant/Irrelevant Test）这一概念。这是 PDD 的第一个标准测试技术。

典型的 RIT 涉及的问题类型实际上只有两种：相关问题（如"你拿走了那块表吗？"）和无关问题（如"你今年是 35 岁吗？"）。相关问题和无关问题交替出现，也就是 I-R-I-R-I-R-I-R……，最后总题量一般在 10~15 个之间。

可见，RIT 相对简单，易于理解和掌握，实施起来较为容易，所使用的问题通常也不会在测试前与被试一起讨论。但正如前面提到的，**RIT 很容易造成误报**，也就是把无辜者错认为有罪人的概率较大。Horowitz 等人（1997）[1] 的实证研究已验证了这点。而 Horvath（1968）[2] 则更激进地报告说，RIT 的误报率高达 100%。另外，Raskin 和 Honts（2002）[3] 也认为，RIT "不能满足 PDD 的基本要求，不应该再使用"。这是因为，RIT 缺乏数量化评分技术，判断被试对

---

〔1〕 Horowitz, S. W. , Kircher, J. C. , Honts, C. R. , & Raskin, D. C. , "The role of comparison questions in physiological detection of deception", *Psychophysiology*, 1997, 34 (1), pp. 108–115.

〔2〕 Horvath W J. , "A statistical model for the duration of wars and strikes", *Behavioral Science*, 1968, 13 (1), pp. 18–28.

〔3〕 Raskin, D. C. , & Honts, C. R. , The comparison question test, in M. Kleiner's (ed.), *Handbook of polygraph testing*, Academic Press, 2002, pp. 1–47.

于相关问题的生理反应水平是否高于无关问题主要依靠测谎师的主观经验，也就是**经验性评估**(见后文)，这可以说是 RIT 的另一重大缺陷。

所以 RIT 虽然是最经典、最易掌握的测试技术，但在目前实践中很少使用。不过，它却是当前人事筛选测谎中最主要的测试技术。这类测试往往需要知道雇员是否有过一些不良行为（如学历造假、盗窃、吸毒、工作中打架、负债累累），且不必关注某个具体的不良行为。所以测谎师将包含这些不良行为的问题作为相关问题（如"你吸毒吗?"），同时穿插一些无关问题，对被试进行提问，这正是典型的 RIT 的格式（有关人事筛选测谎更多的细节参见第十三章）。

第三节 紧张峰测试法（POT）

一、紧张峰测试法

几乎在发展出 RIT 的同时，Keeler 又提出了**紧张峰测试法**（Peak of Tension，POT）。Keeler（1939）[1] 也以一个抢劫案（Robbery）为例说明了 POT 的具体技术。在这个案件中，劫匪闯入银行抢走了 15 000 美元的现钞。但是，只有警方和劫匪本人知道被劫走的现钞的实际数目（15 000 美元）。根据 POT 技术，测谎师会向被试（即此案的嫌疑人）提一组问题：

> 从银行弄到的钱数是 5000 美元吗？
> 是 10 000 美元吗？
> 是 15 000 美元吗？
> 是 20 000 美元吗？
> 是 25 000 美元吗？

可见，POT 使用一组 5~9 个几乎相同的"是否问题"，询问被试是否知道与犯罪相关的特定细节。这一组问题中有一个实际上是相关问题，而其他问题则是性质相似但虚假的无关问题。通常会按顺序向被试提问，要求被试对每个问题做出是与否的回答。相关问题通常位于序列的中间，以便被试的生理反应会一直增加到相关问题，在那里达到峰值（Peak），紧张峰因此得名，然后再回落；而无辜者则不会出现此种反应变化。可见，POT 的假设非常清晰：只有真正的案犯才

[1] Keeler, L., Problems In The Use Of The "Lie Detector", *Police Year Book* 1938-1939, International Association Of Chiefs Of Police, 1939, pp.136-142.

知道那些不为外人所知的案件细节，并对此表现出特异的心理生理反应变化。而基本形式就是，对于与案件直接有关的具体情节（如当事人的名字、盗窃财物的数量等）进行提问，每个问题都提供多个选项，一般情况下是 5 个选项，上述 Keeler 给出的例子就是包括 5 个选项的一个问题。其中"20 000 美元"是与案件事实相符的选项，被称为 Key。POT 技术要求在提问中，Key 应该出现在选项系列的中间位置。上例中的 Key（15 000 美元）就是出现在中间位置（5 个选项中的第 3 个）。这样做的目的非常明确，就是要避免首题效应（或称首因效应）和尾题效应对测试效果的影响。简言之，此法是以被试生理反应的波峰为判断的标准而得名。可见，POT 也是**经验性评估**。

Keeler 还进一步指出，POT 测试法实际上有两种亚类型，第一种是"扫描式紧张峰测试法"（Searching Peak of Tension Test，SPOT）或"探测式紧张峰测试法"（Probing Peak of Tension Test，PPOT）。第二种则是"已知答案的紧张峰测试法"（Known-Solution Peak of Tension Test，KSPOT）。而对 SPOT（或 PPOT）而言，测谎师往往并不知道真正的 Key 是哪一选项，但是应根据案情或常识将最有可能是与案情相符的选项放在中间位置。

不过，POT 通常不用于确定真相或谎言，而是用于协助调查或审讯（Krapohl & Sturm，2002）。正如 SPOT 或 PPOT 的命名一样，它往往被用来扫描或探测诸如证据去向的细节。所以，可以据此进一步细化，分为名字测试（Name Test）、数量测试（Amounts Test）、物品测试（Object Test）、地图测试（Map Test）、年龄测试（Age Test）、犯罪类型测试（Type of Crime Test），等等。换句话说，POT 通常用作其他测谎技术的补充，或作为调查辅助手段。

二、激励测试

Keeler 还基于 POT，创造了**激励测试**，也被称为**"卡片测试"（Card Test）**。经典做法是让被试抽卡片，每张卡片都写有一个从"1"到"10"的数字。如被试抽中了数字"6"，他自己知道，但测谎师不知道。然后对被试进行测谎测试，向被试提问："你刚才抽的数字是 1 吗？" 10 个数字都一一问到，并要求被试对所有的问题都回答"不是"。测试结束后，测谎师要告诉被试，测谎结果表明他刚才抽的数字是"6"。可见，激励测试其实就是一种 POT。

不过，与一般的 POT 不同，激励测试并不会在正式的测谎测试中使用，而是被作为测谎程序中的测前必备工作。因为这种测试比较简单，一方面可以让被试快速了解和熟悉测谎测试的程序以便更好地配合，因此激励测试又被称为**熟悉测试**。另一方面使得被试深信测谎技术的准确性。正如前面提到的，测谎行业内部有一个隐秘且普遍的说法："**越相信测谎就越容易被抓**"。当然，要达到上述效果的前提是：测试图谱上对"6"的反应确实要显著有别于在其他数字上的反应。但实际上，并不是所有的预试图谱都可以达到这种要求。为了弥补这一不足，测谎师往往会通过技术修改，将那些看起来差异并不明显的图谱变得明显。这种激励测试还有其他变体形式，但为了保证预试结果百分之百的准确，都无一例外地会使用"欺骗"技巧。

除了上述作用之外，激励测试还有一个作用，可以建立被试诚实回答和说谎时的心理生理反应水平标准。因为激励测试的基础事实标准很容易建立——测谎师知道被试刚才所写的具体数字，所以能确切地知道他在每个问题上是否在说谎。

第四节 对照问题技术（CQT）

正如前面所提到的，对照问题在历史上还曾被称为控制问题，并在很长时间内占据过主流地位。因此相应的，人们也以"**对照问题技术**"（Comparison Question Technique，CQT）替代了传统的"控制问题技术"（Control Question Test，CQT）说法。本书也主张使用"对照问题"和"对照问题技术"，而 CQT 在一般情况下指代 Comparison Question Technique 而非 Control Question Test。在 PDD 测试最发达的地区，实务上使用的提问技术几乎只有 CQT，所以其具体技术种类繁多，本书将对其具体技术中比较常见的进行介绍。

一、Reid 技术

1947 年，Reid 针对 RIT 技术的不足，提出了对照问题，并以其作为基本反应指标，先后开发了多种测试技术，如缄默测试法、Yes 测试法、罪责情结技术（见后文），等等。1953 年，Reid 提出了一般问题测试法（General Question Test，GQT）（Reid & Inbau，1977[1]，Matte，1996），是 Reid 技术中最经典的测试方法，其典型测试格式（Format）如下：

---

〔1〕 Reid J E, Inbau F E, Williams and Wilkins Co, et al., *TRUTH AND DECEPTION-THE POLYGRAPH* （'*LIE-DETECTOR*'）*TECHNIQUE*, 2D ED. *Baltimore*, The Williams & Wilkins Co, 1977.

表 9-1　Reid 经典测试格式示例

题号	问题类型	问题
Q1	Irrelevant	你是叫赵某吗？
Q2	Irrelevant	你今年是 35 岁吗？
Q3	Relevant（弱相关）	昨晚 7 点到 9 点你在李某家附近吗？
Q4	Irrelevant	你今天穿的是白衬衫吗？
Q5	Relevant（强相关）	是你偷了那只手表吗？
Q6	Control（即对照问题）	除了你已经说过的，你还曾偷过其他东西吗？
Q7	Irrelevant	你是汉族吗？
Q8	Relevant（证据相关）	窗台上的足迹是你的吗？
Q9	Relevant（犯罪知识）	你知道是谁射杀了 John Doe 吗？
Q10	Control（即对照问题）	你曾在你工作的地方偷过东西吗？

　　Reid 技术使用的是**全局性评估法（Global Evaluation）**，即要求除了心理生理指标数据以外，被试对有关事实的陈述、测试中的行为表现以及侦查（或调查）得到的信息都被纳入评估中，综合起来做出最后的诊断（Vrij & Ganis，2014）。除此之外，Reid 技术还要求测谎师在实施测谎测试之前与被试就所有问题进行讨论，以免测试时出现意外。但这一技术并不要求测谎师进行测后访谈。可见，Reid 技术是一个统称，它主要指由 Reid 开发一系列测谎及其相关的方法，包括全局性评估法。

二、Arther 特定指控测试法

　　作为 Reid 的学生，Arther 基于 Reid 技术也开发了自己的测试方法——**Arther 特定指控测试法（Arther Specific Accusation Test）**，其基本测试格式如下：

　　　　Q1. Irrelevant

　　　　Q2. Known Truth

　　　　Q3. Knowledge

　　　　Q4. Relevant

　　　　Q5. Comparison

　　　　Q6. Relevant

　　Q7. Known Truth

　　Q8. Relevant

　　Q9. Comparison

　　Q10. Irrelevant

　　其中最为特别之处在于使用了"已知事实"的问题类型。在这里，"已知事实"问题是指那些与被调查案件有关的事实，而且是为众人所知的。如大家（包括测谎师和所有被试）已经知道李某的手表被人从家中盗走。那么，问题"李某的手表是被人偷走的吗?"就是"已知事实"。这样的已知事实问题实际上是无关问题，但是由于它和被调查案件有关，因此看起来像相关问题。Arther 将其称为"已知事实伪相关问题"（Known Truth Pseudo–Relevant Question）。另外，和 Reid 技术一样，Arther 技术所使用的评估方法也是**全局性评估法**。

　　三、Backster 区域对照技术

　　区域对照技术（Zone Comparison Technique，ZCT）是由 Backster（1961）发展出来的。它是第一个完整使用**数量化评分**（Numerical Scoring）的 PDD 测试，也是目前测谎实务中使用最广泛的技术。根据 Mccloud 在 1991 年所做的调查发现[1]，大约有 64.9%的测谎师会以 ZCT 作为测谎时的第一考虑采用的技术，而 Weaver（1992）[2] 调查发现，在美国目前的所有测谎学校中（如 DoDPI），ZCT 都被作为必修的技术课程。所谓的区域（Zone）是指在测谎实测阶段，每个问题提问结束后大约 20 秒~35 秒内所获得的心理生理图谱区域。Backster 还对不同的问题类型所引发的图谱区域进行了颜色编码，使得这一技术更为直观。在 Backster 的 ZCT 中有三种不同的颜色区域，分别为红色、绿色和黑色，因此，区域对照技术又被称为三区域对照技术（Trizone Comparison Test）。其中，红色区域对应的是相关问题，绿色区域对应的是对照问题，而黑色区域则对应的是症候问题（Matte，1996）。Backster 区域对照技术的典型测试格式如下（以上述盗窃名表案为例）：

---

　〔1〕　Mccloud, D. G., "A Survey Of Polygraph Utilization", *Law and Order*, 1991.

　〔2〕　Weaver, R. S., "Polygraph Technique: Standardization or Versification? A 1992 Status Report", Paper presented at *the Seminar of the American Polygraph Association*, *Orlando*, *Florida*, 1992.

表 9-2　Backster 区域对照技术典型测试格式示例

题号	问题类型	问题
Q1	Irrelevant	你是叫赵某吗？
Q2	牺牲相关	关于被盗的手表和金元宝，你打算如实回答每个问题吗？
Q3	症候问题	你担心我会问一个我们没有讨论过的问题吗？
Q4	Comparison	你还记得自己在 25 岁之前偷过东西吗？
Q5	Relevant（强相关）	是你偷了李某的手表吗？
Q6	Comparison	除了你告诉我的以外，你还从你家偷了其他东西吗？
Q7	Relevant（强相关）	你从李某家偷了手表吗？
Q8	症候问题	有没有其他你害怕我问你的事情，尽管我告诉你我不会问你？
Q9	罪责情结	是你偷了金元宝吗？
Q10	Relevant（弱相关）	你知道李某丢失的手表现在在哪里吗？
Q11	S	你是否怀疑有人偷了李某的手表？
Q12	K	你知道是谁偷了李某的手表吗？
Q13	Y	是你偷了李某的手表吗？

　　Backster 还进一步对以上具体测试格式进行了规定和标准化。

　　第一，三个相关问题只能针对所调查的案件的某一具体方面进行提问，也就是只能针对前面所提到的犯罪的 4 条腿（"是不是你做的？是不是你协助他人做的？你知道是谁做的吗？你是否从中获益？"）中的"1 条腿"进行测试。此例就是只针对"是不是你做的"进行了测试，所有的相关问题都是围绕着这一主题编制的。这体现了 ZCT 的一个重要特点——单一主题（Single Issue）。

　　第二，Backster 为测谎技术引入了心理定势的概念，并作为 ZCT 的核心概念。在 Backster 看来，对于不同的被试（无辜或有罪的），某类的问题会较其他类型的问题具有威胁性（Threat），因而被试会对这类问题特别注意。对于那些想在相关问题上说谎的被试，他们会认为相关问题比其他类型问题（如对照问题、无关问题或症候问题等）对自己的威胁更大，因此对其更为注意，也具有更高的心理唤醒（Physiological Arousal）水平。同样，对无辜者而言，他们会认为早期生活对照问题更具威胁性，因此更多关注的是对照问题而非相关问题。另外，Backster 还注意到，对于一些个别被试，可能有其他更为严重的违法犯罪行为，并担心可能在此次测试中被识破，因此注意的问题既不是相关问题，也不是对照问题，而是症候问题。由此，我们就可以理解 Backster 使用颜色编码来划分三大区域的良苦用心了。红色区域，对应的是相关问题，其引发了心理生理反应区域，如果反应强烈则指示此被试可能为有罪者；绿色区域对应的是对照问题，如果反应强烈则指示此被试可能为无辜者；黑色区域对应的是症候问题，如果反应强烈则指示此被试此时最为担心的是测谎师会问其他事前没有讨论过的事项。对于 Backster 的"心理定势"概念及其理论假设，虽然至今仍未能得到测谎学界的一致认同，但不可否认的是，它是测谎文献，尤其是 CQT 技术相关的文献中最常被引用的概念和理论（Krapohl，2001；Matte & Grove，2001）。

第三，Backster 还确定了点评分规则（Spot Score Rule）。Backster 除了提出"区域"概念之外，还提出了另外一个相关的概念——点（Spot）。在每个点内只能包含一个相关问题以及与之相比较的对照问题。如上例中的 Q4 和 Q5 就是一个"点"。而所谓的"点评分规则"就是将相关问题与同点内的对照问题相比较并采用数量化评分技术评分，以作为诊断被试说谎与否的标准。而比较时需要遵守的基本规则就是：用来进行比较的相关和对照问题的位置必须固定，也就是某一点内的相关问题只能与该点内的对照问题相比较，不可与其他点的对照问题相比较。这反映了 Backster 的一项重要的主张：考虑到被试在测试过程中心理生理指标并不总是平稳的，同时为了尽量克服习惯化的影响，在提问顺序中，每个相关问题都紧挨着一个对照问题，并在比较相邻的相关问题和对照问题的基础上做出判断。

第四，则是曾反复提到的 Backster 的重要贡献之一，也是 ZCT 标准化的具体表现——**数量化评分技术**，其将在后文中详细介绍。

四、是不是你测试法（You Phase）

此测试法实际上是 Backster 将 ZCT 中一种特定的测试任务单独拿出来进行细化和标准化的结果。在上述详尽解释 ZCT 中，所使用的例子就是这一特定的任务——确定被试是不是真正的作案人。也就是将这类 ZCT 测试中的关于"是不是你做的？"这一部分内容发展成了一个专门的提问技术。可以想见，无论是作为 ZCT 的一部分还是作为一项独立的技术，都应该是最常被使用的，因为"是不是你做的？"可能是测谎师在面对被试时最想甄别的焦点。当然，测试法同时是一个**单一主题测试**，这样的针对性也保证了其有效性。

典型的测试格式包括 2 道或 3 道相关问题，其考察的主题都是"是不是你做的?"但是在具体的文字表达上会有轻微的差异。可见，上述 Backster 区域对照技术的举例，更准确地说，其实就是"是不是你测试法"。

五、改进一般问题测试法（MGQT）

1968 年，美国陆军测谎学校（The U. S. Army Polygraph School）的时任校长 Ronald Decker 到芝加哥拜访了 Reid，希望在 Reid 的一般问题测谎法 GQT 的基础上做一些改进：①每次测谎只针对一个问题进行；②使用独立的 Backster 对照问题（即控制问题）；③使用 Backster 的点分析方法；④使用数量化评分技术。但是 Reid 认为这些建议对他的技术改动过大，反对以"Reid"命名。Decker 只好将这一新方法命名为**改进一般问题测试法（Modified General Question Test，MGQT）**，并随后将 MGQT 在美国陆军测谎学校大力推广。典型的 MGQT 格式如下：

> Q1. Irrelevant
>
> Q2. Irrelevant
>
> Q3. Relevant：弱相关
>
> Q4. Irrelevant
>
> Q5. Relevant：强相关
>
> Q6. Comparison
>
> Q7. Irrelevant
>
> Q8. Relevant：犯罪知识
>
> Q9. Relevant：证据相关
>
> Q10. Comparison

和 ZCT 术一样，MGQT 所有的问题类型的位置都不能改动，并且相关问题与无关问题之间，相关问题与对照问题之间的比较必须是相邻问题之间的，即要符合 Backster 的点分析原则。另外，MGQT 放弃了 Reid 的全局性评估法，而采用了数量化评分技术，现在则改进为计算机化评分系统（Computerised Scoring Algorithms）。而与 ZCT 不同的地方主要在于，它没有使用牺牲相关问题和症候问题。而且 MGQT 是多重主题（Multiple-Issue）测试技术，因为其相关问题的测试主题是固定的，也就是犯罪的 4 条腿的问题。

可见，实际上 MGQT 更接近的是 ZCT 技术而非当初所想依靠的 Reid 技术。到了 20 世纪 70 年代中期，美国空军在 MGQT 的基础上修改了自己的版本，称为空军改进一般问题测试法（Air Force Modified General Question Technique，

AFMGQT)。为了区别，前面的 MGQT 被改称为 Army MGQT。AFMGQT 的格式与 Army MGQT 相比，就是将问题 Q2 从无关问题改为牺牲相关问题，其他保持不变。所以，目前 MGQT 有两个版本，分别为 Army MGQT 与 AFMGQT，实践中更常使用后者。

六、综合区域对照技术（IZCT）

从前面的技术或方法形成过程，可以看出，随着技术的成熟和多样化，技术之间相互的借鉴与整合日趋明显，**综合区域对照技术（The Integrated Zone Comparison Technique）**就是这样的一种技术。虽然这一技术并不主流，但是它反映了我们上述所讨论的各种技术之间的整合趋势。综合区域对照技术是由 Gordon 等人（2000）[1] 提出，并明确指出，这一技术改进的基础就是当时已有的各种 PDD 测试方法，尤其是 ZCT。例如，综合区域对照技术要求测谎师根据实际情况灵活使用单一主题或多重主题，而不再要求的必须为单一主题或多重主题。另外，这一技术对回答方式和问题编排也进行了较为多样的安排。在第 1 遍测试时要求被试保持沉默，即进行的是缄默测试；而第 2 遍、第 3 遍测试时被试可以按自己的想法作出口头回答。但第 2 遍测试时的对照问题与相关问题的位置要与第 3 遍测试时的位置相反。即第 2 遍测试时 3 个点中都是一个对照问题后紧随着一个相关问题，而第 3 遍测试则变成相关问题在前，对照问题在后。其经典格式如下（第 1 遍测试顺序）：

Q1. 无关问题

Q2. 症候问题

Q3. 牺牲相关问题

Q4. 无关问题（可选）

Q5. 对照问题

Q6. 相关问题

Q7. 无关问题（可选）

Q8. 对照问题

Q9. 相关问题

Q10. 无关问题（可选）

Q11. 对照问题

---

〔1〕 Gordon N J, Fleisher W L, Morsie H, et al., "A field validity study of the integrated zone comparison technique", *Polygraph*, 2000, 29（3）, pp. 220-225.

Q12. 相关问题

Q13. 反测谎问题（即"你是否故意做了一些事情来试图通过本测试?"）

七、Utah 技术与指导性说谎测试法

Utah 区域对照技术（Utah Zone Comparison Technique）也是基于 ZCT 发展而来的（以下简称 Utah 技术）。顾名思义，这项技术是由 Utah 大学的心理学家们提出并不断完善的。最早（1980 年）是由 Raskin 和 Kircher 在他们利用对照问题进行测谎学术研究中发展出来，随后又被后继者改进。因此，总的来说，Utah 技术并不常用在测谎实务工作中，它更多的是被用于**实验室模拟犯罪研究**。另外，Utah 技术实际上包括若干个不同的具体版本，其中 Bartlett 版和 Honts 版是比较具有代表性的。这两种 Utah 技术的具体测试格式如下：

表 9-3　两种 Utah 技术测试格式比较

Bartlett 版	Honts 版
Q1. Irrelevant	Q1. Irrelevant
Q2. Sacrifice Relevant	Q2. Sacrifice Relevant
Q3. Symptomatic	Q3. Irrelevant
Q4. 可能性说谎对照问题	Q4. 指导性说谎对照问题
Q5. Relevant	Q5. Relevant
Q6. 可能性说谎对照问题	Q6. Irrelevant
Q7. Relevant	Q7. 指导性说谎对照问题
Q8. Irrelevant	Q8. Relevant
Q9. 可能性说谎对照问题	Q9. Irrelevant
Q10. Relevant	Q10. 指导性说谎对照问题
	Q11. Relevant

这两个版本的差别非常直观地展现了当前 PDD 的发展趋势。首先，Honts 版本取消了症候问题，这反映了越来越多的研究者发现症候问题的实际作用并不大。其次，用指导性说谎对照问题（Directed Lie Comparison Question，DLC）替代了可能性说谎对照问题（Probable Lie Comparison Question，PLC）。这两种问题类型是 Raskin 在 1983 年到 1987 年提出的一个重要概念（Matte 1996）。正如前面提到的，在实践中，常常会出现被试对对照问题诚实回答，那么对照问题的作用

就不复存在了。为了彻底解决这一问题，Raskin（1989）建议，测谎师可以在指导被试在测谎过程中回答一些对照问题时必须做出"不是或没有"的回答，并且在谎答时要同时想想他自己从事问题所提的事件是在哪段时间。相应的，将那些未要求被试做出强制性谎答的对照问题称为 PLC，因为被试对于它们既可能做出谎答，也可能做出诚实回答。Raskin 曾对 DLC 进行了详尽的描述和解释：

> 例如，调查一起盗窃案件，我需要问你（被试）一些基本问题以确定你的基本诚实度。我需要确定你过去从没做过类似的事情，你也不是那种会偷东西而不承认的人……所以，如果我问你："在你 23 岁之前，你是否曾通过撒谎来摆脱困境？"你可能会回答"没有"，是不是？大部分的被试最开始都会对这一对照问题回答"没有"。但如果被试回答"是的"，则测谎师需要询问被试为什么这么回答……通过询问让被试相信，如果对上述对照问题回答"是的"会给测谎师留下自己不诚实的印象，从而可能被错误地认定为有罪。这种担心以及之前的特别解释将会导致被试在测试中对这一对照问题出现较强的生理反应。将被试对对照问题的反应与对相关问题（直接与盗窃案件有关）的反应进行比较，如果对对照问题的反应较强，则这时就可以解释为：被试对相关问题的否认是真实的。

这种要求被试对所有对照问题进行谎答的测谎技术则被称为**指导性说谎测试法（The Directed Lie Test, DLT）**。与其他 Utah 技术不同，DLT 在实践中应用比较广泛。

所有类型的 Utah 技术，不同类型问题的位置也是不能随便变动的，而且相关问题都必须与相邻的对照问题进行比较。而**评分方法则采用数量化评分技术**。另外，Utah 技术一般都为单一主题测试，但 Honts（1996）[1] 曾经使用自己的 Utah 技术进行过多重主题测试。结果发现，使用多重主题测试的准确率要低于单一主题测试，尤其是误报的可能性较大。

八、四轨道区域对照技术（QTZCT）

四轨道区域对照技术（Quadri-Track Zone Comparison Technique, QTZCT）是由 James Matte 在 ZCT 的基础上发展而来的（Matte, 1996）。此技术在 1995 年前被称为四区域对照技术（Quadri-Zone Comparison Technique）。所谓的"轨道"

---

〔1〕　Honts C R.，"Criterion development and validity of the CQT in field application"，*The Journal of General Psychology*，1996，123（4），pp. 309-324.

（Track）类似于 Backster 所提出的"点"（Spot）的概念，"四轨道"分别包含的具体问题类型情况如下：

第一轨道（Primary Track）：包括 1 道相关问题以及 1 道对应的早期生活对照问题。

第二轨道（Secondary Track）：包括 1 道相关问题以及 1 道对应的早期生活对照问题

内部轨道（Inside Track）：包括 2 道问题，其中 1 题是探测被试（一般是真正的无辜者）是否担心自己会被错误认定为有罪者，而另 1 题则是探测被试（一般是真正的有罪者）是否希望自己被错误认定为无辜者。

外部轨道（Outside Track）：包括 2 道症候问题。

此外，QTZCT 一般也是单一主题的，且使用的是数量化评分技术。

第五节　隐藏信息测试法（CIT）

除了 CQT，测谎领域其实一直还存在着另一种测试模式，即 CIT。虽然一般公认，CIT（或 GKT）的提出者是 Lykken（1959）。但事实上，早在 1904 年，Wertheimer 和 Klein 就描述过类似的测试范式。另外，在前面我们也曾提到，Münsterberg 也曾在其 1908 年的名著《在证人席上》上也提到这一方法。而且，根据以色列学者 Gershon Ben-Shakhar（2002）[1] 的说法，20 世纪 30 年代发展的已知答案的紧张峰测试法和探测式紧张峰测试法实际上是 CIT 的特例，其工作原理与 POT 非常相似，但 Lykken 本人并不这么认为。以上述盗窃名表案为例，CIT 的问题格式如下：

Q1. 李某被盗的手表，你知道是什么牌子的吗？

A. 是雷达吗？B. 是精工吗？C. 是劳力士吗？D. 是欧米伽吗？E. 是西铁城吗？

Q2. 小偷进李某家偷东西，你知道是从什么地方进的吗？

A. 是大门吗？B. 是厨房的窗户吗？C. 是二楼的阳台吗？D. 是二楼的窗

---

[1] Ben-Shakhar, G., A Critical Review of The Control Question Test, in M. Kleiner (Ed.), *Handbook of Polygraph Testing*, Academic Press, 2002, pp. 103-126.

户吗？E. 是后门吗？

Q3. 你知道被偷的表现在哪儿吗？

A. 是在小偷身上吗？B. 是在小偷的亲友那里吗？C. 是被卖掉了吗？D. 是被扔了吗？E. 是在其他别的地方吗？

可见，CIT 包含多组问题，且这些问题可能是多项选择题，而不是 POT 的那种是否问题，旨在检测只有嫌疑人才会知道的犯罪信息。此类信息可能包括犯罪现场的细节或犯罪手段，如所使用的凶器类型。假设有罪的被试对正确的（相关的）细节会表现出与不正确的细节不同的生理反应，而无罪的被试对所有项目都会做出相同的反应。

POT 技术认为，通过这一组问题就可以识别出真正的犯罪人，因为只有真正的案犯才知道那些不为外人所知的案件细节，并对此表现出特异的心理生理反应变化。但是 Lykken（1959）却认为，仅仅一组题，或者测谎师不知道确切相关信息，则存在着较大误判的可能性。例如，一名无辜者可能因为自己的手表是劳力士，那么他很有可能在测试中对关键项出现特异的生理反应。测谎师很有可能将其误判为有罪。针对此，Lykken 提出以下三个主要改进方法。

第一，根据案件的具体情节编制多组问题，如上例中，除了对现金数量进行探测之外，还可以针对当事人的名字、作案工具等编制若干组问题。无辜者一般因为偶然因素会对 1 组问题的关键项出现特异反应的可能性较大，但对几组问题的所有关键项出现特异反应的可能性会大为降低，并且随着问题组数的增加，这种可能性也逐渐降低。Lykken 还给出了每套 CIT 测试所含问题组数与理论上的准确率之间的关系，具体见表 9-4：

表 9-4　CIT 的准确率

问题组数	无罪者		有罪者	
	真阴性	假阳性	真阳性	假阴性
5	.944	.056	.872	.128
6	.985	.017	.901	.099
10	.994	.006	.968	.032
12	.996	.004	.981	.019

续表

问题组数	无罪者		有罪者	
	真阴性	假阳性	真阳性	假阴性
16	.999	.001	.993	.007

由表 9-4 可知，如果问题组数达到 6 组，则其错误率就基本能满足小概率水平（小于 5%）；而如达到 10 组及其以上，就完全满足小概率水平，为不可能事件。因此，Lykken 建议每套 CIT 测试应包括 8~10 组问题，每组问题针对一个具体的案件情节提供 5 个选项，其中 1 个选项为关键项，其他选项则为中性项或无关项。

第二，为了尽量排除未知因素的影响，Lykken 建议 CIT 应该选择测谎师知道确切答案的问题，也就是类似已知答案的紧张峰测试法中的问题。但这一要求并非绝对的，在 8~10 组问题中可以有目的地选择一两组探测式的问题，如为了获得有利的物证而扫描一组赃物可能去向的问题。

此外，Lykken 还指出，在 POT 中将关键项放在中间位置的方法虽然用心良苦，但是当 8~10 组问题中，所有的关键项都被放置于中间，这种规律性如果和其他因素（如一些被试偏好选择中间项）发生交互作用显然会影响测试。这实际上就是传统实验心理学中的位置效应。为了避免这一问题，Lykken 也使用了传统心理学中常用的解决方法——随机平衡法。即要求每组问题中的关键项的位置不再必须放在中间，而是进行随机平衡。但 Lykken 承认首题效应必须排除，因此要求所有的关键项或可能的关键项（如使用了探测式的问题）都不能放在第一选项中。每组题的第一选项都应是无关项，作为缓冲器，也不参与评分。

第三，Lykken 主张 CIT 仅使用皮电指标数据，而 POT 使用所有的三大生理指标数据。在用途上两者也存在重大差异。POT 通常用作 CQT 的补充或作为调查辅助手段。但 CIT 则是独立的测试技术，被视为 CQT 的替代方案。

一般认为 CIT 是建立在个体的认知加工过程（Cognitive Processes），尤其是记忆的基础上。只有知道案情具体情节的有罪者才会对所有问题组的关键项出现有别于无关项的心理生理反应。而那些情绪紧张的无辜者虽然有可能反应水平很高，但不会具有指向性。因此，Lykken（1959）认为，只要具有足够的案件情节可用于编制问题，并且这些情节没有通过警方或媒体泄露给被试，则 CIT 要优于传统的 CQT，应被广泛应用于实践。但是后来的学者通过研究发现，CIT 具有一个严重的弱点：出现漏报的可能性较高，即较容易漏掉真正的有罪者（Maclaren，2001[1]；Podlesny，1993[2]）。此外，CIT 的使用仅限于只有犯罪人和调查人员知道犯罪细节的情况。然而，这种情况很少见，因为信息很容易通过相关律师、新闻媒体甚至调查人员获得（Abrams，1989），犯罪细节的公开会消除使用 CIT 的可能性。不过，在一些*对犯罪现场的控制较为严格的国家如日本*，CIT 是主要的测试方法。

总之，比较 CIT 和 CQT，我们确实能看出两种截然不同的测谎思路。CQT 特别是 DLT，它们检测的可能真的是欺骗或谎言，因为它们要求被试必须谎答。而 CIT 和 POT 这些技术的不同之处在于，它们并非旨在检测被试是否撒谎、是否隐瞒了犯罪行为本身，而是旨在检测被试是否拥有只有犯罪人才拥有的犯罪信息，或者说，检测的是信息本身。这些信息可能包括犯罪地点或犯罪方式的细节（如使用的武器类型、被盗金额）。按照 Raskin（1989）的说法，CIT 与其他技术的不同之处在于，它们"不直接评估被试的否认或断言的可信度。相反，它们测量被试对特定信息的生理反应的相对强度，以确定被试是否直接了解该信息"，因此将这些称为"隐蔽信息测试"更为恰当。甚至在某种意义上可以说，因为它检测的是被试是否知道犯罪的真实细节，可以说，**不是"测谎"是"测真"**，**是诚实测试**。

第六节　其他测试技术

但除了上述测试技术以外，在以往的测谎实践和研究中，还存在着一些其他的技术。这些技术往往是针对测试中的某个问题或者某些细节发展而来，并不能单独使用，或者使用范围有限，但也是 PDD 实践中必不可少的存在。

一、单一主题技术与多重主题技术

回顾以上各种测试技术，我们可以看到，大部分都是针对单一主题进行的。例如，Backster 的 ZCT 就特别强调只针对犯罪 4 条腿中的一条腿进行测试，其优点是能使测试任务相对简单、明确。另外，某些案件可能只适合使用单一主题的测试，如在人事筛选测试中知道被试是否有过盗窃行为。虽然后续的 ZCT 已经发展到可以处理多重主题，但许多测谎专家认为，该技术的真正优势还是在于处理

---

〔1〕　Maclaren，V.，"A Qualitative Review of The Guilty Knowledge Test"，*Journal of Applied Psychology*，2001，86（4），pp. 674–683.

〔2〕　Podlesny，J. A.，"Is The Guilty Knowledge Polygraph Technique Applicable In Criminal Investigations?: A Review of FBI Case Records"，*Crime Laboratory Digest*，1993，20（3），pp. 57–61.

单一主题。比如 Utah 技术也强调了要使用单一主题，并且 Honts（1996）通过研究证实，使用多重主题的准确率要低于单一主题，尤其是误报的可能性较大。

不过，主张单一主题的提问技术主要是 CQT，而 CIT 则是很典型的多重主题测试方法，其理由 Lykken 已经说明：使用多重主题可以排除偶然性因素对测试准确性的影响。另外，当已经确定被试是犯罪人后，多重主题测试可以作为进一步调查之用，针对任何想了解或验证的具体细节进行探测（Barland et al. 1989）[1]。

二、回答方式不同的各类技术

和其他的心理测试相比，测谎测试最大的特点在于它对被试回答内容的依赖。如果被试的回答内容与事实相符，则他是诚实回答；如果不符，则他在说谎。而说谎与否是否会影响被试的心理生理指标目前仍无定论。一些学者认为说谎会增加认知负担，从而会影响心理生理指标；而另一些学者则认为，测谎测试只是检测记忆，简单的口头回答（"是"或"否"）对心理生理指标并不会有太大影响。Larson 很早就报告称，通过要求被试做出简单的"是否"回答，比起不要求回答，测谎更容易成功（Abrams，1977）。日本学者 Ohkawa（1963）[2] 曾经比较了在 POT 中采用"是""否"以及缄默这三种不同回答方式下的测谎准确率，结果发现，"否"（谎答）的准确率最高，其次是缄默，而"是"（诚实回答）的准确率最低。而被试的动作本身会影响测谎心理生理指标，特别是回答问题时的气息变化会明显影响呼吸曲谱。正因为以上的问题与争议，学者们发展出了各种回答方式不同的提问技术，具体如下：

1. 缄默测试法（SAT）

缄默测试法（Silent Answer Test，SAT）主要特点在于被试在接受测谎测试时不必对被问及的问题作出"是"或"否"等口头回答。对测谎师而言，这样做的好处在于可以避免因被试回答问题干扰呼吸生理指标的收集和图谱，同时能识别一些被试利用回答问题之机实施反测谎的行为。而从被试的角度看，则有利于保障被试在刑事司法背景下保持沉默的权利。

同时，缄默测试法存在着两个明显的缺陷：一是被试可能因为不需要对问题作出反应选择"无视"问题而导致测试无效；二是由于不用做出回答，这可能

---

〔1〕 Barland, G. H., Honts, C. R., & Barger, S. D., "The Validity of Detection of Deception for Multiple Issues", *Psychophysiology*, 1989, 26（4a Supplement）, p. 13.

〔2〕 Hisatsugi Ohkawa, "Comparison of Physiological Response of 'Yes', 'No', and 'Mute' Conditions in Peak of Tension Test", *Reports of the National Institute of Police Science*, 1963.

减轻了被试尤其是有罪者的负担，有可能使其心理生理反应水平比要求作出回答的情况下低。

为了弥补以上不足，研究者发展出来了**缄默点头测试（SAT Nod）**。所谓"点头"（Nod）指的是在 SAT 技术的基础上要求被试虽不用做出口头回答，但需要通过点头或摇头来"回答"问题（Horvath，1972）[1]。

2. Yes 测试法（Yes Test）

这也是 Reid（Reid& Inbau，1977）所发展出来的一项提问技术。它源于 Reid 在测谎实务中发现，如果不对被试的回答作出要求，一些真正的有罪者会采用不配合的方式来进行反测谎。例如，被试对某些或所有问题都不做出口头回答，这样他就可以忽视问题而使得测试失效。为了克服这一问题，Reid 发展出了 Yes 测试法。即将测试问题中的所有对照问题剔除，而将剩下的问题一一呈现给被试，并要求被试对所有问题回答"是"（Yes）。学者们认为这一方法能很好地识别出那些试图反测谎的有罪者。当然，这一具有明显针对性的测试技术的应用前提是比较严格的，即要具有确切的证据或理由让测谎师相信此被试正试图反测谎（Reid & Inbau，1977；Abrams，1989）。

3. 正向控制技术（PCT）

1969 年，Richard Golden 提出，可以要求被试在测试中分别对同一问题作出"Yes"或"No"两种截然不同的回答，并将其称为"是否技术"（Yes-No Technique）。但在目前实务中使用的是否技术并非 Golden 所发展的，而是其变式——Reali（1978）[2] 所提出的正向控制技术（Positive Control Technique，PCT）。PCT 与其他提问技术最大的不同在于：其他提问技术一般都是将每套问题提问 3 遍，而 PCT 则只提问 2 遍，并且严格要求被试回答的内容。它要求被试第一次对问题的回答的内容与第二次回答的正好相反。即如果被试对某问题第一次回答"是"，第二次回答时则必须说"否"。由此，每个问题都是自己的对照问题，因此在这类测试中不再需要 CQT 中常用的早期生活对照问题。

4. 闭眼技术（Closed-Eyes Technique）

闭眼技术（Closed-Eyes Technique）指的是要求被试在接受整个正式的测谎测试中都闭着眼睛。之所以这样要求被试，主要出于两个考量。第一个就是测谎实践发现，测谎师在测试中的表情或动作变化可能会影响被试；第二个是一些被

〔1〕 Horvath, F. S., "The Polygraph Silent Answer Test", *Journal of Criminal Law and Criminology and Police Science*, 1972, 63（2）, pp. 285-293.

〔2〕 Reali, S. F., "Reali's positive control technique", *Polygraph*, 1978, 7, pp. 281-285.

试会利用眨眼动作来进行反测谎。为了消除以上两种影响，让被试闭上眼睛也许是一个好的办法。但目前这一技术在实务中只有极少人使用，而且没有研究专门去探讨闭眼或不闭眼这两种条件对 PDD 测试的影响作用。

面对如此多的测试技术，测谎师常常会想问："我应该用哪种技术是最好的？"但遗憾的是，对于具体案件应采用何种技术，并没有固定的规则。目前的经验是测谎专家"只会使用那些在 PDD 领域内得到普遍认可或已得到验证的测试技术"（Matte，1996）。每种测试技术往往用于特定目的：如 RIT 大多用于人事筛选；CQT 通常用于刑事调查；研究领域更常使用 CIT。CQT 适用性更好，因为不能保证每个案子都存在没有被公开的细节，但每个案子都需要问"是不是你做的？"

与 CQT 相比，被试的情绪状态对 CIT 准确性的影响较小，因为它更注重信息本身。被媒体指控的个体、被害人的家人可能会对 CQT 的相关问题很敏感，从而使 CIT 成为更可行的选择技术。此外，研究还表明，CIT 比 CQT 更适合测试精神病态者，也就是俗称的有反社会人格的个体。关于这点笔者将在第十五章进一步展开讨论。

CQT 是目前有些地区应用最广泛的测试技术，但也是受各方诟病最多的（Ben-Shakhar，2002[1]；Iacono & Lykken，2002[2]；NRC，2003）。对于 CQT 最大的批评在于，测试中不恰当的准绳问题使用会增加将无辜者错误认定为有罪者的风险。而 CIT 测谎方法目前应用最广泛的国家当属日本（Fukumoto，1982），我国也有较为广泛的应用。CIT 的优势在于，如果相关信息没有被泄露，那么相比而言，CIT 对假阳性的控制要优于 CQT，但却有较大的可能性漏过真正的有罪者[3]。

---

　〔1〕　Ben-Shakhar G，"A Critical Review of the Control Questions Test（CQT）"，2002.

　〔2〕　Iacono, W. G., & Lykken, D. T., The Scientific Status of Research On Polygraph Techniques: The Case Against Polygraph Tests, in D. L. Faigman, D. H. Kaye, M. J. Saks, & J. Sanders (Eds.), "Modern Scientificevidence: The Law and Science of Expert Testimony (Vol. 2). St. Paul", *MN: West Law*, 2002, pp. 483-538.

　〔3〕　Nurit Gronau, Gershon Ben-Shakhar, and Asher Cohen, "Behavioral and Physiological Measures in the Detection of Concealed Information", *Journal of Applied Psychology*, 90 (2005), pp. 147-158.

第十章　测谎数据解读与报告

前面我们已反复提到，测谎仪（Polygraph）本身并非严格意义上的"测谎仪"（Lie Detector），即它并不直接指示被试是否在说谎。它甚至不直接测"说谎的生理反应"，而是测的一些"认知或情绪引起的生理反应"，这些认知（如认知负荷）或情绪（如恐惧）可能与"说谎"有关。没有已知的生理反应是说谎所独有的（Lykken，1981；Orne，1975[1]），是否真的与说谎有关仍需要解释，而解释工作就是由测谎师完成。具体到 PDD 测试，就意味着通过预先精心设计的测谎程序，测谎仪会采集到大量的生理数据（一般以图谱形式呈现）。但数据本身不会说话，需要测谎师对数据进行解读，并最终给出一个结论：被试是否说谎。正如 Giannelli（1994）[2] 总结的："然而，**这台机器既不能检测到欺骗行为，也不能检测到对欺骗的恐惧；它只提供生理反应的记录。是测谎师根据这些记录推断出欺骗的人。**"从原始的数据图谱到得出结论是一个巨大的飞跃，有时面对同一份测谎数据图谱，即使都是经验丰富的测谎师也可能做出不一样的结论。

第一节　专业概念

测谎数据解读是一个比较专业的工作，在真实实践解读之前，需要先了解一些涉及的专业概念。

一、测谎数据图谱

尽管测试方法多种多样，测谎仪的型号千变万化，但测谎仪所收集的生理数

---

〔1〕　Orne M T.，"Implications of laboratory research for the detection of deception"，*Legal admissibility of the polygraph*，1975，pp. 94-119.

〔2〕　Giannelli，P. C.，"Forensic Science：Polygraph Evidence：Part 1"，*Criminal Law Bulletin*，1994，30（May/June），pp. 262-274.

据却相当标准，通常是三种：皮电、呼吸和血压。如今的测谎仪在很大程度上与最早的"Keeler polygraph"没有本质的区别，只是从机械仪器进化到电子仪器，并增加了具有内置算法的、计算机化的数据增强和控制系统等。而测试所获得的生理数据一般是以图谱的形式呈现在电脑屏幕上，以往传统测谎仪是依靠机械式热笔描记在卷纸上。我们将这种图谱形式呈现的测谎生理数据称为测谎数据图谱。

一般来说，测谎数据图谱（如图10-1）主要记录三种生理数据，显示在图谱中就是4条（呼吸一般是2条）横向的波形图。绝大部分型号的测谎仪的图谱排列顺序是相似的，上方记录的是2条呼吸（胸部呼吸与腹部呼吸）曲线；图谱中间是最重要的皮电曲线；下方往往记录的是血压或脉搏曲线。此图谱只是真正测谎时收集的生理数据的极小一部分。具体来说，是被试对1个对照问题C的完整反应，后面紧跟着1个相关问题R。C和R之间的时间间隔是30秒，这个间隔足以唤醒交感和副交感神经系统。

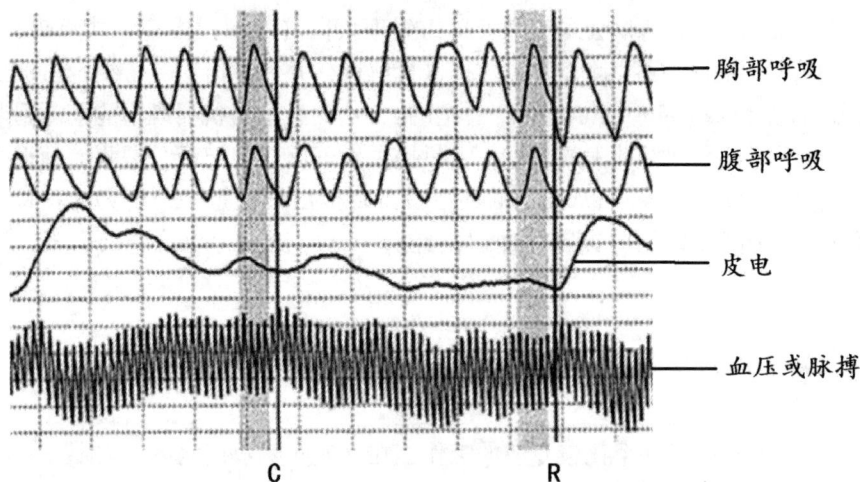

图10-1　测谎测试采集到的连续图谱

事实上，针对一位被试的一个完整的测谎测试，至少需要测3遍。也就是说，一套题被提问3遍，每遍之间会有一个短暂的休息，仪器也会同时停止。所以一般情况下，每遍测试得到一套图谱，最后测试结束会得到3套图谱：

第1遍测试图谱：无声回答图谱。要求被试在整个测试过程中保持安静，对于任何听到的问题，都不用做出回答。

第2遍测试图谱：出声回答图谱。要求被试对听到的问题，都做出"是"或"否"的回答，且要诚实回答。可以在正式开始时对被试这样说："测试马上开始。请你用是或否来回答我提出的每个问题。请记住，你回答时要非常诚实，因为相关的数据将会被仔细分析。如果你对任何问题撒谎，无论是什么原因，都可能导致你通不过测谎测试。"

第3遍测试图谱：出声回答图谱（问题顺序有所不同）。要求与第2遍一样，但很多时候可以根据实际情况调整问题顺序。

如果需要额外的数据，也会有第4遍或第5遍测试。如怀疑被试用了反测谎对策但并不是很确定时，为了查清楚会进行第4遍测试。此外，被试是否要出声回答问题，以及诚实回答还是说谎回答，不同的测试技术要求是不同的，这里只是举例说明。所以，经过3遍重复测试，最终会得到3份测谎数据图谱。

二、测谎结论

测谎师会对采集到的数据图谱进行即时或事后的解读，最终对被试是否"说谎"做出一个判断结论。

如前所述，PDD测试遵循的一个基本原则是：自己与自己比，即将被试在不同类型问题（即刺激）上的心理生理反应水平进行比较，并据此作出其是否有罪或说谎的结论。所以，测谎测试作出结论的过程更像医学上一个对病人作出"是否患病"的诊断过程，被称为对真实或欺骗的"诊断"（Diagnosis）（Reid & Inbau，1977）。此外，随着认识水平的提高和统计技术的发展，人们已经意识到，对于测谎测试的"最后结论"不再只是简单地根据事先设定的"一个绝对的分界点"（an Arbitrary Cut-Off Point）做出判断的过程，而是通过"风险决策"程序最终做出一个"诊断"的过程。这一诊断的结论不外乎以下四种之一：

说谎。（Deception Indicated，DI）
诚实。（No Deception Indicated，NDI）
无结论。（No Opinion，NO）
无法判断。（Inconclusive）

其中，DI还可以表示成为SPR（Significant Physiological Responses，有显著心理生理反应），NDI也可表示为NSPR（No Significant Physiological Responses，无显著心理生理反应）。或者更简洁一点，DI表示成为SR（Significant Responses），即"有显著反应"；NDI 表示为 NSR（No Significant Responses），即"无显著反应"。

另外，在多数情况下，如果各方面测试条件都保证良好，测谎师都可以获得良好的测谎数据图谱，然后通过数据解读程序得到一个最后的分数。根据已经确定好的划分标准，可以将被试诊断为 DI、NDI 或 NO。所谓 NO（无结论）是指所得分数介于说谎和诚实之间，因而不做结论。而 Inconclusive（无法判断）则是在某些情况下（如测谎数据不足、图谱混乱、异常或缺失等），测谎师对所得到的测试图谱无法评分，从而不能对被试做出测谎结论。

三、基础事实

经过一个完整的 PDD 测试，测谎师最后能给出确定的、有价值的测谎结论实际上只有两种：说谎（DI）或诚实（NDI）。而与之相对应的是，这名被试事实上也分属于两类人：真正犯罪者或者真正无辜者。需要特别指出的是，在刑事司法背景下，要确定被调查者是否为真正的犯罪者有时候是非常困难的，有可能永远都无法知道案件真相和真正的作案人。这个问题早在现代测谎仪诞生之时就已经显示出来了。如前述 Marston 在 1921 年进行的一项测谎效度的现场研究就发现了这个问题：如何确定测谎结论是正确的？因为在实践中，有一些情况下可能无法真正确定一名嫌疑人是否有罪，这时候需要研究者自己事先定义好何谓真实的标准。Marston 当时建立了一个标准：综合分析供词、法庭审判过程等资料后做出被告是否有罪的判断。根据这个标准，可以判断通过测谎而得出的测谎结论是否准确。虽然在一些情况下，以这一标准建立的基础事实并不符合真正的事实。例如，案件没有审结，并不知道真正的有罪者是谁？甚至有些已经被定罪的案件，时隔过年以后发现是冤假错案。所以，某种意义上，在测试领域并不存在100%的事实，但尽最大可能性所能达到的"事实"，将之定义为**基础事实**，而这个标准则被称为**基础事实标准**。

由此，一方面可以根据确定的"测谎结论"将被试分为"说谎"（DI）和"诚实"（NDI）；另一方面可以根据"基础事实"将被试分为"事实上的犯罪者"和"事实上的无辜者"。我们可以根据分类得到图 10-2 的 2×2 的混淆矩阵：

基础事实

		事实上的犯罪者	事实上的无辜者
诊断结论	说谎	Hits True Positives 真阳性	False Alarm False Positives 假阳性
	诚实	Misses False Negatives 假阴性	Correct Rejection True Negatives 真阴性

图 10-2　2×2 混淆矩阵

可见，当测谎师针对一名被试作出了"说谎"或"诚实"的测谎结论以后，会出现四种情况：事实上的犯罪者被正确地诊断为说谎，即真阳性（True Positive，TP）；事实上的无辜者被错误地诊断为说谎，即假阳性（False Positive，FP）；事实上的犯罪者被错误地诊断为诚实，即假阴性（False Negative，FN）；以及事实上的无辜者被正确地诊断为诚实，即真阴性（True Negative，TN）。这样的数据形式是典型的信号检测论（Signal Detection Theory，SDT）的研究对象。

四、信号检测论

信号检测论最早出现于雷达侦测领域，即借助于数学方法帮助雷达有效的区别雷达"信号"和"背景噪音"（Leshowitz，1969）[1]。经过二战的强力促进，信号检测论及其相应的技术和方法得到了极大的完善和提升，并在战后逐步扩大到其他应用领域，如医药行业、非损伤性检测、信息检索、产品检验、调查研究，以及临床心理学等（Swets，1996）[2]。而从 20 世纪 70 年代开始，研究者开始试着将信号检测论引入测谎领域（如 Ben-Shakhar et al.，1970）[3]。

信号检测论的研究启示我们，测谎师在作出测谎结论的过程中，并不是仅仅依靠其对"说谎"与"诚实"生理指标的辨别能力，还纳入了人为的反应决策。在刑事司法背景下，测谎师往往会采取"工业质量控制取向"（Industrial Quality-

---

〔1〕 Leshowitz B.，"Comparison of ROC Curves from One-and Two-Interval Rating-Scale Procedures"，*The Journal of the Acoustical Society of America*，1969，46（2B），pp. 399-402.

〔2〕 Swets J A.，*Signal detection theory and ROC analysis in psychology and diagnostics：Collected papers*，Psychology Press，2014.

〔3〕 Ben-Shakhar，G.，Lieblich，I.，& Kugelmass，S.，"Guilty knowledge technique：Application of signal detection measures"，*Journal of Applied Psychology*，1970（54），pp. 409-413.

Control Approach）。因为一旦无辜者被错误地诊断成有罪者，即出现了虚报，就意味着无辜者可能会因为这一测谎结论导致精力和财物的消耗，失去工作、家人、自由，甚至生命，其后果往往是非常严重的。因此，很多测谎师常常抱着"宁愿放过一千，也不能错杀一个"的心态，尽可能地提高判断标准，牺牲击中率，以尽量避免出现虚报或假阳性。

但这并不是绝对的，在其他背景下，测谎师的反应偏见可能完全不同。极端的例子就是在人事筛选背景下。其情景往往是从多位应聘者中筛选出一位职位合适者，这是一个典型工程失败安全取向（Engineering Fail-Safe Approach）的测谎工作。因此，测谎师会自觉或不自觉地降低判断标准，牺牲正确拒绝的概率，以尽量避免漏报或假阴性的可能性。

另外，即使在相似背景下，测谎师也会根据具体的情景来调整自己的判断标准。例如，同样是面对从 10 名嫌疑人中识别出真正的杀人犯，如果已知杀人犯肯定是 10 人之一，相较不能确认杀人犯是否在 10 人中的情景下，测谎师肯定会降低判断标准。这其实就是基础概率（Base Rate）对判断标准的影响。又如，要求测谎师从 2 名嫌疑人或者 1000 名嫌疑人中甄别出真正的犯罪人，也就是基础概率分别为 50% 和 0.1%。在这两种不同的情景下，测谎师显然会采用完全不同的判断标准（Gastwirth, 1987[1]；Kircher & Raskin, 1987[2]；Murphy, 1987[3]）。

此外，信号检测论的研究告诉我们，用传统的击中率、正确拒绝率或总体准确率来考察测谎的准确性是不恰当的，应该用更加精确的统计指标——AUC，即为 ROC 曲线下面积（Area Under Curve，记为 A）。正因如此，如今很多考察测谎准确性的研究报告都不再使用准确率表示，而是改用 AUC 指标。如前述的 NRC 在 2003 年的研究报告中使用的就是 AUC。根据来自 ROC 基础研究的标准，A 的取值范围在 0.5~1 之间，值越大表示诊断准确性越好，A 达到 0.9 以上时诊断准确性较高，0.7~0.9 时诊断价值中等，低于 0.7 时诊断价值则较低（宇传华，2002）[4]。

〔1〕 Gastwirth, J. L., "The statistical precision of medical screening procedures: Applications to polygraph and AIDS antibody test data", *Statistical Science*, 1987, 2（3）, pp. 213-238.

〔2〕 Kircher, J. C., & Raskin, D. C., "Comment: Base rates and the statistical precision of polygraph tests in various applications", *Statistical Science*, 1987, 2（3）, pp. 226-238.

〔3〕 Murphy, K. R., "Detecting infrequent deception", *Journal of Applied Psychology*, 1987, 72（4）, pp. 611-614.

〔4〕 宇传华：《第十三章 诊断试验的评价》，载余松林主编：《医学统计学》，人民卫生出版社 2002 年版，第 164~178 页。

第二节　评估与评分（Evaluation and Scoring）

通过正式测试阶段采集到被试的生理数据以后，测谎师依据一定的评估方法进行详细的分析和解读，但因为具体方法不同，所以为了精准表达，我们将这一过程称为评估与评分（Evaluation and Scoring）。

总体上，测谎实践领域中对于测试数据图谱的分析方法主要有两种：一是**全局性评估法**（Global Evaluation），主张在测谎数据图谱分析以外，还要结合案件背景资料、行为分析结果及语言/非语言等各方面的相关线索，进行全面的、综合的评估；二是**数量化评分法**（Numerical Scoring），只对数据图谱上的生理反应进行量化评分，最后给出结论。不过，除这两种评估方法之外，在 PDD 技术发展的早期还存在一种**经验性评估法**（Empirical Evaluation）。

一、经验性评估法

早期 PDD 测谎的数据评估，往往是根据经验等质性的东西进行的。例如，早期记载的 Lombroso 用水压式脉搏记录仪对罪犯进行的测谎实验。在这个实验中，Lombroso 用直接观察的方法记录嫌疑人在算数学题和回答与犯罪有关的问题时脉搏的变化（主要是观察记录脉搏变化的管子里的水位变化）。他发现嫌疑人在回答和犯罪有关的问题的时候脉搏变化明显地快于算数学题时的脉搏，并认为用这种方法就可以来测谎。但问题是，Lombroso 认为两者的差异达到多少次就是真正有差异？相关文献并没有给出答案，可见，这种数据评估的过程是非常简单、粗糙的，完全基于 Lombroso 个人的看法。而后来的 Larson 与 Keeler 也主要使用的是经验性评估法。

随着 PDD 技术的发展，新的仪器、新的生理指标出现，且更为精确。特别是新的编题方式不断地更新，如 RIT、POT、CQT 和 CIT 等，这些方法逐步排除了被试的个体差异带来的影响因素，使得 PDD 进一步向科学化、标准化发展。但是，对测谎数据的解读还存在一个普遍的问题，即人们对测谎图谱的评判往往是依赖经验，而不是按照一定的标准，远远达不到标准化或数量化的要求，这种经验性评估存在着很大的问题。

第一，如果评估依赖经验，这意味着 PDD 更可能是一门技艺而非科学；意味着评估依靠的是测谎师对数据图谱的大量操作经验，需要对 PDD 测试有着足够了解和练习。所以，面对同一份数据图谱，经验丰富的测谎师与新手的解读可能很不同。新手很容易出现错误，而有经验的测谎师也很难将自己的经验直接教授给新手。

第二，这种评估方式容易受到测谎师的主观因素的影响，产生偏差的可能性增大。人们对任何事物进行评价的时候，往往会带有主观性的因素，这些主观性的因素包括了个体的认知状况、情绪情感状况、意志水平以及个体的个性心理特征。心理测量学之所以要求标准化，主要的原因之一是为了克服主观因素的影响。在我国曾经有一个真实案例。在某次重大的杀人案件中，警方使用了血型鉴定、足迹鉴定和警犬鉴定等多种手段，其中也使用了 PDD。使用 PDD 的测谎师因为也是办案人员之一，所以测试之前就了解到上述其他鉴定的结果都同时指向同一个嫌疑人。然后测谎师才进行测谎测试，进行编题、实测、评估，最后认定上述的这名嫌疑人没有通过测谎。但是实际的结果却是：所有的鉴定结论，包括测谎技术都出现了错误。值得一提的是，在这个案件中，对于同一份图谱，在发现错误之前和发现错误之后，竟然有着完全不同的解读结果。发现错误之后，其他测谎专家在寻找测谎出错的原因时，重新对数据图谱进行了评估。结果发现，从图谱来看，他并没有作案的时间（数据图谱显示当时他在家里而不在作案现场）。所以得出与事前评估完全不同的结论。但是，如果有着足够标准化的评估方法，即使测谎师事先知道其他的鉴定结果情况，还是可以依据图谱本身进行评分，并减少自己的主观性因素的影响。

二、全局性评估法

全局性评估法（Global Evaluation）是 Reid 提出的数据评估方法。随着 Reid 技术成为美国测谎实务界的主流技术之后，其所倡导的全局性评估法几乎成为当时的唯一标准，取代了之前的经验性评估。全局性评估法，要求测谎师对测谎测试中所有能得到的信息进行评估，并综合起来做最后的判断。具体含义可以用以下例子加以说明。

一般来说，PDD 测试要进行 3 遍，但因为习惯化问题等，每遍测试之间是存在着差异的。即第 1 遍测试时，由于问题第一次提出，比较新鲜，对被试来说影响较大，引起的情绪或者觉醒程度较大，所以生理反应一般较为强烈。随后第 2 遍，特别是第 3 遍，由于习惯化和疲劳，生理数值趋于平伏。当生理数值过于平伏时，各类问题之间的生理数值可能会找不出差异。即使使用区域对照法，每遍之间的相邻的问题进行比较，但是因为第 3 遍所有的问题的生理数值都不高，即使比较相邻问题也看不出差异。为了解决这一问题，测谎师开发出了多种解决方法。其中之一就是使用"增益"（Gain）。所谓增益是指通过处理收集到的生理信号进行人为增强信号。这样可以使问题之间原本不明显的差异可以在图谱上表现出来差异。第二种方法则是建议测谎师以第 2 遍的数值为主要的评估依据。不过，这种生理反应数值趋于平伏现象其实并不是坏事，因为它可以作为另外一种评估的依据。从整体上讲，将 3 遍测试的数值相互比较，如果一遍比一遍紧张，可以作为判定有罪人的依据之一。这是因为，对一般的有罪者来说，经过这么多的敏感问题的提问，心理压力应该是越来越大。但是也不排除有罪者由于疲劳或者由于习惯化而出现数值逐渐下降。所以说，如果一遍比一遍放松，不能简单地认为是无辜者的反应。但是一遍比一遍紧张的话，那就需要特别加以注意。

全局性评估法需要注意一些前后相关的题目之间的呼应。有时被试由于种种测谎师不知道的原因而出现阵发性的紧张反应，这表现在图谱上就是一组题目中只有 1~2 个题目出现较高的反应，而其他的题目则没有明显的反应。在这种情况下，如果测谎师不注意全局性评估，就很可能造成错误。实际上，作为一名合格的测谎师不仅要学会在编制问题的时候注意有些题目的前后呼应，而且要学会在评图中注意这些题目的相关性。例如，在某测试中有这样两组题：

> 这个案件，你知道是谁干的吗？
> 这个案件，你怀疑是谁干的吗？
> 这个案件，你看见是谁干的吗？
> 这个案件，是你干的吗？

> 这个案件，是一个人干的吗？
> 这个案件，是两个人干的吗？
> 这个案件，是三个人干的吗？
> 这个案件，是四个人干的吗？
> 这个案件，是四个人干的吗？

测试数据显示被试在题目"这个案件，你知道是谁干的吗？"和"这个案件，你看见是谁干的吗？"出现了很高的反应，但是在关键问题上"这个案件，是你干的吗？"的生理反应并不是很高。如果单独评估这一组题，会给出"被试无辜"的结论。但是如果我们进行全局性评估，就需要结合第二组题的数据分析。而第二组数据中反应最高为"这个案件，是三个人干的吗？"。与前面一组的测试结果结合起来，就可以得到合理的解释：后一组题目表明参与此案的人不是一个人，而是三个人，说明被试是此案的作案人之一，很有可能只是从犯。所以被试并不认为自己是主导者，很有可能出现如前一组那样的反应。可见，从整体上来对数据图谱进行评价，应注意前后题目之间的相互对应，这样可以更准确地评判、解释图谱，从而减少失误的可能性。

全局性评估法除了要综合分析所有的生理数据以外，被试对有关事实的陈述、测试中的行为表现以及侦查（或调查）得到的信息都要被纳入评估之中（Giannelli，1994）。即前述的有关行为（如 BAI）、语言内容分析（如诱饵问题）、言语线索等各种非仪器测谎指标都要纳入整个分析之中。

全局性评估综合评判，对各方面都富有经验的测谎师来说，其实是一个非常好的方法。在第十六章，我们将了解基于机器学习的多模态测谎新技术，某种意义就是一种全局性评估。只是在没有人工智能等技术的帮助下，全凭人工分析的全局性评估和经验性评估一样，比较依赖测谎师的经验。一个各方面都比较擅长的人不就是一名测谎专家吗？所以，此评估方法由专家型测谎师使用效果非常好，但显然不符合科学心理学所倡导的标准化和客观化的要求，不利于其他测谎师掌握和操作，因为具有很强的主观性，所以一直受到严厉批评（Matte，1996）。因此，后来的 Backster 和 Lykken 都主张在测谎评分中采用标准化、客观化和数量化的方法，提出了数量化评分技术。二者都倡导在做出测谎结论的过程中，完全排除其他因素，只以采集的生理指标数据为基础，采用标准化的评分程序进行。

三、数量化评分法

在现代测谎技术的文献中，"数量化评分"（Numerical Scoring）一词与"区域对照技术"一样，几乎是与"Backster"一词始终相伴相随，这反映了 Backster 对这两项技术的巨大贡献。但数量化评分技术并非 Backster 所首创的，最早有文献可佐证的先驱可能是 Winter（1936），但是在当时并没有引起足够的重视，因为当时主张全局性评估的 Reid 技术过于强势。

但随着越来越多的人使用全局性评估出现了问题，以及来自各界对测谎技术标准化和客观化的要求，心理学出身的 Backster 在提出了自己的测试技术 ZCT 时，进一步主张在测谎评分中采用标准化、客观化和数量化的方法，提出了数量化评分技术（Numerical Scoring Sysytem）（Backster，1962）。其倡导在做出测谎结论的过程中，完全排除其他因素，只以采集的心理生理指标数据为基础，采用标准化的评分程序进行。所谓数量化评分法，主要是要求测谎师给所有有意义的图谱打出相应数值，再根据划分标准做出是否有罪或者无结论等测谎结论的过程。所以，它本质上就是一个评分的工作，所以我们不再如前面两种方法使用评估（Evaluation）一词，而改用评分（Scoring），更为精确。而按照 Raskin（1989）的说法，它是一种完全只依赖测谎图谱信息的系统方法。经过多年发展，数量化评分已经成为测谎数据分析中最主流的方法，且有以下三种具体分类。

1. 7点评分

Backster 最早提出数量化评分就是 7 点评分系统（7-Position Scoring System，以下简称 7 点评分）。在他的对照问题技术中，每套完整的问题清单中有 3 个点。而每个点包含 1 个对照问题和 1 个相关问题。如果被试在对照问题上的心理生理反应比相关问题的强烈，则赋值"+1"分；如果是比较强烈，则赋值"+2"分；特别强烈的，则赋值"+3"分。相反，如果被试在相关问题上的心理生理反应比对照问题的强烈，则随着程度由弱变强，分别赋值"-1"分、"-2"分或"-3"分。如果在两类问题上的反应差别不大，则赋值"0"分。而负值代表说谎，而正值则代表诚实。可见，Backster 采用的是 7 点评分。但他并没有采用平均分的方法，而采用了总分形式。由于每套题包括 3 个区域（也就是 3 个相关问题），而每个完整的测谎测试对每套题提问 3 遍，因此理论上测试最后的总分为-27 分至+27 分之间。

2. 3点评分

在实践中，一些测谎师觉得 7 点评分有点复杂，为了便于学习，以及更为简化方便，而将 7 点改为 3 点，形成 3 点评分系统（3-Position Scoring System，以下简称 3 点评分），（Capps & Ansley, 1992）[1]。3 点评分原理如同上述 7 点评分，只是在比较时，不用详细区分比较强烈和特别强烈，如果有差别就赋值 1，没有差别就赋值 0。同样，负值代表说谎，而正值则代表诚实。计分仅分成 3 个等级（-1、0、+1）。相比较 7 点评分，3 点评分比较简单、易掌握，不过缺点显而易见，过于笼统，区分不明显。

3. ESS

实证计分系统（Empirical Scoring System, ESS），是在 3 点评分的基础上，根据实证研究的统计学计分方式，将其中的皮电数据的评分方式从 3 点（-1、0、+1）改为（-2、0、+2），即增强 2 倍。此计分方法有统计原理，且在信度、效度研究上已获得美国实证研究的支持，但实践上应用较少。不过，ESS 的基本思想是：在三种生理指标中，皮电的重要性要高于其他两种指标，且为 2 倍。ESS 在实践中虽然很少使用，但这个思想却被测谎师所广泛熟知。即几乎每位测谎师都知道皮电比其他指标都更重要。

4. 决策标准

与前面的经验性评估法和全局性评估法不同，数量化评分在对所有数据图谱

---

〔1〕　Capps M H, Ansley N. , "Analysis of federal polygraph charts by spot and chart total//Polygraph Examinations with Interpreters Russell E", *Godby Department of Defense Polygraph Program Annual Report to Congress for Fiscal Year* 1991 *Office of the Assistant Secretary of Defense*, 1992.

进行评分后，还需要进行最后一步，即根据一个事先确定的判断标准来做出说谎（DI）、诚实（NDI）或无结论（NO）的决策。根据前述的信号检测论的知识，这其实是一个风险决策过程，故 Raskin（1989）将这一标准称为"决策标准"（Decision Rules）。不同的测试方法有着不同的决策标准，我们将一些主要的决策标准作如下介绍。

（1）**Backster 决策标准**：Backster 采用的是 7 点评分，而且采用的是计总分而非平均分的形式。由于每套题包括 3 个点，而每个完整的测谎测试对每套题提问 3 遍，因此理论上测试最后的总分为−27 分至+27 分之间。而 Backster 给出的决策标准是：

> 总分大于（包括等于）+7 时，为"诚实（NDI）"；
> 总分小于（包括等于）−13 时，为"说谎（DI）"；
> 总分在+6 至−12 之间时，为"无结论（NO）"。

（2）**DoDPI 评分标准**：DoDPI 在 Backster 区域对照技术（1962 年版）的基础上对其进行了微小的改动，即相关问题的设计没有遵循 Backster 所定义的单一主题原则，不过 DoDPI 仍然把所有点的纵向总分相加获得一个总分并以此得出结论。要认定被试是诚实还是说谎至少对同样的测试问题进行三次测试。具体决策标准如下：

> "说谎（DI）"：在任何一点的得分都要小于−3 或是总分为−6；
> "诚实（NDI）"：在任何一点上的得分必须为正且总分要达到+6 或更高；
> "无结论（NO）"：不属于以上任何一种，则为无结论。

（3）**Utah 技术**：所有类型的 Utah 技术，不同类型问题的位置也是不能随便变动的，而且相关问题都必须与相邻的对照问题进行比较。而评分方法则采用数量化评分技术，且为 7 点评分。在单一主题下，Utah 技术基于总分按下列决策标准做出结论（Honts，1996）。

> 总分大于（包括等于）+6 时，为"诚实（NDI）"；
> 总分小于（包括等于）−6 时，为"说谎（DI）"；
> 总分在−5 至+之间时，为"无结论（NO）"。

（4）**四轨道区域对照技术**：四轨道区域对照技术一般是单一主题的，且使用的是 7 点评分。Matt 建议在实施四轨道区域对照技术测谎后应将测谎图谱拿出测试室，通过四轨道反应评分指南（Quadri-Track Reaction Guide）进行点分析，然后将被试在每个测验上得到的总分与四轨道区域比较测试正误率预测表（Predictive Table of Accuracy and Error Rates For Quadri-Track Zone Comparison Technique）进行比较，至于是无辜还是有罪取决于得分前的正负号（"+"代表倾向无辜，"-"代表倾向有罪）。预测表是根据 1989 年 Matte-Reuss 现场研究得出的，它给出了无辜者、有罪者达到一个得分或更高得分（更低）的概率；无辜者、有罪者达到这个值或低于这个值（更强的得分）的概率；基于这种可能性出现错误的潜在概率，也就是出现反例的概率。

图 10-3 是测谎得分与无辜者/有罪者得分分布之间的关系。在将该分布关系应用于具体案例的时候，我们可以用测试总分除以相应测谎图表的数目得到一个平均分然后注明平均分在分布中的位置——是偏向无辜还是更偏向有罪。

```
无辜者 ------------------------------ 有罪者
临界值 +3                          临界值 -5
平均值 +6.0017                     平均值 -9.1484
标准差 3.099                       标准差 2.8433
```

图 10-3　分布关系

从以上这些具体评分标准来看，数量化评分技术最大的优点就是使用方便。但是还应该发现，无论是 7 点评分还是 3 点评分，抑或是 ESS，虽然都被称为数量化评分法，也确实用到了数值，在客观性和标准化上有很大的提升。但仍会受到一些主观因素的影响（Gordon & Cochetti, 1987[1]；Honts & Driscoll, 1988[2]）。因为具体到每一个点或者每一个问题上，评分其实是根据图谱主观给出的。即某个具体呼吸图谱具体是打 3 分、2 分或者 1 分，其实是在观察的基础上给出的，还是需要测谎师的主观判断。如同样两个问题之间皮电反应高度，在不同的测谎师看来，很可能给出的分值会不同。可见，"测谎测试期间做出的分

---

〔1〕 Gordon N J, Cochetti P M., "The horizontal scoring system", *Polygraph*, 1987, 16 (2), p.116-25.

〔2〕 Honts C R, Driscoll L N., "A field validity study of rank order scoring system (ROSS) in multiple issue control question tests", *Polygraph*, 1988, 17 (1), pp.1-13.

析判断非常主观，需要足够的培训和技能才能确保正确解释测试数据。这是因为测谎仪本身无法检测到这一点；相反，测谎师通过解释检查期间记录的生理变化来做到这一点。"（Lowe，1981）[1] 所以，我们一直在强调的是，PDD 更可能是一门技艺，而非技术或科学。因为即使是最客观的数量化评分法，在最基本层面上仍属于主观经验性评估。但如果把数据评分的工作完全交给一个机器，是不是可以解决这个问题呢？人们第一个想到的就是计算机，即所谓的计算机化评分。

四、计算机化评分

在计算机刚开始出现的时候，有一些学者就已经开始探索如何利用这一强大工具来分析复杂的测谎数据。1962 年，纽约福特汉姆大学的 Joseph Kubis 博士为美国空军系统司令部罗马航空发展中心完成了测谎计算机可行性方面的研究。Kubis 使用的是模拟盗窃方法，分别用数字 3、2、1 和 0 来表示 "非常重要" "重要" "可能重要" 和 "不重要" 的反应类别，没有更详细的生理数据解读规则。结果发现学习以上评分方法的新手，仅根据生理数据评分就能够达到与真正测谎师相同的准确度。并且发现在三种生理指标中，皮电数据的评估最为客观，也最有效。因此，Kubis 博士认为，将测谎数据解读的客观化是一个关键问题，而计算机程序在解决这个问题上可以发挥很大的作用。但遗憾的是，后续的工作并没有再进行。

直到 20 世纪 80 年代以后，才真正出现了计算机化的测谎仪，而其软件程序 CPS 可以在收集的生理数据基础上实现自动诊断功能，直接给出被试说谎的概率值。虽然软件开发者 Kircher 和 Raskin（1988）声称：初步的结论证明计算机化的自动诊断的准确性与专家诊断能达到同一水平。但在实践中，没有任何一个测谎师依赖这一计算机化程序来评分，因为人们普遍认为，它并不可靠。主要原因在于，一些干扰因素会影响生理图谱，如深呼吸、咳嗽、运动和生理异常（过早心室收缩）也会出现类似说谎的生理反应，我们称为 "伪迹"。它们并不是真正的有效反应，所以不应参与评分。稍有经验的测谎师就可以很容易区分出这些伪迹，但计算机却不能，至少目前主流的 CPS 是无法准确无误地识别出来的。而这会导致计算机的评分肯定会不准确。因此，更多的时候它只是作为一个辅助参考，特别是当人工评分出现困难时容易将之作为辅助参考。不过，在人工智能快速发展的今天，计算机评分有了新的希望，关于这点，我们将在第十六章提及。

---

[1] Lowe, R. A., "Regulation of polygraph testing in the employment context: Suggested statutory control on test use and examiner competence", *University of California Davis Law Review*, 1981, 15（Fall）, pp. 113-131.

　　至此，我们对测谎结论形成过程有了清晰地认识：随着人类认识水平和解决问题能力的提高，特别是统计技术的迅猛发展，传统的测谎评分技术经历的是一种螺旋式的提升过程。在 Keeler 和 Marston 时代，使用的评分技术是最为简单的相关问题与无关问题的反应。而 Reid 的"全局性评估法"主张在生理反应的基础上，结合被试行为和其他所有可能的信息做出最终的测谎结论。这在很大程度上依赖测谎师本身的经验，也因缺乏标准化和数量化而受到了来自 Backster 的数量化评分方法的强力冲击和挑战。但是发展到今日，我们发现得出测谎诊断结果不能再是简单的加减计算过程，而是一个引入了风险管理与机率的观念，利用强大的统计方法，做出最终测谎结论的决策行为。在这一视角下，测试似乎又回到了 Reid 的理论大树之下，强调多因素综合考虑。但实际上，当今的理念相比 Reid 有了本质性的提升。

　　首先，测谎结论不再依靠个人主观经验做出，而是利用研究分析和统计方法，从庞大而纷繁的资料中筛选值得信赖的预测因子，最终形成一个较为稳定和精确的诊断统计模型。其次，测谎师只需根据已有的统计模型，以及当时的情势（是工业质量控制取向还是工程失败安全取向），制定精确的判断标准，从而得出最后的测谎结论。

第三节　对数据解读的建议

　　尽管 PDD 一直在做着标准化的工作，但是应承认，目前标准化程度其实是不够的。这就意味着 PDD 的数据解读不能只是一个完全按标准或者流程进行的工作，还需要有经验的积累。此外，这个领域的一些规律或者标准是在实验室或者模拟犯罪研究中获得的，存在着生态效度不足的问题。所以需要了解经验丰富测谎师在实践工作中的一些做法和经验，本书作为一些建议介绍给大家。

一、专家和权威机构的建议

　　绝大多数专家和权威都同意通过测量皮电、呼吸和血压这三大生理指标来进行测谎，并且对这些指标进行了许多的观察和研究，并对它们的评估或评分标准给出了建议。

1. Keeler 测试学校的建议

　　学员被要求注意以下皮电的反应指标（可能是有罪的表征）：伴随"谎言"的一个大的变化；一个反应后，不能回到基线；1 至 5 秒内的反应时间；不明的下降反应。对于呼吸，有意义的反应有：呼吸量的改变、基线改变、呼气抑制（下位抑制）、吸气抑制（上位抑制）、不规则呼吸、连续的深呼吸。

2. Reid 的建议

Reid 发现采用不同的测试方法，其评价的反应指标是不相同的。他分别列举了 RIT 和 POT 的反应指标。对于 RIT，他认为最可靠的指标是即时的呼吸抑制和被试回答问题后马上出现的血压的上升。具体的反应指标有：血压的升高、血压的降低、脉搏减缓、呼吸抑制以及深呼吸（呼吸缓解）。对于 POT，反应指标是血压曲线的最高点。

3. Backster 的建议

Backster 在他所发明的 ZCT 中给出了以下主要反应指标的评分规则。皮电：上升；呼吸：呼吸抑制、基线上升、窒息、呼吸频率减慢；血压：血压上升、幅度减小、频率减少。此外，深呼吸、脉搏增加和脉搏频率增多都可能是有罪被试的一种缓解反应。

4. APA 的建议

APA（1991）的培训教材列出了表 10-1 的图谱评价规则：

表 10-1　图谱评价规则

指标	说谎的反应
皮电	突然升高、双峰波后长时间或大幅度反应、在相关点皮电波突然上升
呼吸	规律性的改变、呼吸幅度和呼吸量的变化、呼吸比（吸气/呼气）的变化、呼吸尖波、基线变化、基线消失、深呼吸、呼吸抑制、呼吸调控
血压或脉搏	血压上升和下降同时出现、只有血压上升、只有血压下降、脉搏率增加、脉搏率减少、血压幅度上升、血压幅度下降

5. 其他

Robbins 和 Penley（1974，1975）[1][2] 先后研究了 76 名有罪者和 140 名无罪者的图谱。所有的无罪者的案例都得到证实，76 名中有 50 名得到证实。在他们的研究中，发现有三种指标最有影响，分别是血压或脉搏、皮电、呼吸。其中呼吸中有几个特殊的波形：呼吸抑制及其后的解除反应、屏气、基线变化、呼吸

〔1〕 Robbins, N. E. and Penley, W. J., "Polygraph Progress Study: The United States Postal Service", *Polygraph*, 1974, 3 (3), pp. 247-255.

〔2〕 Robbins, N. E. and Penley, W. J., "Review of the Polygraph Charts of NonDeceptive Subjects", *Polygraph*, 1975, 4 (3), pp. 199-206.

比的变化。

近年来的研究表明，只要测试符合条件，呼吸指标的作用与皮电指标一样。如 Ben-Shakhar 和 Dolev（1996）[1] 在他们的研究中比较了呼吸曲线长度（Repairation Line Length，RLL）和皮电反应的相关度。所谓 RLL 指的是当提问开始后 15 秒内呼吸曲线轨迹的长度。研究结果表明，RLL 越短，越能说明被试有罪。Seymour 等人（2000 年）[2] 也指出，仅仅通过评价反应时间就能够有效把有罪者和无辜者区分开来。

二、同步评估与测后评估

对于不同的测谎师，进行评估的具体时间点可能是不同的。有些测谎师习惯在测谎实测或图谱采集阶段（The Actual Examination Or Chart Collection Phase）就进行评估。所以当测试结束，他的测试结论可能就已经形成了。而另一些测谎师，主要是新手测试师，则倾向于在测谎数据图谱收集完后，留出一定的时间作为数据分析阶段（The Test Date Analysis Phase），专门用于进行评估。除了习惯和经验以外，一些计算机化的测谎仪，其软件系统可能会因为设置等（如自动归中）问题，导致测试实时呈现在屏幕上的图谱并不是最后的、真实的图谱，所以只能进行测后评估。

几乎所有的测谎教程都会建议测谎师使用测后评估，因为测后评估的好处非常明显：能够保证评估的客观性。把评估放在测谎测试之后，测谎师可以比较集中、少受外部因素干扰的根据评估标准一步一步地进行。在必要的情况下，可以将编题人员、实测操作人员和评估人员分开，以保证评估人员不带任何的偏见进行客观地评估。

但实务中，不少测谎师，特别是非常有经验的测谎师，其实更多地在使用同步评估。即在测试进行的过程中，同步的图谱呈现在计算机显示器上时，测谎师已经开始进行评估。在实际案件的侦办过程中，也发现同步评估比测后评估有更多的优势。主要表现在以下两个方面：

第一，在测谎实践中，被试往往会出现各种意外的情况，如出现咳嗽、调整坐姿、无意识动作等，这些都会影响测试的图谱。目前的 CPS 还不能将这些干扰因素有效地排除，有的软件只能简单地将这些因素识别出来，并将同时记录的图

〔1〕　Ben-Shakhar G, Dolev K., "Psychophysiological detection through the guilty knowledge technique: effects of mental countermeasures", *Journal of applied psychology*, 1996, 81 (3), p. 273.

〔2〕　Seymour T L, Seifert C M, Shafto M G, et al., "Using response time measures to assess 'guilty knowledge'", *Journal of Applied Psychology*, 2000, 85 (1), p. 30.

谱排除在评分的范围外，这样就会造成一些有用的信息的丢失。同步评估可以弥补这个缺点。因为我们可以根据被试动作的幅度大小来评估同时的皮电、呼吸、血压的真实水平，这样就会保存一部分有用信息，不会造成信息的完全浪费。

第二，同步评估可以缩短整个测试时间，为后面的测后审讯争取时间。实际的情况是，如果在测谎结束以后马上对认定的嫌疑人进行审讯，往往会达到很好的效果。这是因为大多数有罪的被试对测试的结果十分关注，在测试中接受连续几轮的提问，这些问题对他来说是十分具有威胁性的，往往会感到巨大的心理压力，其心理防线处于崩溃的边缘。如果使用同步评估后，能够在提问结束的同时就对被试下一个明确的结论：是作案人、涉案知情人还是无辜者。这样警方的审讯工作就能够马上跟上，稍加压力，有罪者的心理防线就会完全崩溃，很有可能当场供认。如果使用测后评估，可能就无法实现这样的效果。

当然，同步评估存在一个比较严重的潜在风险，就是要求测谎师同时进行多项任务——实施测试和评估，如果注意力不够可能会漏掉一些信息或者出现较大的失误。另外同步评估可能会带有测谎师的主观性评价。

总之，对于有经验的测谎师或者测试由两名人员完成的情况，可以选用结合手写记录的同步评估；但是对初学者来说，采用测后评估可能更适合。

三、结合非仪器测谎线索或技术

Reid 强烈建议在 PDD 测试中结合自然观察法来分析那些非仪器测谎的线索。虽然多数研究者并不以为然，认为这会极大损害 PDD 的标准化。不过近年来，人们开始比较一致地认同，PDD 应该和其他的非仪器的测谎技术结合起来，以达到互补的目的，完全否认对行为的观察分析是毫无道理的。观察行为还是识别反测谎的主要方法。另外，测谎师在从事实务测谎工作时都能感受到，行为分析并不仅仅用于反测谎的过程中，它对于整个测试过程都有很大的价值。不过在进行 PDD 测试的时候一定要记住：自然观察法只提供有罪或者无罪的表面现象，只有 PDD 测试图谱才能提供有罪或者无罪的实质。自然观察法是 PDD 测谎技术不可缺少的辅助手段。

根据 Reid 的建议，如果发现有以下几种情况时需要加以注意：

1. 被试的视线不能直视测谎师，目光会逃避测谎师的注视，不敢和测谎师对视。

2. 出汗过多。在测谎测试规定的室温下，人不太会出汗。如果被试身体的若干部位出汗过多，这可能就是被试有罪的线索之一。最应该注意的部位是双眼之间或上嘴唇，汗水会最早在这些部位出现，并且逐渐变得明显；

前额的汗水则先在发际线下出现，然后扩散到整个脸部；手掌出汗的速度也比较快，此外腋窝也是出汗较多的部位。

3. 脸部和颈部皮肤过分苍白或者变红。情绪的激动会使被试的头部、脸部、颈部一些容易看到的血管有明显跳动，血流量明显地增加，从而导致脸部和颈部的皮肤发红。

4. 出现吞咽、舔嘴唇等动作。我们已经知道，这些迹象的产生与应激反应有关。当人受到威胁时，抗利尿激素过度分泌，从而导致体内水分流失。当嘴、舌、唇部干燥的时候，人们会出现吞咽、舔嘴唇等动作。

5. 不自主的动作。正式测试中，在被要求尽量保持不动的前提下，被试仍出现不自主的动作，这也可能是有罪的线索。因为，在正常的情况下，人具有控制自己活动的能力。动作的不由自主是有暂时或部分丧失这种能力表现。不自主的动作包括：手、脸、腿、手臂和脚连续的颤动或抽搐。常见的表现包括：脸部表情不自然、古怪；说话结巴；手脚抖动；坐姿别扭，等等。

要特别提醒的是，使用以上评断依据时一定要慎重。因为正如前面提到的，人与人之间有很大的差异，并不存在任何一种行为线索一定与说谎或欺骗有关。当某个被试出现上述的一种或几种线索时，可能存在着多种不同的解释，有罪只是其中的一个可能性。所以，一定要和PDD测试数据结合起来解释，否则很容易出现失误。

四、没有最好，只有最合适

以上数据评估和评分方法，目前最主流的还是数量化评分法。但这并不意味它是最好的，这些方法本身没有绝对的好坏之分，适合自己的就是最好的。例如，一些顶尖的测谎专家都是实时、经验性的评估。正如本书一开始提到的喜剧片《拜见岳父大人》，那位岳父大人作为经验丰富的测谎专家，更多地依靠的是自己毕生的测谎经验，对仪器的依赖反而不重要，也就是他女儿所吐槽的："**他不需要仪器，他本身就是测谎仪**"。影片虽然是喜剧，但这一"吐槽"却异常真实。现实中一些PDD测谎专家确实如此，有时候我们也会戏称这些顶尖专家"**测谎其实根本不用测谎仪**"。

总之，在PDD测试中，"**所提的问题和记录生理反应可能千差万别，将各种来源的数据结合起来得出最终结论的方法也可能各不相同。因此，测谎测试既是测谎师技能和经验的结果，也是仪器本身的结果。**"（Miner & Capps, 1996）[1]

---

〔1〕 Capps M H, Miner J., *How honesty testing works*, 1996.

可见，测谎真只是一种技艺，而非科学。

第四节　测谎结论报告

除了极少数例外，测谎师必须提供他们实施的测谎测试的书面报告。因为测谎结论可能被作为鉴定结论或专家证人证言等法律文书，甚至可能作为证据出现在法庭上（虽然这种情况很少）。如果报告形式不合格，会直接导致被排除在证据之外，在日本就有类似的判例（参见第十一章）。所以在一个 PDD 测试各方面都很规范的国家，测谎报告会有固定的格式，有一些要素是几乎必须有的。这些要素包括：

一、基本信息

测试前必须核实被试的身份，报告应列出被试的姓名，以及可能知道的任何其他姓名，一些报告还要求包括被试的出生日期。但为了避免可能的个人信息被盗或滥用，测谎一般不会过度要求被试提供过多或不必要的身份信息。

测谎师还需要报告所有与测谎测试相关的信息。在刑事案件中，主要的测试信息可能是被试所涉犯罪案件的信息以及相关的调查情况。而在人事筛选测谎中，可以需要报告被试所申请的职位，因为职位不同，测谎涉及的具体内容或测试方法也可能不同。当本次测试是先前测试的延续时，还需要报告上一次测试的简短信息。

此外，应该清楚地报告导致被试接受测谎的原因或本次测试的目的。这是为了验证本次测谎是否集中在所请求的问题上。如"本次测谎的目的是评估被试否认参与任何 XX 大厦纵火案是否属实""受 XX 公安局委托，测试被试是否是 2·10 案的作案人"等。

二、测试过程情况报告

测谎师应报告测试的时间和地点。时间不仅要包括测试日期，还要包括报告测试开始和结束时间。可以就具体的测谎指标以及具体测谎仪器做出声明。

此外，如果测试中出现一些不同寻常的地方，谨慎起见，也要将这些细节添加到报告中。如测试在非传统环境中进行，因为现场条件所限，只能在户外进行，这可能会影响测试结果，所以需要报告。

列出相关问题以及被试的答案。如果有特定要求，测谎师还可以列出所用的具体技术。需要特别说明的是，一般不鼓励列出所有问题，而只用列出相关问题或者关键项即可。

三、测试结论与测后访谈

测谎结论报告形式建议表示为：说谎（DI）、诚实（NDI）、无结论（NO）或无法判断（Inconclusive）。

关于测谎师如何得出最后的测谎结论，越来越多的人要求将其添加到测谎报告中。有时候应相关方的要求，还需要以更专业的统计数据说明，比如有关分数的详细信息、与这些分数进行比较的规范数据的参考，以及显著性水平等。

测后测谎师通常会告知被试测试结果，如果这些结果表明被试说谎，则要求被试对此结果做出解释。而这些都需要在测谎报告中加以说明。在刑事案件测谎中，测谎师可能会从测谎师的角色转变为审讯人员，并努力获得嫌疑人的供述。供述可以做成单独的文件，附在测谎报告中。

四、其他信息

视具体情况，测谎师还会将其他信息纳入测谎报告。这些信息主要取决于委托方的需求。可以包括关于测谎仪的更详细信息、测谎师的资格证明以及支持本次测谎方法的文献资料等。

表 10-2　个体测试报告

测谎报告

个人信息

姓名：陈某

出生日期：1996 年 9 月 3 日

身份证号：123456789×××××××××

测试信息

测试地点：××市公安局

测试日期：2022 年 3 月 10 日（星期四）

案件编号：22-03-0666

测谎师：李某

上一次测试：以往无测谎经验

第 1 部分：测试目的

本次测谎测试主要检测，对于本报告第 3 部分列出的相关问题，陈某是否做出了诚实回答。

第 2 部分：测前阶段

在 2022 年 3 月 10 日 14 点，陈某到达并表示愿意接受测谎测试，并且阅读、填写并自愿签署了测谎同意书。

使用录像设备记录了整个测试。

测谎师认为，陈某适合测谎。

测谎师与被试一起讨论并审查了所有将提到的问题。本次详细审查的目的是确保被试完全理解所有问题。

第 3 部分：测试阶段

测试所用仪器为 CPS 计算机化测谎系统。该仪器连续记录呼吸、皮电和脉搏活动。

该仪器还包括旨在记录动作和指脉活动的传感器。

测前功能检查确认仪器功能良好。

在测谎测试中提出了以下相关问题：

"是你拿了保险柜内的珠宝首饰吗？"

第 4 部分：结果

经过 3 遍完整的测试，测谎师做出以下诊断意见：

陈某在测试期间**没有欺骗迹象（NDI）**。

对生理数据的整体分析表明，它具有足够的数据和信息来完成对测试结果的标准化数值分析。

使用"Backster 数量化评分技术"对测谎测试进行分析，结果显示，当陈某回答上述问题时"没有欺骗迹象"，且结果具有统计上的显著性。显著性水平小于 0.01，也就是说，陈某说谎的可能性不到 1%。

第 5 部分：测后访谈

在测后访谈阶段，陈某获悉了测试结果。

注：**测谎测试数据及相关文件会保留六个月（自 2022 年 3 月 10 日起）。**

测谎师（签章）：李某

要特别指出的是，除了一些信息必须纳入外，还有一些信息不应出现在测谎报告中。测谎师不应提供他们不具备专业资格的意见或建议，如其他心理测量（如人格测量）和量刑建议；也不建议测谎师列出相关问题以外的测试问题。此外，有时候测试中会发现被试一些轻微的违规行为，测谎师必须谨慎报告这类信息。如涉及犯罪或负有强制报告责任的，测谎师当然必须报告；否则基于测谎师与被试之间的保密原则，则不应该记录在报告中。

　　要说明的是，以上测谎报告只是一种形式，事实上报告可以有多种风格和规范。但同一测谎师最好能保持稳定一致的风格，否则就会显得混乱且不专业。当然，测谎报告也要考虑符合委托方的要求和标准。

　　测谎报告在一定程度上反映了测谎师的能力和专业水平。所以要注意报告的整体外观以及避免出现错字错句。一般情况下，报告应标记为"机密"，或者根据委托方的要求进行机密程度分级（绝密、机密、秘密），并用印章、注记方法在文件上标明。

第四部分

测谎实践

　　尽管 PDD 技术存在着理论上的不确定性，且饱受质疑，但似乎并不太妨碍它在各国的刑事司法、安全审查、人事筛选和公共议题等领域的应用实践。特别是近几十年来，在罪犯矫治领域，PDD 技术受到了异乎寻常的、几乎是一边倒的支持。而本书的探讨不仅是对技术科学性的简单辩护，亦非对操作流程的表层梳理，而是试图借助典型案例，深入揭示测谎技术在多元场景中的实际运作，及其成效与挑战。

第十一章　不同类型案件测谎（案例研究）

测谎结论在全世界范围内很少能被作为证据使用，但已经成为不少国家常规的刑事案件调查工具。在我国，PDD 测试已经应用得非常广泛了，很多地区的公检法等机关也已经配置了测谎仪器与人员。结合我国二三十年的测谎实践检验，刑事司法系统是 PDD 测试应用的核心领域。而初步的结论是：PDD 测试对我国大多数刑事犯罪案件是适用的，特别是杀人、放火、盗窃、抢劫、贪污贿赂等类型案件。

不过更重要的是，PDD 测试并不适合所有案件，如交通肇事逃逸、强奸等案件适用的话，会有较高的失败风险。例如交通肇事逃逸案件，发生事故只在一瞬间，而且可能唯一需要甄别的点就是当时是否是故意离开现场。所以测试问题单一，一旦一个问题出错，整个测试可能都是错的。而强奸案件，相关问题无可避免地对几乎所有人都敏感。所以很有可能被试反应强烈，但无法区分是因为有罪紧张，还是因为问题本身敏感导致的，因此也容易出现误判。

此外，我们经常会出现一种错误认识，即所有的犯罪都是一件事。这种错误被专业人士称为"犯罪迷思"。事实上，犯罪是个很大的概念，性犯罪和财产犯罪在一般情况下是完全不同的事情。测谎实践也发现对于不同类型的案件，由于性质不同，犯罪的后果不同，被试的关注重点也不同。相应地，测前案情分析不同，最后编制的测试问题也不一样。本章将根据不同类型的案件，提供 PDD 测试在实践中的具体应用，旨在使司法从业者能够了解测谎仪在他们工作中所起的作用，同时为解决社会中最重要的问题——犯罪——提供一些助益。

第一节　杀人案：CIT

一、案件类型分析

杀人，就是使他人死于非命。这里的杀人案件，是指《中华人民共和国刑法》（以下简称《刑法》）第 232 条所规定的故意杀人罪，即非法剥夺他人生命的行为。杀人罪一直被认为是最严重的罪行之一，成功侦缉到杀人凶手常常被当作警方办案能力的最直接体现。所以在处理杀人案件时，警方往往会使用所有可能的侦查手段和最先进的刑事科学技术，其中当然包括了测谎技术。

在杀人案件中犯罪者主要以刀具为主实施犯罪，当事人之间的"互动"相对较多。另外，研究数据发现，75%以上的杀人案件中当事人双方往往是认识的，且是有前因的如感情纠纷，这使得杀人案件有比较多的可供编题的关键点。所以，**杀人案件比较适合使用 PDD 测试**。

从测前案情分析的角度看，杀人案件一般具有如下特点：

第一，犯罪人与被害人之间往往有明显的纠葛，随机选择陌生被害人的情况较少见。换句话说，犯罪人杀人是有动机的，或者都是有原因的；而且动机应该是比较强烈的。对一般人来说，动机需要达到一定强度才能够让人不计后果去杀人，因为"杀人偿命"是一般人都知道的常识。前面已经提到了，每个人犯罪的动机其实都是独特的。测谎师或侦查人员可以通过调查大致判断出犯罪的动机，但往往不是完全精准的。真正的、具体的原因其实只有犯罪人知道。例如，在一起杀人案件中，被害人及其家人都身中几十刀，这显然超出了"杀死一个人"所需的正常"刀数"，所以测谎师或侦查人员会根据分析认为：犯罪人的作案动机是为了泄愤，这可能是仇杀。但是真实情况是否是这样？以及是因为什么具体的问题导致仇恨，其实只有犯罪人才知道，有时候被害人都不太清楚。所以，关于犯罪动机是杀人案件一个比较好的测试关键点。

第二，对犯罪人来说，其在事先都会有一些计划。例如，他如何见到被害人的、如何准备凶器等。不过在有些情况下，犯罪人决定实施犯罪仅仅在一瞬间，可能是临时起意。不过即使是临时起意，也是需要一定的作案工具的，只是它们可能是从现场直接获得的。所以杀人工具的来源也是一个测试关键点。

第三，杀人过程中犯罪人与被害人之间常常会有一些互动。或者犯罪人在犯罪现场都是按照一定的顺序完成整个犯罪活动。如真正实施杀害行为之前有哪些互动；具体实施侵害行为的方式、手段？是否顺利？是否与计划或者预想的不一样？等等。这些犯罪人一般都记忆深刻，而且只有犯罪人自己对这些过程心知肚明。

第四，杀人之后，犯罪人会有一些毁尸灭迹的行为，特别是那些将来其认为可能会被作为线索追踪到他自己的，或者称为定罪证据的，犯罪人一般都会想办法处理。而测谎测试的强大之处就在于，有时犯罪人可以清理掉这些物品，但是他的记忆是清理不掉的，甚至清理的过程反而又成为了最好的测试关键点。

二、案例研究

1. 案情简介

居民王某一家三口被人杀死在家中。现场勘查发现：王某妻子在自家客厅被刀（法医鉴定很大可能是菜刀）砍死，身中 7 刀；丈夫王某被同样的凶器砍死在夫妻的卧室里，身中 20 多刀；而他们的女儿王某莹则被杀死在自己的卧室里，身中 10 多刀。犯罪人在犯罪后有清理打扫现场的行为，导致现场有价值的线索很少。现场没有找到凶器，也没有找到任何菜刀，这与常识不符。因为一般的家庭都至少会有一把菜刀。案发后，警方对周围居民进行了调查摸排工作，获得了一些有价值的线索。丈夫王某曾有外遇对象，而且外遇对象的丈夫张某知情，也很生气，曾找王某争执过。因此，警方很快将张某作为了头号嫌疑人进行调查讯问。但张某坚持否认，导致案件侦破工作陷入僵局。在这种情况下，警方决定引入测谎技术帮助打破僵局。

2. 测谎目标

警方期待测谎技术至少能帮助确定张某是否是真的犯罪人，从而为下一步工作指明方向。

3. 测试技术

测谎师首先充分了解了案情，判定本案为典型的故意杀人案件，比较适合进行测谎测试。然后在办案警察的帮助下，进行案情分析以后，编制了表 11-1 的测谎问题，且以 CIT 为主：

表 11-1　以 CIT 为主的测试问题

问题类型	问题
无关问题（I）	你是叫张某吗？
无关问题（I）	你今年是 41 岁吗？
牺牲相关问题（SR）	你记得去年 11 月 23 日晚上王某一家三口被害的事吗？
牺牲相关问题（SR）	这个案件，你看见是谁做的了吗？
S	你怀疑是谁做的呢？
K	你知道是谁做的吗？
Y	是你做的吗？

问题类型	问题
测试主题：作案人数	王某家三口人被杀，你是觉得他们该死吗？ *
	作案人杀人，是一个人自己做的吗？
	是两个人一起做的吗？
	是三个人一起做的吗？
测试主题：犯罪动机	杀害一家三口，是因为工作上的事吗？ *
	是因为感情吗？
	是为了搞点钱吗？
	是为了出口气吗？
	是有其他原因吗？
测试主题：凶器来源	作案人用的刀，你是不知道从哪里来的吗？ *
	是进房以后找的吗？
	是自己带来的吗？
	是从厨房里拿的吗？
测试主题：作案时间	作案人那个晚上，是 9 点以前作案的吗？ *
	是 9 点以后作的吗？
	是 10 点以前作的吗？
	是 10 点以后作的吗？
	是 11 点以前作的吗？
测试主题：灭证行为	作案人杀人以后，是到阳台洗手了吗？ *
	是把血衣和刀拿走了吗？
	是把东西泡在水池里了吗？
	是把地板擦干净了吗？
	是把房间灯关掉了吗？

续表

问题类型	问题
测试主题： 证据（如刀）去向	作案人杀人以后，是马上跑了吗？ ＊
	是从河边跑了吗？
	是从街上跑掉了吗？
	是把刀扔河里了吗？
	是碰到什么人了吗？
结束题	作案人现在是很后悔吗？

需要说明的是，每个测试主题的第一题（用 ＊ 号标出）主要有两个作用，一是点题，告诉被试接下来的一系列（一般是 3~4 个）问题是关于什么主题的。二是类似于牺牲相关问题，用于克服首因效应影响，另外首题的数据是不参与评分的，会牺牲掉。正因如此，**首题一定不能是正确答案**。否则，出现强烈反应后无法确认是因为首题效应还是因为有罪导致的。

4. 测谎结论

张某在接受完测试后，通过测谎数据分析，并结合访谈、表情和动作观察，测谎师最后给出了"无罪"的结论。

这样的结果虽然达到了最初的目的，但是办案干警很难接受，因为没有其他证据证明测谎结论是否准确。警方又面临了新的问题，即要不要按照这一结果来决定下一步工作的方向？在这种情况下，测谎师和警察商议后决定把 3 名报案人纳入测谎测试。事实上，这 3 名报案人从来都没有成为警方调查的嫌疑人，只是作为与案情有所关联而被纳入了测谎。

这 3 名报案人的测试问题与张某的一致，只不过第 1 题和第 2 题根据每个人具体的情况有所改动。

最后在这 3 名报案人中发现了一名数据异常者。该名数据异常者名叫吴某，在测试过程中采用了反测谎对策——控制自己的呼吸。但测谎仪本身就包括呼吸指标，很容易就发现了这种反测谎行为。所以反测谎不仅没有帮到吴某自己，反而帮测谎师作出更有信心、更准确的判断。最后通过测谎数据分析，并结合访谈、表情和动作观察，测谎师给出了"有罪"的结论。

经过测后审讯，吴某供认了自己犯罪的事实：他一直有赌博的嗜好，并欠下了巨额赌债。因为到了年底，被债主逼债，所以去平时关系好的王某家借钱。但没想到被直接拒绝了，他一气之下杀害了王某全家。因为是临时起意，所以凶器就是王某家的菜刀。事后他冷静下来，也很后悔，但大错已经铸成。吴某曾经接触过一些刑事侦查与反侦查的知识，所以他事后有比较专业的掩盖或破坏犯罪现场的行为，这让他在测谎时采用了控制呼吸的反测谎措施，因为他比一般人稍微多了解一点测谎仪，但知识了解并不多。

5. 总结

测谎测试不仅让无辜者（最初的头号嫌疑人）洗脱了嫌疑，而且从未进入侦查视线的人当中找到了真正的犯罪人。PDD 在本案中的作用是非常关键的。同时可见，其实除了认定犯罪人外，测谎也可以被用来排除无辜。

第二节　抢劫案：ZCT

一、案件类型分析

抢劫案是指涉及抢劫罪的案件类型。抢劫罪，是指以非法占有为目的，当场使用暴力、胁迫或者其他方法，强行劫取财物的行为。所谓暴力，是指对财物的所有人、管理人和看护人实行身体强制，包括捆绑、殴打、伤害、杀害等强暴行为，使其不能或者不敢抗拒，而当场交出财物或者抢走财物。在多数情况下，犯罪人都持有凶器。所谓胁迫，是指以暴力相威胁，对被害人实行精神强制，使其产生恐惧，不敢反抗，被迫当场交出财物，或者不敢阻止犯罪人而任其将财物劫走。所谓其他方法，是指采取除暴力、胁迫以外的使被害人不知反抗或者丧失反抗能力的各种方法。例如，用酒灌醉、用药物麻醉等方法。抢劫罪不仅侵犯了他人的财产利益，而且侵害了他人的人身权利。这是抢劫罪不同于其他的侵犯财产罪的重要特征。

抢劫其实是 PDD 测试使用比较受局限的案件类型，因为此类案件发生时间很短，犯罪人在抢得财物后马上逃离了现场，所以与案件直接相关的细节很少。而警方常常面对的困境是犯罪人或者嫌疑人已经逃离了犯罪现场，甚至逃离了所在的城市。所以在很长的时间里，警方没有找到任何嫌疑人。没有嫌疑人，自然也用不到测谎仪。但如果已有比较有价值的嫌疑对象，抢劫案件对测谎测试来说，还是可使用的。不过使用的测试技术更可能是 CQT，而非 CIT。

二、案例研究

1. 案情简介

2022 年 10 月 8 日晚，一起突发的街头抢劫案震惊了本市居民。当晚 8 点左右，一名女子在市中心的一条繁华街道上行走时，被一名男子从背后袭击。该男子戴着黑色口罩和帽子，迅速接近受害者，用一把锋利的刀威胁她交出随身财物。在极度恐慌中，受害者交出了她的手提包，里面装有现金、手机和一些个人证件。抢劫者在得手后迅速逃离现场，消失在附近的小巷中。警方接到报警后迅速到达现场，开始调查取证。受害者在抢劫过程中受到了轻微的身体伤害，但幸运的是，她记住了抢劫者的身高、体型和一些衣着特征。警方通过调取附近的监控录像，捕捉到了抢劫者的部分行动轨迹，但由于抢劫者戴着口罩和帽子，面部特征难以辨认。此外，监控录像显示抢劫者对周围环境非常熟悉，似乎有意避开了几个主要的监控摄像头。鉴于抢劫者可能对周边环境有深入了解，警方怀疑这起案件可能涉及本地居民。因案件发生在人流密集的市中心，引起了公众的广泛关注与不安，警方面临着巨大的破案压力。为了尽快破案，警方决定采用测谎技术，对案发现场附近的居民和可能的目击者（共 9 名）进行测试，以期尽快破案。

2. 测谎目标

测谎测试在案发后第三天晚上进行，期待测谎技术从 9 名嫌疑人中找到真正的作案人。但也有很大可能，所有的嫌疑人都是无辜的。

3. 测试技术

测谎师首先充分了解了案情，判定本案并不是十分适合进行 PDD 测试。因为如果 9 名嫌疑人中并没有真正作案人，则基础概率是 0。换句话说，无论测谎师如何努力，都不会认定任何人是错的。此外，因为可用细节较少，即使有个别细节，但因为案件发生在 9 名被试居住地附近，被试们很有可能已经知道了这些细节。在本案侦查人员的强烈要求下，测谎师决定采用 CQT 范式下的 Backster 区域对照技术（ZCT）。在进行测前案情分析以后，编制了表 11-2 的测谎问题：

表 11-2　基于 ZCT 的测试问题案件

问题类型	问题
无关问题（I）	你是叫_____吗？
牺牲相关问题（SR）	关于前天晚上有人被抢的事，你打算如实回答每个问题吗？
症候问题（S）	你担心我会问一个我们没有讨论过的问题吗？
对照问题（C）	你还记得自己在 25 岁之前偷过东西吗？
相关问题（R）（强相关）	你前天晚上在街上抢过别人的包吗？

续表

问题类型	问题
对照问题（C）	除了你告诉我的以外，你还从你家偷了其他东西吗？
相关问题（R）（强相关）	你前天晚上持刀抢劫了一个女人了吗？
症候问题（S）	有没有其他你害怕我问你的事情，尽管我告诉你我不会问你？
罪责情结问题（GC）	是你偷了金元宝吗？
相关问题（R）（弱相关）	你知道被抢的东西现在在哪里吗？
S	前天晚上的抢劫，你怀疑是谁做的吗？
K	前天晚上的抢劫，你知道是谁做的吗？
Y	前天晚上的抢劫，是你做的吗？

4. 测谎结论

9名嫌疑人在接受完测试后，通过测谎数据分析，并结合访谈、表情和动作观察，测谎师最后对其中8名给出了"无罪"的结论，另外1名则给出了"有罪"的结论。这名被诊断为"有罪"的嫌疑人，在测试过程中出现了比较明显的坐立不安等行为。此外，根据警察的调查，此嫌疑人有小偷小摸的历史。综合考察以上信息，警方初步确认本次测谎结论可信。警方马上针对此嫌疑人的人际关系展开密切排查，搜查了可能的藏匿被抢财物的场所。最后在其亲友家发现了被抢的手机。在被抢财物面前，嫌疑人承认了自己犯罪的事实。

5. 总结

本案例表明，一个案件能否进行测谎？具体使用什么测试技术？其实很依赖具体的案件类型、嫌疑人的准备情况，以及案件细节的质量。同时本案例很好地展现了测谎领域两大测试技术——CQT与CIT各自的优势与不足。此外，除了测谎测试本身以外，对外部信息的摸排和掌握也是非常重要的。可以想见，如果警方没有找到被抢财物，仅凭测谎结果，不仅嫌疑人不会承认自己的罪行，可能连一些办案民警都不信任测谎的结果。

第三节　爆炸案：POT

一、案件类型分析

爆炸案是指涉及爆炸罪的刑事案件。所谓爆炸罪，根据《刑法》规定，是指故意使用爆炸性物质，造成不特定多人的伤亡或者重大公私财产损毁，危害公共安全的行为。爆炸罪的主体为自然人，一般主体，即任何达到法定责任年龄的个人均可构成此罪。客体是公共安全，涉及不特定多数人的生命、健康以及重大公私财产的安全。爆炸罪的主观方面是故意，包含直接故意和间接故意两种形式。由于爆炸罪的严重性，各国法律都对此类犯罪行为规定了严厉的刑罚，以起到威慑和预防的作用。

爆炸的动机多种多样，常见的有泄愤报复、谋取不正当利益、打击竞争对手、湮灭罪迹或制造社会恐慌等。但无论动机如何，爆炸都需要使用爆炸装置。所以从案情分析的角度看，围绕爆炸装置可以获得较多的关键信息，包括：

（1）犯罪人通常需要具有一定的爆炸物制造知识与技能。

（2）我国对于爆炸物管理非常严格，获取爆炸物的渠道通常是非法、隐蔽的。所以爆炸物的来源也是测试的关键点。

（3）爆炸物种类很多，即使警方通过现场勘察，能有所了解。但往往只有犯罪人才知道具体的形态和种类，以及包装物等。

（4）爆炸物的引燃非常关键，所以犯罪人对于引燃的方式，以及引燃装置的类型非常了解。很多时候也只有他自己知道具体细节，警方也无法完全掌握。

（5）对一般人来说，可能从来都没有真正使用过爆炸物。而犯罪人为了慎重起见，往往会提前做一些实验。这些实验一般会避开人群，水库附近是最常实验的地点。所以这也可以成为测试的细节。

二、案例研究

1. 案情简介

2009年8月17日深夜，山西省某县一栋居民楼发生爆炸，造成建筑部分结构严重损毁并导致数名居民受伤。警方接到报警后迅速到场处置，初步勘查发现爆炸源自楼内一处住宅，且爆炸装置残骸被部分找到，为案件提供了初步物证。在案件初步调查中，警方根据现场勘查结果和监控资料，锁定了嫌疑人周某。周某在随后的审讯中承认了自己制造并实施了爆炸行为，但拒绝交代爆炸物的具体来源。尽管周某已承认其实施了爆炸行为，但他对爆炸物的来源始终保持沉默，案件的侦破因此陷入了瓶颈。

根据警方掌握的情况，嫌疑人周某具备一定的制造爆炸物的知识与技能，并且与受害人之间存在一定的私人纠纷。周某的供认虽然让案件的侦办取得了重大进展，但由于缺乏关于爆炸物来源的直接证据，案件无法进一步推进。鉴于嫌疑人拒绝交代爆炸物来源，警方决定采取测谎技术以进一步厘清案件事实。特别是针对爆炸物来源的核心问题，揭示嫌疑人的真实陈述，进而推动案件的侦破。

2. 测谎目标

期待测谎技术从唯一的一名嫌疑人身上找到关键证据，进一步厘清案情，同时验证周某前期供认的真实性。

3. 测试技术

测谎师首先充分了解了案情，判定本案为比较典型的爆炸案件，且嫌疑人已经供认，只是需要获得关键信息，所以**非常适合进行测谎测试**。不过与一般测谎测试不同的是，本次测试不是为了确定有罪与否，而是在基本确认有罪的情况下，针对个别细节进行测试。所以适合使用 POT 测试技术。测谎师在本案侦查人员的帮助下，进行案情分析后，编制了表 11-3 的**POT** 格式的测谎问题：

表 11-3　POT 格式的测试问题

问题类型	问题
不相关问题（I）	你是叫周某吗？
不相关问题（I）	你今年是 42 岁吗？
牺牲相关问题（SR）	你还记得爆炸用的炸药和雷管的来源吗？
测试主题：爆炸物来源	是捡来的吗？　*
	是偷来的吗？
	是买来的吗？
	是找家里人要的吗？
	是找亲戚要的吗？
	是找朋友要的吗？
	是忘了从哪儿来的吗？

由于警方并不知道真正的关键项（Key）是哪一选项，而是根据案情或常识将最有可能是与案情相符的选项放在中间位置，所以具体测试技术属于扫描式或

探测式 POT。此外，在理想的情况下，被试最好不要提前知道所有要问的问题细节，这样在后续测试中如果检测到异常生理反应，可以排除其他干扰，做出准确的解释。

需要说明的是，本案只有一个被试，为了减少误报的可能性，在正式测试之前，用本组题先测试了一名办案干警。然后才对周某进行正式测试。

4. 测谎结论

第 1 名被试（办案干警）在接受完测试后，通过测谎数据分析，没有发现其在某个选项上有特别强烈的反应。说明本组题比较恰当，不会错认无辜者。

第 2 名被试周某，在"是找家里人要的吗？"问题上出现稳定、强烈的反应。测谎师把这一结果反映给侦查人员。大家都觉得不可能，因为此前警方已经非常细致地对周某家人进行了排查，确认没有发现其家人有涉案，且也不可能有获取爆炸物的渠道。一些侦查人员对测谎结果表达了怀疑。但经过测谎师解释，以及与侦查人员反复讨论，最后决定扩大排查。因为对于每个人来说，哪些人是自己的家人，其实是个很主观的问题。警方基于这点，进一步排查有哪些人可能会被周某视为家人。调查很快获得了重大进展：周某从小家境不好，上学时离家远，是一位住在学校附近的远房阿姨经常帮助他。周某一直很感恩，将这位阿姨看成像母亲一样的家人。而他的爆炸物，正是谎称自己要盖房子从这位阿姨的女婿那里获得。这也是周某即使自己已认罪，但迟迟不肯供认爆炸物来源的原因。他不愿意因为自己的问题，连累这位"家人"。

5. 总结

作为爆炸案，本身就特别适合使用 PDD 测试。但是本案的特殊之处在于，它并不需要判断嫌疑人是否有罪，而只是辅助侦查关键细节。从这点来讲，本案更适合使用 POT。POT 一般更常用在人事筛选领域，不太适用于刑事案件调查。此外，本案还表明，PDD 测试其实有多种用途，它除了认定有罪者，也可以用来排除无辜、验证部分证词，以及帮助确认关键细节，等等。

第四节　纵火案：CIT

一、案件类型分析

纵火案是指涉及放火罪的刑事案件。所谓放火罪，是指我国《刑法》所规定的故意放火焚烧公私财物，危害公共安全的行为。放火罪的客体是公共安全，即不特定多人的生命、健康与重大公私财产的安全，放火焚烧的对象通常是国家的、集体的或者他人的财物。放火罪在主观方面表现为故意，即明知自己的放火行为会引起火灾，危害公共安全，并且希望或者放任这种结果发生的心理态度，包括直接故意和间接故意。

从测前案情分析的角度看，纵火案件是非常有特色的、与心理学关系较为密切的案件类型。所以在一些犯罪心理学研究案例中经常可以看到对纵火案件的专门研究。这是因为：

1. 纵火后果影响范围广，当场所有人都会看到冒烟放火，所以与其他类型案件不同，犯罪人是想让所有人都知道有纵火行为发生。

2. 纵火都是故意的，也就是说是有明显的动机。比如泄愤报复、嫁祸他人、湮灭罪迹，等等。

3. 纵火要达到目标，事前需要考虑到用何物来助燃、具体从哪里点火、火势要控制到多大范围等。

4. 点完火后，纵火者就必须离开纵火点，否则就会被赶来灭火的人发现。但是他又不能真正地离开现场，因为他需要知道具体的火势是不是如预期会燃起来。所以纵火者常常会待在现场外围，假装成普通旁观者。还有一些犯罪心理学家认为，纵火者之所以不离开现场，是因为他们需要通过观看火势来达到心理上的满足感。

5. 由于现场救火进出人员多而杂，有时候为了救火现场会有大量积水或灭火泡沫。所以当灭火以后再勘察现场，一些有价值的物证如指纹、脚印等都已经被破坏。测谎技术就可能成了少数可用的调查手段，所以它特别适合纵火案件的调查。

因为纵火案的这些特点，所以从测谎编题的角度来看，纵火案件可以围绕着以下主题展开：

第一，纵火案件的点火过程是非常短的，其具体的过程在纵火者的心理记忆中是比较模糊的。因此，这个过程并不是编题的好主题。相反，纵火者往往对准备过程和事后处理一些东西的情况记忆比较深刻，是我们编题的重点所在。

第二，测谎师通过测前案情分析，必须清楚什么人在什么地点、时间和什么情况下最先发现起火？起火点在什么地方？是一处或几处？引火物是什么？是纵火者自备的还是现场上原来就有的？纵火者在现场上有无遗留其他痕迹、物证？等等。

第三，测谎师还要分析当时救火的情况。因为有些纵火者往往会留在现场，甚至参与救火。因此，可以详细询问参加救火人员对火灾的情况，如果有必要，可以考虑对所有参加救火的人员进行测谎。了解救火中的一些情况，包括有哪些人参加了救火？谁进入现场？对现场做了哪些变动？在救火中听到、看到什么情况？这些都可能成为编题的关键点。

第四，注意发现可能的引燃物。在火灾现场周围及起火地点的灰烬中，寻找带有纵火痕迹或引火的物证。如装有油类的容器，浇有油类的木材、稻草、废纸、刨花及火柴、香烟头等。这些引燃物的来源、去向，以及具体使用过程也是很好的测试主题。

二、案例研究

1. 案情简介

2022 年 6 月 21 日凌晨 3 点左右，某部队的两位基层干部从外面吃完宵夜回来，发现后勤部办公大楼 6 楼有烟，有失火的迹象。两人准备一起上楼查看时，发现军需科科长陈某从办公大楼里出来。于是，三人一起来到 6 楼，发现 6 楼会议室着火。三个人马上找到灭火器灭火，并找其他的人来救火。20 分钟以后，现场的火全部扑灭。现场勘查发现，六楼会议室是一间能够容纳三十多人的房间，会议室的门是双扇门，呈关闭状态。门的把手上用一条锁链锁住，锁头呈关闭状态，锁头完好，没有撬锁的痕迹。不过锁链较长，即使锁着时两扇门仍可推开二三十厘米的宽缝，若身体不太胖的人可以钻进去。在救火的紧急状态中，门框上的大玻璃已被人砸碎，作为救火的出入口。起火点是在靠门椅子的椅垫，现场还发现了没有烧尽的固体酒精、烧残的毛巾和报纸，以及两块未见燃烧痕迹的固体酒精。据消防人员推断，凌晨 3 点左右案发，火未烧大，估计燃烧时间不长（20 分钟~30 分钟），所以推测放火时间在凌晨 2 点半左右。

经调查发现，这个部队的门岗制度非常严格，楼外有卫兵站岗，大楼进出口处有值班室。门岗和值班人员均证实，起火当晚没有看见外人出入大楼。因此，结合现场勘查的情况，可以认定外部人员进来作案的可能性很小，后勤部内部人员作案的可能性比较大，且作案人对作案现场很熟悉。侦查人员很快就查明，当晚在办公楼内的共有 8 个人。其中军需科科长陈某因为案发时被人看到正从起火大楼走出，所以嫌疑较大。但陈某是当天的值班人员，并且解释说："我一直在坚守岗位，没去过别的地方。约 2 点钟，我去楼里上了一趟厕所，出楼门的时候碰见他们两个慌慌张张朝我喊：'大楼失火了！'我就赶紧随他们去救火了"。这听起来似乎合情合理，而且很多细节又可以相互印证。此外，现场确实提取到了一些比较清晰的指纹和脚印，但由于现场救火进出人员多而杂，不好认定哪些是纵火者留下的，哪些是正常进出会议室或救火的人留下的。在这种情况下，案件侦查人员决定使用测谎技术。

2. 测谎目标

期待测谎技术从 8 名嫌疑人中找到真正的纵火者，或者说希望厘清头号嫌疑人陈某的嫌疑。

3. 测试技术

测谎师首先充分了解了案情，判定本案为比较典型的纵火案件，比较适合进行 PDD 测试。而且本案细节较多，大多数细节未扩散，**比较适合 CIT 技术**。随后在本案侦查人员的帮助下，进行案情分析后，编制了表 11-4 的测谎问题，且以 **CIT** 为主：

表 11-4　以 CIT 为主的测试问题

问题类型	问题
不相关问题（I）	你是叫_____吗？
不相关问题（I）	你今年是_____岁吗？
牺牲相关问题（SR）	你知道 21 日凌晨后勤大楼会议室被烧的事吗？
S	在会议室放火，你怀疑是谁干的吗？
K	你知道是谁干的吗？
Y	是你干的吗？
测试主题：犯罪动机	在会议室放火，是因为自己有毛病吗？ *
	是临时想到这么干的吗？
	是早就准备好的吗？
	是因为工作上的事吗？
	是为了报复谁吗？
	是想给领导难堪吗？
	是为了出口气吗？

续表

问题类型	问题
测试主题：作案时间	放火的人那天晚上，是在 10 点多干的吗？ *
	是在 11 点多干的吗？
	是在 12 点多干的吗？
	是在 1 点多干的吗？
	是在 2 点多干的吗？
测试主题：事前准备	放火用的东西，是很早就带进楼里的吗？ *
	是用瓶子装着的吗？
	是用报纸包着的吗？
	是用铁罐装着的吗？
	是用毛巾包着的吗？
	是用塑料袋装着的吗？
测试主题：事后行为	放火的人放火以后，是马上跑了吗？ *
	是从门钻出来的吗？
	是看着火起来的吗？
	是带着火出来的吗？
	是一直躲在楼里边吗？
	是去过卫生间了吗？
	是又上楼救火了吗？
结束题	作案人现在是很后悔吗？

　　需要说明的是，在本案中有多个嫌疑人，但测谎每次只能对一个人进行测试。因此，就存在先后顺序的问题。PDD 测试建议：**将嫌疑最小的被试放在第一个测试**。这种做法背后的理由是：这个嫌疑最小的被试是最可能为无辜的人，可以通过测试他建立一个基线（即无辜者的反应水平），后面的数据可以与之进行比对。不过在实践中会发现一个有趣的现象：**有时候嫌疑最小的人反而是真正**

的犯罪人。所以对这类人进行测谎，还是要特别谨慎。基于这样的规则，本案例第 1 个和第 2 个接受测谎的是从外面吃宵夜回来发现失火的两名干部，因为他们肯定是 8 个人中嫌疑最小的。而头号嫌疑人陈某被放在了第 3 个接受测谎的位置上。

4. 测谎结论

前两名嫌疑人在接受完测试后，通过测谎数据分析，并结合访谈、表情和动作观察，测谎师最后给出了"无罪"的结论。

第 3 名被试陈某，测谎师给出了"有罪"的结论。

但是测试并没有停下来，而是将后面的 5 人都一一测试完，并且都给出了"无罪"的结论。至此，测谎师非常有把握地给出了最后的结论：嫌疑人陈某是本纵火案的作案人。

经过测后审讯，陈某承认了自己犯罪的事实：陈某因为与上级关系不好，为了发泄自己的不满，想到了纵火的方式。因为单位出现失火事件，无论是什么原因，都可以让领导难堪。此次放火，是早就计划好的。他先让自己的一个心腹从食堂拿出一些固体酒精放在自己的办公室。在放火当天的凌晨 2 点左右，陈某趁大家离开办公楼的时机，溜进 6 楼会议室放火。在放火后，陈某曾去洗手间洗掉手上遗留的固体酒精。然后出来时正好碰见发现失火的两名同事，所以他事后说自己去洗手间并不是谎言。

5. 总结

这个案例特别适合使用 PDD 测试。一是因为本案是纵火案件；二是因为本案的真正作案人肯定是 8 名嫌疑人当中。如果再严格一点，真正作案人应是在 6 名嫌疑人中，因为有 2 名从外面吃完宵夜回来的人肯定没有嫌疑。基础概率其实就已经是 16.7% 了，这意味着测试准确性已经有所保证了。测谎只需要找到 6 人中数据最异常的就可以了，相对比较简单，而且准确性较高。可见，此案反映的测谎作用主要是从已知的嫌疑人中找到真正的犯罪人。此外，因为陈某其实是侦查人员在测前已经高度怀疑的嫌疑人，只是一时找不到证据。所以，本案的测谎技术不仅帮助侦查人员克服了疑虑、坚定了信心，而且找到了一种特殊的"证据"。

第五节　强奸案：GQT

一、案件类型分析

强奸案是指涉及强奸罪的刑事案件。所谓强奸罪，根据《刑法》规定，是指违背妇女意志，使用暴力、胁迫或者其他手段强行与妇女发生性关系的行为。强奸罪的主体为自然人，一般主体，即任何达到法定责任年龄的个人均可构成此罪。强奸罪侵犯的客体是妇女的性自主权，即妇女根据自己的意志决定性行为的权利。强奸罪的主观方面是故意，即行为人明知自己的行为违背妇女意志，仍然强行实施。该罪行不仅对受害者造成身体上的伤害，而且可能带来深远的心理创伤。同时会严重危害社会秩序和公共安全，具有极大的社会危害性。各国法律都对此类犯罪行为规定了严厉的刑罚，以保护个体的性自主权和身体完整性。从测前案情分析的角度看，强奸案一般具有如下的一些特点：

（1）强奸的动机可能多种多样，包括但不限于满足欲望、报复心理、权力展示等，甚至可能涉及精神障碍或长期暴力行为的积累。但具体的动机只有犯罪人自己才知道。

（2）强奸罪的行为方式包括使用暴力、胁迫或其他手段，其中"其他手段"可能包括利用妇女处于醉酒、药物麻醉、精神控制等状态。因此一般双方都会有较多的互动，这些互动也可以成为测试关键点。

（3）强奸犯一般都有习惯性，有在同一地区或附近地区作案的可能。

（4）犯罪过程是否有异常现象，根据这些异常现象来分析犯罪人是否有变态心理。

但最重要的是，强奸案件的调查总是涉及敏感、隐私的细节问题。在询问和调查时都会特别注意保护被害人的隐私，避免对其造成二次伤害。此外，在被害人受到巨大的惊吓和创伤后，会极度紧张，甚至出现认知受损、记忆扭曲和缺失。所以，很多时候，即使被害人与犯罪人有面对面的互动，但无法提供有用的侦查线索。特别是对被害人进行测谎的时候，被害人由于羞耻感比较强，会出现情绪起伏很大的情况，会直接影响测谎采集到的生理数据，所以往往容易出现失误。即使针对嫌疑人的测谎，也会因为提问的问题难免涉及敏感字词，导致无辜者容易产生反应。为了避免以上这些问题，这类案例的测谎要尽量避免询问细节，这意味着 CIT 可能并不是恰当的测试技术，使用 CQT 可能更为合适。

二、案例研究

1. 案情简介

2009 年 8 月 23 日晚约 12 点，某村 15 岁女孩在家中的东屋独自一人睡觉。突然被人弄醒，醒来发现自己被人掐住了脖子，再次醒来时发现自己没穿衣服，躺在田地，耳边传来自己母亲的呼喊声，马上呼应母亲。根据被害人母亲章某的叙述，当天晚上她和女儿两人在家，自己的丈夫和儿子已离家 2 个月去外地打工。当天晚上，自己住在院子西边的主屋内，而女儿则住在院子东头的房间里。

晚上 12 点左右，正在熟睡中的她听见院子大门的铁锁响动的声音，马上警觉起床，发现女儿失踪。于是，马上出门寻找，后续有多名附近的村民一起帮助寻找。最后在家附近的田里找到了自己的女儿。因为地处偏远，第二天上午才向公安机关报案，经法医鉴定，被害人的处女膜已经破裂，但是没有提取到有鉴定价值的精液或精斑等，只在现场提取到足迹一枚。而被害人由于年纪小，又受到了极大的精神刺激，无法提供有效的证词指认犯罪人。案件的侦破工作面临重重困难。警方根据现场的情况和对周围群众的调查，认为犯罪人应该对案发环境非常熟悉，很有可能就是当地村民。且时值农闲，村里很多的劳动力都在外地务工，留在村里的适龄男性人数不多。最后警方经过多方查证，排查出一名嫌疑人杨某（27 岁）。但因缺乏证据，故想到使用测谎技术。

2. 测谎目标

期待测谎测试能帮助确定杨某是否是强奸案件的真正犯罪人，或者排除其嫌疑。

3. 测试技术

测谎师首先充分了解了案情，判定本案为比较典型的强奸案件，并不适合进行测谎测试。但因为案件的其他条件缺失，不得不使用这一技术。考虑到强奸案件的特殊性，结合本案的案情，测谎师决定使用 Reid 技术（GQT）：

表 11-5　Reid 技术的测试问题

问题类型	问题
无关问题（I）	你是叫杨某吗？
无关问题（I）	你今年是 27 岁吗？
相关问题（R）（弱相关）	昨晚 12 点左右你在章某家附近吗？
无关问题（I）	你今天穿的是白衬衫吗？
相关问题（R）（强相关）	是你强奸了章某的女儿吗？
对照问题（C）	你是否曾对他人进行过某种形式的威胁或恐吓？
无关问题（I）	你是汉族吗？
相关问题（R）（证据相关）	田里留下的足迹是你的吗？
相关问题（R）（犯罪知识）	你知道是谁强奸了章某的女儿吗？

问题类型	问题
对照问题（C）	你是否曾在未征得他人同意的情况下，做过一些让你后悔的事？

4. 测谎结论

杨某在接受完测试后，通过测谎数据分析，并结合访谈、表情和动作观察，测谎师最后给出了"无结论"的结论。

5. 总结

对测谎测试来说，强奸案确实是一种挑战。在本案中，虽然有着一些细节，但是因为案发时有不少村民帮忙寻找孩子，且公安机关介入较晚，很多细节已经公开，失去了使用 CIT 的可能性。尽管使用了 GQT 技术，但在编制问题的过程中，测谎师遇到了较大的困难。首先是明知使用"强奸"一词，会有较大刺激性，但找不到更好的替代词汇。其次是编制对照问题比较困难。本案的对照问题是在参考国外文献的基础上，考虑文化差异以及本案的具体案情，最后确定下来的，但仍不够完美。被试的反应确实在相关问题上较高，但是其中一个相关问题（犯罪知识）反应较低。所以存在着多种可能的解释，鉴于此，为了避免产生无法挽回的错误，测谎师最后给出了一个"无结论"的测谎结论。总之，本案再次表明，对强奸案进行测谎测试时一定要非常谨慎，因为它确实不是适合测谎的案件类型。

而在上述这些案件的测谎过程中，包括办案民警在内的不少人都会问一个问题：这些测谎结论可以作为证据吗？应如何准确地回答它，这是一个复杂且困难的工作，因为它涉及了 PDD 技术在司法实践中所面临的种种现实问题。

第十二章　司法实践中的 PDD

2023 年 3 月，引发全美关注的谋杀案嫌疑人 Alex Murdaugh，被法庭判决谋杀妻子和二儿子双重谋杀罪名成立。由于案外有案，又涉及一个在司法界屹立百年的世家 Murdaugh 家族。案情最早可追溯到 1940 年，以往的多起谋杀案被挖出重审，还牵涉诈保、贪污、逃税、毒品等各项罪行及严重的司法腐败。与此同时，全球最著名的流媒体（Streaming Media）平台网飞（Netflix）还上线了两季纪录片《默多家族谋杀案：美国司法世家丑闻》（*Murdaugh Murders*：*A Southern Scandal*），一举成为当年最热门的话题。在 Murdaugh 接受调查期间，就经济犯罪与检方达成了认罪协商。而达成协商的前提是 Murdaugh 已就经济犯罪部分做出了 "完全诚实和坦率" 的供述，为此 Murdaugh 同意了接受 PDD 测试。但测谎的结果是，Murdaugh 没能通过测谎，意味着他并没有完全坦诚，认罪协商无效。随后，Murdaugh 方就 PDD 测试的科学性和准确性提出了质疑，并且指出司法部自己的政策手册都曾指出，测谎仪无法检测谎言。此外，Murdaugh 方还质疑，本次测谎师在测试中有些奇怪表现，认为其不中立、不专业，尽管他是来自 FBI 的专业测谎师。这一辩护策略反映了 PDD 在法律程序中的争议性。毫无例外，这再次引发了关于在司法实践中使用 PDD 的可靠性和合法性的讨论。批评者认为，这项技术虽可提供有用的见解，但它并不可靠，因其结果受到多种因素的影响，包括测试环境、被试状态，甚至测谎师的水平。事实上，从 PDD 出现到进入新世纪，这一百年的时间里，这样的 "戏码" 已经重演过无数次。其中最早、最经典的就是 Frye 案了。

第一节　法庭的大门被来回敲打

一、Frye 案：将测谎仪排除在法庭外

1921 年，PDD 诞生。同年，美国还发生了另一件大事，华盛顿特区的一名黑人名医 James Brown 被人枪杀。因为被害人是当地黑人的精神领袖，警方承受

着比较大的破案压力，并悬赏 1150 美元以获取更多信息，但苦于案情一直没有进展。直到 1923 年，两名警探在调查伪造文件时才逮捕了 19 岁的 James Frye。Frye 马上就承认伪造文件及盗窃钻石戒指的罪行。不过除此之外，他符合 Brown 案目击证人对凶手的特征描述：是一名浅棕色皮肤、二十四五岁左右、体重约 61 公斤的男子。特别是随后他也供认自己杀害了 Brown 医生。但他很快又推翻了这一供述，声称之前供述是因为其中一名警探曾提出，如果他承认谋杀，可以与他平分悬赏金。不过有理由相信，他的律师也全程参与了这一谋划。他之所以接受这一做法，是因为他有可靠的不在场证明，所以即使后面他因谋杀罪受审，但最后并不会被定罪。可是，当审判临近，可以证明他不在场的证人找不到了。他和律师一时不知所措，慌忙之中找到了当时的测谎专家 Marston 来测谎。Marston 在华盛顿大学给 Frye 进行了测谎，使用的是自己发明的"心血压测谎测试法"。最后谎言测试得出的结论是：Frye 在否认谋杀 Brown 医生上说的是实话（Frye V. United States，1923）[1]。

在随后的初审中，Frye 的律师就试图将测谎结论作为证据引入法庭。这时不能回避的问题是，作为一种新兴的"科学技术"的应用结果——测谎结论，是否能作为法庭证据使用？辩方主张："专家或具有特殊技术的人的意见，在某些案件当中可以作为证据；而未受过训练或没有经验的人，不太可能作出正确的判断。因此……对于所争议的问题不属于普通知识或经验判断范围时，此学科专门领域的人的意见，应具有证据能力"（Frye V. United States，1923）。为此辩方还提供证据证明 Marston 已经从事了 10 年的测谎工作，其测谎准确性高达 95%。而作为控方的检察官提出了异议：Marston 使用的测谎仪是单一指标（心血压）是不够的，至少不是最先进的，因为当时还有 Larson 的测谎仪是三指标的（呼吸、血压和脉搏），更先进。最后，初审法官不仅拒绝将测谎结论作为证据，也拒绝让 Marston 作为专家在法庭上进行测谎，并判 Frye 有罪。Frye 随后向上诉巡回法院提起上诉，理由是初审法官有错误——排除了 Marston 的证词。但上诉法院肯定了初审法院的判决裁定：由 Marston 采用的"心血压测谎测试法"得到的测试结论不能作为证据使用。并针对这个全世界首次试图将测谎结论引入法庭程序的尝试，给出了以下裁定意见：

> 法庭在接受专家证言时要经过一个比较长的过程，而这些证言必须是从公认的原理和发现推论出来的，并且这些推论出来的东西在它所属的特定领

[1]　Frye V. United States.，293 F. 1013, 1014（D. C. Cir. 1923）.

域内得到认可。我们认为心血压测谎技术还未得到生理学和心理学权威的科学认可，因此不能作为从发现、发明和实验中推论出的专家证言在法庭上使用。

这就是著名的 Frye 规则（Frye Test）。它规定：**是否接受测谎测试结论作为证据使用，标准只有一个，即它是否被所在的科学界普遍接受**。所以 Frye 规则又被称为"普遍接受原则"（General Acceptance）。而要确定是否符合"普遍接受"这一标准需要分两步走。第一步：确定这一技术所属的特定领域和相关的科学界；第二步：再确定这一相关科学界是否普遍接受这一技术。而当时的法官显然认为 Marston 的测谎技术尚未得到当时的相关科学界的普遍认同，所以拒绝承认它的证据可采性。

Frye 最后被判犯有二级谋杀罪，免于死刑，并在 18 年后假释出狱。当他被释放时，他的名字已经成为一项重要法律原则的一部分。这一原则规定，**任何科学证据都应具备"普遍接受原则"，才可能被法庭接受**。

Frye 案的判决直接导致了 PDD 在随后近 70 年的时间内几乎都被排除在法庭之外。因为 Frye 案的巨大影响，美国法庭（包括军事法庭）对待测谎结论几乎都采用一种"本身排除原则"（Per Se Rule of Exclusion），即无论处于何种情形下，只要是测谎，其结论都要排除在法庭证据之外。

对新诞生的 PDD 来说，Frye 案可以说是将其关在法庭大门之外。不过乐观一点来看，它至少带来了两个好处：一是，它不仅是首个 PDD 证据可采性的判例，也是未来所有科学证据可采性的首个判例，也算具有开创性。二是，虽然被关在门外，**但这扇大门并没有完全关死，被人来回敲打**。这也就导致了在美国法庭上出现了一系列的经典案例，它们的共同特点就是围绕着测谎结论能否作为证据使用而展开。

二、Valdez 案和 Mcdavitt 案：有限采纳

Frye 案让我们第一次看到了关于测谎技术的矛盾性。我们既渴望依赖技术，又畏惧有朝一日被技术替代。人类用了两三千年的时间去探索，终于造出了可以用于实践的测谎仪。然后，又几乎同时开始质疑和限制它。在电影、电视、小说中，测谎仪往往被塑造成绝对可靠、客观、法律上可接受的技术形象。但在现实的法庭上，当事人、律师、检察官和法官，几乎都曾质疑它的可靠性。不过，大多数测谎专家都倾向认为：律师和其他司法人员的需求将会日益增加法官对测谎相关的法律、历史和科学性的熟悉度，所以其证据的可采性会越来越被接受，此乃大势所趋（如 Matte，1996）。虽然这一想法可能过于乐观，但确非盲目，因为

20世纪60年代～70年代出现的一些判例似乎让大家看到了希望。

1. Valdez案

1962年，被告人Valdez因持有毒品而被审判。根据辩方与检察官在审判前签订的书面协议，被告人同意接受PDD测试。该协议还规定，此PDD测试结论可以作为审判中的可采纳证据。但Valdez没有通过测谎。因此，尽管Valdez方提出异议，测谎师仍被允许作为专家证人出现在陪审团审判中，并提供了对被告人不利的测谎结论，最后陪审团裁定被告人有罪。不过按照法律规定，判刑之前出现任何法律问题，且初审法院认为该问题如此重要且存在疑问，可以在被告人同意的情况下将案件提交最高法院。届时该案的所有程序应暂停，直至等待最高法院的裁决。于是，测谎结论的可采性问题又出现在了法庭上。

当时的亚利桑那州最高法院在审理过程中参考了1923年Frye案确立的"普遍接受原则"，以及以后的一系列相关案例。最后法院认为，尽管测谎的科学性存在争议，但在双方明确约定的情况下，其结果在一定条件下具有法律效力。亚利桑那州最高法院判决支持测谎证据的有限使用，条件如下：

（1）双方协议（Stipulation）：诉讼双方需达成书面协议，同意此测谎结论（包括测试数据和图谱）可用于庭审证据。

（2）测试合规性：尽管有第1条规定，测试结论的可采性仍由法官自行决定，即如果法官不相信测谎师的资格或测试是在适当条件下进行的，可以拒绝接受。

（3）交叉询问权：辩方有权对测试的条件、实施者的资格、技术的局限性和错误的可能性，以及由审判法官酌情决定的任何其他认为与调查相关的事项。

（4）如果测谎结论证据被接纳，法官应告知陪审团：测谎师的证言并不是在证明或反驳任何的犯罪要素，而最多仅表明在测谎时被试并没有讲真话。此外，此证据的具体分量和效力由陪审团决定。

更重要的是，在判决书中，法官还重点指出了以下事实：

第一，法官承认，从1923年开始，到审判时的1962年，测谎技术有了显著的改进。并转引Inbau和Reid的数据提到："对这种测试准确性的保守估计如下：在75%～80%的案件中，检查正确地认定了有罪或无罪；15%～20%的案例得出无法确定的结论；已证实的错误率在5%或更少。

第二，司法界普遍不愿在法庭上承认测谎证据的可采性，并非仅仅是因为惯例，而是因为测试本身存在很多的干扰因素。法官特别提到了俄克拉何马州刑事上诉法院在对某一级强奸案进行定罪时，引用了两位权威的意见，并指出了这些因素。

（1）无辜者也会情绪紧张，这可能仅仅是因为被怀疑或被指控而产生的恐惧，尤其是在测前被长时间审讯甚至刑讯之后；或者由于涉及另一起罪行的罪责感。

（2）本身生理异常，包括血压过高或过低；心脏病；呼吸系统疾病等。

（3）本身心理异常，如低智力（痴呆、智力障碍者和边缘智力障碍患者）；精神疾病（如躁郁症、偏执症、精神分裂症、麻痹症等）；精神病态和反社会人格者（通常指那些所谓的"特殊"或"情绪不稳定"的人）。

（4）说谎或有罪者出现的反应迟钝，如无恐惧感，不怕暴露；通过某些心理准备或态度能够有意识地控制反应；在测试时处于"亚休克"状态或"肾上腺疲劳"状态；在测试前对犯罪进行合理化，以至于对于罪行有罪者说谎几乎不会引起任何情绪波动；测前接受过长时间审讯。

（5）动作反测谎但没有被发现。

法官在最后的判决中说道："我们并不认为测谎技术已完全成熟到可普遍适用于司法程序的程度，但在事前协议的约束下，其结论可以在有限条件下被接受（State V. Valdez，1962）。"这一裁决确立了测谎证据在美国司法系统中的使用先例，但同时表明，其科学性和可靠性需进一步验证。

2. Mcdavitt 案

1970 年 1 月 26 日，新泽西州警方接到报案称一处私人住宅发生入室盗窃。警方赶到现场后，发现地下室的窗户被打碎，并在屋内抓获了两名嫌疑人：Michael Wescott（躲在床下）与 Frank Mcginnis（藏在卧室壁橱里）。在警局中，Mcginnis 供述称还有一名共犯 Lonny Mcdavitt 在屋外负责望风。根据 Mcginnis 的描述，警方在当晚逮捕了 Mcdavitt，当时他身穿的衣物与 Mcginnis 的描述相符。在案件审理中，Mcginnis 作为控方证人出庭作证，声称 Mcdavitt 策划并挑选了目标住宅，并在犯罪时担任望风角色。Mcdavitt 则为自己辩护，坚称自己对该犯罪完全不知情，并否认案发当天与 Mcginnis 他们在一起。本案的另一名嫌疑人 Wescott 作为辩方证人出庭，他的证词与 Mcginnis 相矛盾，称此次犯罪仅涉及他和 Mcginnis，Mcdavitt 并不在场。

在庭审过程中，控辩双方同意引入 Mcdavitt 的 PDD 测试结论作为证据，此测试由一名具备资质的测谎专家实施。结果 Mcdavitt 没有通过测谎。根据双方事先达成的协议，测谎结论被作为证据提交到法庭上，最后陪审团裁定 Mcdavitt 有罪。

但在上诉中，新泽西州上诉法院推翻了原判，认为将测谎结论作为证据"明显错误"，即使控辩双方事先约定允许测谎结论作为证据，其科学性和可靠性仍存在问题，因此不应被采纳为定罪依据。检方随后向新泽西州最高法院提起上诉。

新泽西州最高法院在审理过程中指出，测谎证据在司法程序中的使用具有争议性。通常情况下，其结论因科学性和可靠性不足而不可采纳为证据。但在诉讼双方明确约定的情况下，此类证据可在特定条件下被采纳，这些条件是：

（1）书面协议：诉讼双方必须达成明确的书面协议，同意将测谎结论引入庭审。

（2）测谎师合格：测谎测试必须由具有经验和资质的专业人士执行。

（3）测试程序规范：测试需在符合科学标准的条件下进行，以确保结果的准确性。

（4）陪审团指引：法庭需对陪审团作出适当指导，说明测谎证据的性质及其可能的局限性。

最高法院最后得出的结论是，**测谎测试已经发展到足以可靠的程度**，且本案符合以上条件，因此双方协议是有效的，将测谎结论作为证据引入是正确的，遂恢复了对 Mcdavitt 的有罪判决（State V. Mcdavitt，1972）。

这两个判例都反映出法院在处理测谎证据时的审慎态度，即使在诉讼双方都同意的情况下仍要求一些严格的规范。所以，如果符合某些条件，特别是在双方都同意的前提下，测谎结论可以作为法庭证据使用，即有限采纳。

此外，两个判例之间其实有着一个明显的差异。前者判例（1962 年）认为 PDD 并不可靠，但后者（1972）则明显提出："测谎测试已经发展到足以可靠的程度"。这很大程度反映了当时的时代（冷战）背景下，PDD 技术也正处于一个兴盛时期（参见第三章）。可见，即使诉讼双方都同意，测谎结论的证据可采性也是被严格限制的。

3. 科学界的态度

1982 年，APA 针对"普遍接受原则"委托盖洛普（Gallup）进行了一项调

查（The Gallup Organization，1982）[1]。调查对象为美国心理生理学研究协会
（Society For Psychophysiological Research，SPR）1/15 的成员（共 137 名，都有博
士学位）。被调查者中，30%的人曾经使用过 PDD，其中 19%是用于教学和研究，
11%是专业应用。在被调查者被问及"当一个受过系统训练的测谎师在判断被试
说谎与否时，你对这名测谎师的判断有何看法，以下几种陈述中哪一项最能表达
你的观念？"137 名被调查者的回答结果如表 12-1：

表 12-1　137 名被调查者回答结果占比

观念	百分比
它是十分可靠的方法，可以单独作为决定因素	1%
当和其他的信息结合起来考虑，它是一个有效的判断手段	62%
它的有用性还值得怀疑，与其他的信息相比，所占的权重比较小	34%
毫无用处	1%
不知道	1%
其他	1%

可见，APA 是想通过这项调查来响应 Frye 规则的"两步走"。第一步，将测
谎技术所在的科学界定为"心理生理学"领域；第二步，通过调查来了解此科
学界的专业人士是否普遍接受测谎技术是科学的。调查中最引人关注和最重要的
结果是：SPR 成员中，大部分人认为测谎是一种有效的方法，但需要和其他信息
结合。

1994 年，另一位测谎专家 Charles Honts 和同事[2]对 SPR 成员又进行了一次
类似的调查。其结果与盖洛普的调查大致相同：83%阅读过测谎准确性相关研究
文献的科学家认为，这是一种有效且有用的测谎方法。

不过，需要特别指出的是，尽管 PDD 越来越成熟，且相关科学界似乎也倾
向于认同这项技术。但除了极少数案例（如 Valdez 案和 Mcdavitt 案），绝大部分

〔1〕 The Gallup Organization，"Survey of members of the society for psychophysiological research concerning their opinions of polygraph test interpretation"，*Polygraph*，1982，13，pp. 153-165.

〔2〕 Amato S L, Honts C R.，"What do psychophysiologists think about polygraph tests? A survey of the membership of SPR"，*Psychophysiology*，1994，31（S22）.

相关案例仍依据 Frye 规则，直接将 PDD 排除在法庭之外。而正是这些少数判例将法庭的大门打开了一道缝儿，让测谎结论成为证据有了一些可能。这种情况一直延续至 1993 年的 Daubert V. Merrell Dow Pharmaceutical Inc 案，它又将门缝关了起来。

三、Daubert 案：重点是可靠性

Daubert 案涉及 2 名患有先天性肢体残疾的婴儿，其中一名叫 Jason Daubert。他们的父母认为此缺陷是由于其母亲在怀孕期间服用被告公司——梅里尔·道制药公司（Merrell Dow Pharmaceutical Inc）所销售的药物镇吐灵（Bendectin）所致，因而提起民事诉讼。镇吐灵是一种治疗孕妇呕吐或眩晕的特效药，曾在世界范围内广泛销售。据估计，到 1983 年全世界有超过 3300 万名妇女使用过此药（Lasagna & Shulman, 1993）[1]。后有先天肢体残疾的患儿母亲多回忆怀孕期间曾服用此药，因而渐有患儿对销售商梅里尔·道制药公司提起民事诉讼。也就是说，在 Daubert 案之前，针对镇吐灵的诉讼案件已经是风起云涌了。

Daubert 案在加州地方法院审理时，因涉及药物科学此类专业问题，法院允许诉讼双方自行聘请专家证人作证。被告沿用了以前相关诉讼的专家鉴定，认为镇吐灵并不会造成婴儿肢体残疾。原告则提出了阵容可观的 8 名专家，认为通过动物活体试验、药物化学结构分析和对现有流行病学资料的再分析证明，此药物确实可导致婴儿畸形。地方法院在审理后认为这些证据不符合 Frye 规则，不能作为证据。因此，此案初审时参照此前判例，判决制药公司胜诉。

此案上诉到联邦第九巡回法院，法官仍援引 Frye 规则维持了原判。原告最后上诉到联邦最高法院，理由是 1975 年美国已制定并开始实施《联邦证据规则》，而其中第 702 条规定：**如果科学、技术或者其他专门知识能够帮助事实的审问者了解证据或者判定争议中的事实，那么满足作为专家要求的知识、技能、经验、训练或者教育的证人就可以专家意见或者其他形式作证。**

原告认为，联邦第九巡回法院法官应该依据《联邦证据规则》而非 Frye 规则来判案。随后最高法院据此进行了审查，提出了判断科学证据可采性的"综合观察"标准，即一项科学技术或方法能否作为证据被法庭接受，需要满足以下五个标准之一（Daubert V. Merrell Dow Pharmaceuticals, 1993）：

---

〔1〕　Lasagna L, Shulman S R., *Bendectin and the language of causation//Phantom risk: scientific interference and the law*, MIT Press Cambridge, MA, 1993, pp. 101-122.

1. 是否具有可验证性。
2. 理论或技术是否经过同侪审查。
3. 其错误率是否已经知晓。
4. 是否存在和维护控制其操作的标准。
5. 是否为相关科学界所普遍接受。

以上论述就是 Daubert 规则。另外它还要求法官必须具备相关科学领域中的一些专门知识，担任好科学证据"看门人"（Gatekeeper）的角色，过滤掉那些缺少科学可靠性的证据。

虽然 Daubert 案最终以原告的败诉而结束，但此案确立的 Daubert 规则，取代了 1923 年 Frye 规则。在比较 Frye 规则和 Daubert 规则之间的区别时，我们可以发现，Daubert 规则更为宽容。Frye 规则要求必须证明该方法（如测谎）是基于科学界普遍接受的方法。但事实上，很多方法本身在科学界内会争论几十年，甚至上百年，根本达不到这一标准。而 Daubert 规则虽然标准更多（有 5 条），但其实都是对方法的"可靠性"作出的规定。所以，在 Daubert 原则之下，重点就是证明方法是否可靠。即使是科学界少数人接受的方法，可能很可靠，也可能被作为证据使用。

不过，虽然一般认为 Frye 规则已被 Daubert 规则取代。但事实上，直到 21 世纪的今天，美国有超过一半的州在审查测谎结论是否可以作为证据时，仍使用的是 Frye 规则。这可能是因为 Daubert 案本身是关于是否采信某些专家证词（即认为是镇吐灵导致原告出生缺陷），与测谎并没有直接的相关。

四、Scheffer 案：不仅具有可靠性，还有神秘色彩

因为 Daubert 案并不是直接针对测谎的，所以此后关于此测谎结论是否可以作为证据，法官仍采用的是"Frye 规则"。这种情况直到 1998 年的 Scheffer 案后才有改观。

1992 年，驻扎在加利福尼亚马奇空军基地的飞行员 Edward Scheffer 自愿担任空军特别调查办公室的毒品调查线人。在他的卧底期间，他会不时被要求接受毒品检测以及测谎。一次，他在接受毒品检测之后，测试结果没有出来之前，接受了测谎测试。测谎结果显示，自从加入空军以来，他没有吸过毒。可是随后毒品检测结果出来，验出了他曾吸食过冰毒（甲基苯丙胺）。最后，他被指控吸毒以及一些其他问题，接受军事法庭的审判。他自己辩称，是因为做卧底而吸食了药物，属于"无辜摄入"。但检方质疑，因为这种说法与他早些时候对空军特别调查办公室的说法不同。于是 Scheffer 提出要将测谎结论引入法庭，证明他没有故

意吸毒。但是军事法庭根据《军事证据规则》(*Military Rule of Evidence*)第 707 条拒绝了。

此 707 条是长期在 Frye 规则影响下，形成的一项"本身排除原则"：**尽管有任何其他法律规定，但军事法庭都禁止引入测谎结论、测谎师的证词以及任何关于被告是否拒绝或同意进行测谎的文件，这些都不得被承认为证据**。这使测谎结论在军事法庭上无法作为证据，因此 Scheffer 的所有罪名都被定罪，被判监禁 30 个月、没收所有工资所得并降到最低入伍等级。此案上诉至军事上诉法庭，依据新出现的 Daubert 规则，上诉法庭认为对于测谎是否可以作为证据应由法官作为"看门人"加以斟酌，而前军事法庭将有利于被告的测谎结论直接排除，有违美国宪法第六修正案的规定，即损害了宪法赋予被告的辩护权。美国司法部不同意此裁定而向联邦最高法院提起上诉。

最高法院的 9 名大法官对是否采信测谎结论观点各异。其中 4 名法官赞同"本身排除原则"，理由是目前在科学界对于测谎技术的可靠性并未形成一致意见。另外有 4 名法官认为第 707 条并不违宪，但"本身排除原则"是不公正的，主张"**是否采纳测谎结论作为证据，每个审判程序可以根据具体情况作出不同的判决**(United States V. Scheffer, 1998)[1]。"

9 名法官中只有 1 名法官认为"本身排除原则"违宪。并且指出，如在此案中指出测谎不够准确作出判断，这显然与政府广泛使用测谎进行人事筛选的现实相矛盾。

值得一提的是，有 4 名法官还特别提到，陪审团会深受测谎结论证据的影响，并倾向赋予其更强的证明力。同时，即使只将测谎结论作为间接证据使用，但实际的效果往往是它的出现会分散陪审团对主要证据的注意力。因此，他们认为将不可靠的测谎结论排除在证据之外并不违宪。

最高法官最后遵循多数意见裁决说，对测谎结论采取"本身排除原则"，并不违宪（9 名法官中有 8 名持此意见）但也不公正（9 名法官中有 5 名持此意见），法官可根据个案情况来确定是否采纳其为证据使用。因此，最高法院维持了原判，判 Scheffer 有罪。

Scheffer 案是在 Daubert 规则后，对测谎结论是否可以作为证据使用的直接讨论。虽然 Scheffer 案本身最后拒绝了测谎，显示在 Daubert 规则取代 Frye 规则后，测谎结论仍难以成为证据，但可能性却增高了一点。

不过更重要的是，Scheffer 案让我们看到，法庭拒绝测谎仪，有时候并不是

---

〔1〕　United States V. Scheffer, 523 U. S. 303, 118 S. Ct. 1261, 140 L. Ed. 2d 413 (1998).

完全基于它是否可靠，而是有更广泛的司法关切。**因为它本身带有的神秘色彩，会对陪审团乃至普通大众产生无法控制的影响。**所以将测谎仪排除在法庭之外也许符合更广泛的利益，以及整个社会的控制。**"测谎结论与其他证据有着根本的不同"**，这也许是最应该看到的本质问题。

五、Mallory 案：知情同意很重要

除了可靠性和神秘色彩之外，PDD 测试结论还面临其他的法律问题，如它可能妨害了当事人的自由陈述、不自证其罪或保持沉默等权利。而对此等问题作出解决尝试的则是 1957 年的 Mallory V. United States 案。

Mallory 因涉嫌强奸被警方拘留，并被要求接受测谎测试。但测谎时仅有被告与测谎师（也是此案侦查人员）在场，且房门紧闭。当时也没有告知 Mallory，其有权保持缄默、有权委任律师，其所做的不利陈述将作为法庭证据使用等话语，即米兰达警告（Miranda Warning）。最后在测谎结论诊断其"有罪"，且将会获死刑的情况下，Mallory 与警方达成了答辩协商，作出认罪供述。后在法庭审判中，陪审团作出了判处死刑的结论。此案上诉至联邦最高法院，法院认为：本案被告人被迫接受测谎，且测谎前未被告知其具有保持沉默、委任律师的权利，也未被告知其所为不利陈述将作为呈堂证据，因此被告人的供述不能被采纳为证据使用。此案所建立的规则是：对被告人进行测谎测试之前，应告知其相关权利（宣布米兰达警告），此后所获得的被告人陈述才能被采纳为证据[1]。

回顾这些法律史上有关 PDD 证据可采性的经典判例，Sevilla（1984）[2] 给出了一个非常形象的描述与总结："法律面前站着一位守门人。"一位来自乡下的人来到这位守门人面前，请求允许他进入法律。但守门人说他现在不能让这个人进去。这个人经过深思熟虑后问，他是否能被允许稍后进入。守门人回答说："有可能，但现在不行。"但我们也看到，在等待的过程中，这位乡下人一直在来回敲打法庭的大门。

第二节 证据可采性及其相关的法律争议

一、测谎证据可采性

有关美国法院对测谎仪的可采性，有些文献会引用一个简单的数据。例如，

---

〔1〕　Mallory V. United States, 354 U. S. 449, 450, 451 (1957).

〔2〕　Sevilla, C. M., "Polygraph 1984: Behind the closed door of admissibility", *UWLA Law Review*, 1984, 16 (84), pp. 5-26.

最常见的数据来自 Daniels 在 2002 年的统计，美国 19 个州，9 个联邦巡回法院承认测谎结论的证据可采性[1]。事实上，这个数据不是特别精准。而更为权威的 APA，其官网上关于证据可采性是这么表述的："测谎的可采性因司法管辖区的不同而有所差异。一些州完全禁止使用；另一些州则可以通过双方协议纳入；还有一些州则允许在存在异议的情况下采纳测谎证据。"这样的回答比较模糊，但却更接近正确答案。

因为美国的法律体系是联邦制体系，且以判例法为核心，所以要想准确回答这一问题，需要分成联邦政府和各州法律规定来论述。

1. 联邦法院（Federal Courts）

联邦层面全面禁止测谎结论可采性并不违宪，普遍禁止仍然是主要的政策。联邦层面现行的先例源于美国最高法院 1998 年 Scheffer 案的判决。法院裁定，全面排除测谎证据并不侵犯被告人的宪法权利。法院以测谎结果不可靠以及篡夺陪审团职能的风险为由，肯定了下级法院禁止测谎证据的自由裁量权。

但 Scheffer 案仍然为在特定情况下接受证据留下了余地，也就是视具体的情况而定。目前在三种情况下测谎结论具有可采性，即如果诉讼双方都同意接受测谎结果、假释或缓刑撤销听证会，以及在评估审判前保释或量刑时。

可见，在联邦法院层面，除了有限的例外，通常不允许将测谎结论作为证据在审判中提交。

2. 各州法院（State Courts）

大多数州不接受测谎结论作为证据，但有些州则允许使用，具体的规定差异很大。例如，新墨西哥州允许在双方同意的情况下可使用测谎证据；马萨诸塞州完全禁止使用测谎结果作为证据；俄亥俄州只允许在民事诉讼中使用测谎，而刑事案件则全面禁止使用。

更重要的是，美国法律以判例法为主。所以，一般所说的某州可以使用或有限使用测谎证据，是因为这个州曾经有过这样的判例，而后续类似的案例，法院通常会遵循先例。所以，严格地说，应是这个州"可能"在法庭上接受测谎结论作为证据。到 2024 年为止，美国有 22 个州有过接受测谎结论证据的判例，且绝大多数都是例外或有限采纳。

3. 司法实践的现实

可见，对于测谎结论是否具有证据可采性，是没有绝对肯定或否定的答案

---

〔1〕 Daniels, C. W., Legal Aspects of Polygraph Admissibility in the United States, in *Handbook of Polygraph Testing* (*ed. M. Kleiner*), Academic Press, 2002.

的。但是我们可以有一些反映美国司法实践现实的关键点：

无论是联邦法院，还是各州法院，对使用测谎结论作为证据使用持高度怀疑态度，通常不被联邦和州法院所接受。但在特定情况下会间接和有限地使用，主要是在诉讼双方都同意的情况下进行的测试结论才作为合法的证据。

各州的政策复杂且不一致。大多数州完全禁止测谎仪，少数州只允许有限的情况使用。

受 Scheffer 案的影响，军事审判或在某些军事法庭程序中，测谎结论更容易被接受为证据。然而，不同军种的规定也有所不同。

最重要的是，测谎结论可以在诉讼中作为证据，但是属于"有限采用"，即**只能用来审查言词证据的真实可靠性，不能直接用来证明案件事实**。具体来说，测谎结论只能用来证明嫌疑人或被告人、民事诉讼的当事人以及证人的陈述是否真实可靠，不能直接用来证明刑事被告人是否有罪，或者民事诉讼的一方当事人应否承担责任。

实践中，大多数的测谎结论是用于审判前调查而不在审判程序之中使用。此外，一些州在假释听证会（即决定是否撤销假释）时允许使用测谎仪。如果假释人员没有通过测谎可能被视为违反假释条款而被取消假释。

总之，无论是州法院和联邦法院，对 PDD 都持有怀疑态度，不太能接受将测谎结论作为证据，特别是将之作为关键证据使用，这主要是围绕着 PDD 一直存在着很大的法律争议。

二、法律上的争议

首先要清楚地认识到，PDD 在司法上所遭遇的种种困扰在一定程度上反映了最基本层面的心理学与法律之间的价值和目标（判断事物和作出决定的标准）的对立。法律涉及道德、社会价值、社会控制以及将抽象的原则适用于具体案件的论证过程。在日常运行中，法律制度重视效率和适用性。而心理科学则涉及知识、真理和从具体事例中得出抽象原则（Carroll，1980）[1]。对于如何获得"真实"（Truth），法律和心理学的基本观念迥异。对法官而言，他们相信公正的审判程序会帮助查明"真实"，但法律的"真实"是一种法律构建（Legal Construct），并不必然地与现实相吻合。而更为激进的观念则认为，审判不是在于查明发生的事实，而是一种劝说社会相信证据确凿足以证明作出的惩罚是公正的游戏规则。而现代心理学是以"现象学"和"实证主义"为哲学基础的，相信通过观察和重复性验证可以发现"真实"。因此，从某种意义上说，心理学上的

---

〔1〕 Carroll, J., *Toward a Structural Psychology of Cinema*, Mouton, 1980.

"真实"就是"统计上的显著性",而当某一事件发生的概率小于 0.05（更严格的情况下为 0.01 或 0.001）时就意味着是几乎不可能发生的，则为"虚假"，而这一事件的反面事件就是"真实"（Wrightsman & Fulero, 2005)[1]。

也许正是因为这样的基本价值和目标的对立，才引起了法律界对包括测谎技术在内的运行于法律领域的心理学的尖锐批评。这些批评包括：心理学研究缺乏生态效度，并不适合现实生活；许多理论和研究结果本身还不科学，没有达到法律审判的标准；干扰法律程序本身，操控法庭"话语权"甚至有替代"法官"角色之虞（Wigmore, 1909[2]; Jenkins V. United States, 1962[3]; Gold, 1987[4]）。但是，随着社会的发展，特别是社会分工的细化，正如 Frye 案和 Daubert 案反映的：一些案件所涉及的知识并不是普通人（如陪审团成员）和法官所能正确认识的，确实需要专业人士或专业技术的帮助。所以，从另一个角度看，其实体现了法律与心理学在内的其他科学之间的日渐融合，但在这个过程中，难免有矛盾与争议。此外，更重要的是，**PDD 测试似乎又与其他科学技术不同**，涉及具体争议主题包括：

1. 可能是"三级酷刑"

在本书的一开始，我们就发现 PDD 测试与酷刑有着非常密切的联系，很可能同源自神裁法。而到了 20 世纪初，也就是 Münsterberg 开始倡导使用测谎仪的时候，其本意也是为了改变当时在警察中盛行的行刑逼供。但测谎开创者（如 Vollmer）也承认测谎其实是一种酷刑，只不过属于"三级酷刑"。

支持者则认为，PDD 测试和普通的心理学实验一样，不会给被试带来痛苦体验。但如果测试时间过长，确实会让被试疲劳和身体不适。特别是血压传感器，它其实和普通的家用血压仪是一样的。你可以想象一下，戴着充了气的袖套，保持不动 15 分钟、30 分钟，甚至更长时间，你的身体感受如何？而测前访谈、问题类型等一系列的程序设计，几乎在控制被试的思想和情感的前提下检测其生理的变化。此外，Reid 还提倡将 PDD 与 BAI 技术结合使用，而 BAI 强调审讯期间的行为分析和心理控制，它本身是备受批评的技术，也被认为是一种"三级酷刑"，有逼供之嫌。所以，反对者认为，PDD 侵犯了生命权和个人自由等基本权利，属于残酷的惩罚。

〔1〕 Wrightsman, L. S., & Fulero, S. M., *Forensic Psychology* (2nd ed.), Belmont, Wadsworth, 2005.

〔2〕 Wigmore, J. H., "Professor Münsterberg and the Psychology of Testimony: Being a Report of the Case of Cokestone v. Münsterberg", *Illinois Law Review*, 1909, 3, pp. 399–445.

〔3〕 Jenkins V. United States, 307 F. 2d 637 (U.S. App., D.C., 1962).

〔4〕 Gold, J. Victor, "Psychological Manipulation in the Courtroom", *Nebraska Law Review*, 1987.

2. 可能违反"保持沉默权"和"自证其罪"原则

根据美国宪法第五修正案，嫌疑人在刑事调查中享有保持沉默的权利，且不得被强迫自证其罪。具体而言，嫌疑人或被告有权保持沉默，不必回答可能自我指控的问题。其根本目的是防止嫌疑人在强迫性或压力下作出不利的陈述，进而避免在没有充分法律保障的情况下自证其罪。这一权利最为人熟知的表述出现在米兰达警告中，即在嫌疑人被拘留或讯问时，必须被告知他们享有保持沉默的权利，并且可以选择是否寻求律师的帮助（Miranda V. Arizona，1966）。

第一，如果在没有获取嫌疑人自愿同意的情况下进行测试，可能与保持沉默权原则产生直接冲突。此外，虽然嫌疑人表面上是自愿接受测谎测试，但如果没有明确告知嫌疑人这一过程可能对其不利，也可能侵犯了嫌疑人的保持沉默权（Lykken，1998）。即若嫌疑人未被适当告知其拒绝接受测试的权利，或在测试过程中未被告知测试的潜在风险，则可能违宪。

第二，测谎技术可能侵犯自证其罪的原则。因为即使在明确告知和同意的情况下，测谎仪通常通过采集被试的生理反应（如血压、皮电反应等）来推测是否说谎（Lykken，1998）。而测试的结论，虽然通常不直接构成证据，但在某些司法管辖区，它们可能被用作间接证据或成为"暗示"嫌疑人有罪的工具。因此，这可能引发了违反自证其罪原则的质疑。此外，在司法实践中还存在一种情况。如果嫌疑人因为各种原因不同意接受测试，那么往往会认为嫌疑人心虚、不合作，是有罪的一种表现。这种情况也可能违背了第五修正案赋予被告人的权利。

支持者则认为在接受测谎时被试可以保持缄默，所以不存在逼供之说。但事实是，有一些技术如缄默测试法，确实不需要被试回答问题；但另一些技术如指导性说谎测试法，不仅要求被试必须回答，而且要求必须在某些问题上说谎。所以同样也会面临着侵犯"保持沉默权"、逼供、诱供的质疑。

3. 达不到法律上的可靠性要求

在围绕着 PDD 测试的各种争议中，可靠性问题占据了主导地位。其在证据可采性上被质疑，很大程度上是因为它的可靠性可能并不具备司法实践上对证据的要求。而如果要在司法背景下检视 PDD 测试的准确性则需要借助 Daubert 规则的基本理念。一般认为，Daubert 规则可以很好地将垃圾科学、伪科学排除在法庭证据之外（Bernstein，1996[1]；Jonakait，1994[2]）。因为它有效地顾念了科学研究本身的特点，要求作为科学证据的技术或方法不仅是相关的，而且是可靠的。但在这里的可靠性（Reliablility）并不等同于心理学上的信度（Reliablility），同时包括了信度（Reliablility）和效度（Validity）两个概念（Sanders，1994[3]）。

但需要明确的一点是：由于测谎这一事物本身的特点，其准确率（Accuracy）就是效标效度（Criterion Validity），所以我们要考察的是测谎结论与效标——"真实"的符合程度，即测谎结论的真实性如何。而以数量和质量足以符合统计学要求的样本基础上获得的准确率则可以保证一定的结果稳定性（即信度）。因此，以准确率来论证法律上所要求的"可靠性"虽不完美，但也许是目前可以找到的最理想方法。

对于准确性的争议主要在于：测谎测试没有普遍接受的准确率，报告的准确率差异很大。特别是测谎仪支持者和反对者之间，对于如何解读准确性统计数据存在很大分歧。支持者认为测谎仪的准确率在90%以上（Raskin et al. 1997）。而反对派却认为准确率是靠"蒙"的，概率是很低的（Citro，2000）[4]。事实上，关于测谎结论的准确率，自 Daubert 案后一直是一场尚未解决的大争论，我们将在后面详细讨论。总之，在反对者看来，对一种能够决定有罪或无罪的科学技术来说，PDD 测试的错误率非常高，其准确率还未达到司法实践的要求。而在连准确率都无法达成共识的情况下，可靠性一定会存在问题，远达不到法律上要求的可靠性。

4. 缺乏标准化

虽然有 APA 和 ASTM 出台了一些标准，来规范 PDD 仪器、测试程序、培训、数据解读、实践操作等多个方面。但是这些标准都比较笼统，目前为止，没有单一的、普遍接受的测谎测试程序或测试方法。这点我们从前述内容可以很容易看出来。

〔1〕　Bernstein, E. David, "Junk Science In The United States and The Commomwealth", *21 Yale Journal*, 1996, 123, p. 124.

〔2〕　Jonakait, N. Randolph, "Scientific Evidence After the Death of Frye Criminal Forensics and DNA Evidence: The Meaning of Daubert what that Means for Forensic Science", *15 Cardozo L. Rev*, 1994, 2103, p. 2103.

〔3〕　Sanders, Joseph, "Scientific Validity, Admissibility, and Mass Torts After Daubert", *78 Minn. L. Rev*, 1994, 1387, pp. 1388-1389.

〔4〕　Citro, A. Vincent, "Playing 'pin the tail on the truth' in the Eleventh Circuit: why polygraph evidence should be excluded in Federal courts", *30 Stetson L. Rev*, 2000 (Fall), p. 725.

目前并没有单一的、普遍接受的测谎仪器。在美国，主流的仪器制造商有三家：Lafayette、Stoelting 和 Axciton。但是，没有任何一个机构可以对它们生产的仪器进行认证，或可以证明其是合格的。更重要的是，这些广泛用在司法实践中的测谎仪，本质上是一台一百年前发明的仪器。最关键的指标——皮电，所测量的生理数据应该是什么？也没有一个公认的、标准的答案。

除了仪器以外，测试程序也不统一。虽然 PDD 测试一直在探索建立标准化测试程序，以排除被其他干扰因素污染，这也是测谎技术努力向标准化心理测试目标迈进的重要一环，但就目前来说，这一尝试的成效让人深感沮丧

还有就是测谎师的培训，以及他们在实践中所采用的测谎技术差异也很大。不同的司法辖区对测谎师的资质要求也不统一。一些州将拥有 APA 会员资格作为标准，一些则要求有 5 年实践经验，而另一些地方则没有任何要求。

正因为以上各个方面缺乏一致性，差异很大。所以，尽管 ASTM 出台了《PDD 测试质量控制的标准》（*E2031 Quality Control of Psychophysiological Detection of Deception（Polygraph）Examinations*），但真正实施起来十分困难。总体上，PDD 仍缺乏标准化。

5. 结果解释的主观性

如前所述，解读测谎图谱非常依赖测谎师的经验，即使是所谓的数量化评分，其实在基本层面上，也是无法给出一个标准的。所以测谎数据解读凭借着的仍然是主观判断，这也意味着不同测谎师的解读存在差异。面对同一份图谱结果，经验丰富的测谎师与新手测谎师的解读就很不一样。有时一名有多年刑事案件测谎经验的测谎师，如果换了一台不同型号的测谎仪，或者测试自己不曾涉足的民事案件，就可能会在数据解读上出现犹豫，甚至错误。而不同的数据解读，会导致完全不同的测谎结论，最终也会影响证据的可靠性。

6. Fulminante 规则

以上的种种争议，几乎都是来自反对者。而支持者不得不退而求其次，认为只要 PDD 测试不直接出现在法庭证据之中，那么很多争议就不存在了。所以目前的司法实践中，PDD 测试更多地是作为调查阶段的技术来使用。即使如此，也还是引发了一些法律上的争议。例如，PDD 测试本身没有获得任何实质性的证据，但可能会让侦查人员形成一种设想——把重点放在某个嫌疑人身上，加大审讯的力度。这种策略，有时候仅仅因为审讯人员的自信心增强或者是嫌疑人发现自己在应对警方审讯过程中犯了极大的错误，都有可能打破嫌疑人的心理防线，而获得认罪供述。但是这样的过程就会带来法庭审查上的问题。也就是会面临着侵犯"保持沉默权"、逼供、诱供的质疑。

为了解决这一争议，美国司法实践中常常会引入 Fulminante 规则（Fulmi-nante Rule）。此规则主张：如果在前面审判时错误地采纳了强迫性供述，那么一定会翻案；如果供述是一步一步得到的，或者有其他证据，那么前面的错误采纳只是"无害过错"（Harmless Error），不影响案件的判决。可见，在调查阶段使用 PDD，美国允许对被试使用一些"欺骗性"的程序，如测前访谈、激励测试或者指导说谎测试法。

总之，在美国流行文化以及一些支持者口中，PDD 测试常常被认为是一种可靠、法庭认可的高科技技术。测谎专家 Matte（1996）也曾乐观地认为，PDD 测试证据的可采性会越来越强。但目前美国司法实践现状恰恰相反，法庭对它的可靠性以及证据可采性有着高度的质疑，其根本原因在于目前的 PDD 技术理论基础薄弱，数据解读依赖于测谎师的经验，它更可能是一门技艺而非科学，所以可靠性还远远达不到司法实践的要求。而随着时间的推移，这一现状短期内并不会改变，所以围绕着其证据可采性及其相关的法律争议也会一直持续。

第三节　PDD 在中国的司法实践

前述的研究和文献几乎都源于美国。但目前，世界上相当多的国家或地区都有使用 PDD 测试技术。其中有一些国家，如以色列，因为历史文化等原因，与美国的应用情况非常相似。而我国，因为历史文化差异，特别是隶属于完全不同的法律体系，与之比较更具实际意义。

一、早期技术来自美国

与一般观点不同的是，我国的测谎技术应用其实开始得很早。早在 20 世纪 30 年代，也就是 Vollmer 和 Keeler 在芝加哥轰轰烈烈应用测谎技术的同时，我国当时的政府派了两名警察去美国接受培训，学习使用测谎仪。1942 年，我国和美国达成了合作协议，美国向我国提供了包括测谎仪在内的一系列装备，并合作开展测谎工作。1945 年，包括美国前 FBI 特工 Charlie Johnston 在内的一群人到我国进行了一次短期培训，培训内容是"现代"警务技术，包括指纹识别、弹道检测以及测谎。同年我国还将测谎培训课程正式列入警察教育中。1957 年，我国拍摄了一部国产影片《寂静的山林》，其中出现了打入敌人内部的侦察员接受测谎测试的场景。而根据该片编剧的说法，这一情节取材自真实的间谍案（郭某升、吴某蘅案）。可见，当时我国在特殊领域已经开始使用测谎技术了，而且仪器和技术基本来自美国。

但中华人民共和国成立后，因为受到苏联的错误引导，认为测谎技术属于伪科学，所以相关的仪器被销毁，测谎技术更是无人敢提。事实上，《寂静的山林》这部影片表达的思想之一就是：**测谎技术是邪恶且无效的**。而影片中出现的测谎仪和测试方法都是错误的。比如图谱只有一条曲线（应该是三条或四条）；传感器甚至绑到了大腿上（目前没有任何一种测谎仪的传感器是绑在腿上的）。根据编剧的说法，当时全剧组没有一个人见过测谎仪，后来看到了测量心电图的仪器，觉得类似就替用了，所以电影中其实使用的是心电仪。这也印证了，那些来自美国的测谎仪及其技术在我国已经消失。

二、自主研发与应用

1963 年，我国开始研发测谎仪，当时某几个单位合作承担了这一任务。一年后，样机基本成型，但又因"文革"期间合作小组解散，研究中断。

直到 1980 年，公安部的一个刑侦技术考察组赴日本考察，撰写了一份《关于考察日本刑事技术情况的报告》，其中写道，"测谎仪是有科学依据的，过去持全盘否定态度是错误的。" 1981 年 9 月，公安部引进了一台国外生产的 MARK-Ⅱ 型声音分析仪，开始在北京市公安局试用，并对随机配有的《测谎手册》进行了翻译，作为短期培训的教材。但真正的 Polygraph 测谎仪，由于某些原因一直无法引进。

1991 年 1 月，公安部正式立项，由公安部科技情报所、中科院自动化所等单位组成了课题组，再次进行测谎仪的国产化工作。1991 年 5 月，我国自主研发的第一台 Polygraph 测谎仪——PG-I 型多道心理测试仪诞生，并在 6 月通过了公安部的专家审定。PG-I 主要测量的是皮电、呼吸和脉搏（而非血压）。如此设计的一个主要原因是考虑当时所使用的具体测试技术是 CIT 而非 CQT，测试时间会更长，被试佩戴脉搏仪要更为舒适一些。

1992 年 5 月，应山东省公安厅的请求，课题组成员使用这台新研发 PG-I 仪器，参与调查了某乡党委书记被杀案。经测谎测试，排除了一号嫌疑人，并认定了孙某的作案嫌疑。而且经过测后突审，孙某最终供认了罪行。这是我国使用自主研发的测谎仪，第一起成功测谎的实战案例。这一案例当时轰动全国，也标志着测谎技术在中国司法实践应用的真正开端。此后，我国的测谎技术进入了一个高速发展时期。到 2000 年，北京、上海、辽宁、山东、广东、江苏和浙江等 28 个省市的公安、检察等具有侦查权的部门配置了 100 多台测谎仪，办案 1000 余起，在排除无辜、识别嫌疑人、明确侦查方向方面起了重要作用。沈阳市中级人民法院还首创并成功地把测谎运用于经济和民事等各类案件的审判活动之中。从 1994~2000 年，沈阳市中级人民法院已接受全国各地司法机关的委托测谎 500 多例，有效率和准确率均达到 90% 以上，其中对经济、民事案件的当事人、证人测试占 50%，测试结果作为支持性证据使用，效果甚佳。[1]

三、证据可采性

当测谎技术在我国司法实践中被越来越广泛地使用时，相关人士开始研究测谎结论是否可以作为证据使用。1999 年，四川省人民检察院就测谎结论能否作为诉讼证据使用问题向最高人民检察院进行请示。1999 年 9 月，最高人民检察院在给四川省人民检察院的批复如下："你院川检发研〔1999〕20 号《关于 CPS 多道心理测试鉴定结论能否作为诉讼证据使用的请示》收悉。经研究，批复如下：CPS 多道心理测试（俗称测谎）鉴定结论与刑事诉讼法规定的鉴定结论不同，不属于刑事诉讼法规定的证据种类。人民检察院办理案件，可以使用 CPS 多道心理测试鉴定结论帮助审查、判断证据，但不能将 CPS 多道心理测试鉴定结论作为证据使用。"（批复中 CPS 多道心理测试就是计算机化测谎系统，CPS 即 Computerized Polygraph System 的缩写）。

2007 年，最高人民检察院施行了《人民检察院鉴定机构登记管理办法》，其中将"心理测试技术"与其他鉴定业务门类一并纳入规范管理范围，第 11 条第 1 款规定："鉴定机构可以申请登记下列鉴定业务：（一）法医类鉴定；（二）物证类鉴定；（三）声像资料鉴定；（四）司法会计鉴定；（五）心理测试。"

而在此之前，也就是 2004 年，人事部与公安部颁发的《关于在全国公安刑事科学技术、技术侦察队伍实行专业技术职位任职制度的通知》将心理测试技术正式列入刑事科学技术专业序列。2006 年，公安部施行了《公安机关鉴定机构登记管理办法》，根据 2019 年修订的条款，其中第 12 条规定："公安机关的鉴定机构可以申报登记开展下列鉴定项目……"其中包括"心理测试"一项。

可见，根据我国目前已经颁布实施的《公安机关鉴定机构登记管理办法》和《人民检察院鉴定机构登记管理办法》，这一技术均已作为"鉴定"类。但因我国法院没有相关的规定，所以并不能作为证据使用。

四、是"心理测试"不是"测谎"

从以上的发展过程以及相关的官方文件可以发现，测谎仪在我国的正式名称是"心理测试仪"（早期使用过"多道心理测试仪"），而测谎则被称为"心理测试"。之所以如此称谓，其实和美国的情况很相似——用心理生理测谎（PDD）来替代 Polygraph。而"测谎"这一过于通俗的称呼，可能有损于人们对

---

〔1〕 曾泽民、陈建新：《多参量心理测试测谎技术及其在我国司法实践中的应用》，载《全国第六次法医学术交流会论文摘要集》，2000 年 11 月全国第六次法医学术交流会。

这项技术的科学性认识。此外，正如前面提到的，这一技术有时候检测的是真实的信息，用"测谎"也不准确。

事实上，无论是在国内还是在国外，给"测谎"或"测谎仪"冠以种种"专业术语"，深植其中的一个无法明言的意图在于：其倡导者或鼓吹者要赋予现代测谎技术以科学的氛围或光环，特别是在极力想让测谎结论进入法庭或作为证据使用的时候。但在我国，冠以"心理测试"这样的称谓，从长远的角度看，不啻是一种存在着隐患的做法，因为在司法上会面临着被"扩大解释"的可能性。因为"心理测试"是泛指采用心理学的方法对个体或群体进行测量的所有活动。这意味着，如果将"心理测试"纳入鉴定项目或业务，在将来的司法实践中，可能不仅是将"测谎技术"纳入，其他的采用心理学方法或仪器进行检测的技术都会归入此类。譬如，紧随而来的"催眠询问技术""麻醉询问技术"，甚至"智力测验"等，也应是理所当然的鉴定项目，因为它们都属于心理学中公认的"心理测试"的范畴。

第四节　其他国家或地区的实践

PDD 现在被用于世界各地的司法实践中，但很难知道确切的使用范围。根据 Barland（1995）的研究[1]，有大概 55 个国家或地区使用测谎仪，其中至少有多个国家将 PDD 作为执法部门常规的侦查或调查工具：美国、加拿大、克罗地亚、萨尔瓦多、印度、以色列、日本、韩国、墨西哥、波兰、罗马尼亚、俄罗斯、塞尔维亚、斯洛文尼亚、南非、土耳其等。不过，以上只是各国执法部门的使用情况，而测谎仪在各国安全部门的使用情况尚不清楚。此外，测谎仪在世界上的使用范围似乎在扩大。比如我国就是一个新增加的例子，而比利时和荷兰最近也启动了测谎研究项目。尽管如此，**世界上没有一个国家完全依赖测谎仪**，哪怕是美国，测谎结论通常也都不能作为法庭证据使用。

在这些使用 PDD 的国家中，具体的使用方式和测试技术是不同的。因为在不同国家，对于"是否可以使用一些欺骗性的调查程序？"的法律规定是不一样的。在美国，在一定条件下是可以允许警察对嫌疑人撒谎的，因此他们更多地是使用 CQT 技术。但在其他国家，特别是一些西欧国家，警察使用一些欺骗性的调查程序是不可接受的，因此使用 CQT 是非法的，只能使用 CIT。而最常使用

---

[1]　Barland G H., "Foreign Use of the Polygraph-Summary v. 5. 1//Annual Meeting of the American Polygraph Association", *May*, 1995, 25.

CIT 的国家则是日本。

一、日本

相比较而言，日本的 PDD 使用情况可能较有参考或借鉴价值。

1. 应用情况

日本研究领域开始 PDD 相关的工作很早，20 世纪 20 年代，几位日本心理学家对皮电作为情绪指标产生了浓厚兴趣。1933 年日本心理学家 Akamatsu、Uchida 和 Togawa 首次报告了他们使用皮电来检测欺骗行为的研究，发现在情绪变化时，电导水平会降低。Togawa 后来将此方法用于测试间谍，这是日本第一次的 PDD 实践（Fukumoto，1982）。他们所指的皮电是皮肤电活动（Electrodermal Activity，EDA）。所使用的仪器也是电流计，但不清楚他们是否是基于 Adamskiewicz 或 Sticker 的研究而进行的。在第二次世界大战期间，日本横川电机公司制造了测谎仪，但具体型号未知。到了 20 世纪 50 年代，有其他的公司以 Keeler Polygraph 为模型研发了新的测谎仪（Matte，1996）。而到了 20 世纪 80 年代以后，日本警察系统开始常规性地使用 PDD（Yamamura & Miyata，1990）[1]。如东京警视厅技术搜查研究所就设有心理研究室，PDD 是其中常规技术之一。根据 2002 年的统计数据，日本每年在刑事调查中，有 5000 次的 PDD 测试，涉及的测谎仪有 70 种左右，而所使用测试方法主要为 CIT（Hira & Furumitsu，2002）[2]。日本之所以能使用 CIT 一个原因就是，日本执法机构能更好地控制犯罪现场，以及控制公开或不公开哪些案件相关信息。传统上，日本测谎师会去犯罪现场，并进行犯罪现场分析。所以，这些测谎师一般也是犯罪现场分析方面的专家。

此外，在日本进行正式测谎前，必须获得被试本人的书面同意（可以咨询律师，但不需要获得律师同意）。被试可以拒绝，但他们很少有人拒绝。而日本律师对于自己客户接受测谎的一般会建议：**任何人没有必须接受测谎的义务，若被要求应该拒绝。**

2. 证据可采性

在日本，关于测谎的证据能力，日本最高法院在 1968 年 2 月 8 日第一小法庭的判决中指出，该案中的测谎是在被试同意的情况下进行的，并且在考虑了测谎进行时的具体情况后，认为其是适当的，因此肯定了其证据能力。这是日本最

〔1〕 Yamamura, T. and Miyata, Y., "Development of the polygraph technique in Japan for detection of deception", *Forensic Science International*, 1990, Vol. 44, pp. 257-271.

〔2〕 Hira S, Furumitsu I., "Polygraphic examinations in Japan: Application of the guilty knowledge test in forensic investigations", *International Journal of Police Science & Management*, 2002, 4 (1), pp. 16-27.

高法院首次对测谎的证据能力表示肯定的判决。该判例指出，测谎结论具有证据能力的情况包括：①根据测谎师的专业技术经验以及测谎仪的性能，检查结果是可信的；②忠实地记录了测试的过程和结果的，具有证据能力。

1982年4月21日，东京高等法院将一份测谎专家的鉴定结论采纳为证据。测谎使用了CIT和CQT两种方法，但法官认为CIT的结果足够可靠，而CQT结果却受到了质疑。不过并不是因为CQT本身不可靠，而是因为本案使用的CQT问题格式不是标准格式。1989年10月25日，一名被告在浦和地方法院的法庭上要求接受测谎测试，以确定是谁在说谎，是被告自己还是警察。不过他的申请被驳回，原因有两个：CIT不适用于这种情况；而CQT不可靠，完全不可采信。可见，在日本，测试方法和测试的规范性等也会影响测谎的证据能力。

而日本警方的相关规定是这样表达的：测谎结论报告书的性质符合《日本刑事诉讼法》第321条第4项，即为鉴定人所作的书面鉴定，属于传闻法则的例外，所以承认其证据能力。但需要符合以下条件：

（1）日本警察机关所使用的测谎仪器均有统一规格。

（2）测谎师主要是心理学专业的大学毕业生，并在科学警察研究所接受过培训的专业人士。

（3）警视厅刑事局对测谎的目的、用语、测试对象、测试方法及测试表格的制作均予标准化。

总体来看，自1968年日本最高法院判决认定测谎结论具有证据效力以来，日本法庭对作为专家鉴定的测谎结论持普遍接受态度。但需要符合一些前提条件：

（1）使用标准的仪器设备。

（2）测谎师必须具有经验和资质。

（3）如实记录测试结果。

（4）使用合理的测试方法，CIT被认为更可靠，但也要与案件相适配。

（5）测试程序，包括表格的制作都符合标准。

不过要特别指出的是，测谎鉴定结论可以作为证据具有证据能力，但是证据能力不同于证明力。在日本的司法实践中，从未出现过将测谎鉴定结论作为认定有罪的唯一证据的观点。即仅凭测谎结论并不能证明犯罪事实，通常其只是作为判断被试是否诚实陈述的参考材料。

二、以色列

由于历史原因，以色列和美国在测谎领域的关系也非常密切。特别是在20世纪后半叶，以色列的测谎技术发展几乎与美国同步，所以其也是测谎技术领先的国家。还记得SCAN技术的开发者吗？他曾先后在以色列情报系统和警局工作过，也曾是一名资深测谎师。此外，以色列学者Ben-Shakhar也是测谎研究领域有名的学者，他的不少研究也为本书所引用。除了主流的Polygraph测谎仪，以色列在声音压力测谎、眼动测谎，以及脑电测谎方面的开发也较为领先。特别是以色列的声音压力测谎仪，可能是目前世界上除了Polygraph外最畅销的测谎仪了。

以色列的测谎技术原则和标准均与美国一致，相当多的以色列测谎师都是APA的会员，并且每年都会参加APA的年会。此外，以色列也有自己的专业学会，包括以色列测谎专家学会（Israeli Polygraph Experts Organization）和以色列测谎师学会（Israeli Polygraph Examiners Association）。这些学会负责制定以色列测谎实践中的规范与标准，促进测谎师的技术交流，也负责培训工作。事实上，由于美国在测谎上对不少国家是禁运的，导致一些国家会转到以色列学习。

与其他国家都不同的是，测谎在以色列社会中接受度相当高。这可能与以色列特殊的宗教文化有关。以色列作为犹太教的发源地，社会中浓厚的宗教文化对伦理和行为的约束有相当的影响。根据犹太教的教义，诚实是神圣的行为，因此公众和社会普遍倾向于认为揭示真相是道德和神圣的责任。所以，测谎技术在以色列社会应用特别广泛，主要有两个领域：一是人事筛选领域。在以色列，无论是跨国企业，还是普遍超商，特别是在金融、保险、财务、采购等产业或职位，测谎都是不可或缺的任职门槛。只要雇主认为有必要，均可要求员工到指定的私人测谎公司接受人事筛选测谎，包括雇前测试以及定期测试。二是民事案件领域。在民事案件领域，通常在双方当事人同意下，由法院出资并委任私人测谎公司对双方进行测谎，并将测谎结论作为审理的依据，这不失为迅速解决民事纠纷的好办法。另外，一些保险公司在合同中加入条款，在保险受益人同意的情况下，测谎结论可以作为证据。如果受益人自愿同意该条款，签署合同并接受测试，则未来涉及诉讼时法院将考虑将测谎结论作为证据。

但要特别指出的是，以色列刑事审判一般都是拒绝将测谎结论作为证据的。

三、欧洲国家

1. 英国

英国和以色列和相似，因为历史渊源，与美国关系紧密，法律上也同属一个法系。不过，英国某些群体反对测谎仪在英国的使用，即使英国警方的赴美考察报告认为测谎仪对警方的案件调查很有帮助。长期以来，英国对测谎技术的态度几乎是全面封杀，这种情况一直持续到 20 世纪 80 年代。美苏冷战期间，间谍活动成为美苏两国对抗的核心手段之一，双方通过情报机构在全球范围内展开秘密行动，窃取军事机密、破坏对方的经济和政治稳定，以及策反对方的高级官员。为了国家安全，对测谎技术的一切质疑都可以暂时放下，从 20 世纪 80 年代开始，英国尝试着引入测谎技术用于安全审查。1983 年，英国的军情五处在一次内部调查中通过测谎成功识别了一名为苏联提供情报的双面间谍。

在这样的背景下，英国政府宣布计划对 PDD 的效力进行试验性研究（Pilot Study）。此研究由美国心理学会牵头，汇集了英国多位著名的心理学家，并由 Tony Gale 教授主持。最后的报告是摧毁性的，英国的心理学家们认为 PDD 测试不可靠，因为测试程序的标准化程度没有达到心理测量学的要求。同时他们认为很难检查个体测谎师的专业资质和所实施测谎的程序。他们最后考察了相关的法律问题，包括在测试过程中欺骗被试（如激励测试），但这违反了英国基本法律（强迫自证其罪）。随后，英国政府放弃了引进测谎技术的计划。英国的态度也影响到了其他欧洲国家，长期以来，测谎仪在欧洲基本都是被禁止的，只有极少数的一些国家使用。

但是进入 21 世纪，特别是近年来，英国对于性犯罪人的测谎应用开始变得普遍，大有赶超美国同行的趋势。而且根据 2007 年英国出台了《犯罪人管理法案》的规定，缓刑中的性犯罪人必须定期接受测谎仪检查，作为缓刑的条件。（参见第十三章）不过，在英国法庭上，PDD 达不到现行法律对专家证人作为证据的要求，即必须"足够有力，能够通过一般的相关性和可靠性检验"，所以仍不具有证据可采性。

2. 德国和意大利

我们已经知道，语言内容测谎技术 SVA 在德国法庭上得到了很好的支持。原告和被告的律师都很少质疑这种评价的有效性，尽管允许他们能质疑。但比较而言，PDD 技术在德国不被接受。

《德国刑事诉讼法典》第 136 条 A 明确规定了禁止询问的方法：

（1）不得用虐待、疲劳战术、伤害身体、施用药物、折磨、欺诈或催眠等方法损害被指控人意思决定和意思活动之自由。

（2）禁止使用损害被指控人记忆力或理解力的措施。

（3）不论被指控人同意与否，第一款和第二款的禁止规定一律适用。违反这些禁止获得的陈述，即使被指控人同意，亦不得使用。

可见，PDD 即属于"损害被指控人记忆力或理解力的措施"，因此 PDD 技术在德国司法实践中是被严格禁止使用的。

不过后来德国联邦最高法院的判决认为，如果被指控人自愿同意使用测谎仪，这与宪法原则和《德国刑事诉讼法典》第 136 条 A 是不矛盾的。特别是在被告主动要求使用测谎仪以证明自己所言的可信性或自证清白时，作为例外可借助测谎仪，为其提供解罪证据。尽管如此，德国普遍的观点仍是，刑事调查部门应无一例外地禁用测谎仪。

意大利和德国的情况比较接近，且更为严格一点。意大利虽是测谎技术的发源地（Lombroso 和 Mosso 师徒都是意大利人），但在司法实践中对测谎技术的使用却是全面禁止的。按照《意大利刑事诉讼法典》第 188 条规定："不得使用足以影响人的自由决定权或者足以改变对事实的记忆和评价能力的方法或技术，即便关系人表示同意。"可见，在意大利司法实践中，即使当事人同意也不能进行 PDD 测试。

3. 罗马尼亚和克罗地亚

在欧洲，绝大多数国家对 PDD 都是持拒绝态度，但有个别的国家却是例外，它们就是罗马尼亚和克罗地亚。

1974 年，罗马尼亚为了打击犯罪，国家刑事研究所展开了对各种刑事科学技术的探索与研究，其中认识到了 PDD 在美国刑事领域中的应用。1975 年，心理学家 Tudorel Butoi 进入该研究所工作，并被指派研究所有可用的司法生理心理学技术。随后他就开始负责在罗马尼亚展开 PDD 的研究和应用工作。但由于美国的测谎技术对罗马尼亚也是禁运的，于是从日本购买了测谎仪。随后，Butoi 和同事开始尝试在司法实践中使用测谎技术。随着他们在一些疑难案件中使用测谎仪大获成功，越来越多的警察机构广泛使用此项技术。目前，罗马尼亚已经成立了专门的测谎培训学校，以及几个心理生理学实验室，而测谎证据在法庭上也被广泛接受（Matte，1996）。

相比而言，克罗地亚的 PDD 发展历史不像其他欧洲国家，与我国的情况却比较接近。同样是因为受苏联的影响，克罗地亚早期也是反对测谎技术的。但在 1959 年，极少数人低调地开展了相关的研究。1959 年 11 月，因破获了一起当时备受关注的刑事案件，从此测谎在克罗地亚开始被人们了解和接受，并开始在警察部门应用。1967 年是克罗地亚测谎历史上的一个重要里程碑，克罗地亚最高法院在一起刑事案件中首次将测谎结论作为证据纳入。这可能也是欧洲历史上第一次将测谎结论作为证据（Matte，1996）。不过，克罗地亚后来在测谎结论的证据可采性发生了变化，一般不被法庭所接受。不过测谎技术在克罗地亚已经发展成为了常规调查，并发展为一种职业，目前已有 8 个测谎实验室。

　　总体来看，在全世界范围内，只是少数的国家或地区在使用测谎仪。而在这些国家或地区中，测谎仪可以说是警方的标准配备，在案件调查中被作为常规技术使用。这一点现在基本不会引起很大的质疑和争论。但当 PDD 测谎结论想要在法庭上作为证据使用时，质疑的声音却是此起彼伏，哪怕是在使用测谎仪最早、最广泛的美国也是如此。其实，在回顾以上判例时，虽然可以感受到法庭对测谎技术的接受度在逐步提升，但始终还是能感受到对测谎技术存在明显的谨慎或不信任。目前看来，包括我国在内的大多数国家并没有将测谎结论作为证据使用。而少数国家，即使承认其证据能力，也非常谨慎，只用来证明被试是否说谎，而不能用来作为直接定罪的依据。而且我们有理由相信，这种状态将会持续相当长时间。

第十三章　PDD 的跨场景实践

在 PDD 的发展过程中，大多数人都致力于提高 PDD 测试的准确性，以提高人们的接受度。但还有一部分人另辟蹊径，通过增加 PDD 应用的具体领域来发展这项技术。如果从这个角度看，就完全理解了当初 Keeler 的做法。将测谎仪从执法机构扩大应用到银行、工厂、公司，开启商业化的道路，能极大地提高测谎技术的发展，美国也确实经历了一个高速发展的时期，直到 1988 年 EPPA 的颁布，其发展才受到了限制。但前期的大规模使用仍对社会产生了极大的影响。对普通民众来说，由于耳濡目染，似乎也都成了半个"测谎专家"。特别是当公众人物陷入一些富有争议的事件时，民众常会提出一些"测谎"建议或看法，纷纷支招"用测谎仪测一测"。

第一节　面向公众的场景

事实上，对于公众人物的测谎是相对容易的。有时候即使不用测谎仪或其他比较复杂的技术，也可以识别出来。原因很简单，社会对公众人物的道德标准要求更高，他们的一举一动都会受到公众的检视。即他们需要谨慎，尽量避免说谎，特别是避免在公众场合说谎。

所以前面提到的文本分析测谎就特别适合用于公众人物，即曾提到的简单标准：除了"没有"，任何其他的回答都意味着"是的"。因为公众人物不能撒谎，一旦被发现撒谎，可能会承受身败名裂的后果，所以他们往往会选择使用模糊的语言。而模糊的回答，其实就是一种变相的"承认"。但 Clinton 总统似乎是一个例外。

一、Clinton

1995 年，21 岁的 Lewinsky 从克拉克大学心理学专业毕业，依靠家族的关系，进入了白宫实习。根据美国国家档案馆公开的档案资料，在 1995 年 11 月，也就是 Lewinsky 进入白宫的第一年，她与 Clinton 在白宫办公室发生了亲密关系。

1996 年美国大选结束后，Clinton 连任，他与 Lewinsky 的关系更为亲密，在总统亲信当中成为公开的秘密。1998 年 Clinton 因为另一件性骚扰案而被怀疑与 Lewinsky 有不正当关系。为了回应质疑，1998 年 1 月 17 日在白宫的新闻发布会上，Clinton 就自己与 Lewinsky 的关系发表声明。声明一开始，Clinton 就说了那句经典的话：

> I Did Not Have Sexual Relations With That Woman, Miss Lewinsky.
> 我和那个女人，Lewinsky 小姐，没有发生不正当关系。

虽然 Clinton 做了貌似"断然否认"的回应，但是却用了奇怪的措辞。当时就有一些测谎专家指出了这一点。事实上，根据前面"语言内容分析"的相关内容就能知道，"那个女人，Lewinsky 小姐"这种表述反映了他试图让他说话的对象（收看新闻发布会的人）产生一种错误信念："Clinton 与 Lewinsky 不熟"。但是随着调查的深入，越来越多的证据出现，Clinton 也无法再狡辩。1998 年 8 月 17 日，Clinton 通过电视发表讲话，向全国人民道歉，承认自己与 Lewinsky 有不正当关系。而在同一天，Clinton 在大陪审团面前作证时，就他之前"断然否定"与 Lewinsky 的关系，他是这样回答的：

> 检察官：你在 1998 年 1 月 17 日，在琼斯控告你的案件中作证，也同样发誓说出事实的全部，对吗？
> Clinton：我当时同样宣了誓。
> 检察官：你当时所发的誓，对你的意义是否与今天一样？
> Clinton：对的，**我当时相信我已如实作答。**
> 检察官：总统先生，我们希望首先就你在 1998 年 1 月 17 日琼斯案中提交的供词，了解你与 Lewinsky 的关系细节。这些问题会令人不安，我在此先表示抱歉。我会问得尽量简洁及直接。总统先生，你和 Lewinsky 的关系亲密吗？
> Clinton：我想或许我能够——如果我阅读一份声明，将我与 Lewinsky 小姐的关系性质厘清、说明它如何与我当时的供词有关及我作供时所做的事，（这会节省）你及大陪审团的大量时间。我还认为那或许令你能够以自己的角度想出更多有关问题来发问。如果你批准的话，我希望读出声明。
> 检察官：当然。请，总统先生。
> Clinton：当我在 1996 年初及 1997 年一次场合单独与 Lewinsky 小姐一起

时，我做了一些错误的行为。这些行为并不包括发生关系。**按照我在 1998 年 1 月 17 日的供词中所说有关（不正当关系）的定义**，这些行为不算是不正当关系。但它们当中包含不恰当及亲密的接触。这些不恰当行为在我的坚持下，于 1997 年初结束。我也曾在办公室内室中进行电话谈话，就有关事件已全部说完。**我会尽量尝试回答其他问题**，包括我与 Lewinsky 小姐的关系、有关我在 1998 年 1 月 17 日供词中对不正当关系的定义问题、关于被指作伪证的问题，以及妨碍司法公正和恐吓证人等。这就是我的声明。

检察官：总统先生，你与 Lewinsky 的接触，是否包括任何形式的身体接触？

Clinton：我在声明中已说得很清楚。不恰当及亲密接触的定义已经很清楚。我已说了有什么不包括在内。这不包括发生关系。**我认为**这种接触没有包括在琼斯案中的不正当关系定义，并会继续引用那一定义。

检察官：在作供时，你究竟是否清楚记得那个不正当关系定义？

Clinton：**我记得。我……让我先问一个问题**。若你继续问我有关证供问题，可否给我一份证供副本？谁有一份副本？

检察官：若有一份，我们会交给你的顾问。

Clinton：在供词最后部分，法官说：我所说的，只是定义的前面部分。你明白吗？当时我答："我明白"。

检察官：你认为这定义包括什么，不包括什么？怎样是不包括的？

Clinton：我认为该定义包括任何人采取行动与另一个人身体接触，借此激起对方的欲望，不包括其他行为。例如接吻便不算。

检察官：你在琼斯案所作的解释，算不算是不正当关系的一部分？

Clinton：**以我的理解**，这不是。

在这份证词中，Clinton 多次出现了不直接回答问题，使用犹豫、模糊、不肯定的语气，以及承认记忆缺失，这些都符合说谎的判断标准。不过最经典则是用了自己对于不正当关系的定义，由于自己只是被动接受，没有"采取行动与另一个人身体接触，借此激起对方的欲望，不包括其他行为"。因为在他看来，这不算有不正当关系。其实 Clinton 这句属于经典的"巧妙的谎言"。这一谎言很有技巧，因为它在说"Clinton 与 Lewinsky 没有发生不正当关系"，然而没有说明它使用的是自己的定义。这是高明的谎言常用的策略——就是使用自己的定义，一旦谎言被戳破，还可以给自己找理由。可以想见，这是一个经过精心设计、预先推演过的谎言，堪称经典。

在 Clinton 与 Lewinsky 的关系调查中，没有使用测谎仪，即使当时不少民众建议说使用"测谎仪"。但事实上，一些相关的案件调查已多次使用过测谎仪，如前白宫工作人员 Kathleen Willey。在 1998 年，即 Lewinsky 案爆发的同时，Kathleen Willey 指控 Clinton 在 1993 年在白宫对她实施了性骚扰。随后 Willey 接受了 FBI 测谎部门两次测谎测试。

根据长达 3 页的测谎报告，FBI 测谎部门负责人指出，第 1 次测试是于 1998 年 9 月 9 日在弗吉尼亚州里士满的 Willey 家附近进行的。此次测谎测试的结论是"无法判断"。6 天后进行了第 2 次测试，测谎结论是"Willey 是诚实的"。根据报告，测试共问了三组问题，其中第一组问题分别是：

> 1993 年 11 月，总统有没有把手放在你的胸上？
>
> 1993 年 11 月，总统有没有把手放在他的腹股沟处？

针对这两个问题，Willey 都回答"是的"，FBI 的报告称，测谎师认为 Willey 在回答这两个问题时是诚实的。第二组问题分别是：

> 在 1997 年之前，你是否告诉 Julie Steele，总统来找你了？
>
> 在 1993 年，你有没有告诉 Julie Steele，你与总统曾在他的办公室会面？

Willey 在回答这两个问题时也都回答了"是的"，报告称，Willey 都通过了。也就是说她关于这些问题没有说谎。但是第三组问题由于法官的命令被隐藏，无法了解具体的问题是什么？

虽然第 2 次测谎的结果显示 Willey 没有说谎。但是一些证人出面证实她与总统之间是你情我愿的。但是从测谎的角度来看，这些证言可以表明测谎结论本身是准确的，因为测谎问题只是调查了两者是否有不正当关系，并没有涉及强迫等更多的内容。

二、Simpson

Simpson 案被称为是美国历史上最受公众关注、最著名的刑事审判案件。前美式橄榄球明星 O. J. Simpson 被指控于 1994 年 6 月 12 日深夜谋杀了前妻 Nicole Simpson 及其好友 Ronald Goldman。美国加利福尼亚州最高法院对此案进行了审理，整个审判持续了 9 个月，创造了加州审判史纪录，检方和辩方的阵容都非常强大。尤其是 Simpson 的律师团队，耗资 600 万美元组建了"梦之队"。双方在法庭上唇枪舌剑、针锋相对，对警察提供的证据展开了激烈辩论。因为是名人，而且发生了警车和媒体一起"追捕"Simpson 并现场直播的戏码。而在随后的庭审上，主审法官批准了摄像直播。此决定在后来也被认为这让审判或多或少受到了媒体的影响。

对该案全程的电视转播，吸引了全世界的注意力，因此 Simpson 案也被称作"世纪审判"。而普通民众则可以从每天的新闻报道中全程掌握进展，不少人也建议说，给 Simpson 使用"测谎仪"。事实上，Simpson 在前妻死亡不到两天后就接受过一次测谎。检方最初曾提出来过，法官也并没有立刻阻止，这引发了批评的声音。按照批评者的说法，当时全美只有一个州允许在法庭中引入测谎结论。所以法官很快将测谎测试排除在了法庭之外，同时裁定不让 Simpson 再接受测谎测试。所以，在很多报道中，测谎仪似乎与 Simpson 案没有什么关系。

这场世纪审判的结果是 Simpson 被判无罪，这让全世界都大跌眼镜。因为根据媒体的报道，警方提供的很多证据都指向 Simpson 是凶手。但最后这些证据在司法层面都站不住脚。同时警方，特别是发现重要物证（那双著名的手套）的警察 Mark Fuhrman 在法庭上的表现，令陪审团相信，警方有伪造证据、陷害 Simpson 的嫌疑：

> 1. 警察在未获得检察官签发搜查许可证的前提下就进入 Simpson 家搜查，违反了程序。
> 2. 办案警察在抽了 Simpson 的血后，没有直接把血样送回警局，而是带着它到凶案现场晃悠了 3 个多小时，也无法解释为何当初从 Simpson 那里提取并收入证据中的 8cc（立方厘米）的血液少了 1.5cc。
> 3. 警察 Fuhrman 在证人席上否认自己是一个种族主义，并称自己在作证之前的 10 年间从未用过"黑鬼"（Nigger）这个词来形容黑人。但是几个月后，辩方提供了一盘录音带。这盘录音带是一位电影编剧，为了编写一部有关警察的剧本，于 1986 年采访过 Fuhrman。在这段录音资料中，Fuhrman 曾反复使用"黑鬼"这个词总计 41 次。

这对检方是致命的一击。此后不久，Fuhrman 因伪证罪被正式起诉，最后法庭对他判处 3 年有期徒刑。"世纪审判"结束 4 个月后，被害人 Nicole 和 Goldman 的家人都向 Simpson 提起了民事诉讼，寻求民事赔偿。

在审判中，Goldman 的律师提出 Simpson 曾接受过测谎，而且没有通过。为了求证，Goldman 的律师向 Simpson 询问了这次测谎。而在整个审判过程中（包括刑事和民事），Simpson 及其律师团队都统一口径说，"确实有那么一次非正式的测谎，但根本就不是一次完整的测试，更不用说 Simpson 测谎失败了"。民事审判最后的结果是，陪审团一致认为，有足够证据说明 Simpson 应为 Goldman 的枉死和对 Nicole 的殴打行为支付民事赔偿。对于与刑事案件完全相反的判决，一些学者，包括 Simpson 自己的一名律师都认为，在民事庭审中讨论 Simpson 没有通过测谎，可能是导致他败诉的原因之一。

而关于 Simpson 是否真的接受过测谎测试，以及具体测谎细节和结果，一直缺乏一个完整、一致的答案。根据洛杉矶本地的一家电视台的报道，Simpson 和他的老友 Robert Kardashian 在辩护律师 Robert Shapiro 的催促下，于 1994 年 6 月 14 日开车前往测谎师 Edward Gelb 处进行了测谎测试，但结果很不好。而根据美剧《美国犯罪故事》（*American Crime Story*）中对 Simpson 案的说法，那次测谎 Simpson 的测试图谱评分结果是 -24 分，这是能够得的最低分，意味着 Simpson 肯定没有通过测试。不过，一些权威的资料显示，其实并不是 -24 分，而是 -22 分。不过谁对谁错并不重要，因为完全没有差别。如果这分数是真实的，那么测谎师 Gelb 所用的评分技术应该是最常用的 Backster 数量化评分技术（参见第十章）。这一技术理论上最后的总分为 -27 分至 $+27$ 分之间。但实践中不可能有人真的获得 ±27 分。根据 Backster 本人给出的风险决策标准：总分小于（包括等于）-13 分时，诊断为"说谎（DI）"。所以无论是 -22 分或者 -24 分，都丝毫不影响 Simpson 没有通过测谎的结果。

该电视台继续爆料说，Simpson 最初认为他要去接受普通医学检查，而当 Shapiro 告诉他是要做测谎时，他很生气。不过 Simpson 最后还是同意了测试，甚至当他得知结果不好时，提出可以再做一次。但其他人不建议他再做，部分原因是他当时刚吃完药。媒体后来向相关当事人求证，Shapiro 完全不理会，而测谎师 Gelb 则拒绝承认或否认实施了测试。不过，按照刚刚提到的简单标准：除了"没有"，任何其他的回答都意味着"是的"，我们对此可以做出自己的判断——那就是"是的"。

如果说 Simpson 一开始决定接受测谎是一个错误，那么帮助他弥补这个错误，并对外统一口径说"没有进行过完整的测谎"的功臣则是 Francis Lee Bailey。Bailey 是律师团队"梦之队"中的主心骨，几乎所有的关键辩护场景都是 Bailey 上场。Simpson 说，Bailey 是团队中最有价值的成员，"我认为他对案件中最重要的部分有着惊人的把握，结果证明这是真的"。

由于在 Simpson 案中的高曝光度，所以很多人都知道 Bailey 是著名辩护律师。但很少有人知道他其实也是一名测谎专家。1960 年，Bailey 以全班第一名的成绩在波士顿大学获得法学学位，后来又进入 Keeler 测谎学校学习，深受当时测谎学校校长的赏识。在校长的推荐下，为当时有名的一起刑事案件辩护，并担任测谎方面的顾问，获得了极大的成功，所以 Bailey 28 岁就声名鹊起。Bailey 后来成为 APA 法律顾问团的成员，并在测谎领域经典案例之一 Scheffer 案（参见第十二章）中作为专家顾问出庭。不过他是空军刑事辩护上诉组的顾问，协助空军律师进行辩护的，当时的立场是反对测谎结论作为证据使用。

也许正是因为这样的背景和履历，当 Simpson 测谎结果不妙时，Simpson 的律师 Shapiro 找到了 Bailey，并询问他的建议。Bailey 建议马上停止测谎，因为在前妻被谋杀后的 48 小时内给丈夫进行测谎是非常不准确的做法。正如《美国犯罪故事》所展示的，Simpson 对于被反复问到自己的前妻即自己孩子的母亲如何死去的细节，他的情绪反应非常强烈。但这很有可能不是因为他有罪导致的。Bailey 还建议道，如果一定要测谎，所提的问题最好只与 Goldman 相关。

Bailey 的这一说法得到了其他人的验证。Simpson 的老友 Kardashian 在判决之后告诉美国广播公司，当然得知 Simpson 测谎没通过时他非常震惊。他说，Simpson 告诉他，之所以没通过是因为他当时非常情绪化。如果我们阅读过本书前面的内容，肯定也会同意这种说法。Bailey 也因为这些有价值的建议，被 Simpson 聘请加入他的"梦之队"。最后的结果也表明，这一决策是非常英明的。

不过有意思的是，当 Simpson 案尘埃落定后，相关的测谎还没有完全结束。1997 年，刑期结束后，警察 Fuhrman 在媒体上否认故意陷害 Simpson，并表示他愿意接受测谎，以自证清白，为自己和洛杉矶警察局找回公道。而 Bailey 则回应说，如果 Fuhrman 通过测谎，他本人将向其"公开道歉"。结果 Fuhrman 的测谎真的通过了，但 Bailey 却拒绝向其道歉，理由是 Fuhrman 使用的测谎技术已经过时，结果应该由 APA 的专家小组审查。而到了 2000 年，时值 Simpson 案六周年，Bailey 应邀参加了美国有线电视新闻网一个王牌节目 Larry King Live。Bailey 在节目上说，Simpson 表示，如果有人出 300 万美元，他会接受新的测谎测试。不过，从来没有人跳出来说，愿意出这 300 万美元。当然迄今也没有新的测谎发生。

三、Pollard

如果说 Simpson 案是史上最受公众关注的刑事审判案件的话，那么在安全审查领域，最具广泛影响力的测谎案例之一就是 Pollard 案了。以该案为原型，法国导演 Eric Rochant 拍摄了电影《爱国者》（The Patriots）；剧作家创作了舞台剧，并搬上了百老汇舞台；音乐界受到启发，创作了相关主题的歌曲；甚至还成了畅销间谍小说《上帝之拳》（The Fist of God）的创作素材……这些艺术创作不仅反映了公众对 Pollard 案的广泛关注，也使其成为研究测谎科学史不可回避的经典案例。

案件当事人 Pollard 全名为 Jonathan Pollard，在 1954 年出生于美国得克萨斯州的一个高知犹太家庭，是三个孩子中最小的。由于家庭原因，Pollard 从小就对自己的犹太人身份具有强烈的认同感。高中毕业后 Pollard 进入斯坦福大学攻读政治学，并曾在读书期间向身边的密友表示自己拥有美国和以色列的双重国籍，曾为以色列情报单位工作过，自己的父亲则是一名 CIA 特工。而根据官方公开的资料，这些都是 Pollard 的谎言，不过却显示出他在政治上有着强烈的企图。本科毕业后，Pollard 几次尝试攻读研究生学位，但最后都未能成功。1979 年，25 岁的 Pollard 以研究生肄业的身份开始求职，同时也开始了与测谎仪频繁打交道的经历。

1. 第一次：1979 年 CIA 测谎

Pollard 案其实有着一个广泛的历史背景，即随着冷战时代的开启，全球范围内情报站对抗加剧，美国政府对自身机密泄露风险高度警觉，安全审查制度日益严格，开始对自己的政府雇员进行测谎，以甄别隐藏在内部的间谍。1947 年美国原子能委员会成为第一个使用测谎仪的政府机构。在随后的几十年里，CIA、FBI、能源部、国防部、大都市警察局等政府机构都开始使用测谎仪来对自己的雇员进行内部审查。而 Pollard 第一个求职的部门就是其中的 CIA。根据 CIA 的人事招聘程序，所有求职者都必须接受测谎测试，且只有通过测试者才有可能入职 CIA。

虽然 Pollard 当时接受测谎的具体细节已无法完全了解，但根据相关资料[1]可知，当时使用的是 CQT，且其中使用的相关问题包括："在 1974 年到 1978 年间，你有没有吸食过诸如可卡因或大麻之类的毒品？""你有没有对联邦调查人员撒过谎？"Pollard 的心理生理指标在吸毒相关问题上出现了"显著反应"，显示他可能有过吸毒行为，未能通过测谎。而且 Pollard 自己也承认了曾经吸毒的行为。这一情况被面试官认为他不适合担任 CIA 职务，拒绝了他的求职申请

Pollard 只好退而求其次，向海军下属的一个情报部门投去简历。由于该部门安全等级较低，只需对求职者进行背景调查，但无需测谎。虽然在背景调查时，海军曾向 CIA 索取过 Pollard 的相关信息，但 CIA 拒绝提供包括测谎结果在内的任何信息。最后，在 1979 年 9 月，Pollard 被海军聘用，成为一名情报分析人员，负责苏联情报分析。

---

[1] Olive, Ronald., *Capturing Jonathan Pollard: How One of the Most Notorious Spies in American History Was Brought to Justice*, Naval Institute Press, 2006.

2. 第二次：1982 年 NIS 测谎

随着 Pollard 在海军的工作资历渐深，相关部门考虑将其对情报的访问权限提升。而按照规定，Pollard 需要先通过测谎。于是，在 1982 年，美国海军调查局（Naval Investigative Service，NIS）的测谎师对 Pollard 进行了测谎。测试仍使用的是 CQT，其中的相关问题包括："你是否曾与任何外国政府官员进行过未经授权的接触？""你是否隐瞒了任何有关你与外国联系的信息？"最后，测谎师给出的测试结论为"无法判断"（Inconclusive）。因为 Pollard 在测试中做出了"深呼吸、发抖及类似干呕的动作"，虽然测谎师当场进行了口头警告，Pollard 也有所收敛，但最后还是做出了"无法判断"的结论，即无法根据当下所获得的心理生理数据判定 Pollard 对相关问题是否有说谎。不过，该测谎师认为 Pollard 的这些动作是典型的"反测谎"行为，所以建议暂时不要提高其访问权限。此外，测谎师还建议说，Pollard 应该接受全面的精神健康评估。

不过，幸运之神再次眷顾了 Pollard，他通过了精神健康评估，并且随着海军重组以及自己的优异工作表现，最后获得了访问更高等级机密信息的权限。

3. 第三次：1984 年 NIS 测谎

1984 年，因为 Pollard 频繁地调取与自己职责（即负责情报分析）无关的国家相关机密文件，触发了例行安全审查。作为审查的一部分，Pollard 再次接受了 NIS 测谎师的测试。此次使用的是改进一般问题测试法（MGQT），其中的相关问题包括："你是否曾将涉密文件带离授权区域？""你是否向外国人提供过机密情报？"最后测谎师给出的测谎结论是"诚实（NDI）"，但是在测谎报告的备注一栏，测谎师写道"被试对关键问题的生理参数波动处于灰色地带（超出基线 18%，但未达阈值），建议 6 个月内复测"。结合其他安全审查结果，NIS 认为 Pollard 没有违规行为，暂时保留了其涉密权限。

4. 第四次：1985 年 NIS 测谎

虽然 1984 年的例行安全审查，Pollard 又一次侥幸逃脱，但海军内部对他的怀疑并没有消除。很快，1985 年的年底，同事向 NIS 举报称，Pollard 可能向外国泄露机密情报。这次就不再是例行安全审查了，而是"针对性调查"，测谎仍是其中一项重要的调查工具。此次测谎由 NIS 资深测试师实施，并发现前面的测谎可能存在一个问题，即没有将以色列纳入为可能的泄密对象。这样，测试中的"相关问题"实际上是暧昧不明的"控制问题"。所以，此次测谎加入了一个非常关键且有针对性的相关问题，即"你是否曾向以色列提供过机密情报？"在正式测试中，Pollard 在此问题上表现出强烈的心理生理反应。在正式测试结束后，测谎师又马上展开了测后访谈，正式通知 Pollard，他的生理数据表明他在关键问题上撒谎了。Pollard 起初否认，但在测谎师的持续施压下，他开始崩溃，最终承认确实向以色列提供了机密情报，但坚称自己"是为了帮助盟友"。这一次测谎结果促使 NIS 和 FBI 对 Pollard 展开了正式调查，并最终（1985 年 11 月 21 日）逮捕了 Pollard。

5. 后续多次审讯辅助测谎（1985～1986 年）

在 Pollard 被捕后，围绕着他泄露机密情况的具体细节，美国政府对其进行了深入调查。期间为了辅助审讯，又进行了至少 3 次的测谎。

第 1 次测谎发生在被捕当天，由 NIS 和 FBI 合作实施，其中最关键的相关问题是："你是否接受过以色列方面的金钱报酬？"Pollard 在此问题上心理生理反应强烈，后来也证实他确实收受了以色列的现金和珠宝。

随后在律师的建议下，Pollard 与检察官达成了认罪协商。作为协商的一部分，Pollard 接受了再一次的测谎。此测谎由 FBI 测谎师实施，其中关键的相关问题为："你是否向以色列透露了美国的间谍网络？"对于该问题，Pollard 坚称没有，但测谎结果显示他说了谎。这导致检察官认为 Pollard 没有完全如实供述，不符合认罪协商的要求。

1986 年 1 月，FBI 和美国国防情报局一起对 Pollard 进行了量刑前的最后一次测谎。具体测试由 FBI 资深测谎专家实施。关键的相关问题包括："你是否还隐瞒了其他未交代的间谍活动？""你是否销毁过证据？"测谎结论是"说谎（DI）"，即 Pollard 没有如实供述自己的全部罪行。虽然缺乏其他直接物证支持，但法官还是采信了这一测谎结论，认定 Pollard 没有做到真正的认罪协商，最终判处他终身监禁。

在公众眼中，Pollard 一波三折的测谎经历极大地增加了间谍大战的戏剧性。但从测谎专业的角度看，在整个案件中，测谎技术的使用是有效，并且在某些时候发挥了关键作用。比如在 Pollard 申请入职 CIA 时，发挥了关键的人事筛选作用，准确性将不合格人员排除在外。而在申请获得更高安全权限时，Pollard 也被识别为有潜在风险人员。不过，这两次测谎，与 Simpson 案完全不同，并非我们熟悉的司法实践测谎，而是针对雇员或潜在雇员的人事筛选测试。而这类测谎目前主要是两种：雇前人事筛选和定期安全审查。

第二节　雇前人事筛选

如果某人申请一个工作，但是被告知接受测谎也会是申请程序的一部分，他会做出什么样的反应呢？可能大部分人会认为，他肯定会生气、不理解，并认为违法或受到冒犯。正如我们前面提到的，人们在申请工作时常常不会如实报告自己的一些真实信息，特别是涉及轻微违法犯罪的信息。这很好理解，因为如果报告的话，基本就丧失了自己的工作机会；但如果不报告，雇主或雇佣机构其实也无法或不会去查证。很明显，大多数需要获得的对职位很关键的信息，无法通过其他来源获得，因为一些行为可能从来没有被他人或官方发现。即使有时候不法行为被前雇主发现，大多数前雇主由于害怕麻烦或承担责任也不愿意透露这类信息。根据 2011 年的全美调查数据，大概有 1/3 的工作简历都包含虚假信息。而因为员工的欺诈行为，导致美国公司总共损失了 9970 亿美元，占这些公司当年总收入的 7%。

所以，雇前人事筛选（Pre-Employment Screening）测谎（以下简称雇前测谎）非常重要，即使现在对一般私人公司来说，对应聘者实施测谎可能是违法的，但是其实人力资源管理部门都在以一种类似测谎的方式审查应聘者。应聘面试中，人力资源管理者不仅会考察应聘者与职位相关的能力，也会通过观察他的言行举止来判断他的品行。但这常常是不准确的。事实是：**最了解一个人的人是他自己**。特别是当一个人不愿意诚实地讲述关于自己的事情时，那么测谎也许是一种有效的技术，虽然存在合法性和正当性问题。

一、历史渊源

测谎仪用作人事筛选工具其实很早就开始了，可以说，几乎和现代测谎仪诞生同步。Münsterberg 不仅是犯罪心理学以及测谎技术的开创者，他其实也是工业心理学的开创者。Marston 作为他的学生进入了测谎领域，而他另一个学生，也就是 Marston 的同门 Robert Yerkes 则致力于工业心理学领域。一战期间，Yerkes 作为专家之一开发了美国用于评估士兵服役能力的著名筛选测试——陆军甲种测验（The Army Alpha Test）。这一测验可以在 1 小时内对数千名新兵进行评估，并筛选出合格的士兵。Marston 作为 Yerkes 的同门，也参与了其中的一些工作，因此目睹了这一巨大的成功。他**"深感心理学家拥有类似于物理学家的技术，因此理应获得更高的地位和支持"**，于是开始致力于能让测谎技术像陆军甲种测验一样被用于普通公民以及军队、学校等大型机构。

1918 年初，Marston 将他的测谎仪带到了乔治亚州格林利夫营的军队情报部门。格林利夫营正是 Yerkes 当初开发陆军甲种测验的地方。在那里，Marston 和陆军情报人员一样，展开了关于识别敌方特工的实验。按照 Marston 自己的说法，这一尝试相当成功，准确率为 94.2%。

另一位测谎专家 Keeler 也有类似的野心。在 1929 年，Keeler 在一封写给 Vollmer 的信中描述了他试图将测谎仪带入公司企业的想法：

我发现大型百货公司每年因为员工不守规则而损失大笔的资金……假如我们现在在百货公司设置一个专门的测谎师，负责审查所有员工（测试常规实施，每个人可能是每 4 个月或每 6 个月接受一次测谎），会有什么影响呢？我相信我们会很快筛掉那些"小偷小摸""拉帮结派"的人，并让其他人有"敬畏上帝"的心。而因为筛除不良员工，以及对所有员工带来的心理（威慑）影响，可以将我们的损失减少或至少减少大约 75%。

可见，在 Keeler 眼中，测谎仪的目标不仅包括实际减少员工盗窃，而且要通过威慑来"控制"其他员工。随后 Keeler 将自己研制的 Keeler Polygraph 批量生产，成了当时最便宜的测谎仪。1939 年，Keeler 创立公司，正式向政府和私人企业提供人事筛选测谎服务及相关培训，培训包括为期两周的迎新课程和为期六周的完整课程。Keeler 在此领域的商业服务相当成功，为 PDD 技术的应用开辟了"新赛道"。

二战结束后，随着美苏冷战对抗的加剧和核军备竞赛的升级，美国社会对政治忠诚度审查有了急剧的需求。特别是从 1950 年开始，麦卡锡主义抬头，美国各大重要部门充满了互相怀疑的气氛。在这怀疑气氛中，加上对情报机构被外国特工严重渗透的担忧，测谎仪被"推"了出来，成为了 CIA 捍卫美国情报安全和完整性的核心工具（参见第十五章）。除了 CIA 以外，其他重要政府部门也未能幸免。从 20 世纪 60 年代开始，美国联邦机构每年大约进行 19 000 次测谎。同时，测谎仪也开始大规模地用于私营机构，包括企业、银行、快餐连锁店，等等。测谎测试不仅用来确定应聘者是否在申请工作时说了实话，也用来确定他们是否是值得雇用的人。为此，测谎测试的范围包括了审查应聘者是否曾从前雇主那里偷过东西、吸过毒，或从事过其他类型的犯罪或越轨行为。

到 20 世纪 70 年代，在私营机构每年大约有 20 万人被要求接受雇前测谎和定期测谎，这也给测谎行业带来了每年数百万美元的收入。当时的著名私人企业酷尔斯（Coors）啤酒公司就要求应聘者接受测谎测试，并被作为行业标杆。公司总裁认为测谎仪可以帮助他们确保"最终招聘的员工今后不会带来一些颠覆性的坏影响，如破坏我们公司的运营"。不过在测试中，应聘者会被问到一些敏感问题，包括"你的性取向是什么？""你多久换一次内衣？""你有没有对你的妻子做过任何可能是不道德的事？"以及"你是同性恋吗？"

到 20 世纪 80 年代初，接受雇前测谎的人数进一步增加，每年在包括美国邮政服务在内的各种联邦机构内进行了超过 23 000 次测谎。此外，在私营机构，每年大约有 100 万次测谎，其中有 30 万是雇前测谎测试。测试的内容包括：居住稳定性、工作经历、赌博、负债、吸毒、驾驶记录、参军历史，以及忠诚度测试。1988 年，美国颁布了 EPPA，雇前测谎从大多数私营机构撤出，只有极少的行业例外，如银行、保险，以及与政府要害部门有合作的公司等。但在许多政府部门，仍常规性地使用。

二、雇前测谎测什么？

雇前测谎的主要目的是，通过现在的测谎表现来预测被试未来在特定职位上的工作表现。因此，这与其他领域的测谎大不相同，因为并不是针对特定的、已经发生的事情（如已经发生且被警方立案的凶杀案）。而是针对未来可能发生的、损害工作职能、危及国家或公共安全的行为。

但具体是什么有害行为，测试时并不确定。所以，如何测试，特别是怎么提问就成了问题。通常来说，雇前测谎的做法和思路就是：**通过过去的行为来预测未来的工作表现**。例如，关于过去的问题（"你有没有吸过毒？"）来预测未来的问题，特别是用人单位可能最关心——此人未来是否会被敌方单位策反？

可见，这本质上就是一种背景调查，只不过传统的方式是直接询问应聘者本人，道理很简单：**没有人比应聘者更知道自己过去的事**。但问题在于，应聘者往往不会完全诚实回答。而为了得到真实的答案，还有什么比测谎仪更好用的呢？这就是为什么几乎每个政府机构和大多数执法机构都使用测谎仪招聘雇员的原因。

到目前为止，测谎领域已经发展出了比较固定的雇前测谎编题模式。我们以应聘警察工作时普遍需要接受的测谎测试为例说明，示例题目如表 13-1：

表 13-1 警察雇前测谎问题

题号	问题
1	今天是周六吗？
2	你是否了解我只会问我们刚刚讨论过的问题？
3	你是否打算如实回答每个问题？
4	今天是星期天吗？
C5	你还记得你曾辜负过朋友的信任吗？
R6	作为一个成年人，你是否曾被解雇过？

续表

题号	问题
7	你现在是在美国吗？
C8	你是那种会一错再错的人吗？
R9	作为一名成年人，你是否曾犯下过严重的、未被发现的罪行？
10	你现在是在英国吗？
C11	你是那种会通过撒谎来摆脱麻烦的人吗？
R12	在过去的 5 年中，你是否有任何吸毒的行为？
C13	是什么原因让有的人会说你是一个人品不好的人？
R14	在过去的 5 年中，你是否曾偷过任何价值超过 50 美元的东西？
15	你有没有刻意做一些事来试图通过本次测试？

完整的测试题共有 15 道。测谎师在测前访谈时会告诉被试，这 15 个问题主要分为三种类型。

第一种是"真相问题"，是一些正在发生的事情。比如第 1 题"今天是周六吗？"因为今天确实是周六，所以他的回答"是"是诚实回答。而相对的，第 4 题"今天是星期天吗？"他应该诚实回答"不是"。类似的还有第 7 题、第 10 题，如果测试是在美国，所以回答"是""不是"，则是诚实回答。

第二种是"成人行为问题"，也就是第 R6、R9、R12、R14 题。需要说明的是，定义每个问题很重要，所以需要向被试详细说明。如第 R12 题中所说的"吸毒的行为"，指的是被试自己确实在使用毒品。如"走在街上或身处某环境中，别人吸食毒品，而你闻到了烟雾；或者你参加聚会，在聚会上因为旁边人吸食可卡因，你偶然尝试了一下"。这些都不算本题的"吸毒行为"。在 R9 中所说的"严重罪行"指的是重罪，如强奸、杀人、纵火、盗窃汽车和猥亵儿童等。不包括酒驾、超速等轻罪或违法行为。

第三种是"性格问题"，也就是第 C5、C8、C11、C13 题等。测谎师会对被试这样介绍这类问题："用人单位曾经请心理学家对他们的优秀员工进行过性格测验，发现了最优秀员工的一些性格特征。所以我会问一些性格相关的问题。"

事实上，根据对前面测试技术的了解就知道，这些问题题号中的字母已经表明它们真正的问题类型，R 代表相关问题，C 代表对照问题，而没有字母的则是无关问题和一些牺牲相关问题。所以此测试其实使用的是 CQT 测试技术。不仅如此，我们还知道如何评分，即比较相关问题与对照问题的反应大小。如果相关问题的反应明显大于对照问题的反应，则被试可能不是"合适"的人。另外，除了 CQT，雇前测谎常用的测试技术还包括 RIT，如美国国土安全局（National Security Agency）就报告称其主要使用 RIT 技术。

不过，我们现在看到的这些测试问题，是经过多年修改完善后的版本。在早期，测试问题中一些被认为可以预测未来行为或者政治忠诚度的"成人行为问题"非常富有争议性。我们可以用一个非常有名的案例来加以说明。

1990 年，一位刚从法学院毕业的男性大学生申请自己向往很久的 CIA 实习生的职位。在通过初试以后，他飞到 CIA 总部，西装笔挺、意气风发地参加面试，并接受了他早早就被告知的测谎测试。可是当测试开始后，他心情急转直下，第一个让他困扰的问题出现了"你是否曾吸食过毒品?"因为他是大学兄弟会骨干成员，曾经确实有其他成员在他面前吸食毒品，他不可避免地被动吸入了一些毒品烟雾。他不知道应该怎么回答，当还在困扰答案时，另一个问题砸过来"你和男人发生过关系吗?"这个问题涉及他童年的一个黑暗秘密，大约 7 岁的时候，曾经与自己的表弟有互相抚摸隐私部位的行为。他又不知道如何回答这个问题，"我的焦虑上升了"他后来写道，"就像一个长期被忽视的、布满灰尘的东西，突然动起来"。当他给出否定的回答时，"（测谎仪的）指针疯狂地在纸上来回划动——说谎。"然后他急忙转向测谎师"坦诚我当时所有的想法，并请求重新测试"。这次他回答"是"，但是测谎结果仍是"说谎（DI）"。多年以后，这名 CIA 的落选者成为了一名记者，他仍耿耿于怀"我至今也不知道我当时是说谎了还是没有说谎? 而怎样的反应是正确的?"

是的，在很长一段时间里——事实上直到 20 世纪 90 年代，包括 CIA 在内的一些政府部门都将同性恋作为筛选"不合格"应聘者的标准。而且，这一标准不仅是适用于雇前测谎，也同样被用于审查在职的雇员，也就是定期安全审查。

第三节　定期安全审查

一、历史渊源

定期安全审查（Periodic Vetting），又称例行安全审查（Routine Vetting）、

定期人事筛选测试（Periodic Screening Test）。Matte（1980）解释了使用测谎仪进行定期安全审查的原因："在公司发展的过程中，所有者/经营者与员工的直接接触随着员工数量的增加而减少，员工不再有个人的忠诚度和责任感。他们已经成为员工人数上的一个冰冷的统计数字。他们的忠诚度取决于公司，而公司对他们来说是一个无生命的实体。因此，从一家大公司偷窃更容易合理化，而且罪恶感更少。最终结果是内部盗窃造成的损失日益增加。然后，公司被迫采取更复杂的内部安全措施，将损失减少到可以接受的水平。"而定期安全审查测谎则是公司内部被迫采取的安全措施之一。

此外，定期测谎测试本质上是预防性的，因此具有主动性。而审查的对象可能是全体员工，或者是从未出现过任何特定犯罪行为的员工中随机选取一些人进行测试。这些预防性审查的内容不仅涉及一般违规或违法行为，还涉及诸如商业机密、专利信息或公司战略的工业间谍活动。以下是典型的定期安全审查的相关问题：

> 你是否故意隐瞒了有关贵公司员工不诚实行为的任何相关信息？
> 你是否知道贵公司有任何具体的员工异议？
> 你是否真的觉得工厂（或商店）员工受到管理层的公平对待？
> 你是否真的知道谁一直在偷窃公司的钱或商品？

这些类型的审查尽管使用得不多，但这种做法会让人感到压抑，并且侵犯了员工的正常隐私。此外，政府雇员的忠诚度，特别是那些担任敏感情报和执法职位的雇员的忠诚度更是定期安全审查的对象，因为这涉及国家的安全，个人的权利会被牺牲掉。

20世纪50年代初开始盛行的麦卡锡主义，美国出现了所谓的"紫色恐慌"，或称"薰衣草恐慌"，指的是当时的美国政府以国家安全为名，大规模解雇具有同性恋倾向的政府雇员。理由是，隐秘的同性恋身份被认为更容易受到敌人的勒索，因此是巨大的"安全隐患"，需要予以排除。根据当时的标准，"不忠诚"的人包括他们的同伙和间谍罪，以及习惯性醉酒、性变态、道德败坏、财务不负责任或有犯罪记录的人。所以，作为忠诚度测试重要工具的测谎仪也在定期安全审查中被常规性地纳入了"揭露同性恋"的问题。

当时所有的雇员，特别是男性雇员都必须接受安全审查官员的"谈话"，主要目的就是通过"谈话"来初步判断该雇员是否为同性恋者。如有怀疑，该雇员将必须接受测谎测试。例如，安全审查官员在"谈话"中发现雇员A"举止偏女性化""使用香水"，怀疑其同性恋身份。随后雇员 A 不得不接受了测谎测试，测试后该雇员也承认了自己的同性恋倾向，最终遭到解雇。多年以后，一位曾在 CIA 工作过的测谎师回忆道，在 1953 年的时候，几乎"每两到三天"就有一名同性恋员工辞职，"作为 CIA 测谎师，除了犯罪活动，关于同性恋的测谎审查是最多的……许多同事由于承认曾有同性恋行为而失去了他们的工作。"另一位 CIA 前特工也感叹道，"对同性恋的追捕特别活跃——我有好几个同事朋友（有男有女）都突然从单位消失了。有时候头一天还看到他们，第二天他们就不见了"。

　　1957 年的一份文件指出，在两年期间（1954 年 12 月~1956 年 12 月），国家安全办公室通过测谎发现了 214 名具有潜在安全隐患的在职员工。这 214 名员工中有 195 名涉及性变态；其余的涉及信用不佳、索贿、贪污、盗窃、泄露机密信息等。

二、定期测谎测什么？

　　由以上内容可以看出，定期测谎和雇前测谎还是有所不同的。针对现有雇员的测试往往是为了深入了解特定的威胁安全的事件。比如雇员的性倾向问题，或者有证据表明含机密信息的计算机系统或文件已被篡改。而这台计算机只有有限的员工可以访问。这时就可以针对有访问权限的员工进行特定主题的测谎，也就是检测他们是否曾违规篡改过计算机。在这种情况下，特定主题可以使用 CQT 测试技术。相关问题可以为："你曾动过那台电脑吗？"

　　还有私营食品工厂的例子，其出售的产品被发现掺有废玻璃和其他杂质。经过初步检验和调查，确定食品是在工厂内被故意污染的。为了挽回商誉，该工厂决定对所有员工进行测谎。最后成功地找到了始作俑者。其相关问题也是特定的"是你往食物中掺入的玻璃吗？"

　　此外，定期测谎测试也会审查员工"在任职期间"是否曾犯过或正在实施某种破坏性或违规违法的活动。需要特别强调的是，对于这类问题的测谎，是不需要证明此类非法行为是实际发生的。也就是说，测谎师并不需要考虑这类事情是否真的发生过，他只是作为例行性问题进行审查。因为这类测谎不像上面"篡改计算机"的例子那样有特定的主题，所以测谎师只能编制一些相对模糊、不太具体的相关问题。有时候，为了避免过去很久的事情会影响最近的测试，一般建议测谎师加上"时间限定"，比如"最近 1 年"或"最近 5 年"等。一个针对非特定时间的相关问题"在最近 1 年，你有没有将机密信息透露给未经授权的人？"如果有一名员工对此问题出现了强烈的生理反应，而其他员工没有。可以初步认定该员工"没有通过测试"。但因为这个问题本身是相对模糊的，所以需要在测后访谈中询问该员工，"为什么你会在回答此问题时，出现强烈的生理反应呢？"而他的回答真实与否可能还需要进一步的调查或二次测谎。

定期测谎虽然存在很大争议，但仍然得到了一些正面的肯定。相当多的接受例行测谎检查的政府雇员表示说，这类测谎其实让他们能够证明自己的清白，而无须担心自己出现"不清不楚"的尴尬局面。而且知道自己身边的同事也同样清白，工作起来也安心不少。

除此之外，测谎仪在人事筛选中的应用，让很多人看到了它的另一个重要作用——威慑。也就是说，当一个部门例行性的使用测谎审查，会让大部分员工远离违法犯罪或违规行为。因为他们明白，如果他们做了不好的事，有很大可能性会被发现，所以他们最终选择了放弃。这种威慑效果我们还将在针对性犯罪人的测谎实践中看到（参见第十四章）。

第十四章 婚姻忠诚与性犯罪人测谎

第一节 婚姻忠诚度测谎

如果说安全审查是政治忠诚度测谎的话，作为回顾过测谎历史的我们来说，很容易联想到另一种测谎活动——婚姻忠诚度测谎。还记得"测谎石"吗？据说就是为了测试大臣的"政治忠诚度"或妻子的"婚姻忠诚度"而设。《汉谟拉比法典》规定的神裁法所适用的情况之一就是丈夫怀疑自己的妻子不忠但又没有证据。古代"把脉"测谎的多数对象都是深陷情感的男女。还有 Marston，这位自诩现代"测谎仪之父"的专家在《瞭望》（LOOK）杂志上充当婚姻顾问，进行了现代意义上的婚姻忠诚度测谎。所以，一些学者认为，就像"测谎石"的出现一样，测谎技术的诞生可能就源于忠诚度检验的需要，特别是婚姻忠诚度。而对许多测谎师来说，最经常的遭遇就是，身边的亲友会问你是否可以帮助用测谎仪调查下他或她的伴侣的忠诚度或彼此之间是否"真心相爱"。

一、夫妻之间的谎言

历史上的这些测谎实践，让我们可能产生了一些错误的认知，即认为夫妻之间说谎频率很高，甚至认为女性更爱撒谎。但科学的数据得出的事实是：其实夫妻之间说谎的频率是最低的。前面就已提到，**关系越亲近的人之间就越少说谎**，所以夫妻之间说谎的频率是最低的，大概是每 10 次社交互动中只有 1 次说谎。但也有一些例外，其中就包括未婚伴侣之间，他们之间的说谎频率为每 3 次互动就有 1 次。

不过与其他日常谎言不同的是，夫妻或未婚伴侣之间的谎言是非常独特的。一般情况下，夫妻之间很少说谎，即使是说谎，也较多的是"他人导向"的谎言，也就是夫妻之间说谎不是为自己，而是为了对方，因为关心伴侣并且不想伤害伴侣的感情，比如丈夫隐瞒自己失业的事实。夫妻之间也有一些"自我导向"的谎言，但一般是无伤大雅的小谎，最典型的就是"私房钱"了。这些少量的小谎可以满足与个人关系密切的一些重要的隐私需求，比如攒私房钱是为了可以和朋友聚会。不过，一旦这种"自我导向"的谎言涉及严肃的事情，那么所带来的伤害可能是日常谎言中最严重的了。

有研究（DePaulo et al.，2004）[1] 要求人们写出自己认为"自己说过的最严重的谎言是什么？"压倒性的结果显示，这些"最严重的谎言"的欺骗目标往往是自己的伴侣。而这些谎言也常常是为了要掩盖严重的问题，如不忠。有时候人们会认为如果不说出真相就不会威胁到婚姻关系，所以他们认为说谎更可取。虽然他们可能也不愿意说谎，也常常会因为对伴侣说谎而感到内疚、羞愧。但衡量各种利弊后发现说谎是他们的最佳选择。Timothy Levine 和同事们的研究[2] 就发现，有25%的伴侣发现另一半在不忠行为上说谎，便会马上结束双方的关系。不过，研究还有个很有趣的发现：很多决定分手的伴侣给出的分手理由并非因为不忠本身，而是因为不忠导致的对自己说谎，即无法原谅的是对方的说谎行为。

Feldman 和 Cauffman（1999）[3] 发现，50%的男性和40%的女性都曾有不忠行为，但其中大多数都没有被发现。其中有一部分原因可能与说谎或测谎能力有关。有趣的是，人们倾向于认为他们在欺骗伴侣方面比在欺骗其他人方面更成功。因为他们最了解自己的伴侣，所以会更有针对性地隐藏真实的信息。但与之矛盾的是，对方可能也会因为更了解不忠的伴侣，而更容易发现被欺骗。所以总的来说，随着关系越来越亲密，我们欺骗对方或者识破对方谎言的能力都在提高。正如前面提到的"鸵鸟心态"，有时候丈夫或妻子不会主动戳破谎言。丈夫怀疑他的妻子有外遇，但逃避发现真相。因为如果他发现真相并与妻子对质，那么妻子可能会决定离开他。这可能是丈夫不希望发生的事情。

但这种"鸵鸟心态"只存在部分人身上，还有一些人在怀疑自己的伴侣不忠时，选择主动去求证，但发现很困难。因为婚恋行为本身相对隐秘，也是一件注重内心体验的事，而绝大多数的不忠行为又都是秘密进行的。最典型的例子就是一些公众人物的婚外出轨事件。如果媒体没有拍到真正的亲密对象，当事人可以完全不承认，只用解释说是好朋友关系。这就是为什么以前的人类在婚姻忠诚

---

〔1〕 DePaulo B M, Ansfield M E, Kirkendol S E, et al., "Serious lies", *Basic and applied social psychology*, 2004, 26（2-3）, pp. 147-167.

〔2〕 Jang S A, Smith S, Levine T., "To stay or to leave? The role of attachment styles in communication patterns and potential termination of romantic relationships following discovery of deception", *Communication Monographs*, 2002, 69（3）, pp. 236-252.

〔3〕 Feldman S S, Cauffman E., "Your cheatin'heart: Attitudes, behaviors, and correlates of sexual betrayal in late adolescents", *Journal of research on Adolescence*, 1999, 9（3）, pp. 227-252.

的事情上需要求助"神裁",因为婚姻忠诚度问题确实具有隐蔽性,难以证实。

二、这不是测谎的战场

微表情专家 Ekman 曾经举过一个利用微表情识别不忠的例子。一位丈夫与人通奸,而妻子有所怀疑,找丈夫询问这件事。丈夫很担心在谈话中露出马脚,所以先发制人,假装对妻子怀疑自己很生气。也就是想用假装的愤怒情绪来掩饰自己真实的担忧、恐惧的情绪。Ekman 认为,通过微表情会发现这种伪装,因为要想让假装的情绪骗过自己的妻子,因为他必须低眉(属于愤怒的微表情),同时压制住要翘起的眉毛(属于恐惧的微表情)。但这个很难,人可以假装一种情绪,而无法做到与真实感受的情绪一模一样,特别是在微表情上。

Gottman 等人(1992)[1] 进行了一个非常有趣的研究,他发现"蔑视"(contempt)可能是离婚的最强预测因子。通过实验室观察夫妻互动并追踪其后续婚姻状态,蔑视对离婚的预测准确率超过 90%。不过此说法目前只有这一个研究,而且样本非常小,并不可信。

虽然有着以上一些尝试,但事实上,很少有专业的测谎师从事这一领域的实践。一方面是因为存在着道德上或法律上的风险,另一个方面是因为比较容易失误。其实对于这点很好理解,因为这类测谎的相关问题本身就涉及隐私,具有高敏感性。所以被试在相关问题上出现"欺骗迹象",并不一定是因为不忠,而可能仅仅是因为这样的问题让被试羞愤。

不过很少有人涉及,并不代表完全没有。前几年,曾有一个电视节目《拜见父母大人》,邀请专业测谎师,对参加节目的男女朋友进行婚姻忠诚度测谎。在这个节目中父母会问自己孩子的追求者一些问题,如你喜欢我们的女儿吗?你对她忠诚吗?这些追求者身上佩戴着测谎仪的传感器,而测谎师就坐在他们身后。当被试回答"是"或"否",测谎师则根据测谎仪收集的数据,马上向除了被试以外的其他人示意他是在说谎(大拇指朝下)还是在说实话(大拇指朝上)。

可以说,这个节目中的测谎非常不专业,不仅违背了测谎的很多实践标准(如测试环境太杂乱、测谎师坐在被试后面、只问 1 遍马上给测谎结论,等等),也可能违背了测谎行业的伦理要求("出于对金钱或名声的渴望,在电视节目中使用测谎仪")。

总之,**专业的测谎技术其实不太涉及婚姻忠诚度调查,这不是它发挥作用的合适领域**。不过,在一个与之相近的领域——性犯罪人再犯风险评估上,测谎找

〔1〕 Gottman J M, Levenson R W., "Marital processes predictive of later dissolution: behavior, physiology, and health", *Journal of personality and social psychology*, 1992, 63(2), p. 221.

到了自己发挥作用的支点，并且获得了难以想象的成功。

第二节 PDD 的跨场景实践：性犯罪人矫治

性犯罪也是一种相对隐秘的行为，所以非常依赖自我报告，缺乏客观的判断依据。传统上，对于性犯罪人的矫治几乎完全依赖于官方的档案信息以及犯罪人的自我报告。这些方法所获得的信息往往非常有限，因为羞耻感、社会称许性等问题，性犯罪人可能经常隐瞒与性犯罪有关的高危行为。从而导致很难对其做出正确的评估，矫治效果就更谈不上了。

而二十世纪六七十年代，正是测谎仪在各个领域广泛应用，甚至有点滥用的时候，一些法官和测谎专家联手，开始尝试着用测谎仪从性犯罪人处获取真实的信息，以更好地管理他们带来的风险。一项研究结果就很能说明测谎仪在这一领域的价值。该研究发现，使用测谎仪测试缓刑的性犯罪人，发现了他们存在的从未被发现的高危行为，包括吸毒、网络聊天、出入酒吧，等等。而最令人担忧的是，超过一半的犯罪人（57%）在测谎中承认有跟踪他人的行为，这表明他们很可能已经处于重新犯罪的边缘。但是在没有使用测谎仪之前，监管他们的缓刑官完全没有发现这一问题[1]。

当时著名的犯罪心理学家，也是美国测谎学会董事的 Stanley Abrams 看到了这一新兴领域，和同事进行了系统的对比研究（Abrams et al.，1991）[2]，有了惊人的发现未经测谎组的犯罪人再犯率为 74%，而测谎组的再犯率仅为 31%。也就是说，使用测谎仪对已经定罪的犯罪人进行监管，能减少 43% 的犯罪人再次犯罪的可能性。Abrams 将这一技术称为"临床测谎测试"，但很快又改成了一个更专业的、也更长的术语——定罪后性犯罪人测试（Postconviction Sexual Offender Testing，PCSOT）。

一、PCSOT：老瓶装新酒

PCSOT 在测试方法和其他领域的测谎是一样的，虽然也有反对的声音，但总体上是"一边倒"的支持。它是在测谎百年发展的故事中，最少被质疑的技术。特别是在测谎仪受到强烈攻击和否认的年代，它一枝独秀，也是使测谎仪幸存下

---

〔1〕 English K, Jones L, Patrick D, et al.，"Sexual offender containment: Use of the postconviction polygraph"，*Annals of the New York Academy of Sciences*，2003，989（1），pp. 411-427.

〔2〕 Abrams S, Hoyt D, Jewell C.，"The effectiveness of the disclosure test with sex abusers of children"，*Polygraph*，1991，20（3），pp. 204-213.

来的重要力量之一。所以它也是测谎发展故事中最重要的转折点。

PCSOT 出现后不久，美国各个司法管辖区（联邦和各地方）对它的使用一直在快速增长。2009 年的一项调查显示，在定罪后的矫治计划中使用 PCSOT 的人数从 1996 年的 30%、2000 年的 63%、2002 年的 70%，增长到 2009 年的 79%。除了美国，加拿大、英国、荷兰，以及一些其他欧洲和亚洲国家也开始使用 PC-SOT。

相当多的管理性犯罪人的缓刑、假释官员，以及罪犯矫治专业人员，发现测谎仪是一种有用的工具，并认为如果没有它，现在很难有效地完成他们的工作。美国性犯罪人治疗协会已经认可了 PCSOT 的实用性。APA 也已经制定了针对 PCSOT 的测谎标准和从业者指南，以便更好地规范测谎师使用测谎仪去评估、治疗和监督性犯罪人。

也许是为了让 PCSOT 摆脱人们对司法实践 PDD 的不佳印象，它的支持者坚持强调两者之间存在着根本的不同。

第一，PCSOT 的首要目标是社区安全，最终目的也是减少新的受害者或对先前受害者的慰藉与保护。这可能也是民意会站在 PCSOT 这边的主要原因。近半个世纪以来，性犯罪人，特别是恋童癖者的案件频频爆出，甚至有些性犯罪人频繁犯案，这引发了极大的民愤，普遍要求政府对这类人采用高压政策。所以，即使 PDD 测试可能会侵犯人权，但如果真的有效，人们会选择忽略。

第二，支持者认为 PCSOT 没有侵犯人权的问题，因为它与传统 PDD 不一样，不是一种审讯形式，而是一种治疗方法。它帮助性犯罪人找到自己的问题，并督促自己，是让性犯罪人得到有效矫治（或者说，变得更好）的一部分。

测谎仪在性犯罪人管理中的使用并不是作为一种独立的工具，而是作为一种资源，可以整合到一个集体的、专业的、多学科协同的管理团队中。因为要想真正解决性犯罪人再犯问题，需要多学科协作。管理团队通常由监督人员（如假释官、缓刑官）、矫治人员以及测谎师三方组成，被称为"矫治铁三角"。而且必要时可以包括其他的、合格的专业人员，如精神病学家、社工、学校老师、医生、监狱工作人员、研究人员等。各方专业人士可以以独特的、重要的方式为性犯罪人的管理做贡献，并达到 1+1>2 的效果。

所以，时任英国内政大臣的 David Blunkett 在批准了一项涉及 PCSOT 的计划时说："我们都有些怀疑，因为我们从小就看间谍电影，电影告诉我们克格勃能够训练人们打败测谎仪……我们谈论的是真正的 21 世纪技术，我们正在检验它的效果。"

那么，如此充满希望的 PCSOT 技术究竟是什么呢？为了快速地了解它，我们引入一个比较经典的案例。

二、案例研究

一位名叫 John Doe 的成年男性因涉嫌向一名 8 岁女童展示不雅图片而被捕。这名女童是 Doe 的邻居，时常到 Doe 家玩，Doe 和他妻子也时常到隔壁女童家做客。但是一天女童从 Doe 家回来，告诉自己的父母，她在 Doe 家的电脑屏幕看到了一些不雅图片。父母马上报警，警方在 Doe 的电脑上发现了一些不雅图片，Doe 承认是自己的图片，但否认自己是有意向其展示，只是无意被女童看见。同时，他也否认自己对未成年的 8 岁孩子有性兴趣。

警方在侦办此案时，向 Doe 介绍了测谎技术，并表示如果 Doe 想自证清白，可以选择接受测谎测试。最后 Doe 同意接受测谎（第 1 次测谎）。测谎结果为 Doe "说谎（DI）"，认为他确实是主动向女童展示的图片。后经过辩诉交易，Doe 最终被判处了缓刑，并要求在缓刑期间参加社区矫治计划。不过直到定罪，Doe 都坚持自己的说法。

在接受社区矫治的初期，Doe 在与矫治人员交流中，仍然坚持否认自己对 18 岁以下女性有性兴趣。不过，他又承认自己在网络聊天室进行不雅视频聊天时，有可能会有低于 18 岁的，但是像 8 岁这么小的孩子他从来没有遇见过。因为社区矫治计划也有测谎测试，他需要按照要求接受测谎测试（第 2 次测谎）。在测试阶段，测谎师所使用的相关问题如下：

> 你是否曾出于性的原因，与未满 18 岁的人单独相处？
> 你是否曾出于性的原因，尝试与 18 岁以下的任何人建立关系？
> 你是否对任何未满 18 岁的人有过性幻想？
> 你是否曾出于性的原因，在互联网上浏览过任何 18 岁以下的人的不雅图片？

Doe 对第 3 题和第 4 题出现了强烈的生理反应，测谎师给出了 "说谎（DI）"的测谎结论。在测后访谈阶段，Doe 对于自己没有通过测谎，并没有给出合理的解释。但他仍坚持自己的清白，并坚称他自己 "自缓刑以来"没有做错任何事。负责 Doe 的缓刑官经验丰富，而且是一名心理学家。他通过观察 Doe 在访谈中的举止、动作、语气，以及说话的具体内容，认为他说的是实话。

但由于这次测谎没有通过，按照缓刑规定 Doe 在随后不到 3 个月的时间，又接受了一次测谎（第 3 次测谎）。在正式测试没有开始之前，也就是在测前访谈阶段，Doe 说他要改变以往的说法。随后他承认了当时他向邻居家女童展示不雅图片是有意的。Doe 说，面对前两次的询问，无论对警察还是对缓刑官，他都说了谎，而两次"说谎（DI）"的测谎结果让他"倍感压力"。于是测谎师在这次（也就是第 3 次）测谎中增加了关于"向那名女童展示不雅图片"的问题，最后的测谎结论是 Doe 通过了测谎。在测后访谈时，Doe 表示在测试期间他感觉如释重负，因为他已经坦诚了自己罪行。也让他确信自己对 8 岁的女童有不应该的性冲动。同时他进一步坦诚了以前（定罪前）通过视频聊天与未满 18 岁的人有不当行为，以及自己婚内出轨的事实。

而在之后与矫治人员的面谈中，他提出希望下次测谎时可以加入一些涉及聊天室的问题。因为他下定决心要让自己戒掉这一恶习。特别是当他得知，按照规定下一次测谎（未来的第 4 次测谎）会安排在 6 个月后，他表示更希望能够将时间提早。因为他说，测谎对他的危险想法和行为起到了威慑作用，并相信定期接受测试会对自己起到遏制作用，帮他克制欲望。

在这个例子中，如果加上最后计划的 6 个月后的测谎，Doe 共接受了 4 次测谎。其中第 1 次不属于 PCSOT，它其实就是传统的用于侦查或调查的测谎技术。而后面 3 次（第 2~4 次）都属于 PCSOT。

此外，我们还会发现，同属于 PCSOT 的 3 次测谎也有所不同，即有不同需要完成的目标。由于这种差异，PCSOT 目前已经发展出了不同的测试类型。2009年 APA 制定了《定罪后性犯罪人测谎示范政策》（*Model Policy for Post-conviction Sex Offender Testing*），对 PCSOT 领域的每种测试类型和注意事项进行了全面规范。而目前的 PCSOT，则是参照雇前测谎分为三大类，因为 PCSOT 测试是以传统的雇前测谎为蓝本开发的：雇前测谎变成了"性史测试"、定期安全审查特定问题测谎变成了"特定问题测试"，而定期测谎变成为了"监测/保持测试"。

三、性史测试（SHE）

性犯罪人在供述自己的性犯罪行为时通常会尽量减少侵害人数以及严重性。这不仅是因为他们想避免被判处更重的刑罚，也是因为他们对自己的行为感到羞耻。研究（Salter，1988）[1] 表明，在矫治期间高达 90% 的性犯罪人对自己的犯罪历史不能做到完全诚实。而要管理好、矫治好性犯罪人，真正了解他们是最基本的。从犯罪人的角度看，如果连自己所犯的罪行都不能诚实地面对，很难相信他会真的悔改。

所以 PCSOT 第一个要做的事情就是利用测谎测试对性犯罪人（也是被试）以往的犯罪历史做一个全面的审查。基于这种目的的 PCSOT 测试被称为性史测

---

〔1〕 Salter A，*Treating child sex offenders and victims. A practical guide*，Sage Publications，1988.

试（Sexual History Examination，SHE）。按照 APA 的建议，性史测试最好在犯罪人开始接受矫治后不久就进行。一般先用调查问卷访谈犯罪人，内容包括性犯罪人以前的性犯罪、开始犯罪的年龄、被害人的人数、年龄以及类型，等等。而测谎仪主要是来验证犯罪人所提供的信息是否真实。性史测试的相关问题示例如下：

> 除了你已经说过的，你是否抚摸过儿童的性器官？
> 除了你已经说过的，你是否曾在公共场所暴露过你的性器官？
> 除了你已经说过的，你有没有违背女人的意愿与她发生性关系？
> 除了你已经说过的，你有没有用武器胁迫他人与你发生性行为？

上述 Doe 案例中，第 2 次测谎就属于性史测试，只是审查范围相对较窄。而且我们可以很清楚地看到，本次测谎前后，Doe 披露的信息大为不同。测谎后的信息更多且更真实。

性史测试可以更彻底地了解犯罪人过去的性行为和性偏好，并了解以前从未公开的性活动。如案例研究中 Doe 第一次披露了自己婚内出轨的性史。而这些信息帮助矫治人员对犯罪人进行更全面的评估，制定更有针对性的矫治方案。

而对犯罪人来说，它能帮助犯罪人对之前的犯罪行为负责，培养责任心以及对被害人的同理心，这是"将自己改好"的重要一步。

四、特定问题测试（SI）

特定问题测试（Specific Issue Examination，SI），又称即时犯罪测试（Instant Offense，IO）、特定问题否认测试（Specific Issue Denial Test，SID）。顾名思义，就是针对某一具体犯罪行为，犯罪人否认自己做过，需要通过测谎测试甄别他是否"欺骗"。简单来说，就是通过测谎来"定罪"。只是这种"定罪"不是由法官作出的，也不会带来刑罚。事实上，最早有人（其实是一些法官）将测谎仪引入本领域也是出于此目的。由于性行为本身的隐秘性，许多性犯罪案件发生时，只要犯罪人和被害人独处，缺乏其他证人或证据。如 Doe 案中，因为 Doe 否认故意展示图片，控方确实难以证明。所以通过辩诉交易，Doe 只承认拥有涉及儿童的不雅图片，最后被判缓刑。在这个案例中，原始指控"向 8 岁女童故意展示不雅图片"由于辩诉交易被排除在最终定罪之外。但是在定罪后，进入矫治阶段，管理团队想知道原始指控是否属实。这时候就会对这一特定问题"是否向 8 岁女童故意展示不雅图片？"进行测谎，这就是特定问题测试。因为性犯罪人一般如 Doe 一样，常常对这类问题是"否认"的，所以又被称为特定问题否认测试。

如果是这种针对犯罪人定罪前的罪行进行的测谎，行业中的许多人都认为应将其放在第一次的测试中，也就是所有其他类型的 PCSOT 测试之前。这很好理解，因为了解犯罪人是因为什么定罪而开始接受矫治，是整个矫治工作的起点。此外，这类测试的测试方法几乎与警方调查犯罪案件一样，所以相关问题的编制方法也几乎一样。

除了以上这种情况，特定问题测试还包括两种情况：一是在矫治过程中发现犯罪人可能还存在着其他余罪的情况。也就是说，这一罪行发生在定罪之前，因为各种原因没有被发现或被报告过。但是在矫治中被发现了端倪，为了进一步确认是否属实，需要进行测谎。二是在定罪后，也就是在假释或缓刑期间，管理人员怀疑犯罪人从事了某种违法犯罪行为而没有报告，为了确认而进行的测谎。

不过要特别强调的是，这种测谎针对的是单一的、特定的犯罪事件，所以将它归入到"特定问题测试"这一类型下。如果测谎针对的是不确定的，模糊的违反假释或缓刑管理条例的行为，那就不属于"特定问题测试"，而是属于第三种类型的 PCSOT 测试，即"监测/保持测试"。

五、监测/保持测试（MM）

PCSOT 最重要的功能可能就是监测功能，按照 20 世纪 60 年代的一位芝加哥法官的说法，对性犯罪人进行定期测谎，就如同给其装上了"24 小时监控的小尾巴"。不过经过多年发展，这一功能现在被细化为两种具体的类型，分别是监测测试（Monitor Examination，ME）和保持测试（Maintenance Polygraph Examination，MPE），合称监测/保持测试（MM）。

1. 监测测试

测谎仪的一个特别能让民众认同的功能就是它可以用于社区风险监控。换句话说，当性犯罪人因为缓刑、假释回归社区，对社区居民来说，会有深深地担忧。事实上，这样的担心是有道理的。性犯罪人再犯风险高是经过科学数据证实的，此外也有相当多的不幸案例是由这些进入社区的性犯罪人实施的。虽然他们受监管官员的监督，但是也有很大的漏洞。因为即使是最服从监管的性犯罪人，也不太可能自愿向监管人员说出自己高危险的想法和行为。因为他们担心，一旦告诉自己的监管人员，对方会失望，甚至会采取更多限制性的或不利于自己的措施，比如暂停缓刑、召回监狱或额外的定罪。正是这个原因，才需要测谎仪的帮助。监测测试的相关问题示例如下：

自上次（测谎）测试以来，你是否触摸过未成年人的性器官？

自上次（测谎）测试以来，你是否与未成年人发生过性关系？

自上次（测谎）测试以来，你是否与未成年人秘密单独相处过？

自上次（测谎）测试以来，你是否与未成年人秘密交往过？

自上次（测谎）测试以来，你是否偷窥过未成年人的裸体？

可见，监测测试主要是针对监管期间（缓刑或假释）性犯罪人是否出现过高风险的、涉嫌犯罪的性行为。换句话说，监测犯罪人是否出现了违反假释或缓刑规定的情况。与前面的一次性的测试不同，监测测试是一种定期进行的测谎，非常类似人事筛选测谎中的定期安全审查。一般建议每 4~6 个月进行一次，至少不能低于每年一次。

此外，监测测试一般都在不知道性犯罪人是否出现过高风险行为，或者涉嫌犯罪的性行为，也就是没有特定或具体要指控的问题（行为），所以是一种对未知的探索性检查。通常会根据性犯罪人的性史信息，以及其他渠道的信息（如矫治人员的建议），将最有可能出现的高风险行为纳入，分为 3~4 个相关问题来进行测试。可以首先考虑以下行为：与未成年人发生性接触、与任何年龄的人发生强迫性接触、观看儿童色情、暴露狂、偷窥、跟踪等。

因为本测试监测的是定罪后的行为，所以在相关问题均需要将时间界定好，也就是在每道题前面将加上"自从假释（或缓刑）以来……"或"自从上一次测试……"

监测测试除了及时让监管人员发现自己监管的犯罪人出现的高危行为，还有一个更重要的作用，就是对试图从事高危行为的犯罪人起到威慑作用。换句话说，当性犯罪人出现犯罪的想法或欲望时，可能会想到马上要接受的测谎测试，担心罪行会被揭露，反复权衡后放弃了犯罪的打算。事实上，人事筛选测谎中的定期安全审查也有着同样的威慑作用。GKT 的提出者 Lykken，即使后来成为测谎仪的重量级反对者，也承认"定期测谎不仅可以获得更完整的报告，也可以起到威慑作用"，不过他还是补充说"但它不应该被解释为对真相的有效的检验"。即 Lykken 认为性犯罪人测谎的威慑作用与测谎准确性是两回事。

2. 保持测试

保持测试是在监测测试的基础上发展出来的一种新的测谎类型，其形式和一些相关问题的表述与监测测试有一些类似。不过这两类测试的主要目的不同。监测测试主要是检查犯罪人是否出现高风险行为，而保持测试是为了定期检查犯罪人是否一直遵循其既定的治疗和监督指南的技术条款。测谎针对的问题包括禁止使用酒精、毒品、武器、未经授权与未成年人接触、整容行为、违反旅行或住房限制、包括幻想在内的手淫活动、与被害人接触、未经授权使用电脑、违反宵禁、未报告性伴侣、观看色情内容等。

它通常每3~6个月进行一次测试以确保犯罪人遵守矫治人员对他们的规定与要求。保持测试的相关问题示例如下：

> 自上次（测谎）测试以来，你是否使用过任何毒品？
> 自上次（测谎）测试以来，你是否喝过酒吗？
> 自上次（测谎）测试以来，你是否打过色情电话吗？
> 自上次（测谎）测试以来，你是否在网上和陌生人聊天？
> 自上次（测谎）测试以来，你是否接触过枪支吗？

如果某性犯罪人的保持测试是每6个月定期进行1次测试，那上面的相关问题也可以如下：

> 最近6个月以来，你是否使用过任何毒品？
> 最近6个月以来，你是否喝过酒吗？
> 最近6个月以来，你是否打过色情电话吗？
> 最近6个月以来，你是否在网上和陌生人聊天？
> 最近6个月以来，你是否接触过枪支吗？

以上这些相关问题涉及的行为往往是矫治人员根据每个性犯罪人的实际情况，制定的矫治计划的一部分。当犯罪人回到日常生活中，需要按照矫治计划，让自己保持不出现"被禁止的行为"。如果他确实能做到，说明他对矫治的依从性较好。在前面的Doe案例中，第4次测谎（计划在6个月后进行）针对"出入不雅聊天室"的行为进行，其实就属于一种保持测试。虽然这是Doe自己提出的，但实际上是多次接受矫治人员的治疗后，得出的一种矫治方案——如果Doe能够戒掉这一恶习，那么他就能"变好"。

如果从另一种角度看，保持测试解决了性犯罪人矫治中的一个难题——通常很难准确监测犯罪人的矫治进展情况。当矫治人员教给了犯罪人一些新知识——如"如何避免自己打色情电话"。在学习的时候，性犯罪人确实掌握了，但是回到家后，却选择不应用所学这些知识。传统的方法（如直接询问）常常很难准确地知道他是否将学习的知识真正融入他的生活当中。保持测试则提供了一个有效的工具来准确掌握治疗进展。

不同类型的 PCSOT，在使用的具体阶段和要解决的问题上都有所不同。但它们往往都会先后使用在同一名性犯罪人身上。而且在性史测试中，所有相关问题的时间点都要设在"定罪之前"；而监测/保持测试则都要设定在"定罪后"或"上次测试以来"。更重要的是，它们之间是相互协助的。比如监测测试所需要定期监测的具体高危行为（即相关问题），是需要性史测试进行协助，以便确定该名性犯罪人的异常活动和高危行为，避免治疗出现差错。

第三节　美国性犯罪人测谎实践

和现代测谎技术一样，性犯罪人测谎在美国诞生，目前也是在美国应用最广泛。虽然现在的英国同行大有奋起直追的趋势。最早是 20 世纪 60 年代末，两名彼此不认识的法官，分别在自己的工作中引入另外当时流行的测谎仪。

一、小试牛刀

1966 年，伊利诺伊州的 Partee 法官开始用测谎仪来决定缓刑申请。当时测谎主要审查的是犯罪人是否还有未被发现的余罪，并要求其在缓刑期间每年接受一次测谎，以防止他再次犯罪。人们普遍认同，Partee 法官的这次尝试是测谎仪首次正式用于定罪后领域，开创了历史的先河。

1969 年，华盛顿州的 Tuttle 法官使用测谎仪定期测试缓刑人员，以确保他们没有违反缓刑规定或再次犯罪。他发现测谎有两个优点：一是对缓刑人员起到了威慑作用。缓刑人员知道，如果他们再次犯罪，即使短期内侥幸逃脱，但当接受下一次测谎时就会被发现。二是这些缓刑人员的"朋友"不再找他们，因为担心缓刑人员在接受测谎时会泄露关于自己的信息。这样一来，这些缓刑人员就会减少再犯行为。当时一些学者在评论 Tuttle 法官的工作时，将这种定期对犯罪人实施的测谎描述为"人造的良心"。而 Tuttle 法官后来则进一步发现，测谎仪甚至可能会影响犯罪人的"思考内容"，因为他们担心自己的"所思所想"会被测谎仪检视，所以强迫自己"可以想"或"不能想"某些内容。

二、历史背景

这两位法官之所以想到使用测谎仪，其实反映了当时测谎仪在美国的使用十分普遍。虽然测谎结论被排除在法庭之外，但它一直试图进入法庭，使得不少的法官对它相当熟悉。

此外，两位法官的测谎测试都是用于"缓刑"人员。这其实也反映了当时美国日益严重的监狱人口危机。20 世纪 80 年代，美国州立监狱关押的"性犯罪人"约有 20 500 名，而到了 20 世纪 90 年代中期，这一数字翻了两番，达到了

88 000 人左右。这还仅仅是"性犯罪人"的人数，可以想见，各种类型的犯罪人都在监狱里的景象。而随着监狱人口快速增加，美国政府不得不将一些犯罪人放回社区，主要将一些缓刑和假释人员放回。据统计，20 世纪 90 年代中期的美国，约有 60% 的犯罪人是在社区服刑的。

那么什么样的犯罪人更适合回到社区呢？再次犯罪可能性低的，即专业术语称为"低再犯风险"的犯罪人可能更合适。但是经过一段时间，人们发现，性犯罪人是需要特别关注的一个群体。因为和其他类型犯罪人相比，他们的再犯风险都相对较高。如果一名回归社区的性犯罪人没有得到良好的监管、矫治，那么平均下来，将会有更多的无辜者受其侵害，其中不乏未成年人。所以，美国民众强烈呼吁政府对这些释放到社区服刑的性犯罪人给予更严格、更有效的监管和治疗。

三、俄勒冈州的实践

1973 年，出生于美国俄勒冈州的 Abrams，将测谎仪用在矫治性犯罪人中，这是世界上第一个专业针对性犯罪人的测谎实践。结果表明，通过测谎仪可以提高对性犯罪人的监督和治疗效果。随后他周游全美，向政府和相关机构推广此项技术。在 20 世纪 80 年代早期的一次美国测谎学会的董事会会议上，Abrams 请求董事会资助 10 000 美元用于他自己新开发的 PCSOT（当时的名称还是"临床测谎"）。为了说服董事会，Abrams 解释了此项技术的主要作用，包括：

> 减少监狱人口
> 降低收容犯罪人的成本
> 协助管理/监督犯罪人
> 阻止性犯罪人再次犯罪
> 识别并帮助累犯
> 帮助保护社区和社会
> 在矫治过程中提供帮助

Abrams 博士还解释说，PCSOT 可能会改变整个测谎领域的发展方向，并改变人们对测谎仪的负面看法。随后，Abrams 开始了一项为期 2 年的研究（Abrams et al.，1986）[1]。主要针对那些定罪的犯罪人，包括盗窃、吸毒以及性犯罪人。最后研究发现，接受定期测谎的犯罪人中有 69% 成功地完成了他们的缓

---

〔1〕　Abrams S, Ogard E.，"Polygraph surveillance of probationers"，*American Polygraph Assoc.*，1986.

刑，没有出现再犯；而在没有进行定期测谎的常规监管的犯罪人中，只有 26% 的人成功地完成了他们的缓刑，没有再犯。这些结果提供了实质性的证据，可以证明测谎在监测和减少犯罪方面是有用的。

同样也是在俄勒冈州，一位名叫 Beatty 的法官，从 1973 年开始用测谎决定是否同意犯罪人的缓刑申请。他将测谎测试中认为具有高风险的、对社会有威胁的犯罪人送进了监狱，拒绝同意他们的缓刑申请。4 年后，有人检视了 Beatty 法官测谎的后续效应。结果发现，Beatty 法官当初通过测谎认定的 117 名"再犯风险高"的犯罪人，其中有 60 名犯罪人再次犯罪[1]。

因为有着较好的基础，20 世纪 80 年代后期，俄勒冈州成为第一个系统地实施 PCSOT 的州，并逐渐将自己的经验推广到其他州。1995 年，田纳西州立法机构通过了一项法律，强制要求对缓刑的性犯罪人进行测谎；科罗拉多州于次年出台了类似的法律。到了 2007 年，APA 的一项调查显示，美国 50 个州中有 46 个州在矫治性犯罪人中采用了 PCSOT 技术，而另外 4 个州也正在审查是否采用该技术。在美国测谎行业的历史上，从来没有任何一种测谎技术应用扩张得如此广泛。

此外，PCSOT 也是美国测谎领域中唯一同时获得相关专业、司法部门，以及绝大多数民意支持的技术。它代表了美国测谎实践中增长最快的部分，发展速度令人咋舌。从 20 世纪 80 年代后期俄勒冈州建立第一个系统的 PCSOT 体系到 2007 年，不到 20 年的时间里，其已经从一个"实验性"项目发展成为了"矫治铁三角"的"一角"。

四、矫治铁三角

随着 PCSOT 在美国一个个试点开展，人们对测谎技术的看法也正在发生变化。越来越多的美国人认为，针对性犯罪人的调查性测谎是有价值的工具，它是保护美国公民免受性侵困扰的重要措施之一。

不过，美国的专业人士也意识到，要想体现测谎的价值，就必须将它作为管理性犯罪人"整体战略"的一部分。在这个整体战略中，包括了测谎师、矫治人员以及监督人员（假释官或缓刑官），共同合作，以"遏制"在社区"服刑"的性犯罪人再犯。这三大组成部分又被称为"矫治铁三角"。以这个"铁三角"为中心，构建起一个管理团队，并提倡跨部门和多学科合作的方式。合作机构还可以包括执法、缓刑、假释、学校、社会服务、强奸危机中心、医院、监狱、研究人员和受害者维权组织，等等。此外美国医学会补充说，除了以上人员还应该

---

〔1〕 Teuscher T., "The polygraph and probation", *Polygraph*, 1978, 7 (1), pp. 1-4.

加上律师、急诊室工作人员、受害者援助中心。而具体的合作方式有很多种。例如，在科罗拉多州，州政府牵头成立了性犯罪人管理委员会，委员会成员具有各种学科背景。这个委员会负责相关立法，每月开一次会。在亚利桑那州马里科帕县（凤凰城），人们一直致力于采用强有力的跨部门和多学科方法来管理成年和青少年性犯罪人。地方检察官办公室和当地警察局合作培训检察官和执法人员。在这些州县里，矫治人员、监督人员和测谎师组成紧密的团队，监控每一个性犯罪人。所有这些都是为了最大限度地遏制性犯罪人，以提高公众安全。

事实证明，这种管理团队的方法在遏制再次犯罪方面非常有效。例如，在俄勒冈州，它的引入降低了再犯率并减少了缓刑或假释被撤销的情况。科罗拉多州的数据则发现，这种管理方法下的84%的犯罪人成功完成了假释，而没有处于这种管理方法下的犯罪人只有52%的完成了假释。特别是假释完成后的第3年，因为再次犯罪而被捕的人，前者只有21%，而后者正好翻了一番，达到了42%。另外，这种"矫治铁三角"被证明可以在各种环境中运行，从缓刑、假释到监狱。科罗拉多州已经开始在监狱管理中采用此模式。

第四节　英国性犯罪人测谎实践

从历史上看，在英国，测谎仪几乎没有生存空间。前面我们已经提到，当最初测谎仪试图进入英国时，当时的英国心理学会（British Psychological Society）接受政府委托调查后的结论是：测谎仪不可靠！这导致以后的测谎仪在英国乃至欧洲，都没有找到愿意使用它的政府机构或专业领域，除了偶然的或小范围的研究与探索。但是进入21世纪，特别是近年来，英国对于性犯罪人的测谎应用开始变得普遍，大有赶超美国同行的趋势。

从20世纪60年代开始，美国一些机构就在向英国推广测谎仪，直到20世纪80年代开始，英国政府才首次认真考虑引入，因此皇家委员会派了15名官员前往美国圣路易斯、辛辛那提等地，考察当地警察、律师以及其他人士对测谎仪的使用。报告的结论是，美国警方发现测谎仪对他们的案件调查很有帮助。但当时的工党议员没有接受这一说法，并声称英国政府被"美国的技术噱头"骗了。最后交锋的结果是，上议院认定政府有权禁止测谎仪的使用。当时的英国媒体也对测谎仪持负面评价，并用反讽的语气嘲笑说是美国人强迫英国人接受测谎测试，因为美国政府自己发现测谎仪作用不大。作为官方科学界的代表，英国心理学会在自己的审查报告中对测谎仪进行了强烈批评，认为测谎仪有很大可能将无辜者错误地认定为有罪。并且一些研究表明，测谎仪的准确率并不比偶然概率高，它和抛硬币测谎效果一样。最终，科学和政治结合在一起，封杀了测谎仪在英国的首秀。

2000 年夏天开始，随着几起骇人听闻的恋童案被曝出，引发了全英上下的普遍怒火，包括一些全国性报纸在内的英国民众开展了一场全国性的运动，"点名羞辱"那些被定罪的"恋童癖"，并要求政府出台更严格的措施和法案制裁他们。而测谎仪也得到了"卷土重来"的大好机会。当时在美国，测谎技术早已被纳入了定罪后的性犯罪人矫治计划中，美国测谎学会已经开始将"测谎师作为犯罪矫治人员"的角色专业化、正规化。而且绝大多数的科学研究也支持性犯罪人测谎技术。而英国几位受人尊敬的精神病学家和心理学家也开始了相关的研究，并支持和帮助英国政府展开相关的试点工作。舆论更是一边倒地支持，可谓"万事俱备，只欠东风"，相关的立法开始筹备。2007 年英国出台了《犯罪人管理法案》，其中第 28 条、第 29 条允许测谎测试可以用在定罪后的性犯罪人的评估、治疗和监管上。这意味着经过多年前的失败，测谎仪终于在英国成功"登陆"。

很快，经过前期筹备，在 2009 年 4 月，针对性犯罪人测谎的试点工作正式开始，并于 2012 年顺利结束。试点工作被认为相当成功，这让当时的保守党和自由民主党的联合政府喜出望外。因为它的成功证明了这届政府对"恋童癖"的零容忍，声称"在性犯罪人的管理中引入测谎测试，是我们（英国政府）为管理这个世界所提供的最强硬的手段之一"。

而几乎同时，英国心理学会与之前一样，它发布了新版的关于测谎的专业报告，这个新报告仍然高度批评测谎技术。只不过这次的理由不同，它认为目前绝大多数已发表的关于测谎有效性的研究都是在实验室内完成的，不代表现实生活（即现场研究）中也有这么可靠的效果。而且现实生活中，测谎仪一旦出错，将带来沉痛的代价。但这一次却无济于事，相关的立法已经通过，而且民意也不站在这一边。从某种程度上说，"恋童癖"已经成为测谎仪的"最佳销售员"，让英国第一次认真正视测谎仪，并快速地在全国缓刑机构推广。

但反对和质疑的声音在英国并没有消失，有相当多的学者还在争论测谎技术是敌人还是朋友。不要忘记，到现在为止，英国还是绝对禁止在刑事案件的调查中使用测谎仪。这也意味着，如前面提到的 Doe 案，若发生在英国，最大的不同就是第 1 次，也就是警方对 Doe 进行测谎是不可能出现的。

2000 年 Wilcox[1] 总结了三种反对的理由。首先是对个人隐私的侵犯。其次是测谎测试应该是在自愿的基础上进行，一些性犯罪人不会想参加。但是我们会怎么看待这些拒绝参加的人呢？虽然从理念上讲，拒绝测谎并不一定意味着有罪，但实践中我们很有可能将拒绝解读为"有罪、不服从管理的迹象"。管理团队也会如我们一样解读。一位英国的法官对此总结得很好："接受测谎的性犯罪人，正是想要证明自己没有风险的人；而很多我们真正想测的、我们关注的人，不会来做测谎。"最后是对犯罪人进行监测测谎，其实就意味着对他们的不信任、不尊重，所以可能对矫治关系产生破坏性的影响。

可见，即使是民心所向的 PCSOT 技术，因为和测谎沾边，就无法避免被质疑。所以，整个测谎技术面临的争议与困顿之深，可见一斑。但是，PDD 技术在性犯罪人矫治领域的异常成功给我们很大启发：Keeler 是对的，跨场景应用与实践，是让测谎技术能够继续走下去的关键路径之一。

---

〔1〕　Wilcox D T.，"Application of the clinical polygraph examination to the assessment, treatment and monitoring of sex offenders"，*Journal of Sexual Aggression*，2000，5（2），pp. 134-152.

第五部分

面向未来

本书的叙事既是回顾性的，也是探索性的，即希望通过对测谎百年发展史的批判性再探讨（criticalre-examination），为未来的技术进步提供坚实的起点。从20世纪初 Larson 的第一台现代测谎仪的发明，到冷战时期功利性的滥用，再到近年来跨界矫治领域的实践，这一历程既展现了技术工具如何重塑社会对"真实"的认知，也暴露出科学话语与权力结构的共谋性张力（Alder，2007）。然而，任何试图"预见未来"的努力，都必须以先诚实直面当下的争议为前提：测谎技术至今仍深陷可靠性质疑、伦理悖论以及理论基础薄弱的困境。

第十五章　争议与挑战

从表面上看，PDD 与其他几乎同时出现的司法技术如指纹鉴定差不多。但它却又似乎与这些技术完全不同，因为无论是过去还是现在，测谎技术一直都饱受争议，人们的态度其实是相当矛盾的。一方面，人们从未放弃过对有效测谎方法的探索，无论是研究者还是普通大众。另一方面，对于已经出现并应用于司法和人事筛选领域的测谎技术，往往又会质疑其"科学性"，主张将其从实践中完全排除。这种两极化的态度在其他技术上很难看到。

第一节　科学怪物

一、从期待到滥用

如果以 1921 年 Larson 将其应用于警方的实案侦查为标志的话，PDD 从诞生之初就备受公众瞩目，特别是受到了警方、军方情报机关、人事筛选机关等实务部门的欢迎。Polygraph 测谎仪也是 20 世纪 20 年代~30 年代公认的，最伟大的科技成就之一。它似乎让人类长期以来对识别谎言与真实的殷殷期待终于得偿所愿。

在司法领域，尤其是刑事司法领域，PDD 技术大展身手，常会出现在侦查或审判中的关键位置上，有时甚至决定着审判的结果。在案件侦查中，测谎可以筛选众多的嫌疑人、识别供述的真伪、探测相关物证的去向、厘清侦查的方向；而相关当事人有时为证明自己清白，也会通过接受测谎加以证明。另外，还有一些测谎师认为，揭露说谎者可以挽救其良心，并给被害人带来慰藉，例如，帮助找到被害人的骸骨，入土为安等。但当有人试图将测谎结论引入法庭时，无一例外，每一次都会引起公众以及相关学术界的大讨论。支持者往往表示，只要控制好干扰因素，测谎技术的科学性还是值得期待的。而反对者则主张测谎结论还远达不到采纳为法庭证据的要求，而且可能会侵犯当事人"不被迫自证其罪""保持沉默"等权利。

随着测谎技术在司法领域的广泛使用，民间或官方的人事筛选领域，也逐渐引入了这项技术（Raskin et al.，1997）。越来越多的政府部门或公司在招聘雇员时借助测谎技术来甄别出那些有犯罪倾向或者药物滥用情况的人，或用于确定现有的雇员是否从事了盗窃（Theft）、蓄意破坏（Sabotage），或其他有害本机构的行为，从而将其排除出去。根据当时的一项研究（O'Bannon et al.，1989）显示，这种人事筛选测谎行为日渐盛行，到 20 世纪 80 年代末期达到巅峰，每年有多达200 万起例行的测谎测试。这种大规模的民间测谎行为，无疑是对大众隐私权或人权的侵犯。因此，越来越多的人站出来反对测谎仪的滥用，他们历数了测谎仪的种种问题，认为应该限制或完全禁止它的使用，从而引发了持续而激烈的社会争议（Lykken，1984）[1]。其中最致命的争议来自测谎阵营内部，而最荒谬的是，现代测谎仪的发明人打响了反对的第一枪。

二、Larson：科学怪物

俗话说，隔行如隔山。测谎的反对者往往都是其他领域（如法学）的专家、学者，甚至是政府官员。所以不可避免的是一些反对意见其实并不准确，从而导致缺乏说服力。比如英国心理学会在批评 PDD 时举了一个例子：一位无辜的被试因为担心自己通不过测谎而影响他的未来，所以测谎时非常担忧、紧张；而测谎仪可能会将此误认为是因为"有罪"导致的紧张、焦虑。事实上，即使不是专业测谎师，如本书的读者，如果已经阅读完前面的内容（尤其是第九章）就会知道，这种说法并不成立。这种紧张是没有倾向性的，他会对几乎所有的问题都紧张，而有罪带来的紧张则完全不同。有经验的测谎师会很轻松地区分出来，即使经验不够，也只会给出一个"无法判断"的测谎结论，不太可能出现"冤枉无辜者"的情况。

所以，要想击败对手，还有什么比对手阵营内部出现"背叛者"更容易的呢？不知道为什么，测谎阵营里出现"背叛者"的情况特别突出，比如测谎阵营里的"开国元勋"就背叛了。Larson 常常被称为第一台现代测谎仪的发明者，但很少有文献告诉大众，从 20 世纪 30 年代开始，Larson 已经从发明者变成了坚定的批评者，强力反对 Keeler 将测谎仪大规模应用于全国警察部门以及私人公司。

Larson 认为自己发明的测谎仪存在很大局限性，"我原本希望利用仪器测谎能成为专业警察的合法科学技术的一部分"，但是这种滥用让测谎仪成为套取口供的"三级酷刑"，"我很抱歉我曾经参与研发它"。

---

〔1〕 Lykken, D. T., "Polygraphic Interrogation", *Nature*, 1984, 387, pp. 681-684.

Larson 指出了测谎界一个隐秘且普遍的问题，就是有时测谎仪并不是真的在测谎，而是成为了获取口供的工具。测谎行业内部有一句俗语："**越相信测谎就越容易被抓**"。如果测谎师很会表演，让被试相信测谎仪已经发现自己在撒谎，即使没有测谎结论，被试也可能认罪。曾经有一位测谎师在刚开始测试时发现仪器出了问题，但他还是硬着头皮把整个测试"表演"了下来。然后在测后访谈时，这位测谎师"吓唬"被试说，测谎已经证明是他做的，如果现在承认可以当成"主动供述"，获得较轻的处罚。最后被试相信了这一说法，承认是自己做的。

在 Larson 看来，那些测谎师已经不关心测谎仪本身是否科学、可靠，只要让大众相信测谎仪是有效的就达到目的了。因此，测谎仪的真正力量在于说服人们相信它有效。Larson 在人生的后四十年里都在揭露测谎仪的问题，但他的声音很少被听到。在他生命的尽头，Larson 表达了对他的发明的绝望和无奈："我万万没有想到，这台机器变成了'科学怪物（Frankenstein's Monster）'，我已经与它战斗了四十多年。"

三、Lykken：只是噱头

另一位重量级的背叛者是 David Lykken。作为一位非常权威的心理学家，他的观点是最具指标意义的。Lykken 在明尼苏达大学医学院做心理学教授时开始对测谎技术感兴趣，并对 Backster 所倡导的完全客观化的评分方法大加赞赏。但是随着对测谎技术深入了解，他发现 Backster 对心理定势的操作已经开始偏离科学技术所需要的独立客观的原则。此外就是测前访谈的激励测试（参见第九章）所使用的欺骗手段。即使是在测谎行业内部，这也一直是一个有争议的问题，APA 就曾公开批评过。支持使用激励测试的人认为，在使用测谎技术时，往往面临这样的提问："测谎技术到底准不准？"对于这样的怀疑，仅仅凭口头上的说明和举例是远远不够的。如果让提问者亲身经历一次，就会很快地相信测谎仪的有效性。他们还认为激励测试法可以缓解被试的紧张情绪，并作为预实验来了解被试的基本生理反应情况，以获得更多的被试的心理生理状况的线索。反对的人认为，一方面，这种方法实施起来总是带有"玩耍"的味道，不仅不能使被试相信测谎，反而使被试把整个测试当成一种游戏，从而导致整个测试结果的不正确。另一方面，这种方法具有一定的风险性，如果测试的结果不准，会对整个测试过程造成巨大的影响。特别是其中的"某些欺骗手段"违背了基本道德。Lykken 也提出了强烈的质疑，并于 1958 年提出了一种新的测试方法 GKT。这种方法能有效地避免让测谎师使用欺骗手段。

但随着测谎仪被越来越多地滥用，特别是很多私人公司都在使用时，Lykken

彻底地站在了反对者阵营里，成为了一名反对滥用测谎仪的斗士。1981 年
Lykken 出版了具有代表性的反测谎著作《血液的颤动：测谎仪的使用与滥用》。
Lykken 从一个研究人员的角度认为，测谎测试只不过是一个精心设计的噱头，没
有任何理论或实证数据的基础。而测谎从业人员完全忽略了这一事实，仍在大张
旗鼓地使用，并感叹从业者和研究人员之间巨大的鸿沟。Lykken 说道：测谎测试
的荒谬之处就是，在没有任何国际统一机构或权威组织的情况下，测谎测试仍然
能广泛地应用于实践，决定着很多人的职业前途，乃至生死。

除了这些从内部"出走"的背叛者，测谎领域内部也有相互的质疑和批评。
如 Reid 就曾批评 Marston 关于他自己的"心血压测谎技术"描述过于夸大，认为
这种技术"实际上没用"，并抗议 Marston 声称自己是"唯一的测谎仪之父"的
说法。这样的内斗使得测谎行业内部的凝聚力既不健全也不持久，也使外部人士
认为这一技术确实有问题，从而保持谨慎或不认可的态度。因为道理很简单：**连
自己人都不认可，我们为什么要认可呢？**

四、侵犯人类隐私和尊严

一些反对者认为测谎仪对人类的隐私和尊严构成了广泛的威胁。为支持 EP-
PA 立法，一位测谎反对者在国会作证说：

> 在我看来，测谎测试是对人类的阴暗心理的审查，违反了最基本的人
> 权。它提供一种游览人类心灵最隐秘处的交通工具。即使测谎仪是可靠的，
> 也没有理由允许这种"心理窃听"存在……将它用在联邦雇员和求职者身
> 上尤其令人反感，应该立即停止——今天就停止。

从 20 世纪 50 年代起，美国公民自由联盟（American Civil Liberties Union）
就一直反对测谎技术。联盟的负责人之一 Jay Stanley 批判说："测谎的根本问题
在于人的内在精神状态和外部刺激因素之间确实不存在必然可靠的联系……自
20 世纪 70 年代以来，我们就一直在强调，即使测谎仪的可靠性达到一定水平，
或者有更为准确的测谎技术出现，我们仍然会坚定我们的态度，因为它违反了保
障公民自由的基本原则，这一点我们无法接受。"直到最近（2012 年），美国公
民自由联盟和 Stanley 仍在呼吁限制测谎仪的使用，因为"在我们看来，利用技
术窥视人心的做法违反了（美国宪法）第四和第五修正案，也是对人类尊严的
严重侮辱。"

此外，在很多反对者看来，所有测谎仪都会引起严重的隐私问题。《哈佛法
律评论》（*Harvard Law Review*）上有篇文章主张，法律应该赋予个人权利来决定

"哪些是（他们）应向公众提供的"。而测谎仪给这种个人自主权带来了严重的威胁，从而侵犯了个人的隐私、完整性和尊严。因为测谎仪的根本目的是侵入个人"内在的、秘密的、私人的和无形的思想"来追求"真相"。

1965 年，美国众议院发表了一个谴责性的审查结果："根本就没有真正的测谎仪……人们被一个所谓'测谎师可以识别真假'的神话骗了"。这一说法在很长时间内都是美国众议院对测谎仪的基本立场，最终导致了 EPPA 的立法，主要是限制测谎仪的使用。

第二节　以国家安全之名

1988 年，美国颁布了 EPPA 以阻止测谎技术在美国社会日渐泛滥的趋势，但学者认为，这一条例的颁布和实施的结果反而使测谎测试在政府内得到了更为广泛的应用。因为，EPPA 虽然限制了大多数工作场所中的测谎测试，但它允许某些例外，例如，在政府机构、安全相关工作或特定的商业领域（如护卫公司、军事合同等）中使用测谎技术。此外，在特定的情况下，如调查与盗窃、暴力行为或特定类型的财务欺诈等直接相关的事件，雇主也可以要求使用测谎仪。总之，EPPA 的言下之意就是政府机构可以使用测谎仪。这直接导致在美国政府内部，测谎仪的使用不减反增。

Horvath 就在 1993 年通过一项对 600 个大城市警察部门的调查发现，每年有超过 67 000 名人员在申请警察职位时接受了测谎测试，其中有 22% 的人因为测谎测试结果不理想而没能最终申请成功。在联邦政府中，大约有 24 家机构都有例行的测谎测试，其中包括 CIA、DoD、FBI、国土安全局、美国陆军（U. S. Army）、美国空军（U. S. Air Force）[1]。这些政府机构的相关雇员被迫接受各种定期安全审查测谎。仅在 2002 年，美国政府就强制施行了 11 500 次针对政府雇员的人事测谎。其中，CIA 是使用测谎仪最频繁的部门。

一、CIA

很多时候，我们确实会忧虑测谎测试对个人隐私和人类的威胁，但是在国家安全面前，这些都会被忽视。事实上，世界上第一次测谎测试并不是 Larson 在伯克利警察局所做的尝试。一战期间，为了保护国家安全，美国著名科学家创立了

---

〔1〕 Horvath, F., "Polygraphic Screening of Candidates for Police Work in Large Police Agencies in the U-nited States: A Survey of Practices, Policies, and Evaluative Comments", *American Journal of Police*, 1993, 12 (4), pp. 67-86.

NRC。这些科学家寻找各种科学技术来帮助自己的国家，特别是军队。因此他们找来了 Marston，让他开展以国家安全为目的的测谎测试尝试。当时最著名的心理学家 Edward Thorndike 审查了 Marston 的早期在哈佛的测谎实验，"仍然对他（Marston）的结果有些疑虑"，但国家紧急状态很重要，它帮助克服了怀疑，最后认为测谎技术应该得到"一个真正的尝试"的机会。自此，测谎和国家安全就被联系起来。有趣的是：**测谎和国家安全都与真正的恐惧有关，害怕被发现有罪或害怕外敌威胁。**

二战以后，美国与苏联的情报战更加激烈了，1947 年，美国成立了世界上最公开的情报组织 CIA。它先创建了自己的安全审查方法。这一方法最好能完成两个任务：反间谍和常规安全审查。前者用来发现潜在的国外间谍，后者则是为了发现自己的特工被策反。当时的美国陆军向 CIA 推荐了测谎仪。CIA 通过审查认为："只要测谎测试程序处理恰当，不会侵犯他人的隐私，因此 CIA 雇员不会反感此项技术。"与此同时 CIA 派出了两名特工到 Keeler 那里学习测谎，而其中之一就是 Backster。所以，大概从 1948 年开始，CIA 就正式使用测谎仪，最初是针对敌方间谍，不久后就扩大到自己人身上，"外派海外的 CIA 特工在离境之前以及回国之后都要接受测谎测试"。

从 1950 年开始，麦卡锡主义抬头，美国很多人怀疑自己的情报机构被外国特工严重渗透。这时候，就如 Neil Postman 所说的：**机器可以帮助消除复杂性、怀疑和歧义。**当时的总统办公室要求 CIA 成为"一种积极的、秘密的、心理和政治结合的、准军事的组织"，为了高效、安全地完成国家安全任务，可以"使用更有效、更独特的手段，必要时对自己人可以比对敌人更无情"。于是，测谎仪成为了 CIA 捍卫美国情报的安全性和完整性的核心工具。

随后，CIA 开始要求新特工在入职之前接受雇前测谎，并且在入职后接受例行安全审查测谎（如 2 年 1 次）。但这样的测谎同样经历了合法性危机，但它挺过来了。

首先是以"国家安全"的名义。1955 年美国的一项内部调查显示，一段时间以来，所有为 CIA 工作的人都被要求接受测谎测试。在 20 000 多个人中只有 6 位不愿意接受测谎。调查人员感叹道："我们的员工都意识到这种不合常理的要求的必要性。鉴于本机构的工作敏感性，采取最严格的安全预防措施，是符合国家利益的。他们的合作意志和牺牲精神令人振奋。"

可见，CIA 为测谎的合法性找到了第二个理由，那就是"自愿原则"。有了这种"自愿"作为前提，反对的声音确实会少很多。为了让这种"自愿"表达更正式化，CIA 还设计了专门的"自愿"接受测谎的知情同意书。当个人在申请

CIA 工作时，需要签署一份表格。在表格上，个人表示："我（签名处）已被告知我根据宪法享有的权利，我要做什么是由我的自由意志决定的，没有任何强迫、胁迫、奖励承诺或豁免权，同意接受 CIA 官员的调查询问，在此期间我将参加测谎测试。"个人只有在表格的横线处签上自己的名字表示同意，才有可能申请到这份 CIA 的工作。同样，CIA 现有员工也要签署此类的测谎知情同意书，"CIA 使用测谎测试作为例行审查"，并且"对于每位员工，CIA 将不定时地要求其参加测谎测试"。

最终，CIA 关于测谎仪的使用规则被固定下来。首先，测谎变成"例行公事"；其次，CIA 员工或特工接受测谎都是"自愿的"。当冷战结束时，测谎仪已完全嵌入了 CIA 的安全程序中。据说在 CIA 内部流传着一句俏皮话："我们只相信上帝；至于其他人，我们交给测谎仪去处理。"可见测谎测试的滥用之严重且无法拒绝之无奈。EPPA 的出台对 CIA 内部的测谎仪使用没有产生多大的影响，反而在"9·11"事件后出现了一个发展的新高潮。《拜见岳父大人》中的岳父就是一名退休的 CIA 测谎师，而剧中特意透露的其职业生涯的高光时刻正是在"9·11"后的反恐战争时期。这也许也是一个映射现实的电影桥段。

这样做的效果是立竿见影的，CIA 确实通过测谎找到了情报系统中的"背叛者"。其中最具代表性的例子是 Harold Nicholson。Nicholson 早期在陆军情报部门任职，1980 年加入 CIA，随后一直在海外多个地方从事间谍工作。1992 年他被调派至马来西亚担任 CIA 驻当地办事处副主任，1994 年回国到 CIA 总部的反恐中心任高级官员。1996 年，Nicholson 在例行的测谎测试中出现异常。在回答"你是在为外国情报机构工作吗？"时他出现了多次的深呼吸。为了进一步确认，CIA 又对他进行了两次额外的测谎测试，但都没有通过。

Nicholson 后来承认自己背叛了 CIA，向俄罗斯出卖情报。不过理由有点匪夷所思，因为他与妻子离婚后独自养育 3 名孩子，在马来西亚工作期间他希望住进一座带游泳池的大房子，但 CIA 没有同意。他非常不满，也想给孩子更好的生活，所以通过出卖情报来获得金钱。而更匪夷所思的是，在他因间谍罪定罪服刑期间，还能继续通过自己的儿子（最早传递情报时只有 12 岁）向俄罗斯出卖情报挣钱。所以，Nicholson 是美国历史上第一个因间谍罪入狱并在服刑期间继续从事间谍活动的 CIA 特工（美国司法部评价）。同时他也是美国有史以来因为外国势力从事间谍活动而被定罪的最高级别的 CIA 官员。

当然，测谎仪在 CIA 的使用中也有不少失败的例子。但内部的检讨结论反而认为要进一步强化测谎仪的使用。因为将错误归结于"过于依赖测谎仪，这导致很多测谎师超负荷工作，而没有得到充分的培训"。这让 CIA 加大了对测谎测试的规范化。其中之一就是要求对现有所有员工一视同仁，并且随机进行测谎测试。按照 CIA 的说法就是，为测谎制定一套中立的、规范的、科学的测试程序，会让测谎仪对国家安全做出更大贡献。但 CIA 的对外说法还是淡化了测谎仪的作用："测谎仪只是调查的'辅助工具'而不是'谎言探测器'"。

二、能源部

测谎仪变得越流行，反对它的声音就越激烈。这可能是因为测谎仪的使用往往会妨碍当事人的利益。想象一下，你本来满怀希望地想当一名警察，但最后却因为没有通过测谎而失败。你觉得测谎失败并不是真的因为你有什么前科，而是测谎仪弄错了。你自然对它怨气满满，自己的命运被一个小小的盒子决定，"太不公平了"。

因为测谎而影响正常工作的还有一个特殊群体——美国能源部的科学家们。1983 年，DoD 出台了测谎仪规章（5210.48），总统也签发了第 84 号国家安全决策指令（NSDD-84），授权使用测谎仪测试对各部门、军人和承包商中涉及高度机密信息的人员进行不定期安全审查。能源部下属有 3 个最著名的实验室：劳伦斯·利佛莫尔、洛斯·阿拉莫斯和桑地亚国家实验室，它们负责高度敏感的核武器设计和其他国家安全相关技术。比如原子弹之父 Robert Oppenheimer 出自洛斯·阿拉莫斯实验室。所以出于国家安全的需要，1999 年以后能源部及下属机构都有常规的人事筛选测谎，这遭到了实验室的科学家们的强烈反对。他在各种媒体上撰写文章痛陈测谎仪的不科学和对人权的侵犯，也有一些科学家因为受到能源部的压力而被迫辞职。这些事件使测谎仪不断陷入争论的漩涡，而这一漩涡似乎变得越来越大，不知何时才能停止。

对这些科学家的反对者来说，如果要指出对方的问题，最擅长的领域就是质疑对方的科学性。他们致力于证明测谎技术其实是一门"伪科学"（Pseudoscience）。Pseudoscience 一词由一个希腊词根 Pseudo 和一个拉丁词根 Scientia 组成。Pseudo 对应英文为 False，Scientia 对应英文为 Science。故 Pseudoscience 在我国一般译为"伪科学"或"疑似科学"。关于伪科学的定义是有争议的，通常定义为：任何经宣称为科学，或描述方式看起来像科学，但实际上并不符合科学方法基本要求的知识，缺乏支持证据，经不起可信性测试，或缺乏科学形式，或缺乏科学地位。而垃圾科学通常用来指那些伪科学、未经严格验证的研究或以科学名义传播的误导性结论。美国著名的临床心理学家和心理科学家 Richard Mcnally 认为"词汇'伪科学'已经成了煽动性的流行词汇，是在媒体上攻击对手用的……为自己的发明做广告时，我们没必要花时间来确认他们的发明是否在伪科学上达标。其实，我们应该果断一些：你怎么知道你的发明能起作用？你的证据何在?"

PDD 反对者常常会提到一个戏剧性的例子作为证据,来说明测谎其实是一场骗局。1986 年,哥伦比亚广播公司(Columbia Broadcasting System,CBS)的王牌电视节目"60 分钟"邀请了 4 名测谎师(他们分别来自 4 家不同的测谎公司),来帮助解决公司出现的内盗问题。当测谎师到达时,CBS 的一名负责人接待了他们。随后负责人向测谎师介绍了大致案情:一台贵重相机及镜头失窃,只有 4 名员工可以使用这一设备。所以,一定是 4 名员工中的某一个人盗走的。负责人还告诉测谎师自己觉得某位员工最有可能,但苦于没有证据,所以需要测谎。实际上,没有盗窃案发生,这是一场骗局。4 名测谎师分别在不同的时间到达 CBS,互相完全不知道还有其他测谎师参与。而负责人对每名测谎师的说法几乎一样,只是所谓的"头号怀疑对象"每次都是不同的人名。而被测的 4 名员工被告知在测谎中否认偷了任何相机(即说实话)。作为激励,他们如果成功通过测谎,每人将获得 50 美元。结果,4 名测谎师在实施测试后都确定了一名"真正的作案人",而且都与事先负责人的"头号怀疑对象"一致。反对者用这个生动的例子来说明测谎有多么不靠谱,以及测谎师的偏见对测谎结果的影响有多大。

三、间谍测谎测试 TES

虽然围绕着测谎安全审查的争议不断,但 PDD 在这一领域的实践却取得了实质性的进步及明显的规范化,目前已经发展出了比较成熟的、标准化的用于识别间谍的测谎测试——间谍和破坏行为测试(Test For Espionage and Sabotage,简称 TES)。与一般的测谎测试不同,间谍测谎测试 TES 只能由 FBI、CIA 等机构的测谎师进行。而且这些测谎师也都是经过专门的间谍测谎测试培训的。

间谍测谎测试 TES 主要采用的是 CQT,所以一般都只针对某一主题,如泄露机密信息。编题示例如表 15-1:

表 15-1 间谍测谎测试的格式示例

题号	问题类型	问题
1	不相关问题(I)	你的名字是叫杰克吗?
2	不相关问题(I)	你现在是身处汉密尔顿大楼吗?
3	牺牲相关问题(Sr)	对于安全相关的问题,你是否打算如实回答?
4	对照问题(C)	你是否曾拿过任何政府的东西供你个人使用?

续表

题号	问题类型	问题
5	相关问题（R）	你是否有故意错误处理过任何机密信息？
6	相关问题（R）	你是否故意未能妥善处理任何机密信息？
7	对照问题（C）	你是否曾对你的前任主管撒过谎？
8	相关问题（R）	你是否有故意错误处理过任何机密信息？
9	相关问题（R）	你是否故意未能妥善处理任何机密信息？
10	对照问题（C）	你是否曾拿过任何政府的东西供你个人使用？
11	相关问题（R）	你是否有故意错误处理过任何机密信息？
12	相关问题（R）	你是否故意未能妥善处理任何机密信息？
13	对照问题（C）	你是否曾对你的前任主管撒过谎？

第三节　科学还是伪科学？

从能源部的科学家们介入这场争议开始，围绕 PDD 的讨论，开始聚焦于它"是科学还是伪科学？"其中最直接的就是 NRC 的调查。

一、NRC 调查报告

为了回应来自科学家的强烈质疑，能源部委托美国国家科学院的下属机构 NRC"审查测谎仪的科学证据"。该审查项目由卡内基梅隆大学统计学教授领导，历时 19 个月，耗费 86 万美元，于 2003 年发表了题为《测谎仪与测谎技术》（*The Polygraph and Lie Detection*）的研究报告。这份报告对测谎技术的理论发展进行了最严厉的批评。NRC 指出：**近一个世纪的科学心理学和生理学研究几乎没有为测谎技术提供任何可靠的理论基础**。比如测谎仪的皮电指标究竟测的是什么？一直没有确切的答案。"**心理生理反应与试图说谎的心理状态之间并没有建立起紧密的联系**"，没有理论可以确定某种心理生理反应的出现是因为"**试图说谎**"的心理状态而非其他心理状态导致的。

该报告还排除了通过技术进步改善这些问题的可能性。如果只是改进目前这些生理指标，那么测谎仪的准确性很难真正提高，因为这些指标和说谎（或欺骗）没有直接的联系，可以说目前测谎仪的理论基础是不科学的。

不过值得注意的是，NRC 的报告对测谎技术的描述也有好的一面，因为它用非常翔实的数据证明，在未受过反测谎训练的人群中，测谎测试可以在一定程度上区分说谎和说实话，虽然不够完美，但高于 50% 的几率水平。NRC 选取的 57 项研究都是针对**人事筛选测谎**准确率的。研究结果发现，实验室研究获得的准确性指标 A 在 0.81-0.91 之间；而现场研究获得的准确性指标 A 则在 0.71-0.99 之间。根据前述有关指标 A 的判断标准（参见第十章）可见，**人事筛选测谎的准确性在中等以及中等以上**。也就是证明测谎不是"蒙眼为驴子安尾巴"，准确性是确实存在的。

二、准确率

NRC 的报告以及稍早的 Daubert 案让争论的双方意识到，如果要证明 PDD 的科学性和可靠性，最关键的是在数量和质量足以符合统计学要求的样本基础上获得的准确率如何。那么，PDD 测试的准确率是多少呢？这本身也是一场尚未解决的大论战。我们将这些一一列举出来，让大家做一个参考。

1. 测谎先锋声称的准确率

最早报告测谎准确率的是那些测谎仪的发明者，他们所宣称的准确率大多是接近 100%。例如 Benussi 的研究结论就是，如果排除反测谎行为的干扰，他所提出的通过呼吸测谎的准确率可达 100%。1936 年，Summers 神父利用皮电进行测谎，在大约 6000 人次的实验室研究和 50 例真实案件测谎的数据上，宣称获得了 98%~100% 准确率。Marston 在不同的场合给出的准确率不尽相同，但大致在 95%~100% 之间。Keeler 和 Reid 则更客观一点，他们给出的准确率大约在 70%~90%。需要特别指出的是，在 1935 年一次法庭听证会上，Keeler 被问及测谎仪的准确率情况。他坦诚道，"**我不想给出这个概率，因为对一个人定罪不能依靠这些历史性的数据**。"这是一个特别专业，也特别值得推荐的回答。同样是在法庭听证会上作证，Reid 则报告说，在分析了 35 000 例测谎测试结果后发现，对于那些经验丰富的测谎师来说，其测谎准确率能超过 91%。

2. 权威部门报告的准确率

但随着反对使用测谎仪的声音越来越多，关于测谎准确率的说法"画风大变"。根据 Iacono 和 Patrick（1987）[1] 的说法，1987 年以前关于测谎准确率的研究结论呈现两种完全对立的立场。一方是测谎技术的拥趸发表在传统警察期刊上的研究，其报告的准确率较高（总体准确率大概为 90%）。另一方是发表在接

〔1〕 Iacono, W. G. & Patrick, C. J., "What Psychologists should Know about Lie Detection", in AK Hess & IB Weiner (Eds.), *Handbook of Forensic Psychology*, John Wiley, 1987.

受同侪审查的学术期刊（Peer Reviewed Scientific Journal）上的研究，所报告的准确性较低（对无辜者的认定准确率平均为 57%，而对有罪者的认定准确率平均为 76%）。

而在这种两极化的争论中，来自权威部门的准确率数据更值得参考。除了相关判例、法律法规以外，还有各种版本的评估报告相继出炉。在美国出现的各版本的评估报告包括前述的 OTA 的 1983 年技术评估报告《心理生理测谎的科学效度：研究综述与评估》（*Scientific Validity of Polygraph Testing：A Research Review and Evaluation*）、2000 年 DoD 的《国防部助理部长办公室心理生理测谎国会年度报告》（*Annual Polygraph Report To Congress By The Office of The Assistant Secretary of Defense*）、美国国家科学院的下属机构 NRC 于 2003 年发表的研究报告《多导测谎仪与测谎》（*The Polygraph and Lie Detection*）[1]。而在英国，从 1986 年开始到 2004 年，英国心理学会陆续发布了 6 版的评估报告。其中有些专门针对准确率做出了调查和研究。

1983 年，OTA 在应美国众议院政府工作常设委员会（The Committee of Government Operation，U. S. House of Representatives）的正式要求得出的评估报告《Polygraph 测谎的科学效度》[2]中，从以往的关于测谎准确率的研究中选择了最有价值的 10 项研究进行元分析（Meta-Analyses）。其结果为：对于有罪者，测谎准确率为 88%，错误率为 10%，无法判断为 2%；而对于无辜者，准确率 78%，错误率 20%，无法判断 2%。简而言之，认定有罪的准确率是 90%，排除无辜的准确率是 80%，平均下来的**整体准确率是 85%**。OTA 认为，尽管测谎的准确率还达不到理想的水平，但远远大于那些批评者所说的准确率。而且 OTA 还认为，在实践中，如果测谎师得到足够的训练，有更丰富的经验，那么测谎的准确率将会大于 85%。

1996 年，美国测谎学会 APA 发表了一篇文章《Polygraph 测谎技术的问与答》（*Polygraph：Issues and Answers*）[3]。对于最常被问到的问题：“它的准确率是多少？”APA 回答道：“在过去的 75 年间，有超过 250 篇研究提及了测谎准确率，这些研究的数据显示，如果测谎师合格，测试程序恰当，Polygraph 测谎的

〔1〕 NRC，The polygraph and lie detection，*Committee to review the scientific evidence on the polygraph*，*Division of behavioral and social sciences education*，The National Academies Press，Washington，DC，2003.

〔2〕 Office of Technology Assessmen，*Scientific Validity of Polygraph Testing：A Research Review and Evaluation-A Technical Memorandum*，Rep. TM-H-15.，U. S. Congress：Office of Technology Assessment，1983.

〔3〕 American Polygraph Association，*Polygraph：Issues and answers. Severna Park*，American Polygraph Association，1996.

准确率应介于85%至95%之间。"85%~95%的准确率，如果平均一下就是90%。这就是我们经常看到"**美国测谎学会APA（或测谎权威机构）给出的测谎准确率是90%**"说法的出处。

1997年，当时顶尖的测谎专家Honts和Peterson应美国最高法院的要求提交了他们关于测谎准确率的报告。他们在9项研究数据的基础上，报告说认定有罪的准确率是90%，排除无辜的准确率为91%。此外，他们还特别说明了这个准确率只是针对CQT而言的。

而上述的2003年NRC的报告所报告的准确率，如果平均下来大约**在0.86**。不过要再次强调，这里的准确率与前面那些报告的准确率并不一样，它是ROC准确性指标A（AUC）。换句话说，这个准确率数字与我们熟悉的准确率不是相同的概念，它的准确率偏高。所以，有一些人认为NRC调查所的数据证明PDD准确性很高，这其实是一种误读。这个数字0.86只是中等和中等偏上的准确性的概念。而这也是最新的来自官方大规模审查的准确率。并且，与以往不同，这一准确率还包括了以前从未公开过的DoD的测谎数据。国家研究委员会NRC最后给出的结论如下：

> 尽管测谎的准确率远低于完美，但在有些情况下（如编题恰当、被试没有使用反测谎对抗等）测谎仪识别真话和假话的准确率远高于50%的几率水平（即50%的瞎猜水平）；但测谎仪的准确性其实是难以评估的，并且可能因不同的应用领域（如用于犯罪调查与用于安全审查）而有很大差异。而所有的准确率都是来自特定的领域（如犯罪调查），将它们简单概括起来代表整个测谎的准确性是不合理的。

所以，事实上，"**测谎的准确率**"这种说法本身就不对。当一些具体的准确率数字出现时，如80%、90%、0.86，它只是一个参考数字。具体到不同案件、不同编题技术、不同情景……准确率数字可能完全不同。

3. 同侪审查研究中的准确率

从2003年国家研究委员会NRC的报告以后，到目前为止，还没有新的政府层面的大规模准确率调查研究发布。但有不少的研究者进行了个人的调查研究。实际上，随着研究经验的积累，特别是Iacono和Patrick在1987年对PDD准确率研究方法的深入探讨后，近年来相关的研究水平大有提升，且多数发表在同侪审查期刊上。2004 年，Masip 等人[1]对这些研究进行元分析后总结到：对于对照问题测试法 CQT，认定有罪者的准确率介于 80%~90% 之间；而排除无辜者的准确率介于 53%~93% 之间。而对于 CIT，认定有罪者的准确率大于 80%，排除无辜者的准确率则大于 90%。

但这样的数据也并不准确，因为模拟犯罪情境（Mock Crime Scenario）与真实犯罪（Real Crime）之间，CIT 和 CQT 之间的差异本身都会导致准确率产生差异。为了更好地理解 PDD 测试的准确率，我们将按照不同的条件列出 1995 年后的有关 PDD 测试准确率的数据（表 15-2）：

表 15-2　PDD 测试准确率（来自 1995 年以后的各项研究数据）

	有罪情景			无罪情景		
	有罪 (%)	无罪 (%)	没有结论 (%)	有罪 (%)	无罪 (%)	没有结论 (%)
CQT 实验室研究						
Honts（1995）（n=8）	77	10	13	8	84	8
Bradley 等人（1996）	60	10	30	10	80	10
Horowitz 等人（1997）	53	20	27	13	80	7
Raskin&Honts（2002，n=11）	80	8	12	8	84	8
Honts（2004，n=11）	82	7	11	10	83	7
CQT 现场研究						
Honts（1996）	71	5	24	0	82	18
Iacono & Patrick（1997，n=10）	84	–	–	–	56	–
Lykken（1998，n=4）	86	–	–	–	61	–
Carroll（1999，n=3）	83	17	–	47	53	–
Raskin&Honts（2002，n=4）	89	1	10	12	59	29

　[1]　Masip, Jaume, Eugenio Garrido and Carmen Herrero, "The Nonverbal Approach to the Detetion of Deception: Judgemental Accuracy", *Psychology in Spain*, 2004, 8 (1), pp. 48-59.

续表

	有罪情景			无罪情景		
CIT 实验室研究						
Honts（1995）（n=5）	86	14	–	1	99	–
Elaad（1997）	76	24	–	0	100	–
Elaad（1998，n=5）	81	19	–	4	96	–
Lykken（1998，n=8）	88	12	–	3	97	–
Ekman（2001，n=6）	78	22	–	5	95	–
MacLaren（2001，n=22）	76	24	–	17	83	–

说明：n=回顾的研究数，有些研究没有 n，则不属于回顾性研究；1995 年后没有 CIT 现场研究的报告；"–"代表没有这方面的数据报告。

可见，不同条件下准确率数值差异非常大，有的高达 100%，有的几乎在平均水平，只有 53%。所以，关于 PDD 测试的准确率，主流的共识是：**笼统地给出测谎的准确率是不科学的**。但如果一定要给出一个准确率数值（虽然这种说法并不对），80%～90% 是一个比较主流且比较客观的数据。

三、打败测谎仪

而对 PDD 的反对者来说，上述各类研究所报告的准确率都不可信。他们将测谎结论的准确率比喻成"蒙眼为驴子安尾巴"的游戏，即墙上事先画着一头没有尾巴的驴子，然后让人蒙上眼睛，拿着画好的"尾巴"为其安上。这个比喻的寓意十分明显：将测谎结论作为证明案件事实的证据，即使是准确的，也是"蒙上"的，更何况这种"蒙上"的概率是很低的（Citro，2000）。所以，他们致力于证明测谎技术其实是一门"伪科学"。特别是当 PDD 被用在自己身上时，越来越多的科学家出来指责："测谎其实并不科学，它只是假冒'科学'身份的'伪科学'"，并积极反对测谎仪的使用，认为它应该被禁止"（Lykken，1984）。

这些科学家提出的最重要的理由就是，若以"可证伪性"为标准，测谎技术很容易被归为"伪科学"。因为已有的一些案例和研究已经表明，只要经过反测谎训练，人们可能会非常有效地打败测谎仪。其中最常被用来举例的是著名的双面间谍案——Ames 案。

1. Ames 案

Ames 全名 Aldrich Ames，作为前 CIA 特工，多年来（大约从 1985 年开始到

1997 年被起诉）为苏联窃取情报，并导致了至少 100 名 CIA 特工的暴露和至少 10 名特工被执行死刑。在这些年中，Ames 接受了多次例行的 CIA 安全审查测谎，但每次都可以打败测谎仪。这确实是个奇迹，让进行调查的 CIA、FBI 以及测谎师都觉得很丢脸。媒体和公众都很想知道，Ames 是如何做到的。媒体到监狱采访 Ames 并问到这个问题的，Ames 表示，他原本很担心因为 CIA 的例行安全审查测谎让自己暴露，而他的克格勃接头人 Viktor Cherkashin 则嘲笑他是不必要的担心，让他尽管放心地接受测谎，因为测谎仪就是一堆电子垃圾，根本不起作用。然而，这一说法受到包括 APA 在内的业内人士的质疑，认为测谎仪其实很难被这么简单地打败。而 Ames 之所以这么说，是为了不想让法庭认为他为了掩盖罪行接受过专业的"反测谎"训练，因为承认这些可能会加重他的刑罚。

后来，Ames 的克格勃接头人 Cherkashin 在接受英国的《星期日泰晤士报》的访谈中解释了他如何帮助了 Ames 打败测谎仪。Cherkashin 曾经安排了 Ames 和一位俄国外交官之间的午餐。令 Ames 吃惊的是，Cherkashin 自己也参加了午餐。Cherkashin 是有意的，他知道 CIA 经常让它的特工接受例行安全审查测谎，而且也知道 Ames 会被问到如"你最近是否和克格勃官员有非官方的接触"等问题。如果 Ames 和克格勃官员们之间的接触是秘密的，回答这个问题的时候就必须说谎。但因为这次午餐见面，Ames 不再需要对这件事说谎，他可以放心地说他和克格勃有接触。最终以这样的方式通过了测谎。

此外，还有一些测谎专家研究了 Ames 所有的测谎数据后发现，事实上，Ames 的数据至少有两次测试是出现了异常的。但当时的 CIA 测谎师却给出了错误的解释。因为 Ames 在 CIA 的名声并不好，他生活奢侈，与他的薪水完全不符。但 Ames 对外的解释是他有一位富有的妻子。所以，当 Ames 在个别测谎问题上出现异常时，测谎师将其解释为"Ames 担心自己的神秘财富问题会影响到工作"。所以，并不是测谎仪有问题，而是测谎师有问题——不合格。

2. Fay 案

除了 Ames 案，反对者也常会引用另一个反测谎成功的例子，来证明测谎技术的不科学，那就是 Floyd Fay 案例。按照 Fay 自己的说法，在一次武装抢劫后，一名生命垂危的被害人指认 Fay 是向他开枪的抢劫犯，于是 Fay 被捕。但除了这一指认，检方缺乏任何其他的证据证明 Fay 是凶手。于是检方与 Fay 达成了一份认罪协商。即 Fay 同意接受两次测谎测试，如果第一次测谎他通过了，则无罪释放。如果第一次没有通过，他还有机会接受第二次测谎测试。如果第二次测谎测试他仍然没有通过，Fay 将对较轻的谋杀罪供认不讳。如果他拒绝这样做，他将被指控犯有严重谋杀罪，而且测谎结果也将被作为证据提交给法庭。不幸的是，两次测谎 Fay 都没有通过，但他仍坚持自己无罪，最后被判犯有谋杀重罪，处无期徒刑。但是 2 年后，另一名男子公开承认自己才是真正的凶手，Fay 被释放。

Fay 在被错误监禁的两年多时间里，自学了测谎技术。因为他认为自己被测谎仪错误认定有罪，测谎仪根本就不准确。他要向世人证明测谎仪是可以被打败的，特别是在被试经过反测谎训练后。他对 27 名同监的犯人进行训练（这些人都自愿地对他承认自己是有罪的），让他们学会如何反测谎。经过仅仅 20 分钟的指导，27 名犯人中有 23 名成功地打败了测谎仪（Ford，2006）[1]。

3. 反测谎

无论 Ames 还是 Fay，都使用了一些技术或方法来打败测谎仪，我们将这些技术或方法称为"反测谎"（Countermeasure）。Honts 和 Amato（2002）[2] 将其定义为"任何想改变测谎结果的做法"。可见，反测谎的方式、方法是非常多的，为了提高对其认识的有效性，Krapohl（1996）[3] 对 PDD 的反测谎行为以及有效性进行了颇具价值的分类工作。主要分为以下三大类：

（1）药物反测谎（Pharmacological Countermeasures）：被试通过服用药物或酒精改变某项生理指标或整个唤醒水平来反测谎。

（2）心理反测谎（Mental Countermeasures）：被试通过对注意、记忆、情绪、认知或唤醒水平的自我操作来试图影响测谎仪记录的生理数据。如前述 Honts 和同事的研究（1994），所采用的心理反测谎方法就是让被试在测试过程中从 7 开始倒数，以此达到减少被试对问题本身的注意水平。此外，还有个更专业的方法，就是通过自我暗示，将无关问题变成有意义的问题（即相关问题），从而干扰测试测谎的假设基础。比如激励测试中，被试实际抽到的是数字 5，但不停暗示自己抽到的是 2。

（3）身体反测谎（Physical Countermeasures）：被试通过身体动作来试图影响测谎仪记录的生理数据。如控制呼吸，坐立不安，等等。这些身体反测谎方式是直接通过动作来影响生理指标的，因此又称为"行为反测谎"（Behavior Countermeasures）。与此相对应的，在身体反测谎中还有一种亚类型，被试通过身体动作影响心理状态，从而再影响到生理状态，这就是疼痛反测谎，如咬舌尖，绷脚

〔1〕　Ford E. B., "Lie Detection: Historical, Neuropsychiatric and Legal Dimensions", *International Journal Of Law and Psychiatry*, 2006, 29（3），pp. 159-177.

〔2〕　Honts, C. R., & Amato, S. L., Countermeasures, in M. Kleiner's（ed.），*Handbook of Polygraph Testing*, Academic Press, 2002, pp. 151-264.

〔3〕　Krapohl, D. J., "A Taxonomy of Polygraph Countermeasures", *Polygraph*, 1996, 25（1），pp. 35-56.

（用脚趾抵压地面）。加拿大学者 Mike Stephenson 和 Glenn Barry（1988）[1] 曾对行为反测谎（身体反测谎）进行了详尽的研究。他们考察了 20 名被试，发现这些被试一共使用了 36 种身体反测谎方法，包括将脚抵住地板、卷曲脚趾、僵直手臂、按压手掌、按压皮电传感器、用手肘抵住椅子扶手，等等。但是身体反测谎的缺点也很明显，被试的动作很容易被发现。

可见，Ames 使用的是心理反测谎方法，而 Fay 可能三种方法都有使用。如果这样的反测谎方法被证明是有效的，可能对 PDD 有着很大的影响，因为它表明 PDD 确实可以轻易被打败，并不符合科学性。

Reid 和 Inbau（1977）似乎并不关心反测谎的影响。他们认为在很大程度上反测谎是不可能成功的，因为一名受过适当训练的测谎师会注意到被试正试图愚弄自己。况且还有动作传感器（见前述）可以识别反测谎行为。Lykken（1981）承认这一方法对于那些有经验的测谎师来说是比较有效的："如果测谎师事先知道被试会进行反测谎行为以及反测谎的方法，则被试很难打败测谎仪"。

Abrams 和 Davidson（1988）[2] 则进行了一项研究来评估身体反测谎的效果，并进一步考察了动作传感器（测谎椅）在识别反测谎方面的效力。在这一研究中所使用的动作反测谎方法包括：咬舌尖、僵直下巴、将脚抵住图钉、绷紧臀部。研究结果发现，每一种反测谎方法都至少可以影响一项生理指标（皮电、呼吸或脉搏）。而且，如果排除那些明显的外部动作线索（如上身的运动），测谎师只能觉察到这些反测谎动作的 12%。再加上外部线索以及图谱上的异常变化（如曲线没有任何变化，这可能是被试抑制生理反应的结果）这些参考因素，测谎师最多可以识别出 40% 的反测谎行为。但是，如果借助了动作传感器，对反测谎行为的识别率能达到 92%。因此，Abrams 和 Davidson 强烈建议使用动作传感器，同时他们承认了反测谎行为对测谎结果的影响甚大。一些其他研究也发现了，在那些报告说得到较高测谎准确率的研究中，绝大部分被试是没有使用反测谎措施的（如 Patrick & Iacono，1987；OTA，1983）。

而更重要的是，也是本书一直想表达的：**测谎研究与实践有着根本的不同**。在真实案件测谎中进行反测谎是很困难的，因为很多反测谎方法只能在实验室而不能在现场环境中进行。因此，以上实验室研究发现反测谎的成功率在实验室以

---

〔1〕 Stephenson M, Barry G. , "Use of a motion chair in the detection of physical countermeasures", *Polygraph*, 1988, 17（1）, pp. 21–27.

〔2〕 Abrams S, Davidson M. , "Counter‐countermeasures in polygraph testing", *Polygraph*, 1988, 17（1）, pp. 16–20.

外不可能一样高。APA 认为，一般人很难成功地运用反测谎措施"打败"测谎仪。例如，被试试图通过屏住呼吸反测谎，但他无法在整个测试过程中一直屏住呼吸。又如，在真实杀人案件调查中，被试针对提问的细节有选择地进行反测谎，例如当出现与案件细节符合的问题时采用反测谎措施。那么，这将导致他能很准确地，甚至比侦查人员还准确地依据案情回答问题。而无罪的嫌疑犯则不能系统地使用反测谎，即使他们希望如此，因为他们不知道哪个选项是正确的，哪个选项是错误的（Lykken，1998）。所以反测谎不是帮助有罪者打败测谎仪，反而"不打自招"。

因此，测谎师并不担心被试进行反测谎，反而更关注如何很好地利用它们，以便更好地作出准确的诊断结论。事实上，测谎师更担心的是"精神病态"的被试。

4. 精神病态者

精神病态（Psychopathy）是一种复杂且具有多维度特征的人格障碍，其核心特征包括**情感冷漠、缺乏同情心、高度的操纵性和反社会倾向**。精神病态者通常在社交互动中表现出表面的魅力和自信，但这些特质背后隐藏着对他人情感的漠视和对社会规范的无视。他们往往能够轻易地利用他人以达到自己的目的，且在行为后果上表现出极低的悔恨和罪责感。

在司法上，这类人群虽然只占整个司法人口（Forensic Population）的极少一部分，但是他们可能做了所有犯罪行为中最严重的那些罪行。有时，他们会被称为"反社会人格"罪犯。不过目前学术上认为精神病态与反社会人格是不同的概念。从测谎的角度来看，精神病态者（Psychopath），说谎毫无愧疚之心，善于操控他人，所以往往是一名优秀的"说谎者"。此外，他们情感冷漠，对惩罚无恐惧感，也无罪责感。所以，测谎的理论假设中所涉及的关键概念：如恐惧理论、罪责情结问题、心理定势、动机、唤醒等，精神病态者可能是没有的。故而有学者推论认为，识别一名精神病态者的谎言对 PDD 测试来说是困难的。如 Lykken（1998）就认为，有可能精神病态者在说谎的时候不会被唤醒，不会恐惧或者没有罪责感，这使得识别他们的谎言变得不可能。

但出乎意料的是，Raskin 和 Hare（1978）的研究表明，精神病态者和非精神病态者在 PDD 测试上并没有差异，即精神病态者一样可以测谎。不过 Lykken（1998）认为，基于这个研究就下结论未免太早，因为这个研究有一些问题。为了激励被试，该研究规定那些打败测谎仪的被试可以得到 20 美元的奖励。显然这可能会激励被试，引起唤醒，但它更可能产生说谎的高兴而不是恐惧或罪责感。这可以解释为什么没有发现精神病态者和非精神病态者之间的差异。虽然一名精神病态者比正常人对惩罚较少焦虑，但是没有理由认为精神病态者会对胜利很少感兴趣。因此，精神病态者是否真的比正常人更有能力打败测谎仪，目前仍不清楚。但在实践中，不少测谎师反映说，对精神病态者测谎确实比较困难。而且一些实践标准也会提醒要特别注意这类被试的测试。如 APA 在《Polygraph 测谎技术的问与答》（见前述）中有着这么一句，"支持者宣称该项技术的准确率高达 90%，然而称此项技术一无是处的研究者则强调说，最危险的精神病态者、骗子和间谍就恰恰存在于另外的 10% 里面。"又如前述的 Valdez 案，法官在判决中就曾引用权威意见指出：精神病态者和反社会人格者如同患心脏病一样，会影响测谎结论。

有趣的是，Matte（1996）分析了 Ames 案后，认为 Ames 之所以能多次打败测谎仪，并不是他使用了高超的反测谎方法，而是因为他其实是一名精神病态者。当他在监狱中被问及被他出卖而丧生的 10 名 CIA 同事时，Ames 没有表现出任何内疚或悔恨，这正是精神病态者最核心的表现。这也能解释为什么另一名间谍 Nicholson（见前述）在接受测谎时还曾效仿 Ames 的反测谎方法，但他却失败了。因为他并非和 Ames 一样，是一名精神病态者。当然，这个例子也很好地表明：有时候全局性评估优于数量化评分方法，因为前者会综合考虑被试的精神或人格特点。

第四节　科学光环下的不确定性

一、准确率比较

由前述内容已知，PDD 目前主流的准确率为 80%～90%。按照 OTA 和 NRC 说法，远非完美。但 Widacki 和 Horvath[1] 曾经进行过一项研究，旨在衡量测谎作为定罪工具的有效性，并与笔迹鉴定、目击证人和指纹鉴定三项主流刑事技术进行比较。研究招募了 80 名年龄在 19～24 岁之间的大学生作为被试。这些被试被分为 20 组，每组 4 人。其中 10 组全为男性，9 组全为女性，1 组为两男两女。在每组中，随机指定一名被试扮演模拟犯罪中的犯罪人角色，其余三人为无辜嫌疑人。所有被试都接受了 PDD 测试，具体使用的测试技术为 CQT。同时，在模拟犯罪中，研究还获得了笔迹、指纹以及被试照片等信息，并请指纹鉴定专家、

---

〔1〕 Widacki, J., & Horvath, F., "An experimental investigation of the relative validity and utility of the polygraph technique and three other common methods of criminal identification", *Journal of Forensic Sciences*, 1978, 23（3）, pp.596-601.

笔迹鉴定专家、目击证人来识别犯罪人。研究人员没有讨论各项技术的优缺点，而是直接列出了如表 15-3 的结果：

表 15-3 测谎与其他刑事技术准确性比较（Widacki 和 Harvath，1978）

	正确	错误	无结论
测谎（Polygraph）	18	1	1
笔迹（Handwriting）	17	1	2
目击证人（Eyewitness）	7	4	9
指纹（Fingerprints）	4	0	16

可以看出，测谎技术与笔迹鉴定、目击证人和指纹鉴定相比，准确率并不差。特别是与目击证人相比，在可靠性上明显更高。不过这个研究本身有一些问题，并不能完全反映真实情况。首先，研究者自己也承认，研究使用的是实验室方法，可能与现实情况不完全相同，实践中可能存在人们更愿意相信专家鉴定的偏差倾向。此外，这个研究只讨论了 CQT，而 CQT 并不能完全代表 PDD 技术的全貌。更大问题是，本研究中所谓的"专家"缺少资质作为背书，其鉴定水平存疑。

基于以上这些问题，Elaad（1999）[1] 进行了改进。研究旨在"评估 COT 和 GKT 测谎测试与其他常见刑事技术的准确性"，并与以色列警方合作，以增加上一个研究所缺乏的现场条件。每个案件都有 2~6 名嫌疑人，而犯罪人人数分别为 0、1 或 2，以防止专家估计利用基础概率来影响决策标准。研究包括了 81 名男性被试，分为两组，有罪组 25 名，无辜组 56 名。所有被试都接受 PDD 测谎，且使用了两种测试技术，分别为 CQT 和 GKT。研究鼓励被试打败测谎仪，如果成功就会获得奖励。此外，研究人员还要求被试在提供语音和笔迹时，需要同时提供正常的和变形的（即对自己的声音和笔迹进行伪装或变造）。其他刑事技术（指纹、笔迹和语音样本）均在以色列警察的各个法医实验室进行鉴定。研究者最后报告了正确识别 25 名犯罪人的结果（表 15-4）：

---

〔1〕 Elaad E.，"The Control Question Technique: A search for improved decision rules"，*Polygraph*，1999，28，pp. 65-73.

表 15-4　测谎与其他刑事技术准确性比较（Elaad，1999）

测谎	CQT	10（40%）
	GKT	19（76%）
指纹		19（76%）
语音	正常的	11（92%）
	变形的	10（77%）
笔迹	正常的	13（100%）
	变形的	9（69%）
目击证人	列队辨认	17（68%）

这个结果与上个研究呈现了明显的差异。CQT 表现欠佳，但是 GKT 在被试试图欺骗他人（如伪装语音和笔迹）场合下，表现出了和传统刑事技术一样的有效性。不过这个研究还不是完全的现场研究，其生态效度也非完美。而 Light 和 Schwartz（1993）[1] 的研究则是完全的现场研究，因为它的研究数据来自 1990 年下半年美国陆军刑事调查司令部进行的 920 起重罪调查中涉及的 1069 次刑事技术调查结果。研究选取了包括 PDD 测谎在内的 8 种主要的刑事技术。其中 584 例（55%）使用了各种传统的刑事技术，485 例（45%）使用了测谎仪。测谎仪为调查人员提供了 432 例（89%）的正确结论，而其他刑事技术提供了 431 例（74%）的正确检验结果。更具体的数据如表 15-5：

表 15-5　测谎与其他刑事技术准确性比较（Light 和 Schwartz，1993）

刑事技术	案例数	准确率	错误率
测谎	485	89%	11%
隐性指纹鉴定	154	59%	41%
文书鉴定	145	72%	28%
毒品检验	133	93%	7%

---

〔1〕　Gary D. Light and John R. Schwartz, "The Relative Utility of the Forensic Disciplines", *Department of Defense Polygraph Institute*, *Fort McClellan*, *AL.*, 1993.

续表

刑事技术	案例数	准确率	错误率
枪支检验	51	76%	24%
微量物证	51	65%	35%
血清检验	40	85%	15%
照片证据	10	50%	50%

总之，以上三项研究结果都支持了 PDD 相对于其他方法在刑事调查中更有效的观点。测谎技术与一些技术相比，准确率不相上下，甚至还高于一些诸如目击证人的证据。但其他的刑事技术都可以作为法庭证据使用，而测谎结果一般却不能。正如 Cavoukian 和 Heslegrave（1980）[1] 所指出的："许多其他形式的证据，传统上一直得到不加批判的司法认可，但其可靠性远不如测谎仪。"可见，PDD 面临的司法与公众的不信任，并非是准确性的不足，本质上源于它的不确定性。

二、理论基础不确定

在 PDD 面对的所有质疑和挑战中，最为致命的是：与这种大规模地侵入人们的工作和生活领域相对的是，PDD 的理论基础一直是暧昧不明的。"每一个一年级医科学生都知道在测谎试验中测量的四种（生理）指标——血压、脉搏、汗腺分泌和呼吸——可以被无数种情绪所影响……但是无论什么医学教科书都没有用任何方式把这些指标和一个人说谎的意图联系起来（Zelicoff，2007）[2]。"而现代关于效度概念的观点也认为，理论基础也是必要元素，是建立结构效度的重要来源（Messick，1989）[3]。

NRC（2003）的研究报告也明确指出："心理生理反应与试图说谎的心理状态之间并没有建立起紧密的联系"，没有理论可以确定某种心理生理反应的出现是因为"试图说谎"的心理状态而非其他心理状态导致的。除了 NRC 以外，测

---

〔1〕 Cavoukian A, Heslegrave R J., "The admissibility of polygraph evidence in court: Some empirical findings", *Law and Human Behavior*, 1980, 4 (1), pp. 117-131.

〔2〕 Zelicoff A P., Positive and Negative Predictive Values of Polygraphs: Results from published "field" studies, 2007.

〔3〕 Messick, S., Validity, in Linn, R. (Ed.), *Educational Measurement*, Macmillan, 1989, pp. 13-103.

谎还受到了来自心理学专业组织的批评。比如美国心理学会认为"没有证据表明任何生理反应模式是欺骗所特有的，没有任何证据表明测谎仪测的心率、血压、出汗和呼吸，与你是否说实话有关。"在英国曾试图引进测谎仪时，英国心理学会也提出了质疑：认为对相关问题的解释过于简单，因为当一位无辜的丈夫被怀疑谋杀了他心爱的妻子，当被问到关于他妻子的相关问题时，对已故妻子的记忆可能会重新唤醒他对妻子的强烈感情，而机器可能会将此解释为有罪。也就是说，测谎仪很有可能冤枉无辜者。

不过需要指出的是，以上最权威的反对声音却有着有趣的一致性：它们并不反对测谎本身。他们反对的是基于某些情绪（如恐惧、紧张或唤醒）而假定说谎者会出现某些生理线索，即目前的 PDD 的理论基础不确定。事实上，前面已经提到了至少有七种理论学说都声称是 PDD 的理论基础，但没有任何一个被真正认可。这样的挫败，让学者们不得不换了一个论述的思路，即不提理论学说，而是给出一些基本假设来解释 PDD 的科学原理。

如 Skolnick[1] 就提出了两个基本假设，他认为这是测谎仪在识别谎言方面的核心："首先，说谎和某些情绪状态之间存在规律性的关系；其次，这些情绪状态和身体变化之间也存在规律性的关系。"

随后不久，Ney（1988）则提出了以下四个假设：

个体无法控制自己的生理和行为。

特定的情绪可以通过特定的刺激来预测。

行为涉及的各参数（例如人们说什么、他们的行为方式以及他们的生理反应）之间存在特定的关系。

人与人之间没有差异，大多数人会做出类似的反应。

相比之下，Ney 总结出的这些假设更为全面。她不仅通过提及"特定关系"的方式包含了 Skolnick 的"规律性关系"，而且引入了重要概念"预测"，即是通过了解其他事物来推测一件事，而非肯定的因果关系。

不过需要特别说明的是，这种测谎理论的表述形式可能会给人留下这样的印象：测谎仪测量的某些生理变化是说谎行为所特有的。所以需要对这一观点进行如下澄清：与流行的观念相反，从来没有发现任何特定的生理反应是说谎所特有

---

〔1〕 转引自 Harlan, J. P., *Applicant Investigation Techniques in Law Enforcement*, Charles C. Thomas Publisher, 1985.

的。与说谎相关的行为和生理反应其实是兴奋、焦虑、压力等情绪的表现。而且它们之间也只是相关的，而非确切的、稳定的因果关系。简而言之，**PDD 背后的生理基础其实是不确定的**。

三、科学光环

不确定性还反映在称谓的不稳定性上。测谎在英文文献中有很多不同的称谓，有时在非专业人士看来，似乎指称的是完全不同的对象。常见的称谓包括："Polygraph" "Lie Detection" "Lie Detector Test" "Psychophysiological Detection of Deception" "Pathometer" "Psychogalvanometer" "Deceptograph" "Psychograph" "Photopolygraph" "Reactograph"，等等。而过去很长一段时间里，"Polygraph" 是最为主流的称谓。这一点，可以从以下事实来说明。

1966 年成立的测谎领域的专业学会——美国测谎学会名为 "American Poly-graph Association"，以及此学会的期刊（国际测谎领域最为权威的期刊之一）的刊名为 "Polygraph"。美国目前培养测谎师的主流学校 DoDPI 校名中使用的也是 "Polygraph" 一词。1983 年 OTA 的评估报告，对此技术的正式称谓也是 "Poly-graph"。此外，美国有关测谎技术最重要的法令 EPPA，采用的术语也是 "Poly-graph"。不过，在进入 21 世纪时，已经在使用另外一个更为复杂的术语 "心理生理测谎"（Psychophysiological Detection of Deception）替代 "Polygraph"，因为它更像一个 "科学" 的术语。

这些术语的变化，其实反映了测谎技术背后的基本理论的不确定性。事实上，从早期探索到计算机化测谎系统的出现，从 CQT 到 CIT，可以看出至少有四种模式：谎言识别（Lie Detection）、欺骗识别（Detection of Deception）、求实测试（Psychophysiological Veracity Examination）以及信息探查（Information Probing）。

而在我国，测谎技术正式的称谓不是 "测谎"，而是 "心理测试"。如《公安机关鉴定机构登记管理办法》和《人民检察院鉴定机构登记管理办法》都将其称为 "心理测试"。

但可以说，无论是在国内还是在国外，给 "测谎技术" 冠以种种 "专业术语"，深植其中的一个无法明言的意图在于：其倡导者或鼓吹者要赋予这一技术以科学的氛围或光环。在美国，在极力想让测谎结论进入法庭或作为证据使用时，主张者会将测谎技术称为 "心理生理测谎"（Psychophysiological Detection of Deception）、"司法心理生理学"（Forensic Psychophysiology）等诸如此类的 "科学" 术语。那么这些做法是否会影响人们的判断呢？

Iacono 和 Patrick（1999）[1] 认为会造成影响，会给测谎结论赋予过高的证明力。理由有两个：第一个是测谎测试被"科学和技术的光环所包围……光环被诸如'心理生理测谎'和'司法心理生理学'等各种称谓所增强"；第二个是测谎结论似乎直击问题的核心，即"被试是否在说实话？"

更多的研究则进行了实证调查，来确定测谎对陪审团审议的影响。Carlson 等人（1977）[2] 以"在1976年春季耶鲁法学院托马斯·斯旺律师联盟举办的模拟审判期间"的陪审员为研究对象。在审判作出裁决后，每位陪审员都会获得测谎专家给出的信息。一半的陪审员被告知测谎的准确率为70%，另一半被告知的准确率为95%。结果发现，19.3%的陪审员会根据测谎专家的准确率改变投票。其中66%来自被告知准确率为95%的半数陪审员。他们得出结论：**陪审员会受影响，但不会过度。**

Spanos 等人在1992年的一项研究中发现，目击证人证言对陪审团决定的影响明显大于测谎证据[3]。1997年，Myers & Arbuthnot 研究了 CQT 和 GKT 测谎结论对陪审员的影响，发现这两种测试技术似乎都没有太大影响[4]。

Markwart 和 Lynch（1979）[5] 进行了一项更深入的研究，以了解测谎和其他证据的相互作用对陪审团的影响。研究向陪审团呈现一个没有测谎证据的案件，然后在同一案件增加了对被告人有利的测谎证据，接着再次呈现同一案件，但测谎证据是不利于被告人的。一共有4个陪审团参与了调查，且被告知测谎的准确率为90%。结果发现：与没有测谎证据的情况相比，引入对被告人不利的测谎结论对陪审员的决策有显著影响，有罪判决从12%增加到66%，这符合研究的预期。但当引入有利被告人的测谎证据时，却出现了意料之外的结果。本来预期，无罪判决会减少或至少变化不大，但实际的结果却是"在没有测谎证据的情况下，12%的陪审员判定被告人有罪。当增加有利被告人的测谎证据时，这一数字上升到41%"。仔细检视原因，发现是4个陪审团中2个陪审团受到了明显的

〔1〕 Iacono W G, Patrick C J., *Polygraph*（"*Lie Detector*"）*testing*：*The state of the art*, 1999.

〔2〕 Carlson S C, Pasano M S, Jannuzzo J A., "The effect of lie detector evidence on jury deliberations：An empirical study", *Journal of Police Science and Administration*, 1977, 5（2）, pp. 148–154.

〔3〕 Spanos N P, Myers B, Dubreuil S C, et al., "The effects of polygraph evidence and eyewitness testimony on the beliefs and decisions of mock jurors", *Imagination*, *Cognition and Personality*, 1992, 12（2）, pp. 103–113.

〔4〕 Myers B, Arbuthnot J., "Polygraph testimony and juror judgments：A comparison of the guilty knowledge test and the control question test 1", *Journal of Applied Social Psychology*, 1997, 27（16）, pp. 1421–1437.

〔5〕 Markwart A, Lynch B E., "The effect of polygraph evidence on mock jury decision-making", *Journal of Police Science and Administration*, 1979, 7（3）, pp. 324–332.

影响。而另外 2 个陪审团则坚持原来的决定。研究者认为造成这一增长的是陪审团成员的平均年龄偏低（低于 23 岁）。而这些 23 岁以下的年轻陪审团成员似乎对测谎本身产生了抵触态度。不过，研究者也承认，真实的原因仍需要进一步研究。不过，他们能得出确定结论的是，不利于被告人的测谎证据对陪审团的决定有重大影响。

　　总的来说，测谎（无论有没有被赋予科学光环）对司法判断的影响在不同的研究结论中完全不一样。这也许是因为各研究的条件不同，但很可能再次证明了 Scheffer（参见第十二章）所指出的：**测谎仪本身所带的神秘色彩，会对陪审团产生无法控制的影响。**即使带着科学光环，也无法排除这种神秘色彩的影响。

第十六章　测谎技术的未来

　　PDD 是 20 世纪的产物，它的兴起、发展贯穿了整个世纪。进入 21 世纪后，它又该何去何从呢？从 1921 年正式诞生开始，虽然普遍不被法庭接受，且围绕着种种质疑和争议，测谎仪还是在反对者的各种攻击中幸存下来。在美国，经过"9·11"空袭事件后，PDD 发展进入了第 3 次应用的高峰期。从全球视野来看，PDD 的实践应用确实越来越广泛，Polygraph 设备相对稳定和完善，但管理和标准化还缺少规范。特别是进入 21 世纪后，似乎可以感觉到谎言变得比以前更多了。根据德国哲学家 Georg Simmel 的说法，这种感觉是对的，现在不仅是我们说谎多了，而且谎言也变得更具破坏性。部分原因是技术的多样性，导致社交形式和社会关系的扩散，如假新闻在网络上广泛传播，在线交友、交易及招聘面试，以及最近有所抬头的网络深伪照片和视频。所以我们不是不需要测谎，而是需要更为科学、有效的替代方法（Granhag & Hartwig，2008)[1]。这是测谎技术未来发展的方向，可以大致分为以下四种：

　　1. 在现有测谎技术的基础上增加新的信息来源，比如增加新的生理指标。
　　2. 出现一种完全不同的测谎技术或思路来替代现有的。
　　3. 对于说谎或欺骗的机制或理论有重大突破。
　　4. 增加更多的应用场景。

　　如果是第 3 种方向，也就是未来技术揭示了关于说谎或欺骗的新发现，那么所有测谎技术都会"水涨船高"。换句话说，我们对人类欺骗过程了解得越多，测谎就会越有效，无论是何种形式的测谎。至于第 4 种方向，我们已经在性犯罪

---

　　[1] Granhag P A, Hartwig M., "A new theoretical perspective on deception detection: On the psychology of instrumental mind-reading", *Psychology*, *Crime & Law*, 2008, 14 (3), pp. 189-200.

人矫治中全面地了解并运用了。如果是第 2 种方向，新的思路的测谎可以让我们摆脱传统测谎一些似乎永远无法克服的问题。

不过相比较而言，大多数研究者还是选择第 1 种方向，即找到新的更为可靠的生理测谎指标。因为百年测谎史的主线之一就是改进和寻找更有效的测谎生理指标的技术或仪器，如 fMRI 测谎技术、热成像测谎技术、声音压力分析仪、眼动或瞳孔测量等等。但其中大部分好像并不如其发明者声称的"比传统测谎仪更好"，有个别的技术甚至被判处了"极刑"，被称为"最不被期待的新技术"。

但其中有一个技术似乎不太一样，就是 fMRI 测谎技术，我们除了用它来测谎，还通过它来了解说谎或欺骗时"大脑在想什么?"所以它似乎也属于第 3 种方向。而与 fMRI 测谎技术相似的，还有一种大脑认知神经技术——脑电，它也被用于测谎，并且还被应用在真实案件上了。

第一节　认知神经科学测谎

PDD 所测量的指标都是来自外周神经系统（Peripheral Nervous System）。虽然它与中央神经系统（Central Nervous System，CNS）有着不可分割的紧密联系，但是它并不等于 CNS。也就正如 Langleben 在神经科学年会上所说的，传统测谎仪（Polygraph）"**测量的是说谎时的脉搏、血压、呼吸和皮电。这些测量指标反映的是外周而不是中枢神经系统活动，并不是直接测量大脑**"。因此，我们可以设想：如果对现有 PDD 技术纳入新的反应指标，而这一指标又直接来自 CNS，那么其作用将非常值得期待。因为直接来自 CNS 的数据可能是更为准确的测谎指标（Rosenfeld et al.，1988[1]；Spence et al.，2004[2]）。而 20 世纪后半叶兴起的认知神经科学（Cognitive Neuroscience）为实现这一设想提供了科学技术与可能性。最近开发的被认为能够测谎的认知神经科学技术就是脑电和 fMRI 两项。

一、fMRI 测谎

前述在了解"说谎时大脑在想什么"时，就已经涉及了利用 fMRI 识别谎言或欺骗的创新性探索了。由此可知，fMRI 测谎技术的优势在于其有着较高的空间分辨率，源定位比较准确。最早尝试 fMRI 测谎的就是前述的 Daniel Langleben

〔1〕 Rosenfeld P. J., Cantwell, B., Nasman, T. V., Wojdac, V., Ivanov, S., Mazzeri, L., A Modified, "Event-related Potential-based Guilty Knowledge Test", *Int J Neurosci*, 1988, 42, pp. 157-161.

〔2〕 Spence, A. S., Hunter, D. M., Farrow, F. T., Green, D. R., Leung, H. D., Hughes, J. C., Ganesan, V., "A Cognitive Neurobiological Account of Deception: Evidence from Functional Neuroimaging", *Philos Trans R Soc Lond B Biol Sci*, 2004, 359, pp. 1755-1762.

及其团队，也就是在 1999 年。

此外，Langleben 之后，也有一些其他的研究者或研究团队从事着利用 fMRI 研究说谎或欺骗行为的工作。Spence 等人（Spence et al.，2001）[1] 在实验中让被试对自己的自传信息（Autobiographical Information，即被试自己的某一信息，如被试的名字、出生日期等）进行谎答或诚实作答，并同时利用 fMRI 记录大脑区域变化。结果发现，说谎时被试大脑的前额叶皮层腹外侧区（Ventrolateral Prefrontal Cortex）和内侧前额叶皮层（Medial Prefrontal Cortex）更为活跃。

Lee 等人（2002）[2] 设计了一个伪装失忆的实验。需要指出的是，伪装失忆与测谎无论在认知神经学研究还是司法实践领域都有着密切的关系。从认知神经学的角度来说，失忆是一种精神疾病；而从司法领域上看，伪装失忆是一种企图逃避法律责任的常见诈病（Malingering）形式。实验包括两项任务：第一项是学习再认，先呈现一个三位的数字，然后再次出现此数字时要求被试回答"是否是前面出现过的？"第二项则是利用自传信息提问，如"你是否在某地出生？"被试分为两组，一组为实验组，要求对两项任务都假装失忆，并为了达到更加逼真的效果，要求被试将回答的准确率保持在 50% 的几率水平；另一组为控制组，要求诚实回答。比较实验组与控制组的 fMRI 扫描结果发现，说谎过程中背外侧前额叶区皮层（Dorsolateral Prefrontal Cortex，DLPFC）、亚皮层的尾状核区域以及顶叶皮层明显被激活。Lee 等人认为，DLPFC 代表了任务要求的注意资源和对背景信息的表征和保持，亚皮层的尾状核区域与回答抑制、错误回答的监控有关，而顶叶则与实验中需要心算正确回答与错误回答的比例保持在 1∶1 有关。

Ganis 等人（2003）[3] 则对不同的谎言类型的大脑加工机制进行了比较研究。研究中的谎言类型分为两种：预演性谎言（Well-Rehearsed Lie，被试已经对此谎言进行了良好的练习）和自发性谎言（Spontaneous Lie，没有经过练习，被试需要在正式实验时以自己的方式来谎答）。比较两种谎言所激活的大脑区域，结果发现，这两类谎言都激活了双侧前额前部皮层（Bilateral Anterior Prefrontal Cortices）和双侧海马旁回（Bilateral Parahippocampal Gyrus），这些区域都与情景记忆有关。但不同的是，自发性谎言激活的区域要多于预演性谎言，主要是前扣

〔1〕 Spence, A. S., Farrow, F. T., Herford, E. A. et al., "Behavioural and Functional Anatomical Correlates of Deception in Humans", *Neuroreport*, 2001, 12, pp. 2849-2853.

〔2〕 Lee, M. T., Liu, L. H., Tan, H. L. et al., "Lie Detection by Functional Magnetic Resonance Imaging", *Hum Brain Mapp*, 2002, 15, pp. 157-164.

〔3〕 Ganis, G., Kosslyn, M. S., Stose, S. et al., "Neural correlates of different types of deception: an fMRI investigation", *Cereb Cortex*, 2003, 13, pp. 830-836.

带回（Anterior Cingulate Gyrus，ACG）区域和视觉皮层。ACG 是与抑制和监控有关的区域，而更多的激活区域说明相比较预演性谎言，自发性谎言可能因为没有事先的练习需要更多的脑神经资源参与。

而最近的 fMRI 测谎研究则是来自 Temple 大学的一项研究（Mohamed et al.，2006)[1]。研究招募了 10 名被试，其中 6 名被要求用装有假子弹的玩具手枪进行射击，以模拟犯罪情境，然后在接受测试时谎答没有开过枪。没有参与射击的被试则说实话。在这项研究中，研究者不仅对被试进行了 fMRI 检测，还同时使用 Polygraph 来进行对比研究。Polygraph 主要测量 3 导生理指标：皮电、呼吸和血压。测谎范式采用 CQT，研究人员询问被试一些与"犯罪"有关的相关问题和一些对照问题。在所有被试中，Polygraph 和 fMRI 都准确地把"有罪者"与"无辜者"区分出来。另外，fMRI 源定位分析发现：说实话者的大脑额叶、颞叶的一部分和扣带回被激活。而说谎则导致大脑前部活动，主要是内侧下部和前中央区，以及海马回、颞中部区和颞部边缘区，这些区域中有一部分与情绪反应相关。很明显，说谎和说实话所激活的大脑活跃区域不同，而且说谎比说实话激活的区域更多。这点与前面的研究一致。

总之，从目前已有的 fMRI 测谎研究来看，结果并不完全一致。这点其实并不难以理解，因为这些研究所使用的具体实验范式并不相同。有的使用的是指导性说谎，有的使用的是自传信息，有的使用的是再认任务，有的是预演性谎言，有的是自发性谎言。可见，同是在"测谎"这一大旗之下，实际上所利用的心理机制是不一样的，有的是反应冲突，有的是反应抑制，有的则涉及情绪……，所以在大脑具体区域上表现不同是必然的。但是目前获得的比较一致的结论是：说谎确实是比说实话更为复杂的认知过程，需要更多的大脑区域参与。

绝大多数的研究都没有对 fMRI 测谎诊断的准确率进行分析，唯一一项进行了个体测谎诊断分析的研究（Langleben et al.，2005）所获得的准确性实际上并不理想：总体准确率仅为 78%，ROC 准确性指标 A（AUC）为 0.85。同时也说明，对 fMRI 测谎技术的研究还处于非常基础的水平，还无法涉及对其准确性的探讨。

不过，fMRI 测谎的缺点也比较明显，每秒钟最多只能扫描 4 次，其时间分辨率不够理想。而实际上，由于功能过高的 fMRI 对被试有着较大的副作用（如眩晕），一些研究使用的仪器实际上每秒只扫描 2 次，如 Langleben 团队的研究。

〔1〕 Mohamed, B. F., Faro, H. S., Gordon, J. N. et al., "Brain Mapping of Deception and Truth Telling about An Ecologically Valid Situation: An fMRI and Polygraph Investigation - initial Experience", *Radiology*, 2006, 238, pp. 679-688.

因此，成本较低、时间分辨率较高的脑电 EEG 则成为一个理想的替代技术。

二、ERP 测谎

事实上，脑电测谎出现的时间要早于 fMRI 测谎。最早是在 1986 年，Lawrence Farwell 及其博士导师 Donchin 在某次学术会议上报告了利用脑电测谎的有效性（Farwell & Donchin，1991[1]）。随后 Rosenfeld 研究团队、John Allen 及其同事都报告了一系列利用 P300 技术进行测谎的研究，所报告的准确率都相当高。在他们看来，由于 P300 与人类记忆和再认等认知加工过程有着直接的联系，所以 ERP 测谎可能提供了一种更灵敏、更有效的测谎方法，而这一方法与传统 CIT 范式联系更为紧密，因为它反映的是对犯罪相关信息的记忆和再认。不过，需要澄清的事实是：所谓"脑电测谎"的说法并不准确，而应该称为事件相关电位（Event-Related Potential，ERP，"ERP 测谎"）。

1929 年，Berger 发明了 EEG。1939 年，Davis 首先注意到 EEG 与外在事件的相关性。他观察到，在某次听觉刺激出现后的 100ms～200ms 后，EEG 出现了一个大的负向波。后来 Sutton 及其同事（1965）[2] 明确将其称为"事件相关电位"（Event-Related Potential，ERP），指的是当对个体在给予刺激（如听觉刺激）或撤销刺激时，经过大脑对该刺激加工处理后，在大脑头皮相应部位可检出与刺激有锁时关系和特定位相的脑电波形变化。

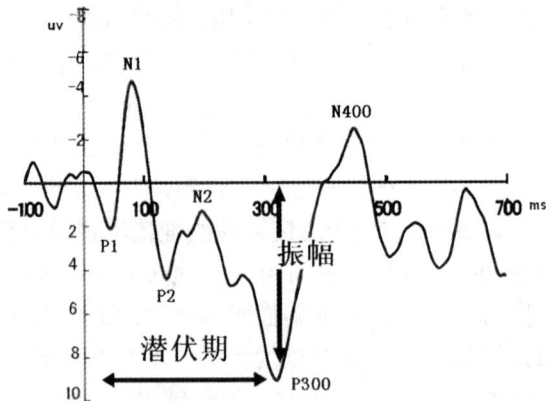

图 16-1 视觉 ERP 波形图

---

〔1〕 Farwell, A. L. & Donchin, E., "The Truth Will Out: Interrogative Polygraphy（'Lie Detection'）With Event Related Potentials", *Psychophysiology*, 1991, 28, pp. 531-547.

〔2〕 Sutton, S., Braren, M., Zubin, J., & John, E. R., "Evoked Potential Correlates of Stimulus Uncertainty", *Science*, 1965, 150, pp. 1187-1188.

一个典型的 ERP 波形图如图 16-1 所示。按一般传统习惯，横坐标代表刺激出现的时间（ms），图中表示的是刺激出现前 100ms 到刺激出现后 700ms 的时间段。纵坐标代表电压（uv），上方为负电压，下方为正电压。因此，向上波动的一个波为一个负波（Negative Wave，N），向下波动的一个波为一个正波（Positive Wave，P）。一个波就叫做一个 ERP 成分。也是按传统习惯，每一成分一般都以正负两极（P、N）和该波在波形中的位置或该波达到峰值的时间点命名。如图 16-1，P1 表示第一个出现的正波成分，P2 则是第二个出现的正波成分，而 P300 表示从刺激呈现到约 300ms 时达到峰值的正波成分。同样，N1、N2 分别表示第一个和第二个出现的负波成分，而 N400 则表示在潜伏期约为 400ms 时达到峰值的负波成分。

成分（Component）是 ERP 研究中一个非常重要的概念，也是 ERP 主要的研究对象。目前的脑电测谎也是基于一些主要成分（如 P300、N400、CNV 等）展开。其中 P300 与被试的认知能力有很大的相关性，这些认知能力包括信息传递、刺激评估、记忆、情绪、思维、计算、注意以及清醒程度，属于高级大脑皮层的活动能力（Courchesne et al.，1975[1]；Kutas et al.，1977[2]；Sutton et al.，1967[3]），也是目前 ERP 测谎所主要利用的成分。

而 Farwell 和 Donchin 的首次测谎研究（Farwell & Donchin，1991）也是利用了 P300。研究使用的是模拟犯罪，要求被试先和一个陌生人见面，并通过密码"接头"，最后从陌生人那里获得一份涉及"特殊设计图"的机密文件。显然，这是模拟的"出卖机密情报"的间谍犯罪活动。通过模拟犯罪将被试分为 20 名有罪者和 20 名无辜者。在参加完模拟犯罪后的第二天，接受测谎。测谎包括两种形式，一个是脑电测谎，另一个是利用传统 PDD 测谎。需要特别指出的是，PDD 使用的是 CIT 测试技术，且生理指标只使用了皮电。脑电测谎的结果是：20 名有罪的被试中有 18 名被诊断为"有罪"，而 20 名无辜者中有 17 名被诊断为"无辜"，还有 5 名的诊断结果为"无法判断"。因此，如果排除"无法判断"的案例，此研究所得的 P300 测谎总体准确率为 100%；如果不排除"无法判断"

〔1〕 Courchesne，E.，Hillyard S. A.，Galambos，R.，"Stimulus Novelty, Task Relevance and the Visual Evoked Potential in Man"，*Electroencephalogr Clin Neurophysiol*，1975，39，pp. 131-143.

〔2〕 Kutas，M.，McCarthy，G.，& Donchin，E.，"Augmenting Mental Chronometry: The P300 as A Measure of Stimulus Evaluation Time"，*Science*，1977，197，pp. 792-795.

〔3〕 Sutton，S.，Tueting，P.，Zubin，J.，John，E. R.，"Information Delivery and the Sensory Evoked Potential"，*Science*，1967，155（768），pp. 436-439.

的案例，则总体准确率为 87.5%。

　　同样是在 1991 年，美国西北大学教授 Peter Rosenfeld 及其同事也进行了一项较有价值的研究（Rosenfeld et al.，1991）[1]。其最大的亮点在于，使用了 Rosenfeld 等人所称的 CQT 范式而非之前 P300 测谎研究（包括他们自己）都使用的 CIT 范式来实施研究。在研究前，他们就已经知道参加研究的大学生被试中大约有 50% 的人曾经"使用过假身份证"（Use False Id）。在研究中，他们让所有的被试先看一组涉及反社会行为或违法行为的词组——一般由 2~3 个单词组成。在被试观看这些词组时，它们详细的含义就会通过录音带播放给被试听。例如，被试看到"使用过假身份证"这个词组时，录音带就会播放"'使用过假身份证'是指在过去的 5 年中，你曾经为了表明自己达到了合法购买酒精类饮料的年龄而使用了假证件，但事实上你还没有达到可以购买这些饮料的年龄，你所使用的证件是假的"。而其他的行为则是在大学生中发生概率非常小但也是反社会或者违法的行为。大约一半的被试参加模拟犯罪，此犯罪涉及上述那些在大学生中发生概率很小的违法行为（如间谍活动）。另外约一半的被试则没有参与这一模拟犯罪活动。通过这样的设计，对于已经熟知 PDD 测谎范式的我们来说，其目的显而易见。首先，涉及模拟犯罪的违法词组对应的是传统测谎的相关问题；"使用过假身份证"则类似于对照问题；而其他词组则为无关问题。判断"有罪"与否的标准也按照 CQT 范式，如果被试在对照问题上的 P300 波幅低于相关问题，则诊断其为"有罪"；反之则诊断其为"无辜"。研究结果非常有趣：当 ERP 测试在模拟犯罪活动进行的当天进行时，13 名有罪者中有 12 名根据上述判断标准被正确识别出来，同时 15 名无辜者则有 13 名被准确识别；研究中有部分被试是在上述模拟犯罪活动完成几天后再接受的 ERP 测试，虽然在 ERP 测试之前，被试又对"犯罪"事件进行了回顾，但是 8 名接受测试的被试中只有 3 名被正确识别出来。

　　相比较而言，Rosenfeld 等人的研究准确率下降很多，这可能是因为研究的生态效度问题。Farwell 采用的是实验室研究，即从模拟犯罪情境中选取有价值的细节作为测谎问题。模拟犯罪最多的是对关键信息的记忆与再认，而真实犯罪涉及的内容则更为复杂。此外，模拟犯罪后马上进行脑电测谎所得准确率较高，而在模拟犯罪后过一段时间再进行测试所得的准确率则大为降低，有的甚至降至偶然

---

〔1〕　Rosenfeld, J. P., Angell, A., Johnson, M., & Qian, J., "An ERP-Based Control Question Lie Detector Analog: Algorithms For Discriminating Effects Within Individual Waveforms", *Psychophysiology*, 1991, 28, pp. 320-336.

50%的几率水平（Rosenfeld et al.，2004[1]）。这进一步说明模拟犯罪的效果持续性也不理想。不过根据 Resenfeld 团队的综述（Resenfeld et al.，2007）[2]，总体上，在那些采用模拟犯罪情境的实验室研究中，除了早期所报告的准确率较高以外，最近的研究报告的准确率则介于 27%～82% 之间（Mertens et al.，2003[3]；Rosenfeld et al.，2004），也就是低于传统的 PDD 技术的准确率。即使如此，在普通人的认知中，"脑电"测谎应该更科学、更准确，因为它与"脑科学"有关。它甚至作为证据被法庭接受，与 Polygraph 在法庭上的待遇形成鲜明对比。而这个案例中的测谎专家就是前述的 Farwell。

三、作为法庭证据的脑指纹

2001 年，Farwell 在自己的研究基础上，进行了进一步的扩展，他和 Smith 发表了一项新的研究报告（Farwell & Smith，2001）[4]。在研究中，他们声称，当向被试呈现其所熟悉的声音、物体或姓名大约 1 秒钟内，除了所熟知的 P300 成分以外，还有一些后期成分都会发生相应变化。他们将这些相关成分统称为"Mermer"，即"记忆和编码相关多层面脑电图仪反应"（Memory and Encoding Related Multifaceted Electroencephalographic Response）的缩写。但遗憾的是，他们对那些除 P300 以外的可用于测谎的 ERP 成分并没有加以明确说明。据研究者称，这是出于"专利权"的考虑，因为 Farwell 为自己的 ERP 测谎技术申请到了美国专利（U. S. Patent）保护。可见，事实上 Farwell 后来所主张的 ERP 测谎技术所利用的成分不仅为 P300，还有其他 ERP 后期成分。Farwell 他们报告说，使用这种复合 ERP 成分，测谎准确率相当高，可达 99.9%。但是这一数据值得商榷，因为此研究所使用的探测信息是自传信息，而且每一种条件下的被试样本量较少，只有 3 名被试。

Farwell 致力于将自己的脑电测谎商业化，为了易于被大众认识和理解，他给自己的这项专利技术起了一个通俗的名字"脑指纹"，意思是就像人们利用指纹

〔1〕 Rosenfeld, P. J., Soskins, M., Bosh, G. & Ryan, A., "Simple, Effective Countermeasures To P300-Based Tests Of Detection Of Concealed Information", *Psychophysiology*, 2004, 41, pp. 205-219.

〔2〕 Rosenfeld, J. P., Shue, E., & Singer, E., "Single Versus Multiple Probe Blocks of P300-Based Concealed Information Information Tests For Autobiographical Versus Incidentally Obtained Information", *Biological Psychology*, 2007, 74 (3), pp. 396-404

〔3〕 Mertens, R., Allen, J. Culp, N., & Crawford, L., "The Detection of Deception Using Event-related Potentials in A Highly Realistic Mock Crime Scenario", *Psychophysiology*, 2003, 40, p. 60.

〔4〕 Farwell, L. A., & Smith, S. S., "Using Brain MERMER Testing to Detect Knowledge Despite Efforts to Conceal", *Journal of Forensic Sciences*, 2001, 46 (1), pp. 135-143.

破案一样，脑指纹是一种利用大脑相关机制的破案技术。像他的前辈 Marston 一样，Farwell 也经常出现在媒体上，积极推广自己的技术，并声称其准确率可达99.9%。很快，媒体曝光度带来了成效，一名黑人男子 Terry Harrington 找上门来。

1977 年 7 月 22 日，一个停车场的巡夜保安 Schweer 被人杀死在停车场。当时有一名目击证人 Kevin Hughes 指认 Terry Harrington 和另一个人在偷车时杀害了Schweer。很快，Harrington 就被定罪入狱，但是在此后的 20 年中他一直申诉自己当时不在犯罪现场，自己是无辜的，均未成功。直到他在狱中看到了媒体报道关于 Farwell 以及他的"脑指纹"测谎技术。Harrington 要求接受这一测谎测试来证明自己的清白。于是，在 2000 年 Farwell 对 Harrington 进行了测试，并向法庭提交了"脑指纹"测谎报告，"经过测试认为 Harrington 本人头脑中并不具有关于此案犯罪现场的记忆"。但他并没有直接给出 Harrington 是否"有罪"的诊断结论（Farwell，2000）[1]。后来结合其他证人证言，法庭宣判 Harrington 无罪释放。此案法官也明确承认将 Farwell 的"脑指纹"测谎结果纳入法庭证据中，并说明其经过审查后认为，此技术符合 Daubert 规则[2]。这可能是人类第一次将脑电测谎技术带到法庭上，并且最终测谎结论也被法庭采纳为证据使用。

面对这样的判例，当时一些学者，特别是法学家们认为，虽然认知神经科学测谎技术还主要处于研究阶段，但是其出现在法庭上的趋势渐现，这预示着认知神经科学技术介入司法领域的时代已经到来，而由此所产生的社会（Social）、法律（Legal）和伦理（Ethical）问题不容忽视（Farah 2002[3]；Foster et al.，2003[4]；Illes et al.，2004[5]；Wolpe，2004[6]；Ford，2006[7]）。事实上，这样的担忧是不必要的。Harrington 案是第一起，也是最后一起使用脑指纹测谎的

---

〔1〕 Lawrence A. Farwell, Supplement to Forensic Science Report: Brain Fingerprinting Test on Terry Harrington. Nov. 10, 2000, p.32.

〔2〕 United States V. Harrington, 410 F. 3d 598.

〔3〕 Farah, M. J. , "Emerging Ethical Issues in Neuroscience", *Nature Neuroscience*, 2002, 5, pp. 1123–1129.

〔4〕 Foster, K. R. , Wolpe, P. R. and Caplan, A. , "Bioethics and the Brain", *IEEE Spectrum*, 2003, June, pp. 34–39

〔5〕 Illes, J. , Rosen, A. C. , Huang, L. , Goldstein, R. A. et al. , "Ethical Consideration of Incidental Findings on Adult Brain MRI in Research", *Neurology*, 2004, 62 (6), pp. 888–890.

〔6〕 Wolpe, P. R. , "Neuroethics", in S. G. Post (ed.), *Encyclopedia of Bioethics* (3rd ed.), Macmillan Reference USA, 2004.

〔7〕 Ford E. B. , "Lie Detection: Historical, Neuropsychiatric and Legal Dimensions", *International Journal of Law and Psychiatry*, 2006, 29 (3), pp. 159–177.

案例。因为这项技术其实并不如其发明者声称的那么强大。

无论是 Langleben 的 fMRI 测谎，还是 Farwell 的"脑指纹"测谎，他们都声称利用大脑相关技术的优点之一，就是可以打败"反测谎"。"大脑的活动不能被说谎者操纵，以往他们使用的控制呼吸、踩图钉、咬舌尖等方法都不会奏效"。这种说法是真的，因为面对外来刺激（如提问），大脑会做出最直接、最真实的反应，正如 Farwell 所说，"证词可能不真实，而大脑从不说谎"。fMRI 和 ERP 都记录的是此时的反应，而当你意识后才想着去反测谎，这时候时间已经过去了，你不可能去影响或改变已经发生的事情。

此外，Farwell 还声称自己的测谎技术更精确，与传统测谎技术不同，因为它不依赖情绪而是依赖记忆：

> "在正常情况下，一个人对重大事件的记忆（如犯下重大罪行）是完好无损的，即使在事件发生很久之后……一个训练有素的恐怖分子虽然可以冒充无辜的阿富汗学生，但他已经将获得的有关恐怖分子训练、程序等信息存储在大脑中。这些信息就像指纹一样印在他的大脑中，我们只需要检测他的大脑中有没有这些信息，就可以将恐怖分子与无辜者区别开来……这就像做指纹鉴定一样。"
>
> "在无辜者和有罪者之间，是有罪者犯下了罪行，所以相关的犯罪记忆是记录存储在有罪者的大脑中。现在我们有办法确保科学地测量到它们。"

所以，在发明者的口中，或者在一般大众眼中，认知神经指标似乎比其他类型的数据更客观和真实，因为它们"似乎"是直接观察或测量大脑（或心理），这些技术只是将大脑可视化或"成像"了而已。但这种说法是神话而非事实。即无论是 fMRI 测谎还是脑电测谎，它们离梦想的"读心术"还差很远，也无法解决测谎长久以来面临的根本性问题——不确定性。

事实上，大脑中不存在某个或某几个脑区是负责说谎的，我们只能确定说谎比说实话需要更多的大脑资源参与。虽然 Farwell 声称"脑指纹"测谎是依赖记忆，但是记忆不是完全独立的，它是和注意、决策、抑制、唤醒、意动等多种认知过程一起参与了个体说谎或欺骗行为。所以，脑电测量的也不是谎言本身。即传统 PDD 存在的问题，认知神经技术测谎也一样存在。它们所测量的指标仍然与说谎不是直接相关。我们唯一能确定的是：说谎是一个比说实话更复杂的过程，涉及了包括注意、记忆、决策等在内的高级认知过程。此外，它们也不能打败所有的反测谎方法。比如药物反测谎，它影响的可能是大脑的第一反应，那么就有可能成功打败测谎仪。

第二节　非接触式测谎

2002 年，《自然》（*Nature*）期刊上发表了一篇文章，声称找到了一种新的识别说谎或欺骗的技术，其具有"用于远程或快速安全检查的潜力，并且无需技术人员或身体接触……可用于机场识别潜在的恐怖分子。"（Pavlidis et al. , 2002a）[1] 这其实也反映了 2001 年"9·11"事件后，全球反恐形势严峻，导致人们对测谎技术的需求急剧增加，测谎也进入了第三次发展的高潮。其中，非接触式测谎成为最被期待的新技术，而文章所涉及的热成像测谎技术正是一种非接触式测谎。

所谓非接触式测谎（Noncontact Lie Detection），又称远程测谎（Remote Detection of Deception，RDD），是指利用技术在不与被试直接接触的情况下或以远程方式获取可用于识别谎言或欺骗的生理信号。非接触式测谎提供了一种容易获得且不引人注目的识别谎言或情绪的方法。因为此技术收集生理指标时不需要将传感器直接连在被试身上，而是可以通过隐蔽的方式快速获得最自然、最真实的数据。比如在人质谈判、提早识别暴恐分子方面，可以使对方完全没有意识到自己正在被评估的情况下，从而抢得先机。不过，非接触式测谎如果秘密进行，可能会涉及合法性的问题。

一、热成像测谎

热成像（Thermal Imaging）测谎技术有点类似"匹诺曹的鼻子"，利用的也是面部血流的变化。交感神经系统的激活可以引发多种身体反应，其中包括心脏收缩力增加，使血液从四肢流向头部和主要肌肉，以及皮肤血流增加。这些反应会改变身体发出的热信号。科学家利用热成像相机可以捕捉身体温度的变化，其中一些变化可能有助于推断生理或心理状态。《自然》（*Nature*）期刊上这篇文章发现，个体处于应激反应时，因眼睛周围的区域非常敏感，会导致这一区域的温度升高。通过热成像测谎技术记录眼睛周围的温度变化，可用于检测说谎或欺骗。此文章吸引了相当多媒体的关注，有的媒体甚至惊呼，这就是"现实中的匹诺曹鼻子"。

随后同一个研究团队马上将它用于在机场进行的一项后续研究中（Pavlidis

---

〔1〕 Pavlidis I, Eberhardt N L, Levine J A. , "Seeing through the face of deception", *Nature*, 2002, 415 (6867), p. 35.

et al.，2002b)[1]。该机场使用此技术对 51 名被试进行了测试。结果显示，识别说实话的准确率为 64%，识别谎言的准确率为 69%，略高于 50% 的水平。此外，本研究采用了传统的审讯式的测谎方法，结果发现效果比热成像测谎技术更好。识别说实话的准确率为 72%，识别谎言的准确率为 77%。研究发现，几乎任何被机场海关人员问话的人都会出现紧张情绪，无论他是否有走私行为。而紧张本身会导致人面部温度升高，所以热成像测谎技术在实际应用时可能会有更多的错误。如此不理想的准确率不得不让研究者改变最初的说法，通过勘误补充的形式对先前发表在《自然》上的文章进行说明："本文不是为了传达这样的印象——这种热成像技术已经适用于大规模应用。"

DoDPI 也进行了另一项类似的科学实验。随机分配 20 名志愿者模拟抢劫伤人犯罪，然后接受热成像测谎测试，结果得到 83% 的总准确率。不过，本研究最后指出，这项技术尚不够成熟，不适于大规模应用。

Pollina 和 Ryan（2002）[2] 让被试参加模拟犯罪实验，模拟的犯罪类型包括谋杀和盗窃，并记录被试回答问题的面部数据。结果发现，单纯依靠热成像无法可靠地识别谎言，但将热成像和其他面部表情测谎方法结合在一起，可以显著提高识别欺骗的能力。

可见，虽然热成像测谎技术还处于起步阶段，但目前几乎没有任何发现表明它是一项非常有前途的测谎技术。热成像测谎技术虽不是"匹诺曹的鼻子"，但它最大的缺点和"匹诺曹的鼻子"一样，受"个体差异"这一因素的影响很大。例如，恐怖组织如果发现会面临热成像测谎测试，他们只需要招募那些可以通过此类测试体质的人就可以了。因为有些人无论多么紧张或恐惧都不太会出现面部温度升高。而天生一紧张就脸红的无辜者，则很可能被误认为是潜在的"恐怖分子"。此外，头部的转动、环境温度等也会极大影响该技术的准确性，且其最大的问题是误报率（假阳性）偏高（Pavlidis et al.，2002a）。所以有些人说，热成像测谎技术是最不被看好的"新型测谎技术"。不过，最近美国宾夕法尼亚州大学正尝试着研究一种改进技术，仪器测量的不再只是头部的热量，而是"观察"被试的脑部血流变化，从而识别被试是否在说谎，这让人们燃起了新希望。

无论如何，热成像这种非接触式且快速的测谎技术非常符合机场等场所的测

〔1〕 Pavlidis I, Eberhardt N L, Levine J A. "*Seeing through the face of deception：Errata*", 2002.

〔2〕 Pollina D A, Ryan A H., "The relationship between facial skin surface temperature reactivity and traditional polygraph measures used in the psychophysiological detection of deception：A preliminary investigation (No. DODPI02-R-0007)", *Department of Defense Polygraph Institute, Fort Jackson, SC*, 2002.

谎筛查。它所带来的非接触式测谎的思路有着广阔的前景。

二、眼睛线索测谎

1. 眼动轨迹

以往的研究已经发现，"眼睛看向右上方就是说谎"这一说法并不科学。但也并不意味研究眼球运动轨迹对识别谎言或欺骗没有价值。现在我们可以通过一种叫做"眼动追踪仪"（Eye Tracker）的仪器来准确、全面地记录下眼球运动的轨迹。将红外照明器对准眼睛并使用特殊相机记录光线反射。随着眼睛的移动，反射的角度以相应的方式变化。通过三角测量，可以使用反射的红外光计算对象的注视点。这样我们就可以掌握个体感兴趣的区域有哪些、注视点的顺序以及注视点处和注视点之间的时间量。这种技术最近在心理学中得到了广泛的研究。其中的一项发现让测谎心理学家特别感兴趣，也就是人们对于熟悉的图像（如人脸）与不熟悉的图像，在眼动轨迹上存在着明显的差异。最主要的差异表现在对于陌生人，我们注视的时间更长，而且注视点更多停留在对方的眼睛附近。可见，追踪眼动轨迹可用作测谎，确定嫌疑人之前是否曾见过犯罪现场或受害者，因为他们常常是否认的。也确实有研究者已经开始这么尝试了，并声称取得了很好的效果。如 Schwedes 等人[1]的研究发现被试在说谎时，注视时间延长，注视点减少。注视时间是指连续的注视点在某个区域上形成的平均空间位置停留时间的累计。

不过，追踪眼动轨迹可能并不是最好的测谎方式，因为正如前面提到的，在控制眼睛方面，人类所能运用的最重要的技巧就是控制眼球。所以可以预见，以上的发现如果被所有人都了解后，他们可以比较轻易地控制自己眼球的运动来达到反测谎的目的。而另一种眼睛的线索——瞳孔的变化则没有此类问题。

2. 瞳孔扩张

"著名侦探"柯南曾经提到过测谎的方法，即在对方回答问题时用手感受其颈部脉搏的变化，以及观察其瞳孔的情况。

柯南的方法有用吗？我们从小就知道，光线会影响瞳孔直径的大小。当光线过强时，瞳孔会缩小，而当光线不足时，瞳孔会放大。此外，除了光线，人的思想或情绪似乎也与瞳孔的变化关系密切。令人厌恶的刺激能使人的瞳孔收缩；令人愉快的刺激则会使瞳孔扩张。此外，当我们受到威胁或感到恐慌的时候，瞳孔也会扩张。特别是人在极度兴奋或激动时，瞳孔会扩张到平常的 4 倍。

---

〔1〕 Schwedes C. & Wentura D., "Through the eyes to memory: Fixation durations as an early in direct index of concealed knowledge", *Mem Cognit*, 2016, 44（8）, pp. 1244-1258.

早在 1904 年，就有科学家发现了焦虑情绪与**瞳孔扩张**（Pupil Dilation）之间的关系。并且在 1943 年，Berrien 和 Huntington[1] 同时研究了脉搏和瞳孔扩张与欺骗的关系。结果显示，**说谎时脉搏和瞳孔出现变化的反应明显高于说实话时，但脉搏测谎表现要优于瞳孔**。特别是瞳孔的变化更多发生在相关问题被依次提问的时候。当被问到相关问题时，无论是有罪还是无辜，瞳孔都会扩张，只是无辜者的瞳孔扩张更明显。虽然瞳孔的变化似乎与说谎没有直接的关系，似乎与认知唤醒更密切，但是瞳孔反应在测谎中的价值还是得到了一定的认可。在后来的几年中，测谎研究人员也始终没有放弃类似的尝试，总体上发现利用瞳孔扩张测谎的准确度从 70%~80% 不等（如 Kahneman & Beatty, 1966）[2]。Elaad 研究也发现，被试在说谎时瞳孔直径增大[3]。另外，生产 Polygraph 测谎仪的美国著名厂商 Lafayette 仪器公司也曾生产过利用瞳孔和眨眼两项指标测谎的仪器，并表示准确度在 80% 左右。尽管所有研究都令人鼓舞，但 80% 左右的准确性并不足以在真实案例的测谎中部署这一技术。

近年来，科学家对瞳孔相关的研究逐渐清晰，已经确定瞳孔扩张与欺骗并没有直接的关系，而是与大脑的认知负荷相关。随着人们的认知任务加重，人的瞳孔逐渐放大。当任务难度达到一定水平后，瞳孔扩张会达到渐近线（或过载）。但当认知负荷达到了人最大承受能力范围的 125% 时，瞳孔的平均直径开始趋于平稳或有所缩小[4][5]。

我们已经知道，与说实话相比，说谎可能需要更多的认知负荷。例如，说谎者需要建立一个合理且连贯的故事，这会增加他们的认知负荷。而瞳孔扩张又与较高的认知负荷有关，所以瞳孔变化是可以被用来测谎的。有研究者就分析过讲述真实经历与讲述虚构经历的个体差异。结果发现，个体在讲述虚构经历时会引起明显的瞳孔扩张。正是因为讲述虚构经历需要更多的认知负荷，从而让我们看到了说谎确实比说实话更可能导致瞳孔的放大。

〔1〕　Berrien F K, Huntington G H., "An exploratory study of pupillary responses during deception", *Journal of Experimental Psychology*, 1943, 32（5）, p. 443.

〔2〕　Kahneman D, Beatty J., "Pupil diameter and load on memory", *Science*, 1966, 154（3756）, pp. 1583-1585.

〔3〕　Elaad E., "Lie-detectionbiases amongg male policeinterrogators, prisoners, and laypersons", *Psychol-Rep*, 2009, 105（3 Pt 2）, pp. 1047-1056.

〔4〕　Verney S P, Granholm E, Dionisio D P., "Pupillary responses and processing resourcess on thevisual backward masking task", *Psychophysiology*, 2001, 38（1）, pp. 76-83.

〔5〕　Verney S P, Granholm E, Marshall S P., "Pupillary responses on the visual backward maskingtask reflect ggeneral1cognitiveaability", *Int J Psy-chophysiol*, 2004, 52（1）, pp. 23-36.

利用瞳孔扩张来测谎的优点显而易见，因为它受自主神经系统控制，人类几乎无法干扰它。但同时它的缺点也很明显，它受到的其他干扰因素过多。最明显的影响因素首先是环境照明水平，因为瞳孔的生理功能与光照有直接关系。其次是个体的差异。执行相同难度的任务时，聪明的人比低智商的人诱发瞳孔扩张的程度要小。特别是在与测谎相关的研究中发现，如果被试越相信测谎仪（越认为测谎有用，威胁性越大），瞳孔扩张的幅度越大（Bradley & Janisse，1981）[1]。该研究还比较了瞳孔和其他生理指标测谎的准确性。结果发现，瞳孔测量的准确率最高（约80%），其次是皮电（约70%），血压指标最低（约60%）。但如果多指标联合分析（瞳孔+皮电）可提升至85%~90%的准确率。

总之，到目前为止，利用眼睛作为测谎线索的探索均没有达到理想状态，但我们仍抱有很大的希望。最新的发展是，我们开始尝试着将眼睛相关的指标整合在一起，同时捕获多个眼睛行为线索。具体包括：眨眼、注视选择、注视持续时间、扫视运动（眼球运动轨迹）、瞳孔直径变化（包括放大和收缩）、瞳孔变化潜伏期和瞳孔变化振幅等。

不过目前尚不清楚此类技术对反测谎的抗干扰能力。如果被试过度化妆或者眼睛红肿等，这些是否会对捕捉眼睛行为数据产生影响？对此还没有专门的研究结论。但是如果这些反测谎干扰都能克服，那这种综合各种眼睛线索的测谎技术将是传统测谎仪最强的竞争者之一。当然更重要的是，使用眼睛线索测谎也是一种典型的非接触式测谎，传感器无需直接连接到被试身上，可以做到无感或隐蔽。事实上，在机场或海关安检中已经开始尝试使用此类技术了。

三、声音压力分析测谎

其实，最早的非接触式测谎的指标并非热成像或眼动轨迹，而是声音压力。利用声音识别谎言的科学尝试其实很早就开始了。几乎就在 Marston、Larson 发现 Polygraph 测谎仪的同时，1927 年，美国著名的音乐心理学家 Carl Seashore 就发表了一篇研究论文，通过留声机来分析音乐和言语。他所利用的声音指标就是音调，而音调（Tone）就是指音高（Pitch）的变化。Seashore 发现，通过分析音调（音高的变化），可以辨识出其中所包含的情绪情感。其论文中还有部分内容谈到了通过分析音调来识别谎言的可能性。

后来陆续也有类似的研究，并发现音调的变化似乎是说谎的一个重要线索，说谎者说话的音调高于说实话者。但说实话者与说谎者之间的音调差异一般非常

---

[1] Bradley, M. T., & Janisse, M. P., "Accuracy demonstrations, threat, and the detection of deception: Cardiovascular electrodermal, and pupillary measures", *Psychophysiology*, 1981, 18, pp. 307-315.

小，只有几赫兹，因此需要非常精密的仪器检测，当时的仪器水平显然达不到这样的要求。所以，声音测谎的准确性一直不高，特别是与当时同步发展的 Polygraph 测谎仪相比，落后太多，这也许就是测谎仪一直没有将声音作为主要生理通道的原因之一。

但是声音测谎一直没有被放弃，因为它在非接触性场景下有着很大的优势。它只需要获得被试的声音信息，就可以在对方完全不知情（某种意义上说是完全自然的状况下）进行测谎测试。正是有着这样的优势，在 20 世纪 60 年代，美国准备开发一种隐蔽式测谎系统时，就将声音指标纳入其中，并且明确为"因紧张带来的声音变化"，但不是以往的音调变化，而是微震颤。

微震颤，全称是肌肉微震颤（Micro-Muscle Tremors，MMT）。无论我们发出什么样的声音，其发声震动源都为声带，而声带其实都是由一系列大小不同的肌肉构成，所以声音的变化其实与这些肌肉的微震颤有关。人在正常或自然的状态下，微震颤的频率一般在 8 赫兹~12 赫兹之间。它们属于低频，人类通过耳朵根本就无法察觉，但透过精密的仪器是可以精确测量的。而当人因为说谎感受压力、紧张，肾上腺素分泌增加，导致肌肉紧绷，抑制了微震颤的产生，也就是 8 赫兹~12 赫兹间的声音会大幅度减小，从而推论其说谎。研发团队将此技术称为声音压力分析技术（Voice Stress Analysis，VSA），而这种通过检测微震颤变化来识别谎言的仪器则被称为"声音压力分析仪"。

后来美国进行了各种测试来评估此技术，结果发现，效果并不一致。在某些说谎者身上，这一技术没有得到验证，也就是此技术并非适用于所有人的说谎反应。因此，军方对此技术的可靠性提出了质疑，导致研发团队解散。随后一些科学家从军队退役进入了一些美国或以色列的私营公司，导致出现了多款不同的商业化测谎产品，如 Dektor Counterintelligence & Security Dektor 公司研制的声音压力评估仪（Psychological Stress Evaluation，PSE）。

1996 年，Victor 博士开发出了计算机化声音压力分析仪（Computerized Voice Stress Analyzer，CVSA）。CVSA 顶着计算机装备和 DoD 资助开发的光环，一度誉为声音压力分析技术的新曙光。在相当长的一段时间里，驻伊拉克和阿富汗的美军也大量使用它来提前识别暴恐袭击或审讯。但因效果不佳，在 2008 年，美国特种部队行动司令部发布政策备忘录，禁止将 CVSA 作为可靠的、贯穿整个指挥部的评估工具。但值得一提的是，这份备忘录却将 Polygraph 测谎仪指定为允许使用的测谎工具。可见，至少在 DoD 看来，结论是清楚的：声音压力分析仪的准确性不如依赖皮电、呼吸和血压指标的 Polygraph 测谎仪。

1997 年，以色列的 Nemesysco 公司开发出了分层语音分析（Layered Voice Analysis, LVA）技术。2006 年佛罗里达大学的 Harry Hollien 团队对 CVSA 和 LVA 进行了详细分析，得出结论是 CVSA 和 LVA 都没有表现出对欺骗或压力存在着任何敏感性[1]。2007 年由 Kelly Damphousse 等人[2]为美国司法部所做的一项研究中，他们比较了 CVSA 和 LVA 在测谎上的效力，也得出了类似的结果，即没有找到支持 CVSA 或 LVA 可用于测谎的证据。CVSA 谎言识别率为 8%，而 LVA 为 21%。

APA 认为，将声音压力分析看成是 Polygraph 测谎仪的替代技术其实是一种误导性的说法。因为它们之间没有本质的区别，唯一的区别在于测量的生理指标不同。所以，商业化的公司鼓吹声音压力分析仪可以自动、实时得出结果是不科学的。APA 坚持认为，这类仪器也必须由有经验的测谎师操作，同时借助测试各环节具体情况，以及对声音数据的正确分析，才能获得可靠的结果，若仅是单纯使用这类仪器是无法达到测谎的效果的。

此外，语言发音结构其实非常复杂，它涉及出生地、文化背景、使用习惯、生理结构差异等各种因素，导致每个人的发音重点不同。所以目前的声音压力分析适用人群其实很有限，这也是导致真正测试时准确率不高的一个重要原因。

虽然声音压力分析测谎的准确性确实受到了专业人士的质疑，但无论是 DoD 还是 APA 都承认"根据目前的情势和面对的挑战，研究和改进这类测谎工具仍然是优先事项"。这是因为利用声音测谎确实具有一些其他生理指标所不具有的优势。

首先，要识别谎言，那么"言语"（语音）是首要的。其次，也是最重要的，声音压力分析技术的准确性不高，并不是意味着利用声音测谎就是徒劳的。Di Giunta 等人（2020）[3]发现，除了微震颤外，人类声音中存在一些其他成分，也可以提供可靠的（虽然不是 100% 可靠）情绪线索。这些成分包括语音振幅、高频能量以及共振峰频率等。而 von Soest 等人（2020）[4]使用 Mel 倒谱系数以及它的一阶差分、二阶差分、自相关系数、互相关系数进行分析。结果发

〔1〕 Hollien H, Harnsberger J D., FINAL REPORT CIFA CONTRACT-FA 4814-04-0011, 2006.

〔2〕 Damphousse K R, Pointon L, Upchurch D, et al., "Assessing the validity of voice stress analysis tools in a jail setting", *US Department of Justice*, *National Criminal Justice Reference Service*, 2007.

〔3〕 Di Giunta L, Rothenberg W A, Lunetti C, et al., "Longitudinal associations between mothers' and fathers' anger/irritability expressiveness, harsh parenting, and adolescents' socioemotional functioning in nine countries", *Developmental psychology*, 2020, 56（3）, p. 458.

〔4〕 von Soest T, Luhmann M, Hansen T, et al., "Development of loneliness in midlife and old age: Its nature and correlates", *Journal of Personality and Social Psychology*, 2020, 118（2）, p. 388.

现，可以增加谎言识别器的鲁棒性（Robustness）。

总之，过早地得出结论："声音压力分析仪不可靠，只是商业营销的噱头"，可能是错误的。因为在被试未察觉的情况下，非接触式获得数据，并且能实时（或几乎实时）得出准确结论的测谎方式是主流的需求和未来的发展方向。而高性能计算机的发展以及日新月异的 AI 技术，给这方面的研究提供了新的希望。

第三节　人工智能测谎

近年来，Utah 大学测谎团队开放了他们基于 AI 的测谎技术，反映出 AI 浪潮已经进入了测谎领域。AI 是人工智能（Artificial Intelligence）的缩写。关于什么是 AI 技术，目前并没有统一的答案。一个比较通俗但不太准确的定义是："AI 就是可以让机器模拟人类行为的技术"。国际上一些比较权威的教科书则将它定义为，任何能够感知其环境，并采取行动以最大限度地实现其目标的系统。[1] 近年来，AI 技术发展迅猛，似乎各个领域都在使用，比如我们最常熟悉的购物、娱乐、社交网站上的推荐系统、自动驾驶，还有打败棋王的 Alpha Go……测谎领域也不例外，开始将解决目前测谎困境的一些希望投向了 AI 领域。其中最具代表的研究之一就是"测谎机器人"。

一、测谎机器人

虽然这种"AI=机器人"观点并不准确，但人们还是常将 AI 与机器人联系在一起。实际上，目前确实已经出现了尝试测谎的机器人，这就是来自意大利技术研究院（Istituto Italiano Di Tecnologia，ITT）的"iCub"。其名字中的"I"是"我"的意思，而"Cub"则来自吉普林所写的小说《丛林王子》中的"Man-Cub"，意为"幼崽"，所以"iCub"的意思是"幼崽机器人"。而 iCub 也被设计成了身高只有 1.04 米、形象类似 5 岁孩童的模样。需要特别说明的是，iCub 本身并不是为测谎开发的，也不经常被用来研究测谎相关领域。按照其开发者 ITT 的说法，iCub 是一款研究级人形机器人，旨在帮助开发和测试最新 AI 算法。简单来说，它是被专门设计用来支持 AI 研究的机器人，致力于学习人类的思维方式。

---

〔1〕　Russell, S., & Norvig, P., *Artificial Intelligence: A Modem Approach* (3rd ed.), Upper Saddle River, Prentice Hall, 2010.

2019 年，其开发团队的成员 Gonzalez-Billandon 等人[1]利用 iCub 进行了说谎或欺骗相关的研究，希望使用 AI 和社交机器人方面的新技术解决目前测谎准确率不高的问题。

在这项研究中，iCub 机器人被作为测谎师（RI），同时还有真正的人类测谎师（HI）。而被试均为招募的志愿者，并被事前告知，如果成功完成研究任务，可以得到 15 欧元的奖励。这样，研究就有两种测谎询问模式，即人-机交互（HII）以及人-人交互（HHI）。研究纳入的测谎线索包括言语（主要是说话时长）、反应潜伏期（从提问到回答的时间）、扫视次数、注视次数、眨眼次数、平均瞳孔直径、最大瞳孔直径、最小瞳孔直径。

结果发现，无论"测谎师"是机器人还是真人，说谎者和说实话者之间的行为模式都相同。唯一的例外是，与人-机交互（HII）相比，人-人交互（HHI）时被试的平均和最小瞳孔直径更大，但这与欺骗无关，而是因为被试对 iCub 本身很有兴趣导致的。由此，研究者得出初步结论：机器人可以替代人类作为测谎师或审讯人员。

研究还进一步探讨了如何利用机器学习方法来获得最优的测谎模型。机器学习所用的数据就是来自前一段研究所收集的实验数据。研究者将这些数据 80% 作为训练数据，其余 20% 用于测试数据，并选择随机森林算法（即基本算法）作为最初的模型。通过不断的迭代和优化，最后找到了最佳的预测模型（即自动判断是否说谎的模型）。

此模型测谎的准确性结果如下：人-机交互（HII）情况下，机器人测谎的准确率为 65%，ROC 准确性指标 A（AUC）为 0.76；人-人交互（HHI）情况下，真人测谎准确率为 69%，指标 A 得分为 0.74。如果不将机器人和真人分开考虑，最佳模型总的准确率能达到 73%，指标 A 为 0.77。可见，测谎机器人的测谎效果并不理想，远远低于传统 PDD 测试 90% 的准确率，但仍然是测谎领域最值得期待的发展方向。

最重要的是，通过此测谎机器人的研究，我们可以大致了解目前阶段的 AI 测谎的具体方法与思路。首先，要给机器一些大的、复杂的数据，即大数据。其次，需要有基本算法，如类似分类的决策树算法。一开始算法的表现并不好，但是随着反馈结果（是测对了还是没测对），计算机（即机器）可以自己不断的优

---

〔1〕 Gonzalez-Billandon, J. Aroyo, A. M. , Tonelli, A. , Pasquali, D. , &Rea, F. , "Can a robot catch you lying? a machine learning system to detect lies during interactions", *Frontiers in Robotics and AI*, 2019, 6, p. 64.

化算法，最终找到最优的算法。在这个过程中，机器似乎有了一种类似人的学习过程，所以也将之称为"机器学习"（Machine Learning）。机器学习是人工智能的一个分支，旨在通过数据和经验赋予计算机系统自主改进的能力（Mitchell，1997）[1]。所以，这种方法特别适合解决复杂的问题。因为当问题太复杂时，我们可能只了解一个基本的解决方案，而且可能不太准确，所以我们需要让机器自己去找到更好的或者最优的解决方案。而说谎也是个相当复杂的问题，前面我们已经充分领教这一点。所以，机器学习或者说 AI 技术应该能为测谎带来新的希望，而其中最有希望的可能就是自然语言处理技术。

二、自然语言测谎：LIWC

如果说 fMRI 和脑指纹测谎代表第 1 种和第 3 种发展方向不可行，那么第 2 种方向："尝试一种完全不同的测谎思路来替代现有的技术"是否可行呢？我们一直困扰于很多测谎技术并不是"测量的谎言本身"，这增加了不确定性。那么我们可不可以直接测量谎言——即语言本身呢？

事实上，以前的语言文本分析测谎就属于此类。但它似乎并没有取得很好的效果，因为语言是一个很复杂的现象，将其量化来研究非常困难。回想下，前面提到的文本分析，基本都是阅读理解式的。测谎师通过自己对文本进行简单的人工加工，从中找到一些符合相关的标准的内容，并没有完全利用所有文本信息。而如今的 AI 技术似乎能让这些工作更深入、更完整。

其实，计算机很早就进入到语言内容测谎领域了，只是当时主要依赖人工而非计算机来分析。研究发现，说谎者在语言使用上表现出更少的自我参照、更多的负面情感词汇、更多的运动词、更少的排除词，且第一人称单数较少和复杂性增加（Newman et al.，2003）[2]。事实上，在此之前，测谎领域已经有了通过词性来测谎的方法。比如前面我们提到的 SCAN，就曾经利用代词等来识别谎言（参见第七章）。Hancock 等人（2007）[3] 将这些发现扩展到研究即时通讯的两两被试之间的说谎行为。当被试说谎时，他们发现了相似的语言使用模式。他们还发现，被欺骗的被试也改变了他们的语言。在说谎的情况下，观察到两位被试都倾向于使用更多的总词数，减少使用第一人称单数形式，同时增加了含义丰富的词汇，还有运动词、排除词和感官词的使用增多，这都反映了个体在描述情境

〔1〕　Mitchell T M, Mitchell T M., *Machine learning*, McGraw-hill, 1997.

〔2〕　Newman M L, Pennebaker J W, Berry D S, et al., "Lying words: Predicting deception from linguistic styles", *Personality and social psychology bulletin*, 2003, 29 (5), pp. 665-675.

〔3〕　Hancock J T, Curry L E, Goorha S, et al., "On lying and being lied to: A linguistic analysis of deception in computer-mediated communication", *Discourse Processes*, 2007, 45 (1), pp. 1-23.

时的细致程度。

除了词性，还可以分析词汇、句法和修辞所造成的心理上的接近或远离感，这被称为"语言接近度"。例如，当两个人交流时，"我和你"和"我们"表达的内涵是完全一致的，但后者比前者在心理上显得更为接近。其实就是分析文本所反映的态度和情感，也就是语言的情感分析。如果分析发现语言接近度越低，说明说话者表现出更多的回避和排斥。由于说谎者总是试图回避被骗的人，因此"语言接近度"，也就是情感词分析，可以被用来测谎。

但是以前的这些文本分析方法都是研究者自己加工的，不仅效率低，而且不够客观。此外，数据也非常少，准确率其实并不稳定、可靠。而 AI 可望提供一种高效且科学的方法系统地分析语言数据，并且最大程度保持日常语言本身的自然特性，这就是自然语言处理（Natural Language Processing，NLP）。自然语言处理是目前 AI 技术中最热门的领域之一，是指通过计算机技术探讨如何处理及运用自然语言，开发出可以对语言文本内容进行量化分析的软件系统。

虽然 NLP 技术还处在发展阶段，但已经取得了一定的成果，其中心理学和测谎领域最常用的 NLP 系统是语言获得和词汇计数（Linguistic Inquiry and Word Count，LIWC）。LIWC 由德州奥斯汀大学的心理学家 James Pennebaker 研发。它是一个旨在用计算机程序取代"人工"，来对语言文本进行分析的软件程序。它以"词语"为单位对文本进行自动分析，把文本中所有的词语与词典进行比较，将所有的词语分成不同的类型（尤其是心理学类），并计算每个类型的词语占总体词语数量的比例。

LIWC 经过十余年的发展、修改与扩充，日益稳定。它主要包括两个部分：程序主体和词典。其中，核心部分为词典，词典定义了词语归属的类别名称以及字词列表。程序通过导入词典和文本，将文本中的词语与词典进行一一比对，最后输出各类语语的词频结果。目前的 LIWC2007 包含 4 个一般描述性类别（总词数、每句词数、超过六字母字词、抓取率）、22 个语言特性类别（如人称代词、助动词、连词、介词）、32 个心理特性类别（如社会过程词、情感过程词、认知过程词、生理过程词等）、7 个个人化类别（如工作、休闲、家庭、金钱等）、3 个副语言学类别（如应和词、停顿赘词、填充赘词等）以及 12 个标点符号类别（如句号、逗号、冒号、分号等），总计拥有 80 个字词类别、约 4500 个字词。LIWC 的分析结果可以被用来预测很多变量，包括人格、社会判断、心理调节、心理健康等。此外，也有研究者将其用于谎言识别领域，并发现其具有一定的效果。

在谎言识别的研究中，LIWC 特别适用于分析那些微妙的语言模式变化，这些变化可能与说谎行为相关。例如，使用 LIWC 可以量化分析文本中情感词汇的频率、自我参照词（如"我""我的"）的使用情况，以及构建复杂谎言时可能导致的认知处理负担变化（Makov et al.，2020）。

不过从某种意义上讲，LIWC 仅仅是一种自然语言处理的工具，并不能直接用来测谎。在实际使用时，研究者需要从测谎相关理论（如"真实监测 RM"）出发，选择研究者认为可以区分谎言和实话的一些标准，再根据这些标准进行测谎分析。LIWC 开发者本人 Pennebaker 也曾利用自己的程序来进行文本内容的测谎分析。Pennebaker 所使用的测谎标准：

> 说谎者会减少第一人称的使用，陈述过程与自我有关的内容大大减少，以便推卸掉主要责任。
> 说谎者的陈述中还会掺杂仇恨、哀伤等负性情感，透露出他们内心的紧张和罪责感。
> 说谎者很少使用"除非""但是""没有"这样司空见惯的排除性词汇，说谎导致的认知负荷，让他们丧失了使用更复杂语言的能力。

可见，Pennebaker 所使用的测谎标准或者说测谎线索包括了三类：代词运用、情感分析（情绪性词汇）和认知负荷。最后，Pennebaker 报告这套基于 LIWC 软件系统的测谎准确率为 67%，超过 50% 的几率水平。

不过当时的 LIWC 还不够完善，Pennebaker 所使用的测谎标准也缺乏系统的理论支持。2005 年，Bond 和 Lee 使用了"真实监测"理论来构建测谎标准，结合 LIWC 来进行文本分析。这样做的好处显而易见，计算机化的分析比手动快得多，并且因为所有研究人员都使用相同的计算机程序，也排除了主观差异的影响。研究先用 LIWC 分析出文本中的大量单词，并将这些单词归类。它包含许多类别：感知、空间、时间和情感……这些都与真实监测 RM 的标准有关。但结果不是很理想，可谓喜忧参半。说实话者在感知信息上的得分高于说谎者，但在空间信息上的得分低于说谎者。也就是说，前一个发现与 RM 相一致，而后一个发现则与 RM 自相矛盾。而且现有的所有关于空间信息的研究，都一致认为说实话者的空间信息更多，所以利用 LIWC 这一自动化程序的结果应该是错的。研究者自己也认为，出现这样的结果并不意外。因为尽管 LIWC 分出的类别可能很类似 RM 的标准，但它本身不是在 RM 理论的基础上开发的，这可能导致两者的一些说法一致，但是具体的内容却不同。比如，文本中出现"我觉得她当时穿了件红色衣服"，如果只分析这一句，LIWC 会将它归类为"认知操作"。但是在测谎师分析时，结合上下文，并没有将此视为"认知操作"。所以，这种自然语言处理工具对于说谎这类复杂的语言现象，可能还需要进一步的改进，需要更接近真实环境。

总之，目前已有的基于自然语言处理的测谎研究总体准确率一般在60%以上，还有很大的改进空间。

三、表情识别测谎

如前所述，由于说谎行为在日常人际交往中非常常见，因此人们一般通过观察视觉信号来识别说谎者。而为了识别谎言，研究者会特别关注面部表情和手势，因为这些自发的非言语信号能够有效地传递个人的情绪和心理状态（Ekman，2001）。

传统的表情测谎方法主要依赖人工观察和主观判断，存在许多问题和缺陷。首先，人工分析容易受到观察者偏差的影响，不同的人对相同的表情解读可能不同，导致测谎结果不一致。其次，人工判断往往忽略了面部表情的微小变化，如微表情，这些细微的情感波动往往在短时间内出现和消失，难以捕捉。如 Ekman 的面部微表情（恐惧、快乐、愤怒等）出现的时间范围是 0.04 秒~0.07 秒之间。除了微表情专家之外，其他人很难捕捉到。因此需要借助高速相机进行捕捉，且至少达到每秒 30 帧。如果是视频，则需要先将视频转化成一帧一帧的图片，而图片又需要分成小方块后才能使用基本识别面部微表情的分析技术。这样大量的工作，传统方法的处理速度较慢，无法满足实时测谎的需求。

而 AI 和机器学习技术的引入则可以有效地解决以上问题。通过高分辨率相机、深度学习和计算机视觉算法，AI 可以自动化提取海量的面部表情信息，并分析和处理这些复杂信息，构建准确性较高的谎言识别预测模型。例如，Sporer 和 Schwandt（2007）[1] 利用视觉流中的眨眼频率和眨眼模式，通过图像处理技术来识别被试的谎言。

此外，研究者还利用机器学习方法先后开发了多个面部表情识别系统（如 Bartlett et al. 2006[2]；Pfister 和 Pietikainen，2012[3]）。这些系统可以用来检测指示说谎或欺骗行为的视觉特征、面部表情和情绪。其中，最具代表性的表情识

---

〔1〕 Sporer S L, Schwandt B. , "Moderators of nonverbal indicators of deception: A meta-analytic synthesis. Psychology", *Public Policy, and Law*, 2007, 13（1）, p. 1.

〔2〕 Bartlett M S, Littlewort G, Frank M G, et al. "Automatic recognition of facial actions in spontaneous expressions", *J. Multim.* , 2006, 1（6）, pp. 22-35.

〔3〕 Pfister T, Pietikäinen M. , "Electronic imaging & signal processing automatic identification of facial clues to lies", *SPIE Newsroom*, January, 2012.

别系统就是 Ekman 开发的面部动作编码系统（Facial Action Coding System，FACS）（Ekman & Rosenberg，2005）[1]。FACS 提供了使用肌肉运动的面部特征分类法。这些动作单元的例子包括：内眉提升、鼻子皱纹、嘴唇提升、脸颊提升、下巴提升、眼睛睁大等。借助 AI 技术，目前的 FACS 发展成为了一个实时自动化系统，可用于识别自发的面部表情，以检测说谎或欺骗行为。根据现有的研究和实验结果，FACS 在测谎中的准确率因研究方法和实验设计的不同而有所差异。例如，特拉维夫大学的研究团队通过机器学习和 AI 技术，利用面部肌肉的微小变化进行测谎，其系统的测谎准确率达到了 73%。此外，一项综述研究分析了 28 项使用 FACS 进行自动测谎的研究，发现这些系统的平均准确率在 $61.87\% \sim 72.93\%$[2]。可见，FACS 在测谎方面具有一定的潜力，但其准确率仍低于传统 PDD 技术。

后来的研究者基于 FACS 进行了更多的改进。Littlewort 等人（2011）[3] 开发的计算机表情识别工具箱（Computer Expression Recognition Toolbox，CERT）。CERT 是一个用于全自动实时面部表情识别的系统，能够自动编码来自面部动作编码系统（FACS）的 19 种不同面部动作强度和 6 种典型面部表情（如微笑、愤怒、蔑视、厌恶、恐惧、快乐、悲伤、惊讶和中性等）。此外，CERT 还可以估计 10 个面部特征的位置以及头部的三维方向（偏航、俯仰、滚动）。系统核心算法为确定这些特征出现在特定位置的对数似然比。因此，CERT 的输出包括针对每个动作单元训练的支撑向量机分类器的超平面距离，这指定了面部动作的强度。通过结合不同的动作单元，确定全局面部表情。研究发现，使用 CERT 自动检测这些动作单元和表情的表现并不比随机猜测好（Abouelenien et al. 2015）[4]。不过其中一些特征具有测谎的潜力，这些特征包含 8 个动作单元和 6 种表情，其准确率最高为 63%。它们包括皱眉、抬下巴、抬颊、瞬嘴、闭眼、痛苦皱眉、左转 AU10、左 AU14、偏航、侧倾、蔑视、厌恶、悲伤和中性。可见，除了表情之

〔1〕 Ekman P, Rosenberg E L., "The Study of Spontaneous Facial", *WHAT THE FACE REVEALS: Basic and Applied Studies of Spontaneous Expression Using the Facial Action Coding System (FACS)*, 2005, pp. 3-18.

〔2〕 Delmas, H., Denault, V., Burgoon, J. K., & Dunbar, N. E., "A review of automatic lie detection from facial features", *Journal of Nonverbal Behavior*, 2024, 48 (1), pp. 93-136.

〔3〕 Littlewort G, Whitehill J, Wu T, et al., "The computer expression recognition toolbox (CERT) // 2011 IEEE International Conference on Automatic Face & Gesture Recognition (FG)", *IEEE*, 2011, pp. 298-305.

〔4〕 Abouelenien M, Mihalcea R, Burzo M., Trimodal analysis of deceptive behavior//Proceedings of the 2015 ACM on Workshop on Multimodal Deception Detection, 2015, pp. 9-13.

外，面部识别分析技术还可以纳入其他诸如头部姿势等指标。如 Allwood 等人（2007）[1] 基于审判视频集，编码了面部微表情和其他的非言语线索。其中，面部表情包括微笑、大笑、愁容等；而其他非言语线索则包括眉毛、眼睛和嘴巴的运动，以及视线方向和头部运动。结果发现，表情结合其他面部运动，机器学习测谎的准确率达到70%。如果再加上音频的话，准确率能提高到75.20%。

可见，目前来说，面部表情识别测谎准确率并不高，这可能是因为表情识别受到文化差异、个体差异以及情绪表达的主观性影响，从而降低测谎的可靠性。此外，仅通过面部表情进行测谎可能无法捕捉到其他重要的非语言线索，如肢体动作、语音语调或生理信号，这些因素在人类判断谎言时往往起到关键作用。为了创造了一个更可靠的系统，最近的工作（如 Allwood 等人，2007）提出了将两种或两种以上不同性质的模态结合起来的多模态测谎系统。

四、多模态测谎系统

模态（Modality）是指事物发生或经历的方式，比如我们看到物体、听到声音、感觉质地、闻到气味、尝到味道，这些不同的对世界的体验和感知的方式称为模态。具体到测谎领域，面部特征和手势是从视觉模态中提取的，而词频和词汇特征是从语言模态中提取的，它们分别属于两种不同的模态。

但实际上，我们对世界的真实体验往往都是多模态（Multimodal）的。所以，为了更真实的还原各种现场本身，更需要用多模态的方式来解释各种场景，主要包括多模态处理（Multimodal Processing）和多模态融合（Multimodal Fusion）。多模态处理，即对多种模态进行的一系列操作，最终目标是从每种模态中提取有意义的特征。而多模态融合则是将来自不同模态的特征使用不同的方法（如将特征连接在一起或将从每个模态获得的结果组合成一个）进行整合的过程。而基于 AI 和机器学习的多模态技术则可以帮助人们构建能够处理和融合来自多个模态的信息的模型。它是一个充满活力的多学科领域，具有非凡的潜力。[2]

前面我们已经讨论过很多种测谎方法，可见作为测谎的线索或特征具有多样性。而且，说谎本身也是一个复杂的日常生活现象。所以正如 Bles 等人（2008）[3] 指出的，说谎的复杂性和多样性让我们很难找到能够有效指示说谎的

〔1〕 Allwood J, Cerrato L, Jokinen K, et al. , "The MUMIN coding scheme for the annotation of feedback, turn management and sequencing phenomena", *Language Resources and Evaluation*, 2007, 41, pp. 273-287.

〔2〕 Baltrušaitis, T. , Ahuja, C. , & Morency, L. P. , "Multimodal machine learning: A survey and taxonomy", *IEEE transactions on pattern analysis and machine intelligence*, 2018, 41 (2), pp. 423-443.

〔3〕 Bles M, Haynes J D. , "Detecting concealed information using brain-imaging technology", *Neurocase*, 2008, 14 (1), pp. 82-92.

单一指标，所以要转向多模态测谎的思路。而随着多模态机器学习技术的出现，越来越多的测谎前沿研究工作提出了将两种或两种以上不同性质的模态结合起来的多模态测谎系统。根据 2024 年 Scopus 上的数据，过去 3 年中包含"多模态"关键词的测谎论文数量几乎与前 10 年的一样多。

不过，需要特别指出的是，在传统测谎研究领域，很早就有人提出要结合不同的技术或方法来改进测谎。Reid 所提出的全局性评估，某种意义上就是结合生理指标、言语线索和行为线索等。此外，还有 Nathan Gordon 提出的 FAINT 技术（Forensic Assessment Interview and Interrogation Technique），提倡结合 3 种手段来进行评估和审讯，即通过综合分析非语言行为评估、言语线索分析以及 PDD 测试的结果来评估嫌疑人是否有罪。不过，无论是 Reid 技术还是 FAINT，都是依靠人工的方式来综合不同来源的数据，所得效能有限，非常受测谎师或评估人员的经验与能力的影响。而基于 AI 和机器学习算法的多模态测谎技术则有望克服以上问题。

Abouelenien 等人（2014）[1] 整合了来自热成像、语言和生理指标的多模态测谎研究。首先研究在实验室环境中收集了数据。实验共有 30 名被试，要求他们以真实和欺骗两种方式讨论两个不同的主题，同时使用麦克风、热成像仪和 4 个生理传感器（包括脉搏、皮电、皮温和腹部呼吸）进行记录。通过这个实验，研究者得到了三种不同模态的数据组合：文本数据组合、热成像数据组合以及生理数据组合。然后基于已有机器学习方法（决策树算法）对于多个模态指标的结合进行测谎。结果发现，测谎准确率最高的是"热成像+语言"两模态组合。其次就是所有的三模态组合，高于其他两两组合以及所有的单一模态。热成像+语言两模态和三模态组合的准确率都超过了 70%。在单一模态中，语言和生理模态比较高，最差的是生理模态。因此，研究者最后得出结论，从热成像和语言模态提取的特征可能成为欺骗行为的良好指标，这为完全自动化、非接触式的测谎方向铺平了道路。此外，通过整合不同模态的特征来创建多模态测谎系统，被证明优于仅从单一模态测谎方式。Yao 等人（2021）[2] 也报告了一个类似的研究，同样是基于决策树算法，使用的也是三模态，包括语言、热成像和生理指标。不同的是其生理指标包括的是心率、呼吸、血容量、脉搏和皮电。最后的结论也认

〔1〕　Abouelenien M, Pérez‐Rosas V, Mihalcea R, et al., Deception detection using a multimodal approach//Proceedings of the 16th international conference on multimodal interaction, 2014, pp. 58-65.

〔2〕　Yao Y, Papakostas M, Burzo M, et al., "Muser: Multimodal stress detection using emotion recognition as an auxiliary task", *arXiv preprint arXiv*, 2105. 08146, 2021.

为多模态在测谎上优于单一模态系统。

Pérez-Rosas 等人（2015）[1] 以现实中的法庭审判视频为材料，构建了一个用来测谎的数据库。数据包括文本、面部表情、手势等多模态信息。结果也发现，综合这些多种模态特征后，能显著提升测谎的准确度。但同样是用法庭审判视频，Wu 等人（2011）[2] 开发了一套综合文本内容、声学和视觉信息的多模态、自动谎言检测系统。研究发现，虽然在单一模态上，视觉模态（微表情）的测谎性能最为出色，但通过整合三种不同模态的特征，系统的预测准确率有了5%的提升，且系统鲁棒性也得到增强。2019 年，Gupta 等人（2019）[3] 将 EEG 融合在多模态测谎系统中，共选取了 4 个不同的模态（EEG、眼神、视频和音频）。结果也发现，多模态在识别谎言上比单一模态更好。

可见，几乎所有的研究都认为多模态方式可以显著提高测谎的准确率。但是这并不意味着模态越多越好。前述 Abouelenien 等人（2014）发现特定二模态的准确率优于三模态。无独有偶，Sen 等人（2020）[4] 在结合所有视觉、声学和语言模态的情况下，实现了72%的准确率，而仅使用视觉和声学模态则达到了84.18%的准确率。但同样是使用视觉、声学和语言模态，Kamboj 等人（2020）[5] 却发现三模态的组合准确率最高——70%。

但多数研究的准确率并不高，70%左右是最常被报告的准确率。目前准确率最高的多模态研究来自 Karnati 等人（2021）[6]，其系统结合了面部表情、声学和 EEG 三模态，最后获得了高达 95%~98%的准确率。研究者认为这得益于使用了基于深度卷积神经网络的框架作为特征提取算法和分类算法。

除了这些学术研究之外，多模态测谎系统也已经部署到实践中。2012 年，一款名为 AVATAR 的多模态测谎系统部署在美国和墨西哥边境。AVATAR 的全

〔1〕 Pérez-Rosas V, Abouelenien M, Mihalcea R, et al., Deception detection using real-life trial data// Proceedings of the 2015 ACM on international conference on multimodal interaction, 2015, pp. 59-66.

〔2〕 Wu S, Falk T H, Chan W Y., "Automatic speech emotion recognition using modulation spectral features", *Speech communication*, 2011, 53（5）, pp. 768-785.

〔3〕 Gupta V, Agarwal M, Arora M, et al., Bag-of-lies: A multimodal dataset for deception detection// Proceedings of the IEEE/CVF conference on computer vision and pattern recognition workshops, 2019, pp. 0-0.

〔4〕 Şen M U, Perez-Rosas V, Yanikoglu B, et al., "Multimodal deception detection using real-life trial data", *IEEE Transactions on Affective Computing*, 2020, 13（1）, pp. 306-319.

〔5〕 Kamboj M, Hessler C, Asnani P, et al., "Multimodal political deception detection", *IEEE MultiMedia*, 2020, 28（1）, pp. 94-102.

〔6〕 Karnati M, Seal A, Yazidi A, et al., "LieNet: A deep convolution neural network framework for detecting deception", *IEEE transactions on cognitive and developmental systems*, 2021, 14（3）, pp. 971-984.

称为"实时真相评估虚拟智能体"（Automated Virtual Agent For Truth Assessments In Real-Time，AVATAR），主要是用来审查通过边境的游客。它纳入的模态包括文本（游客的签证申请表、旅行历史等文件数据）、声学（如音调）以及视觉（如瞳孔扩张、眼睛和身体运动）。根据开发者的报告，AVATAR 的准确率在 60%~80%。无论如何，到了 2018 年，这个系统已被扩展应用到加拿大、欧盟的一些边境机构以及反恐工作中。

以上种种表明，虽然多模态方法在最近的文献中已被证明是有效的，但很明显，到目前为止，多模态方法并非一个完美解决方案。因为，它并不一定能保证提高测谎的准确性。这可能是由于某些模态（如生理）的区分能力不如其他模态（如热成像），不过这并不能完全归咎于模态本身，更多可能是因为获取数据的具体方法或形式（比如生理数据的提取或者处理有问题）。此外，机器学习算法的选择也可能对结果产生重大影响。

不过，多模态测谎的实践极大地促进了我们对说谎行为以及识别谎言工作的认识。单一模态（如声学）低性能，但在与其他模态（如视觉）结合时，性能就能得到提高。可见，单一模态之间相互影响、相互作用，这证明了说谎行为确实是一个复杂的行为，它涉及各个方面。这让我们对说谎机制有了新的认识，开启了一种完全不同的测谎思路：综合利用多种数据源中的信息，捕捉到更多与谎言识别行为相关的细微特征，从而提供一个比单一模态更为全面和准确的谎言识别系统。

但多模态测谎会带来新的困难：来自不同模态的数据是不一样的，而且有的结构完全不同。如何组合这些来自异构源的数据，也就是数据融合问题至关重要，这是任何测谎模型的支柱。

五、未来的挑战

在当今世界，识别谎言和欺骗的需求日益增长，尤其是在恐怖主义、政治对立和社会分裂愈发严重的背景下。全球范围内的恐怖主义威胁已成为持续的安全挑战，许多国家的安全机制迫切需要可靠的技术来识别和应对潜在的恐怖活动与威胁。同时假信息的泛滥不仅破坏了公众的信任，也极大地影响了社会的稳定与安全。在复杂的背景下，探索更高效、更新的测谎技术显得尤为重要。传统的测谎手段，如 PDD、SVA、BAI 等，虽然在一定程度上能提供欺骗的线索，但其适用性和准确性仍然存在局限。特别是在现代安全审查和反恐战斗中，这些技术往往过于繁琐，难以在大规模筛查和快速决策中发挥作用。而新兴的基于 AI 和机器学习的多模态测谎系统，能提供实时、自动化、非接触式的检测形式，是最有希望应对以上挑战的技术。

　　首先，这种多模态方法提供了一种全方位分析谎言的手段。通过整合更多维度的数据，模型能够更准确地反映出谎言行为的复杂特征，也为谎言识别技术的发展提供了新的理论基础和实证支持，甚至有望解决测谎的不确定性，即测谎的理论基础薄弱的问题。其次，与传统谎言识别方法相比，机器学习能够处理和分析大规模、复杂的、高维度的数据。更可以在较少假设的情况下，通过数据驱动的方式发现数据中的隐含信息，进而发现那些传统分析方法难以捕捉到与说谎相关的细微变化和线索。此外，整个测试过程是全自动的，几乎能完成大部分测试程序，包括正式测试、数据分析，以及做出结论。最重要的是，它不再需要人工解读，有望让测谎技术不再只是一种技艺，而成为一门真正的科学。

　　不过，基于 AI 技术的测谎通常涉及对敏感生物特征与数据的收集和分析，会引发伦理和隐私方面的担忧，诸如语音分析、人脸识别、神经影像技术等技术都需要收集个人生物信息。可见，在追求真相过程中对人权的保护仍然是一个伦理挑战。另外，文化和个体差异仍可能会影响测谎的准确性。过去的研究已经证实，不同文化、不同个体对说谎或欺骗行为的认识和表达并非完全一致，这需要不断地优化算法，并建立对风险的监督。

　　总之，随着技术的进步，未来还需要同时建立和完善道德、法律和监管框架，以确保饱受争议的测谎技术能迎来真正的新生。